KB043092

2016 총선현장에서 배우다

2016 총선현장에서 배우다
20대 총선현장 참여관찰 보고서

초판 1쇄 발행 2016년 12월 20일
초판 2쇄 발행 2017년 1월 16일

지은이 김용호와 '정당과 선거' 수강생들
펴낸이 김선기
펴낸곳 (주)푸른길
출판등록 1996년 4월 12일 제16-1292호
주소 (08377) 서울시 구로구 디지털로 33길 48 대륭포스트타워 7차 1008호
전화 02-523-2907, 6942-9570~2
팩스 02-523-2951
이메일 purungilbook@naver.com
홈페이지 www.purungil.co.kr
ISBN 978-89-6291-376-7 93340

*이 도서의 국립중앙도서관 출판예정도서목록(CIP)은 서지정보유통지원시스템 홈페이지
(http://seoji.nl.go.kr)와 국가자료공동목록시스템(http://www.nl.go.kr/kolisnet)에서 이용하
실 수 있습니다. (CIP제어번호: CIP2016029791)

2016 총선현장에서 배우다

김용호와 '정당과 선거' 수강생들 지음

대학생들이 본 다양한 선거전략과 유권자의 행태

푸른길

머리말

이 책은 2016년 1학기에 '정당과 선거' 과목을 수강한 인하대학교 학생들이 제20 대 총선 과정을 참여관찰한 결과를 모은 것이다. 그동안 필자는 '정당과 선거' 과목 을 가르치면서 선거가 있는 학기에는 선거 참여관찰을 하고, 선거가 없는 학기에 는 정당을 참여관찰하도록 학생들에게 권유하였다. 올해는 제20대 총선이 치러지 는 해였기 때문에 학기 초에 참여관찰 방법론에 대해 자세히 설명한 후, 학생들에게 원하는 선거구를 선정하고 참여관찰 계획서를 작성하여 발표하는 시간을 마련하였 다. 그런데 올해 총선을 앞두고 선거구 획정과 주요 정당의 후보 선정이 늦어져 학 생들이 선거구와 대상 후보를 선정하는 데 많은 어려움을 겪었다. 또한 학생들은 학 기 중 다른 수업에 지장이 없도록 참여관찰을 해야 했기 때문에 주로 본인이 거주하 는 곳에서 가까운 선거구를 선정한 결과, 서울(5개 선거구), 경기(8개 선거구), 인천 (7개 선거구) 지역의 20개 선거구를 선정하게 되었다. 참여관찰 대상 후보로는 아무 래도 당선 가능성이 높은 주요 정당 후보들이 많았지만 제3당인 국민의당 후보와 녹색당 후보도 포함되었다.

학생들은 참여관찰 계획서를 바탕으로 3월 중순부터 본격적으로 참여관찰을 시 작하였다. 각자 선거구의 정치·경제·사회적 특징, 과거 선거 양상, 후보들의 선거 전략과 공약 비교, 온·오프라인 선거운동의 특징, 언론과 유권자의 반응, 그리고 최 종적으로 투표결과 등에 관한 정보를 자세히 수집한 후 분석을 시도하였다. 또한 4명의 학생(최우선·김명진·이혜빈·임우현)은 선거기간에 인천일보 기획시리즈 인 "대학생 눈으로 본 총선현장"에 참여관찰 기사를 세 차례 게재하였다. 총선 직후 학생들은 참여관찰 결과를 발표한 후 필자의 수정·보완 지시에 따라 최종 보고서를 학기말 과제로 제출하였다. 필자는 최종적으로 31명의 학생이 제출한 29개의 보고서를 두 차례에 걸쳐 꼼꼼히 수정·보완한 후, 선거전략 비교(I부), 선거운동 방식과 쟁점 분석(II부), 유권자의 반응과 투표행태(III부)로 나누어 구성하였다.

이 책은 한국의 선거연구와 교육적인 면에서 큰 의미를 가진다. 첫째, 참여관찰 방법론을 활용하여 선거과정을 분석함으로써 독자들에게 생생하고 살아 있는 지식을 전달한다. 학생들은 선거현장에서 일어나는 일들을 직접 관찰한 후 과거에는 몰랐던 사실을 많이 알게 되었다고 이구동성으로 이야기하였다. 대부분의 유권자들은 선거 관련 소식이나 정보를 신문 방송을 비롯한 대중매체를 통해 간접적으로 얻는다. 그런데 학생들은 이번 참여관찰을 통해 후보를 만나 인터뷰하고, 선거사무소에서 많은 선거 참모 및 운동원들과 대화를 나누며, 후보나 공약 등에 대한 유권자들의 반응을 직접 듣는 등 그동안 간접적으로만 전해 듣던 것과는 달리 생동감 넘치는 현장 속에서 선거 소식과 정보를 직접 접하게 된 것이다. 학생들은 강의실에서 교수의 주입식 강의를 듣는 것보다 참여관찰을 통해 한국 선거에 대해 훨씬 더 많은 것을 알게 되어 그 교육적인 효과가 컸다.

둘째, 그동안 우리의 정치학 교육은 주로 외국의 이론을 활용하여 선거를 비롯한 한국의 많은 정치현상을 설명하는 서구이론 중심의 교육이었기 때문에, 한국 정치학의 학문적 정체성을 확립하지 못하였다. 이제는 우리가 한국의 정치현장을 직접 참여관찰하여 정보와 지식을 축적한 후 새로운 이론을 개발하려는 노력이 필요하다. 이번 총선과정에 대한 인하대생들의 참여관찰은 이러한 학문적 소양을 조금이나마 함양할 수 있는 기회가 되었다. 이제 서구이론을 우리의 정치현실에 적용하여 설명하는 '위에서 아래로(top-down)'의 방식에서 벗어나, 정치현실에 대한 정확하고 자세한 사실 수집을 바탕으로 우리나라를 포함해 여러 나라의 정치현상을 설명할 수 있는 이론화 작업의 역량이 필요하다. 이번 총선 참여관찰이 이러한 역량을 가진 학문 후속세대를 양성하는 계기가 되기를 바란다.

마지막으로, 지금과 같은 정보화 시대에는 인터넷 등을 통해 알고 싶은 지식이나 정보를 언제든지 쉽게 얻을 수 있기 때문에, 대학교육에서 지식의 전수는 의미가 약해졌고 그보다 지식을 어떻게 조직하고 활용하는가가 매우 중요해졌다. 참여관찰을 통한 현장학습은 학생들이 선거 관련 이론이나 지식을 선거에 직접 응용해 볼 수 있는 방법과 안목을 키우는 좋은 기회가 되었다. 이번에 직접 선거운동원이나 자원봉사자가 되어 참여관찰을 한 학생들도 있었는데, 이러한 살아 있는 교육을 위해 참여관찰을 통한 현장학습의 기회가 앞으로 보다 더 많아지길 바란다.

이 책은 학생들의 노력과 협조 없이는 불가능했다. 무엇보다 지난 학기에 '정당과 선거' 과목을 수강한 학생들이 적극적으로 참여관찰을 한 후 열심히 보고서를 작성해 주어 매우 고마웠다. 그동안 학생들의 '정당과 선거'에 대한 참여관찰이 여러 차례 있었지만 학생들의 보고서를 책으로 만들어 낼 엄두를 내지 못하다가 이번에 큰 마음을 먹고 이 작업을 시작하였다. 내년 8월 말, 필자의 정년퇴임 전에 학생들에게 조그만 선물을 주고 싶었기 때문이다. 지난여름은 유난히도 더워서 학생들의 참여관찰 보고서를 수정·보완하는 작업이 여간 힘들지 않았다. 그러나 대학교수 생활을 마감하는 시기에 교수와 학생들이 힘을 합하여 책을 발간하게 된 것이 필자로서는 매우 자랑스러운 일이었기에 더위를 잊고 편집을 마무리할 수 있었다.

　이제 이 책이 나올 수 있도록 뒷받침해 주신 분들께 감사의 인사를 드리고자 한다. 선거운동 기간에 황금 같은 귀한 시간을 쪼개어 학생들을 만나 준 국회의원 후보와 선거관계자, 그리고 바쁜 일상생활에도 불구하고 인터뷰에 응해 준 유권자들에게 학생들을 대신해서 깊은 감사를 드린다. 그리고 참여관찰 기사를 신문에 게재해 학생들의 사기를 진작시켜 준 인천일보 이은경 부장님께도 늦게나마 감사의 인사를 올린다. 마지막으로 어려운 출판 사정에도 불구하고 흔쾌히 책을 출판해 주신 (주)푸른길 김선기 사장님과 편집의 노고를 아끼지 않은 김란 팀장, 최지은 편집자에게도 깊은 감사를 드린다.

2016년 12월

김용호

차례

III. 유권자의 반응과 투표행태는?

I.
어떤 선거전략이 성공적인가?

1. 여성 후보의 민심 공략이 소외지역을 흔들다

[서울 강서 병]

조해량

강서 병은 신설 선거구

강서구는 서울에서 상대적으로 소외받고 있는 지역이다. 이웃 동네인 양천구나 다른 지역에 비해 상대적으로 소득수준이 낮고 서울시 외곽에 위치하여 빈 땅이 많다. 그래서 강서구는 야권 강세지역으로 분류된다. 지난 19대 총선의 경우 등촌2동과 우장산동, 화곡3·6동, 가양1·2동, 공항동과 방화1·2동에서 새누리당 후보가 승리했다. 그리고 나머지 화곡동의 7개 동, 발산동, 염창동, 등촌1·3동, 가양3동, 방화3동에서 민주통합당 후보가 승리했다. 한편 강서 갑은 국내·외부재자 투표 모두 민주통합당 후보가 승리했고, 강서 을은 국외부재자 투표는 민주통합당 후보가, 국내부재자 투표는 새누리당 후보가 승리했다. 각 동에서 정당 간 득표율은 미세한 차이였다. 하지만 지역이 큰 화곡동의 경우 야당이 승리한 곳이 대부분이었다. 결국 강서 갑은 민주통합당 후보가 승리했고, 강서 을은 새누리당 후보가 승리했다.

강서 병은 강서 갑과 을이었던 기존의 선거구에서 분리되어 신설된 선거구이다. 강서 병은 강서구 염창동과 등촌1·2동, 화곡4·6동, 화곡본동, 가양3동을 포함하고 있는 선거구이다. 강서 병은 야권 강세지역인 화곡동을 포함한다. 그러나 새누리당의 유영 후보가 강서구청장을 지내 탄탄한 지역기반을 갖추고 있었고, 국민의당 김성호 전 의원도 이 지역 국회의원을 역임하며 기반을 갖춘 상황이었다. 이곳에 더불어민주당 한정애 현역의원이 도전장을 내밀었다.

강서 병 유권자의 관심

이곳 유권자들은 교통난으로 고통을 받고 있다. 화곡2·4·8동은 지하철 사각지대이다. 특히 곰달래길의 경우, 마곡지역의 개발로 인해 교통난이 심각하다. 현재 부천과 화곡동, 홍익대학교를 연결하는 서부광역철도 건설이 핫이슈인데, 화곡2·4·8동의 경우는 이러한 서부광역철도를 이용할 수 없다. 또 강서와 여의도, 강남을 연결하는 지하철 9호선은 매우 혼잡하다. 특히 급행열차로 인해 9호선을 이용하는 승객들이 많아서, 매일 아침이 지옥철이다. 선거구의 해당 노선지역은 염창동과 등촌동, 가양동이며 이에 해당하는 역은 가양역, 증미역, 등촌역, 염창역이다. 그러나 9호선 급행은 가양역과 염창역뿐이어서 주로 등촌역 인근 주민의 민원이 많다. 매일 아침 염창역과 등촌역 주위의 교통은 지하철을 이용하려는 사람들로 마비가 된다.

한편 이곳 유권자들은 마곡지구 개발에 깊은 관심을 가지고 있는데, 이 개발로 인해 다른 동네가 소외받는 문제가 발생하고 있다. 대표적인 것이 강서구청 이전 논란이다. 현재 강서구청은 우장산역 근처인 화곡6동에 위치해 있다. 만약 강서구청이 마곡으로 이전하면 지역상권이 붕괴되고 기존에 추진하던 서부광역철도의 강서구청역 신설 계획에 차질이 생긴다. 따라서 강서구청을 마곡으로 이전하면 강서구의 균형발전이 깨질 수 있다.

이곳 유권자의 또 다른 관심사는 준공업지역 문제이다. 강서구 내의 준공업지역은 서울 시내에서 가장 넓은 지역으로, 이는 여의도의 면적과 비슷하다. 준공업지역이란 공장을 지을 수 있는 땅으로 염창동과 등촌동, 가양동이 해당된다. 이곳은 서울시에서 총량제로 관리하고 있어, 어느 지역을 선정하면 다른 지역을 해제하는 방식이다. 시대가 변해 현재 강서구 내의 준공업지역은 우림블루나인, 가양테크노타운 등 아파트와 같은 주거시설이 많아져서 실효성이 사라졌다. 이렇듯 지역여건이 바뀌다 보니, 비싼 땅값에 공장이 들어와 있는 것 또한 효율적이지 못하다. 더구나 지역 주민들은 공장의 소음과 악취 등으로 불만이 많다.

그 밖에도 강서구는 서울에서 5번째로 고도제한이 많다. 그리고 화곡동과 등촌동 일부는 다세대주택이 즐비해 있기 때문에 주차장이 매우 부족해 골목이 혼잡하다. 또한 노인정과 같은 복지시설이 부족하고, 화곡본동에는 중학교가 없어서 아이들이 먼 곳까지 버스를 타고 학교를 다닌다.

강서 병의 선거이슈

강서 병은 수도권의 첫 야권단일화를 진행하려다 무산되었다. 국민의당은 일부 후보가 선거구별로 야권연대를 추진할 경우 당과 사전에 상의해 달라는 당 지도부의 지시를 내렸다. 하지만 지난 3월 31일, 김성호 후보는 보도자료를 내고 "더불어민주당 한정애 후보와 무조건적인 단일화에 답하겠다."라고 밝혔다. 당 지도부와 협의 없이 더불어민주당 후보와의 단일화에 나선 것이다. 연합뉴스 기사에 따르면, 당시 당 지도부가 상의 없이 후보를 등록하지 않을 경우 제명하는 등 엄정조치를 한다고 밝힌 것에 대해서 "그 부분은 제가 감수하겠다. 새누리당의 압승을 막으려면 누군가 희생을 치러야 한다."라고 말했다. 이렇게 강서 병은 수도권에서의 첫 야권단일화 사례로 한정애 후보가 승리할 것으로 전망됐지만, 지난 4월 1일 김성호 후보의 철회로 무효화되었다. 프레시안 기사에 따르면, 김성호 후보 측이 여론조사에서 당명을 빼달라며 협상 내용을 변경해 줄 것을 요구하면서 야권단일화가 무산되었다. 김성호 전 의원 측의 단일화 입장 변경은 국민의당 중앙당의 부정적 태도에 영향을 받은 셈이다.

강서 병의 후보 비교

기호 1번 새누리당의 유영 후보는 68세로 비교적 나이가 많은 편이다. 다른 후보들이 50대인 데 비해 유 후보는 60대로 10살 이상 차이가 난다. 강서구 공항대로에 거주하며, 미래정책연구소의 이사이다. 서울대학교 외교학과를 졸업한 후 미국 펜실베이니아대학교에서 박사학위를 취득했고, 서울대학교 총학생회장 경력과 제1·3대 강서구청장을 역임한 경력이 있다. 재산신고액은 약 26억 8000만 원이며, 세금납부액은 약 1억 2000만 원이다. 지난 2004년, 정치자금에 관한 법률 위반 1건이 있다. 유 후보는 1992년 제14대 총선부터 2007년까지 선거에 총 6회 나왔다. 그중 1995년 제1회 전국동시지방선거에서 민주당 후보로 당선됐고, 2002년 제3회 전국동시지방선거에서 한나라당 후보로 당선되어 총 두 번 당선됐다. 공교롭게도 한 번은 민주당, 한 번은 한나라당으로 당선됐고, 무소속으로 출마했을 때에는 낙선했다.

기호 2번 더불어민주당 한정애 후보는 1965년생으로 51세이다. 강서구 화곡로에 거주하며, 국회의원이고, 영국 노팅엄대학교에서 산업공학박사를 취득했다. 민주통합당 원내부대표라는 경력이 있다. 재산신고액은 약 7억 5000만 원이고, 세금납부액은 약 3200만 원이다. 한 후보는 지난 2012년 제19대 총선에서 민주통합당 소속 비례대표로 당선됐다.

기호 3번 국민의당 김성호 후보는 1962년생으로, 54세이다. 주소는 강서구 화곡로 68길에 거주하고 있으며, 직업은 정치인이다. 김 후보는 서울대학교 정치학과를 졸업했으며, 한겨레신문 정치부 기자와 제16대 국회의원직을 역임한 경력이 있다. 재산신고액은 약 6500만 원이며 세금납부액은 약 100만 원이다. 입후보 횟수는 2회로, 2000년 제16대 총선에서 강서 을의 새천년민주당 후보로 당선됐고, 2008년 제18대 총선에서는 강서 을에서 무소속으로 출마해 낙선했다.

기호 4번 정의당 김종민 후보는 1970년생 47세로 서강대학교에서 생명과학을 전공했다. 김 후보는 정치인으로, 지난 2009년부터 정치 관련 경력을 쌓았다. 그리고 나쁜투표거부 시민운동본부 공동집행위원장으로 있을 당시에, 기호 3번인 김성호 후보를 만나기도 했다. 김종민 후보는 박원순 서울시장의 선거대책본부장으로도 있었다. 지난 2013년 정의당에 입당했고, 2014년 8월부터 2015년 6월까지 정의당 대변인으로 활동했다.

강서 병 후보의 공약 비교

기호 1번 새누리당의 유영 후보는 '대한민국의 경제플래너'라는 이미지를 강조하였다. 유 후보의 슬로건은 "모든 게 다 경제다! 시원하게 보여드립니다. 새누리가 바뀌어야 대한민국이 바뀝니다, 친 대한민국, 친 강서 유영, 실속 있는 국회를 만들어갑니다."였다. 유 후보의 공약으로는 크게 네 가지가 있었다.

첫 번째는 강서구청을 현재 위치에 현대식 고층 건물로 신축한다는 것이다. 유 후보는 마곡지구 개발이 한창인 강서구에서 마곡 이외의 지역이 철저하게 소외되고 있는 점을 공략했다. 유 후보는 대표적으로 강서구청 이전 문제에 집중했다. 강서구청이 대안도 없이 마곡으로 이전하면 지역상권이 붕괴되고, 기존에 추진되던 서부광역철도 계획에도 차질을 빚는 등 수많은 부작용이 발생한다는 것을 문제로 제기했다. 유 후보는 그 대안으로 강서구청을 우장산역 근처인 현재 위치에 현대식 고층 건물로 신축하여 소외되는 지역이 없도록 함으로써 강서의 균형발전과 인프라 개선을 하겠다고 공약을 내세운 것이다. 두 번째는 교통인프라를 확충하고 규제를 완화하여 도시개발을 활성화한다는 것이다. 구체적으로 유 후보는 서부광역철도를 건설할 때, 곰달래역과 목동사거리역, 등촌2동역을 신설하겠다고 약속했다. 이는 교통 사각지대인 곰달래역과 등촌2동역을 고려하고, 마곡개발에 따른 교통난을 해소하겠다는 의지이다. 이외에도 발산역에서 강서구청 사거리를 경유하고 등촌역까지 지하차도를 건설할 것이며 9호선 등촌역을 급행역으로 전환하겠다는 공약이 있었다. 세 번째는 부족한 중·고등학교를 신설해 유아교육을 강화하겠다는 공약이다. 즉, 화곡본동 지역에 중학교를 신설하고, 염창지역에 국제고 등 특목고를 유치하며, 초등학교 병설유치원을 개설하겠다는 것이다. 네 번째는 녹색도시 건설과 삶의 질 개선을 위해 과감한 투자를 하겠다는 공약이다. 구체적으로 염창동에 복합체육문화 복지센터를 추진하고, 마곡식물원과 한강 직결 에코브리지 연결로 친수공원을 확보하며, 준공업지역 해제를 추진해 자동차서비스 산업단지를 조성하겠다고 약속했다.

기호 2번 더불어민주당의 한정애 후보는 오직 민생을 추구한다는 점을 강조했다. 슬로건 역시 "더 '따뜻한 강서'를 시작합니다."였다. 한 후보의 공약은, 첫 번째로 서부광역철도 조기착공을 추진하겠다는 것이고, 두 번째는 지하철 9호선을 대폭 증차하고 이용객 편의시설을 확충하겠다는 것이다. 구체적으로 가양역에 모든 출입구 내부통로를 연결하고, 엘리베이터를 설치하는 것이다. 또한 등촌역 3, 4번 출구에 엘리베이터를 설치하며, 증미역에 개찰구를 추가 설치하겠다고 약속했다. 세 번째로 ICAO(국제민간항공기구) 이사회를 통해 공항 고도제한 완화를 조속히 실현하겠다고 공약했다. 또한 네 번째는 준공업지역 내 주택-공장 혼재지역의 주거환경을 정비하겠다고 공약했다. 그리고 문화콘텐츠산업 등 강서구 특화산업을 육성하겠다고 공약했다. 다섯째로 월드컵대교 건설을 조기완공해 이를 공항로와 연결함으로써 교통정체 해소 및 통행여건을 개선하겠다고 약속했다. 여섯째로 국회대로 지하화와 상부 명품거리를 조성해 화곡유통단지를 새로 만들고 창고지대를 개발하겠다는 것이다, 마지막으로 거성빌라, 우성빌라, 연희빌라, 비원빌라, 두보빌라, 대경빌라 등에 자연경관지구의 합리적 완화를 추진하겠다고 약속했다.

기호 3번 국민의당 김성호 후보는 "야권단일 후보는 역시 김성호 후보"라는 슬로건을 내세웠다. 이외에도 "고래가 돌아왔다! 노인 없는 젊은이는 없습니다, 저 주름 속에 우리가 있습니다."와 같은 슬로건이 있었다. 김 후보의 첫 번째 공약은 마곡지구에 어린이와 할아버지가 함께하는 생태체험관과 마곡 식물공원 안 '숲속 도서관'을 세우겠다는 것이다. 두 번째는 한강 에코브리지를 만들겠다는 것이다. 에코브리지는 마곡 호수공원과 올림픽대로를 가로질러 한강을 연결하는 것으로 이는 한강을 강서의 호수로 만들겠다는 의미이다. 세 번째는 서부광역철도를 빠른 시일 안에 착공하겠다는 것과, 네 번째는 신도심인 마곡지구는 최첨단 연구단지인 실리콘밸리 IT단지와 환경생태도시로, 구도심인 화곡동은 종합행정타운과 교통 중심도시로 만들겠다는 것이다. 이를 위해 강서경찰서를 현 부지에 신축하듯, 강서구청도 마곡지구로 이전하지 말고 현 부지에 신축해야 한다고 주장했다. 다섯 번째는 대한항공, 아시아나, LG, 신세계 등 강서지역 대기업에 지역 청년과 주민을 우선채용하도록 협약을 맺는다는 것이다. 이외에도 지하철 9호선을 증차시키고 국제항공법 개정으로 고도제한을 완화하겠다고 공약했다. 그리고 준공업지구를 해결해 먼지와 소음이 없는 강서로 만들겠다고 공약했다. 이외에도 북한이탈주민(새터민) 취업과 정착 지원, 지역도서관 활성화, 등촌3거리를 등촌4거리로, 등촌1동에서 등촌2동으로 직진 신호등 설치, 염창동 빗물펌프장 복개, 복합문화센터 건설, 재래시장인 남부시장, 본동시장의 시설 현대화, 임대아파트 생활환경 개선사업 지속 추진, 김포공항을 김구공항으로 개명하겠다는 등의 공약이 있었다.

새누리당 유영 후보의 선거운동 스타일

유영 후보는 "대한민국 경제플래너"라는 슬로건과 함께 강서구청장 경험을 강조했다. 그는 후보 간 토론회나 선거운동에서도 본인이 1·3대 강서구청장이었음을 강조하며 누구보다 강서를 잘 아는 경제·행정 전문가라고 주장했다. 특히 그는 경제를 발목 잡고 민생을 내팽개친 정치가 경제를 어렵게 한다고 말하며, 일자리가 줄어들고 있는 사회를 비판했다. 또한 "싸우는 국회가 아닌, 일하는 실속 있는 국회를 만들어야 한다, 경제를 발목 잡은 정치를 바꿔야 한다."며 국회의원으로서의 포부를 말했다. 국가적 공약으로는 튼튼한 안보와 돌아가는 경제, 알찬 복지를 제대로 실시하겠다고 강조했다. 경제전문가를 강조하는 후보여서 그런지 서부광역철도의 노선을 기존 직선 모형에서 반달형으로 바꾸어 등촌2동역,

목동사거리역, 곰달래길역을 신설하겠다고 힘주어 말했다. 유영 후보는 이 공약에 차별성을 두어 거리 현수막에 올리고 선거유세 때 강조하는 등 대표 공약으로 삼는 듯했다. 이는 야권 강세지역인 화곡동이 강서 병 선거구에 유입됨에 따른 화곡동 맞춤 공약인 듯했다. 이와 대조적으로 다른 후보들은 부천부터 화곡동, 그리고 홍익대학교까지 연결하는 서부광역철도 건설을 조기착공하겠다는 공약을 내세웠다.

유영 후보는 야권 강세지역인 선거구의 특성을 고려해서인지 야당 국회의원에 대해 비판적이었다. 그는 "그동안 강서지역에서 야당의원을 많이 배출했는데, 그들이 지역구민들에게 무엇을 했느냐, 낙후된 것을 아무도 해결하지 못했다. 도로교통은 여전히 불편하고, 지하철도 다른 구에 비해 늦게 뚫리거나 계획만 한다."라고 비판했다. 이에 강서구청장을 역임한 유영을, 그리고 힘이 있는 여당, 정책을 집행하는 여당을 밀어달라고 당부했다. 또 유 후보는 야권단일화에 대한 비판도 했다. 공약과 후보의 자질을 검증해야 하는데, 야권단일화에 이목이 집중되는 것 같다며 민생과 무관한 단일화는 강서구민들이 지지하지 않을 것이라고 주장했다. 또한 그는 더불어 국민의당으로 이름을 바꾸는 것이 어떠냐며 비판했다.

유영 후보는 지난 4월 7일, 김무성 대표와 화곡역에서 선거유세를 했으며, 지난 4월 9일에는 화곡역에서 나경원, 최경환 후보와 함께 유세를 다녔다. 그의 선거유세에 연예인 선우용녀 씨도 함께했다. 유 후보의 선거사무소는 염창동이었는데 염창동 증미산 배드민턴 대회방도 다니며 주민들과 소통하는 모습을 보였다. 낮은 중저음 목소리의 유 후보는 본인이 30년 이상 강서구에 거주한 것을 강조하며 강서를 잘 아는 경제·행정 전문가 이미지를 굳혔다. 또 강서 병 지도에 본인의 공약을 첨부하여 각 지역마다 놓치지 않고 챙기고 있다는 것을 한눈에 보기 쉽게 디자인했다. 유 후보의 화곡본동 유세현장에 가 보니 화곡본동에 중학교가 없다는 문제를 지적하며, 젊은 엄마들에게 아이를 힘들게 버스에 태워 멀리 학교에 보내지 않도록 중학교를 신설하겠다고 공약을 제시했다. 또한 염창동 유세현장에서는, 젊은 엄마들에게 염창동에 국제학교를 신설하겠다는 공약을 이야기하며 엄마유권자들을 공략했다.

더불어민주당 한정애 후보의 선거운동 스타일

더불어민주당 한정애 후보는 홍보물 페이지가 가장 많은 후보였다. 한 후보는 여성 후보로서 따뜻한 이미지를 강조했다. 슬로건 역시 "따뜻한 강서와 오직 민생"을 강조하며 본인의 국회의원 경험을 내세웠다. 한 후보는 강서구청장과 시의원 경험이 있는 유영, 김성호 후보와 다르게 강서구에 처음으로 도전장을 내미는 후보였다. 그래서인지 본인을 소개하는 글이 유독 많았는데, 올곧고 따뜻한 인성과 노동자의 권익을 대변하는 활동 및 민생과 관련한 19대 국회의원 활동을 많이 언급했다. 선거유세와 후보 토론회에서도 다른 후보에 비해 자기소개가 조금 길었다. 한 후보는 다른 후보와 달리 본인의 이미지를 잘 만들고 장점을 살릴 줄 아는 후보였다.

또한 한 후보는 트위터와 같은 SNS 전략을 효과적으로 잘 사용했다. 이는 다른 후보들과 가장 큰 차이점으로, 선거활동 이전부터 SNS 활동을 활발하게 했다. 문틈에 낀 사진이나 강아지를 귀여워하는 사진, 놀이터에서 장난을 치는 사진 등 친근한 이미지를 보여 주었다. 특히 '태양의 후예'나 '꽃보다 청춘'과 같은 인기 드라마 작품 사진에 본인 모습을 합성하는 등 신세대적인 모습도 보였다. 그래서 젊은 유권자들의 호응이 많을 것으로 기대했다. 또 다른 후보에 비해 유독 스킨십이 강했다. 강서구 주민에게 낯선 인물이어서 여성의 따뜻함을 앞세웠던 것인지는 모르겠지만, 항상 웃는 얼굴로 사람들과 포옹을 하고 악수를 하며 사진을 찍었다. 특히 노인정을 자주 방문해 노인들에게 막내딸처럼 포옹도 하고 뽀뽀도 하는 모습을 보였다. 유세현장의 사진 중 웃는 얼굴을 가장 많이 보인 후보였다.

이러한 따뜻한 모습처럼 한 후보는 민생 공약이 많았다. 선거연설과 후보 토론회에서 소외받는 강서의 따뜻한 발전을 위해 다세대주택에 아파트 방식의 관리제를 도입하고, 공용주차장과 CCTV를 증설하여 보다 안전하고 질서 있는 삶을 만들겠다고 말했다. 또한 어르신 사랑방이나 아이들 공부방과 같은 편의시설과 강서청소년 문화의집을 설립할 것이며 아토피, 비염 등을 위한 환경성 질환센터를 유치한다는 등의 민생 공약이 많았다. 일반 고등학교의 역량을 강화하겠다는 점에서 유영 후보와 차이를 보였다.

한 후보는 야권단일화를 무산시킨 김성호 후보에 대해 네거티브한 반응을 보였는데, 김성호 후보가 당의 지시로 본인의 합의문을 무효화시킨 것에 일침을 가했다. "김 후보는 당의 공약과 본인의 공약이 다르다는 것이 문제이다. 야권단일화 합의서도 작성했지만 중앙에서 거부해서 파기됐다. 김 후보의 공약을 중앙에서 반대하면 실현이 될지 의문이다."라며 비판했다. 또 유영 후보에 대해서는, 유 후보의 대표 공약인 서부광역철도 신설 지하철역에 관해서 의문을 제기했다. "신설 지하철역은 강서구를 포함해 부천, 마포, 은평구 등과도 연관이 있는 10년 단위의 공사이다. 강서구만 3개 역이나 늘리는 것은 국토교통부의 타당성 조사에 통과하지 못할 수 있다."라고 말했다.

국민의당 김성호 후보의 선거운동 스타일

야권단일화 무효화의 영향일까, 국민의당 김성호 후보의 슬로건은 "야권단일 후보는 역시 김성호로!"였다. 현수막이나 선거운동원이 들고 있는 피켓에도 이 문구가 꼭 있었다. 김 후보는 야권단일화에 대해 "잠정합의문을 작성했으나 중앙당의 지침에 의해 나중에 발표하려 했다. 하지만 한 후보가 기자회견식의 폭로를 했다. 이는 한 후보의 김칫국이다."라고 언급했다. 김성호 후보가 나중에 발표하려 했는지, 당의 압박을 받아서 변심한 것인지는 모르겠으나 슬로건에서 알 수 있듯 야권단일화를 한정애 후보 쪽으로는 하지 않겠다는 마음을 먹은 것 같았다.

김 후보는 제3당 후보답게 여당과 제1야당을 모두 비판했다. 그는 "정치가 국민들에게 실망을 시키고 있다. 실망은 절망을 일으킨다. 현 19대 국회는 최악의 무능의 극치이다. 기존 여야 정치권 전반에 대해 유권자의 심판이 필요하다. 정치는 책임이 필요하다."라고 말했다. 즉, 기존 여야 정치권을 기득권 세력으로 보고 '여야 심판론'을 주장했다. 토론회에서 "한국정치는 총체적 낙제점이다. 정치의 두 축인 국회와 정당을 동시에 바꿔야 한다."라고 주장하며 새누리당과 더불어민주당을 동시에 비판했다. 김성호 후보는 국가적 공약으로 차별 없는 사회를 내세웠다. 또한 선거홍보물에서 알 수 있듯이, "어르신이 웃어야 행복한 사회이다."를 비롯하여 노인층을 위한 공약도 많았다. 그는 복지 정책을 실현해야 한다며 중앙정부에서 지원한 누리과정을 통해 교육대란을 해결하고, 국민주치제도를 도입해 국민건강을 국가가 책임지겠다고 민생 공약을 펼쳤다. 또한 마곡에 한국 최대 식물공원을 만들어 제2의 서울의 숲을 건설하겠다고 공약했다.

김 후보는 지난 4월 10일, 안철수 대표와 함께 화곡역에서 선거유세를 했다. 그는 야권 승리를 외치며 "야권 후보는 김성호를!"이라고 소리쳤다. 한겨레 전 정치부기자 출신답게 다소 진보적인 성향을 지니고 있었다. 국민의당 성향과 조금은 맞지 않는 듯 보이는 정책 공약에도, 국민의당은 합리적인 진보와 합리적인 보수가 있는 곳이라며, 본인은 합리적인 진보를 외치는 사람이라고 말했다. 김성호 후보는 온라인 선거전략을 이용하지 않고 선거유세를 통해 유권자들과 소통했다.

한편 김 후보는 냉정한 모습을 보여 줄 때도 있었다. "김성호 후보의 마곡 호수공원과 에코브리지를 만들겠다는 공약은 유영 후보가 강서구청장으로 나왔을 때 이미 내놓은 공약과 비슷하지 않은가?"라는 질문에 사실이라고 답변했다. 그는 덧붙여서 "에코브리지는 유영이 원조이다. 유영이 강서구청장 때 내놓은 굉장히 좋은 공약이라서 추가했다. 정책은 주민들이 좋다면 같이 실현해야 한다."라며 합리적인 모습을 보여 주었다.

각 후보의 온라인 선거전략에 대한 평가

기호 1번 유영 후보는 선거를 위해 블로그를 새로 만들어서 게시글이 몇 개 없었다. 선거 때문에 급하게 만든 티가 났다. 또한 트위터는 2012년에 가입했지만 그해에 몇 개의 글만 썼을 뿐, 평소에 온라인 소통을 하지 않는 것이 보였다.

한편 기호 2번 한정애 후보는 이번 선거에 출마하기 몇 년 전부터 블로그를 조금씩 해 왔다. 블로그에는 정치에 대한 글뿐만 아니라, 본인의 일상생활에 관련된 모습을 자주 올렸다. 강서구 식당에서 밥을 먹은 사진이나 본인의 강아지 사진을 올리곤 했는데, 이는 선거 때문에 급하게 만든 것으로는 보이지 않았다. 한 후보는 선거 이전부터 매우 오랫동안 트위터에 많은 글을 올리며 13,000명이 넘는 팔로워들과도 활발한 소통을 해 왔다. 이는 한 후보만의 두드러진 특징이었다.

기호 3번 김성호 후보는 선거 때문에 급하게 만든 것 같았고 운영도 잘 하지 않은 듯했다. 그나마 있는 게시글도 사진 한 장에 "야권단일 후보는 김성호! 제16대 국회의원, 한겨레 정치부 기자"라고 썼을 뿐, 글이 없었다. 2011년에 가입한 트위터에는 2015년까지 활동을 별로 하지 않아서 올린 게시물이 거의 없었다. 즉, 김 후보는 온라인 선거전략을 잘 사용하지 않았다. 세 후보 중 유일하게 더불어민주당 한정애 후보가 활발한 트위터 활동을 통한 온라인 전략을 효과적으로 펼쳤다.

선거 결과 분석

지난 4월 7일, 연합뉴스와 KBS의 여론조사 결과를 보면 지지율은 유영 새누리당 후보가 30.4%로 1위를, 한정애 더불어민주당 후보가 27.8%로 2위를, 김성호 국민의당 후보가 16.9%로 3위를 기록했다. 당시 유영 후보가 1위를 달리긴 했지만, 2위인 한정애 후보와 얼마 차이가 나지 않아 접전이었다. 투표 결과 강서 병의 20대 총선의 투표율은 59.2%였다. 선거인 수는 157,029명이었으나 투표자는 92,972명이었다. 선거구 개표율은 100%였다. 무효 투표수는 1,125표, 기권수는 64,057표로 적지 않은 숫자였다.

당선인은 기호 2번 더불어민주당의 한정애 후보였다. 한정애 당선인은 39,992

표를 얻어 43.5%로 1위에 올랐다. 1번 새누리당 유영 후보는 29,648표를 얻어 32.3%로 2위였다. 두 후보의 차이는 10%가 넘는 다소 큰 차이였다. 특히 강서구 갑·을 선거구와 비교하면 차이가 컸다. 그 외에 3번 국민의당 김성호 후보는 20.6%를, 4번 정의당 김종민 후보는 3.6%를 기록하며 총선이 막을 내렸다. 여론조사 때와 다르게, 비교적 큰 차이를 보이며 한정애 후보가 당선되었다. 사실 야권단일화가 파기되어 야당인 한정애 후보와 김성호 후보가 타격을 입을 것으로 추정했다. 하지만 개표가 끝난 뒤 이는 괜한 걱정이었음을 알았다. 상대적으로 야권 성향이 짙은 선거구여서 야당이 승리한 것일까, 아니면 후보 개인의 매력이 유권자에게 통하여 승리한 것일까. 개인적으로 이 두 가지 요인이 합쳐져서 이러한 결과가 나온 것으로 생각된다.

유영 후보는 나이와 강서구청장의 경험이 독이 된 것 같았다. 인터뷰를 진행했던 60대 유권자 최 씨는, "나이 있고 몇 번 해먹은 사람보단 젊은 사람한테 표 하나 줘야지."라는 반응을 보였다. 또한 화곡동 시장상인인 50대 유권자는, "유영 후보가 강서구청장을 했을 때 서민들은 크게 달라진 점을 못 느꼈다."라고 말했다. 한편 한정애 후보는 온라인 전략이 통한 것 같았다. 염창동에 거주하는 20대 유권자 한 씨는, "첫 투표여서 평소에 즐겨 하는 트위터에 들어가 후보들을 보았다. 한 후보의 트위터는 읽는 재미가 있더라."라고 답했다. 또한 스킨십 전략도 어느 정도 통한 것으로 보인다. 등촌동에 거주하는 20대 유권자 황 씨는 "이번이 첫 투표이다. 그래서 선거홍보물을 보았다. 공약은 다들 비슷한 것 같은데, 웃고 있는 모습이 따뜻해 보인다."라고 말했다. 하지만 20대 유권자 중에 여전히 선거에 관심 없는 이들도 많았다. 등촌동에 거주하는 20대 유권자 오 씨는, "솔직히 선거에 관심이 없어서 누가 나왔는지도 잘 몰랐다. 나 하나 투표 안 한다고 크게 달라지는 것도 없는 것 같다."라며 자리를 떴다. 준공업지역에 카센터를 운영하는 한 유권자는, "아파트가 들어서기 전에 있던 카센터인데 요즘 참 골치 아프다. 공장에서 악취와 소음이 난다고 주민들이 불평을 하는데 이곳 카센터에도 불똥이 튀고 있다. 준공업지역에 관한 공약을 내주는 후보를 관심 있게 지켜볼 것이다."라고 말했다.

승패 요인

　각 정당과 후보의 선거전략, 이미지, 그리고 공약이 유권자의 호응을 이끌었느냐 그렇지 못했느냐에 따라 선거 결과가 갈린 듯했다. 강서구청장의 경험으로 유권자들 앞에 선 유영 후보는, 지난 일들을 잘 했느냐가 시험대에 올랐다. 인터뷰에서도 알 수 있듯이, 일부 유권자들은 유 후보의 두 번의 강서구청장 경험에 피로감을 느꼈다. "또 나오냐"는 반응도 있었고, "크게 달라진 점을 못 느꼈다."는 반응도 있었다. 또한 유 후보의 경제·행정 전문가 이미지가 유권자에게 잘 받아들여지지 않은 것 같았다. 강서 병은 서울에서 소외받는 지역이기 때문인지 유권자들은 경제 문제도 문제이지만 민생과 따뜻함을 앞세운 한정애 후보에게 많은 표를 주었다. 그리고 유 후보의 핵심 공약인 서부광역철도 건설이 생각보다 큰 지지를 얻지 못한 것으로 보였다. 인터뷰 진행 중 서부광역철도건설에서 강서구에서만 3개역을 추가하는 것이 가능할지 의문을 갖는 유권자도 있었다.

　한정애 후보의 경우, 현역의원이지만 강서구 내에서는 낯선 얼굴이었음에도 불구하고 본인을 잘 소개하고 좋은 이미지를 만들어 홍보를 잘한 결과 승리했다. 무엇보다 한 후보는 강서 병의 지역특성을 잘 알았다. 후보 토론회와 선거연설 내내 소외받는 강서를 위해 힘쓰겠다는 말을 강조했다. 또한 "오직 민생"이라는 슬로건에서 알 수 있듯이, 사회적 약자를 위한 따뜻한 이미지를 강조했다. 한 후보는 사회생활의 경험을 토로하며, 노동자의 권익을 대변하기 위해 영국으로 유학을 가고 정계에 입문한 계기를 언급했다. 본인을 사회적 약자를 위해 활동하는 올곧고 당찬 여성이라고 소개했다. 또한 다른 후보에 비해 유독 민생 공약이 많았는데 이러한 점이 선거구 특성과 잘 어울렸던 것 같다. 강서 병은 부유층보다 사회적 약자가 많은 지역으로 노동자와 서민이 많이 살고 있으며 비교적 소득수준이 낮은 곳이다. 그래서 유권자들이 정이 넘치는, 행복한 강서를 외치는 한 후보에게 표를 준 것 같다.

　김성호 후보는 양 거대 정당 사이에서 어떻게 살아남을 것인지, 야권 성향이 짙은 곳에서 더불어민주당 후보와 어떠한 차별점을 둘 것인지가 선거에서 승리하는 방안이었다. 하지만 김 후보는 본인만의 이미지를 만들어 내지 못했던 것 같다. 김 후보의 슬로건은 후보의 특성을 잘 살리지 못했고, 다른 후보에 비해 두드러지는 공약도 없었다. 선거구 특성보다는 그저 양 거대 정당을 비판하는 것에 머물러 유권자와 소통이 잘되지 않은 것 같아 아쉬웠다. 끝으로 정의당의 김종민 후보는 '선거에 이겨서 국회의원으로 당선돼야지'라는 마음이 적었던 것으로 보인다. 그보다는 이번 선거에서 다른 정당과 후보의 장단점 및 정부를 비판하고, 정의당을 알리는 일에 충실했다.

2. '소사댁'이 '소사 머슴'에 다시 승리한 비결

[경기 부천 소사]

윤상원

야당 후보의 재선 전략은?

필자는 부천 소사에서 19대 국회의원으로 뽑혔던 김상희 후보가 20대 총선에서 어떤 선거전략을 구사할 것인지에 대해 관심이 많았다. 김상희 후보는 20대 총선에서도 더불어민주당의 단일 후보로 나와 공천을 받을 정도로 당내에서 기대를 걸고 있는 인물이었다. 하지만 중부일보의 3월 10일자 경기 부천 소사 여론조사 결과에 의하면, 새누리당 지지율은 47.5%, 더불어민주당 지지율은 22%로 새누리당이 더불어민주당에 비해 두 배 이상의 높은 지지율을 기록하였다. 또한 국민의당 김정기 후보가 출마함으로써 야권 표가 나눠질 가능성도 있었고, 새누리당 내에서 이 지역의 제17·18대 국회의원을 지낸 차명진 후보의 공천이 확정되면서 양자 간의 재대결이 되었다. 낙관적이지 않은 상황에서 김상희 후보가 본인의 자리를 지키기 위해 어떠한 선거전략을 사용하는지, 차명진 후보와 비교분석하기 위해 부천 소사 선거운동을 심층적으로 관찰하였다.

부천 소사구 후보의 특징

부천 소사구는 송내역에서부터 역곡역까지 1호선 철도의 남부에 위치해 있는 부천의 구시가지이다. 인천광역시와 서울특별시의 사이에 위치해 있으며, 12개 동으로 이루어져 있다.[1] 위성도시에 속하며 2015년 11월 30일 기준 86,355세대와 22만 2,331명이 살고 있어, 결코 작은 구가 아니다. 소사에는 주거지역 외에도 재래시장 및 부천의 주요 교육기관들이 많이 자리 잡고 있다. 그래서 선거 때마다 후보들은 뉴타운 건설이나 시장의 현대화 등과 같은 공약을 가지고 나와서 표를 얻으려 한다.

한편 부천 소사는 보수 성향을 지닌 중장년층이 많은 것이 특징이다. 실제로 19대 총선에서 민주통합당의 김상희 후보가 당선되기 전까지 지난 16년 동안 5번의 선거(재보선 포함)에서 새누리당은 단 한 번도 패배하지 않았다. 그만큼 지난 총선에서의 김상희 후보의 당선은 파격적이며 정치적으로도 의미가 있었다.

20대 총선에는 1번 새누리당의 차명진 후보, 2번 더불어민주당의 김상희 후보, 3번 국민의당의 김정기 후보, 마지막으로 4번 정의당의 신현자 후보를 포함하여 총 4명이 출마했다. 하지만 소사구 선거는 1번 차명진 후보와 2번 김상희 후보의 대결이라는 것이 지배적인 의견이었기 때문에 양자를 중심으로 참여관찰을 하였다.

새누리당의 차명진 후보는 서울대학교 정치학과를 졸업하고 서울대학교 대학원 정치학과 석사과정을 마쳤다. 제17·18대 국회의원을 지냈으며, 전 김문수 경기도지사 인수위원회 부위원장, 박근혜대통령 후보 청년일자리 특별본부장을 맡았었다. 특이사항으로는 1993년에 건축법 위반으로 벌금 200만 원을 낸 사실이 있다. 차 후보는 "모친이 제 명의로 집을 지었는데 건축사가 신고 비용을 떼어먹는 바람에 무허가 건물이 되어 벌금을 냈습니다. 건축사를 고소하려 했으나 젖

---

1. 소사본동, 심곡본동, 범박동, 괴안동, 송내동, 옥길동, 계수동, 심곡본1동, 소사본3동, 역곡3동, 송내1동, 송내2동

표 1. 부천 소사구 후보들

소속	이름	나이	학력	경력	재산신고액	병역	납세	전과
새누리당	차명진	57	서울대 정치학과석사	17·18대 국회의원	3억 6619만 원	필	7227만 원	1
더불어민주당	김상희	62	이화여대 제약학과	18·19대 국회의원	9억 7360만 원	비대상	1억 2898만 원	무
국민의당	김정기	49	한양대 독어독문학과	6·7대 부천시의회의원	2억 2063만 원	미필	93만 원	2
정의당	신현자	45	경희대 영어영문학과	전 부천교육희망 네트워크 공동대표	1억 8974만 원	비대상	144만 원	무

먹이가 둘이나 있다고 통사정해 용서하고 제가 죄를 뒤집어썼습니다."라고 전과 기록을 소명하였다.

한편 더불어민주당의 김상희 후보는 이화여자대학교 약학대학 제약학과를 졸업하였으며, 제18대 비례대표로 국회의원에 당선된 후 19대 총선에서 부천 소사구에서 당선된 현직의원이다. 전 국회 여성가족위원회 위원장, 노무현대통령 자문 지속가능발전위원회 위원장을 맡았었다.

4년 만의 재대결

차명진 후보와 김상희 후보는 이미 2012년 총선 때 맞붙은 적이 있는데, 김 후보가 7% 앞서며 차 후보를 누르고 당선되었다. 앞에서 언급한 것처럼 이미 두 후보가 두 차례씩 국회의원을 하였다. 20대 총선의 '소사 머슴' 차명진 후보와 '소사 댁' 김상희 후보의 재대결에서 승자는 3선의 고지에 오르게 된다. 먼저 차 후보는 경선까지 치르고 공천을 받은 만큼 "발로 뛰고 소통하는 새로운 정치! 새로운 소사! 꼭 만들겠다."라고 약속했다. 이에 맞서는 김상희 후보는 현직의원이라는 이점을 살려 "새누리당(김문수·차명진) 집권 16년으로 낙후된 소사가 김상희 4년으로 살아나고 있다."라고 주장하며, "소사에서 변화의 바람이 불고 있다. 4년 전처럼 한 번 더 선택해 달라."라고 호소했다. 두 후보는 3월 16일 선거운동 중, 서로 마주치자 "4년 만의 리턴매치를 선의의 경쟁으로 만들자."며 악수를 나누었다.

두 후보가 모두 여론조사를 믿지 않아

차명진 후보(69.8%)와 김상희 후보(68.9%)의 인지도는 비슷했다.[2] 반면 김정기 (26.8%) 후보와 신현자 후보(15.6%)는 인지도가 매우 낮았다. 차명진 후보와 김상희 후보는 모두 부천 소사구에서 전·현직의원을 지냈으므로 당연히 인지도가 높게 나왔으며, 김정기 후보는 전 6·7대 부천시의회의원을 지냈기 때문에 26.8%라는 인지도가 나왔다. 경기일보에서 4월 6일 발표한 여론조사 결과에 따르면 차명진 후보가 25.8%로 24.2%의 지지율을 얻은 김상희 후보를 근소한 차이로 앞섰다.[3] 하지만 경기신문이 여론조사 전문기관인 리얼미터에 의뢰해 4월 5일 발표한 결과에서는, 차 후보가 37.4%로 25.1%의 지지율을 얻은 김 후보를 12.3% 앞섰다.[4] 또한 정당 지지도는 새누리당이 30.1%로 더불어민주당(21.5%), 국민의당 (8.6%), 정의당(4.2%)에 비해 우세했다. 여론조사 결과에서는 인지도, 지지도, 정당 지지도 모두 차명진 후보가 앞섰다. 하지만 이러한 결과에 차 후보는 안심할 수 없었다. 19대 총선에서도 여론조사 결과, 당선 가능성, 정당 지지도 측면에서 모두 차명진 후보가 앞섰었다.[5] 하지만 이 결과와는 반대로 18대 현직의원이었던 차 후보는 낙선했다. 그렇기 때문에 차 후보는 여론조사를 믿을 수 없었고, 더욱

2. "총선 4·13 여론조사·부천 소사 40대 이하 숲−50·60대 車 지지", 경인일보, 2016. 3. 22.
3. "혼전' 경기 부천소사 새누리 차명진, 더민주 김상희에 '우세'", 경기일보, 2016. 4. 6.
4. "차명진>김상희 12.3%p차 우세", 경기신문, 2016. 4. 5.
5. "새누리당 차명진 '당선가능성', '정당 지지도' 모두 앞서", 부천타임즈, 2012. 4. 3.. 차명진 후보 47.8%, 김상희 후보 36.5%.

이 이번에는 본인이 도전자인 입장을 고려하여 안심하지 않고 더 열심히 선거유세활동을 펼쳤다. 반대로 김상희 후보는 여론조사 결과에 낙담하지 않고 4년 전에도 이겼던 것처럼 이번에도 희망을 가지고 열심히 유세활동을 했다.

차명진 후보의 사통팔달과 행복도시 공약

차명진 후보는 '사통팔달 소사'를 만들겠다고 하였다. 이 목표를 이루기 위한 핵심 공약이 바로 경인선 지하화이다. 경인선 지하화는 이미 19대 총선 때부터 주요한 공약 중 하나로 핵심 이슈였다. 다른 공약으로는 부천역 이마트 자동차통과료 폐지, 성주산 관통 터널 건설, 중동-소사-온수역에 정차하는 급행노선 신설, 소사로 일부 구간 확장 등이 있다. 그리고 차 후보는 '행복 1번지 소사구'를 만들기 위한 공약도 제시했다. 기숙고등학교 유치, 소사역·부천역 지하계단 에스컬레이터 설치, 소사구민 운동장 조속 건설, 등굣길 사각지대 CCTV 설치, 어르신들을 위한 공공목욕탕 설치, 각 동에 1개씩 주민 공용헬스장 설치 등이다. 또 차 후보는 '365일 경제가 살아 있는 소사구'를 위해서는 소사역 역세권 개발, 청년벤처창업지원센터 설치, 삼양홀딩스공장 이전·활용 대책 마련, 깡시장·역곡 남부시장·소사시장·조공시장 현대화사업 추진, 시니어일자리지원센터 설치, 자유시장 주차장 확보 등을 공약으로 내세웠다.

김상희 후보의 9·4·5 공약

김상희 후보는 "대한민국 국민은 행복해질 권리가 있다."는 슬로건을 내걸고 서민, 청년, 여성, 학부모, 노동자, 자영업자, 중소기업 등 민생복지를 중점적으로 제시했다. 그의 9·4·5 공약은 "소사구를 확~ 바꾸고 더~ 늘리겠습니다."라는 뜻으로 9가지 메인 공약 아래 34개의 세부 공약으로 구성되어 있다. 9·4·5에서 9는 소사구 구(9)를 뜻하며 4는 4개의 '확 바꾸기 공약', 5는 5개의 '더 늘리기 공약'을 말한다.

먼저 4개의 '확 바꾸기 공약'은 원도심 확 살리기, 지역경제 확 살리기, 교통체증 확 뚫기, 교육의 질 확 높이기이다. 세부 공약은 도시재생사업 추가 선정, 경인전철 지하화 계속 추진, 주민마당 조성, 주택가 및 전통시장 주차장 조성, 소사역 및 복사역 역세권 개발, 삼양중기 부지개발 추진, 교통혼잡구간 대책 마련, 청년 일자리지원센터 건립, 고교기숙사 건립, 학교 주변 CCTV 사각지대 해소 등 16개로 구성되었다. 5개의 '더 늘리기 공약'은 복지혜택 더 확충, 도시철도 더 구축, 어르신노후 더 지원, 시민공원 더 확충, 체육시설 더 만들기이다. 세부 공약으로는 경기 서남부권 공동화장장 조속 건립, 송내종합복지관 건립, 소사역 남측 출구 2개소 완공, 소사역 급행전철 정차 추진, 기초연금 동일 지급, 어르신 임플란트 및 만성질환 의료비 지원, 송내 사회체육관 신축(수영장 포함), 소사체육공원(구민운동장) 조속 추진 등 18개로 구성되어 있다.

김상희 후보의 달라진 태도: 경인선 지하화

부천 소사에서 20대 총선의 최대 쟁점은 경인선 지하화였다. 경인선 지하화는 서울과 인천을 이어 주는 1호선 노선을 지하로 옮기는 것이다. 실제로 1호선 노선은 서울역과 인천까지 39.1km 철도가 지상에 위치해 있다. 이 경인선 지하화는 19대 총선 당시에 김상희 후보를 포함한 민주통합당 13명 후보들의 핵심 공약이었다. 이 공약 때문인지는 알 수 없으나 당시 경인선 지하화를 제시한 민주통합당 후보 13명 중 11명이 당선되었다. 그렇다면 왜 경인선 지하화를 이루려고 하는 것인가? 그 이유는 철도가 지역을 남북으로 갈라 부동산개발에 큰 지장을 초래할 뿐만 아니라 차량과 사람의 통행도 가로막고 있어 일부지역은 슬럼화되는 등 고질적인 민원의 대상이었기 때문이었다. 열차의 소음과 진동으로 인한 피해도 만만치 않다. 또 철도를 지하로 옮겨서 생기는 87,000평의 부지를 공원, 주차장, 도로, 시민단지 등으로 재조성하여 주거환경을 개선시키고 역세권을 발전시켜 부천의 가치를 높일 수 있다고 한다. 또한 GTX(수도권광역급행철도)와 지하화한 1호선을 연계하면 인천에서 서울까지 걸리는 시간을 1시간에서 30분 정도로 줄일 수 있다. 하지만 19대 총선 후 지금까지 경인선 지하화는 이루어지지 않았다.

차명진 후보는 김상희 후보가 재직할 당시 경인선 지하화 공약을 실행하지 않았다고 비판했다. 본인이 당선되어 여당 3선의 힘으로 완료하겠다면서 경인선 지하화를 핵심 공약으로 내세웠다. 김 후보는 본인이 시행하지 못한 공약인 점을 인지하고 있어 선거유세활동에서는 경인선 지하화 추진 중이라는 내용만 작게 써 놓았을 뿐 다른 공약만큼 전면적으로 내세우지 않았다. 2014년 2월 24일에는 시민단체에서 경인선 지하화 촉구 100만 서명운동이 열렸다. 이 서명운동은 서울 구로구, 경기도 부천시, 인천의 부평구, 남동구, 남구에서 시행되었는데, 부천시에서만 32만 532명이 서명할 정도로 부천주민들에게 경인선 지하화가 아주 중요한 공약이었다. 경인선 지하화 작업은 7월 타당성·기술 검토가 끝나고 한국철도기술연구원이 2015년 7월부터 진행 중인 경인선 지하화사업 기본구상 및 타당성 검토 용역을 2016년 7월 말에 마무리할 계획이라고 발표했다. 이미 코레일에서는 편익효과가 미미할 것이라며 지하화 작업에 시큰둥한 입장을 취하고 있는 상태였다. 과연 경인선 지하화 공약이 단지 표를 얻기 위한 사탕발림으로 끝날 것인지, 아니면 실제로 이루어져서 부천주민들의 오랜 숙원이 이루어질지는 여전히 불확실하였다.

차명진 후보의 청년층 공략 전략

19대 총선에서 낙선의 고배를 마신 차명진 후보는 절치부심의 자세로 20대 총선에 임했다. 먼저 4년 전 국민의 심판을 인정하며, 낙선 후 4년 동안 10년 넘은 프라이드를 타고 다니며 쓰레기 줍기, 김장하기, 연탄봉사 등을 하면서 낮은 곳에서 더 뜨겁게 주민을 섬겨 왔고, "많이 반성하였다."는 점을 강조했다. 홍보책자나 블로그 등에서도 "꼭 도와주십시오, 죽을 힘을 다해서 국민을 섬기겠다, 겸

손해지고 깨끗한 소사 머슴 차명진이 돌아왔습니다." 등의 홍보를 하면서 부천주민들의 동정심에 호소하는 모습을 보였다.

차명진 후보는 제17·18대 국회의원을 지냈기에 본인이 국회의원 시절 이루었던 업적들을 강조했다. 역곡역 에스컬레이터·엘리베이터 설치, 소사−원시선 전철 착공, 중동역 푸르지오아파트 방음벽 설치, 자유시장 현대화사업 공사완료, 한울빛 도서관 건립, 노동법 개정, 수도권 환승요금 할인제 등이 차 후보가 재직하던 시절의 업적들이다. 이 업적들을 강조하면서 차 후보는 지난 19대 국회는 엉망이었다고 언급하며, "김상희 후보가 재직하던 중 실현하지 않은 공약들이 많다."라고 주장하면서 "본인은 '전국 최고의 예산 확보, 18대 공약이행 우수상[6]'을 수상했다."라고 말했다.

차명진 후보는 청년층의 표를 얻기 위해서 온라인 홍보를 하였다. 경인일보에서 발표한 3월 22일 여론조사에서는 만 19~29세 유권자 중 60.6%가 김상희 후보를 지지하여 압도적인 모습을 보였다. 이미 20대의 투표율이 증가할 것이라는 예상들이 많았기에 후보의 젊은 층 표심잡기는 필수적이었다. 그래서 차 후보가 선택한 것은 온라인 홍보였다. 차 후보는 휴대폰 포털사이트 '네이버'의 스포츠뉴스 탭에 광고를 실었다.

포털사이트 '네이버'의 스포츠 화면은 20대 남자라면 하루에 최소 두 번 이상은 접속을 하는 곳이다. 이곳에 본인의 선거홍보를 올려서 20대의 인지도 및 지지도를 올리려고 노력하였다. 또한 페이스북과 블로그를 운영하면서 본인의 선거운동 모습을 올려 활발하게 소통하려는 노력을 보였다. 페이스북과 블로그 글 또한 아들과 함께 선거운동을 한 모습, 선거운동 중 시장 음식점에서 밥을 먹는 모습, 직접 셀카를 찍어서 올린 사진 등 적극적으로 SNS를 사용하면서 주민들과 함께하는 모습을 보여 주었다. 선거 중반에는 당대표인 김무성 의원이 와서 차 후보를 지원 유세활동하기도 하였다.

---

6. 국감NGO모니터단의 주관인 법률소비자연맹에서 선정

그림 1. 차명진 후보의 네이버 광고와 페이스북

김상희 후보의 노년층 공략 전략

김상희 후보는 새누리당(김문수·차명진) 16년으로 낙후된 소사가 김상희 4년으로 살아나고 있다고 말했다. 즉 차명진 후보가 본인이 재직했던 시절의 업적을 강조하면서 홍보하였다면, 김상희 후보는 차명진 후보보다 본인이 재직하였던 지난 4년 동안 소사가 더 발전하였고, 왜 16년 동안 이러한 숙원사업을 이루어내지 못하였냐고 되물었다. 그리고 차 후보가 김 후보의 공약 중 이행하지 않은 것이 많다고 비판하였는데, 김 후보는 오히려 "지난 19대 의정활동 4년을 정리해보니, 총선 공약 20개 중 80%가 완료(11개)되거나 완료 예정(5개)이었고, 20%는 현재 추진 중(4개)에 있다."라고 하며 공약이행이 우수하다고 하는 등 두 후보가 서로 상반된 견해를 보였다. 김 후보의 재직 당시의 업적은 송내 어울마당 완공, 옥길지구 종합체육시설 설치, 소사체육공원 본격 추진, 소사-대곡선 착공, 소사역 남측 출입구 2곳 신설, 학교시설 현대화사업 등이다.

김 후보는 본인이 지난 4년 동안 이룬 소사의 변화에 상당히 자부심을 가지고 있었다. 실제로 공약 발표회 때 특별한 선거전략이 있느냐는 질문에 "부천 소사 지역 주민들의 정치의식 수준이 매우 높다. 진심으로 지역 주민을 대하면 시민들이 응답해 주신다. 지금도 일부 후보들이 네거티브 전략을 펼치고 있지만, 유권자들께서 심판해 주실 것으로 믿는다. 우리 선거사무소의 구호가 '잘하니까 소사댁! 믿으니까 김상희!'이다. 시민들이 정략적인 것에만 매달리는 정치인에 불신이 깊다. 그래서 지난 4년간 이뤄 낸 성과를 적극 홍보할 생각이다. 일 잘하고 능력이 있는 일꾼, 지금까지 해낸 결과로 검증받고 싶다. 이것이 전략이다."라고 말하면서 본인은 원래부터 일을 잘하던 국회의원이었다는 점을 강조했다. 김 후보는 4년간 의정활동 우수의원 19관왕, 회의 출석률 97%, 입법실적 29위, 대표발의 106건 등과 같은 결과를 이뤄냈다.

또 앞에서 언급했듯이 청년층 유권자 대부분이 김상희 후보를 지지한다고 나왔다면, 그 반대로 60대 이상의 85.5%가 매우 압도적으로 차명진 후보를 지지했다. 그래서 김 후보는 젊은 유권자를 위한 온라인 홍보의 비중을 차 후보보다 낮추고 노년층을 위한 거리유세활동에 더 비중을 두었으며, 시장도 많이 다녔다. 시장 이용자의 연령이 대부분 높기 때문인 것으로 생각된다. 김상희 후보를 직접 만난 장소도 부천역 옆에 위치한 자유시장이었다. 당시 김 후보는 시장에서 유세활동을 하고 있었는데, 시장의 아주머니들은 '소사댁'이라는 친근한 닉네임을 부르며 김 후보를 잘 대해 줬다.

필자가 다가갔을 때 김 후보는 "몇 살이냐? 어디학교냐?"고 물어보면서 친근하게 대해 주며, 마지막에는 명함과 함께 휴대폰 번호도 적어 주었다. 물어보고 싶은 자료는 인터뷰 자료에 있었기에 후보가 바쁜 것을 감안하여 간단한 질문만 하고 지나갔다. "60대 이상 분들의 지지율은 다른 후보가 압도적인데 그 점을 어떻게 하실 것인지?"라고 물었다. 김 후보는 "지금과 같이 시장 같은 곳에서 60대 이상 분들을 더 만나려고 노력하고 있으며, 청년들한테는 주로 선거 독려를 하고 있다."라고 하였다. 김 후보의 시장유세활동을 지켜본 결과, 시장 아주머니들은 같은 여성인 점과 소사댁이라는 친근한 닉네임 등으로 인해서 김 후보를 반갑게 맞아 주었고, 아저씨들은 김 후보가 똑소리 난다고 좋아하였다.

두 후보의 네거티브 전략: 동성애 지지 논란

두 후보는 선거홍보물에서부터 네거티브 전략을 사용하였다. 차명진 후보는 "국회의원이 끌어안고 눈물 흘려야 할 사람은 뇌물정치인이 아니라 국민입니다!"라고 선거홍보물에 적어 놓으며, 김상희 후보가 2015년 8월 24일 페이스북에 올린 글을 가져와 비판하였다. 이것은 김 후보와 매우 친근한 한명숙 전 총리가 뇌물죄로 감옥에 간 것을 빗댄 것이었다. 그리고 "김상희 의원님! 4년 전 공약은 안녕하십니까?"라고 하며, "경인전철 지하화, 범안로·심곡로 임기 내 확장, 소사축구장, 국공립 보육시설, 성주산 시민 천문대·가족캠핑장 등의 공약을 아직 이행하지 않았다."라고 비판하였다.

김상희 후보는 차명진 후보를 지칭하지는 않고, "싸움 잘하는 의원 vs 일 잘하는 의원, 누구를 선택하시겠습니까? 선택은 일 잘하는 김상희입니다."라고 말하였다. 차명진 의원이 2007년 12월 14일, BBK사건 수사검사 탄핵소추안과 '이명박 특검법' 처리를 놓고 대통합민주신당 의원과 대치하며 몸싸움을 벌이다가 병원에 실려 간 것을 비꼬는 듯했다. 또 지속적으로 이명박·박근혜 새누리당 정권의 경제와 복지는 모두 낙제점이라고 하면서, 이제 재벌 중심 경제에서 99% 서민 중심 경제로 대전환해야 한다고 하였다. 이는 박근혜 정부를 비판하며 본인이 새로운 정치를 펼칠 수 있도록 표를 호소함과 동시에 집권당 3선의 힘으로 박근혜 정부의 성공을 책임지겠다는 차명진 후보도 겨냥한 것이다.

두 후보는 선거운동 당시 서로 고발하는 등 과열된 양상도 보였다. 4월 9일, 김상희 후보는 차명진 후보가 허위사실을 공표해 공직선거법을 위반[7]했다고 선거

---

7. 정보통신망을 이용한 선거운동에서는 허위사실 유포를 금지하고 있고(제82조의 4), 당선되지 못하게 할 목적으로(특정) 후보에 불리하도록 허위의 사실을 공표하거나 공표하게 한 자는 7년 이하의 징역 또는 500만

관리위원회에 고발하였다. 4월 9일 오후, 차 후보 측에서 허위사실을 담은 휴대전화 문자메시지를 선거구 내 불특정 다수의 유권자에게 대량으로 발송했다는 것이다. 김상희 후보는 "차명진 후보 측이 발송한 문자메시지에 '김상희 후보가 군대 내 동성애 처벌을 반대하는 것에 동의하는 더불어민주당 의원들이 있습니다. 우리 아들들을 어떻게 군대에 보낼 수 있겠습니까?'라며 '김상희 후보'를 연결시키는 등의 허위사실과 비방이 적시돼 있다."라고 설명했다. 김상희 후보는 선거관리위원회에 제출한 고발장을 통해 선거를 불과 3일 앞두고 본인의 선거승리를 위해 사실이 아닌 언론기사를 인용해 동성애를 옹호한다고 단정 짓고 선거구민에게 공표하는 것은 공직선거법 위반 행위라고 하였다.

김 후보 측은 군대 내의 동성애 처벌을 반대한 것이 아니라 '군형법' 개정안 공동발의를 통해 군인 강간죄의 범죄 대상을 '부녀'에서 '사람'으로 개정하여, 남성도 동성애 등 강간 피해자가 됨을 명확히 하고, 동성애를 포함한 군인 성폭력 범죄에 대한 처벌을 기존 '1년 이상 유기징역'에서 '5년 이상 유기징역'으로 강화한 것이다. 또한 군대의 상명하복 특성상 동성애 요구를 받거나 추행을 당해도 신고하거나 항명하지 못하는 사태를 막기 위해 친고죄 조항을 삭제하여 피해자 고소가 없어도 행위 적발 시 곧바로 조치될 수 있도록 처벌을 강화하는 내용을 담고 있다."라고 밝혔다. 이어서 김 후보 측은 "이번 허위사실 유포는 발신번호가 차명진 후보 사무실임에도 발신인을 떳떳하게 밝히지도 못한 치졸한 행위"라며, 이번 허위사실에 대한 대응을 시작으로, 앞으로 이와 같은 허위사실이 유포될 경우에는 끝까지 단호하게 법적 대응을 할 것이라고 밝혔다.

반면 차명진 후보는 김상희 후보가 본인을 고발한 지 하루 뒤인 10일, 김 후보를 비방 혐의로 인천지방검찰청 부천지청에 고발했다. 차명진 후보 측은 김상희 후보는 분명히 군대 내 동성애를 허용하는 법을 발의했다. "김상희 후보가 이를 우려하여 차명진 후보 및 관계자를 허위사실 유포로 고소하는 것은 적반하장인

원 이상 3000만 원 이하의 벌금에 처하도록(제250조의 2) 되어 있다.

만큼 이 같은 조치를 취했다."라고 하였다. 그리고는 "지난 2013년 1월 23일 남인순 의원이 대표발의하고 김상희 의원이 공동발의한 군형법 개정안이 성추행의 처벌 대상을 '의사에 반해 추행당한 경우'로 한정해 서로 간 합의에 의해 추행한 경우 즉, 동성애에 대해서는 처벌할 수 없도록 규정하고 있다."라며 김상희 후보 등이 발의한 개정안이 통과되면 결국 동성애를 허용·조장하는 결과를 빚게 될 것이라고 주장했다.

지난 4월 1일, 동성애문제대책위원회가 국회 정문 앞에서 비윤리적 성문화 동성애를 옹호·조장하는 국회의원 후보 낙선 대상자 및 5적 명단을 발표하는 기자회견을 열었는데, 이때 당시에 거론된 낙선 대상자 명단에 군대 내 동성애허용법(군형법 92조 개정안) 발의자라며 김상희 후보가 포함되어 있었다. 김 후보가 문자메시지의 내용에 대해 해명한 점과 낙선 대상자 명단에 이름이 있는 것을 보았을 때 법안을 발의한 것은 기정사실화된 것 같았다. 이 점을 차명진 후보가 이용한 것이고, 김상희 후보도 고발·해명을 통해서 이 쟁점을 방어하려고 노력하였

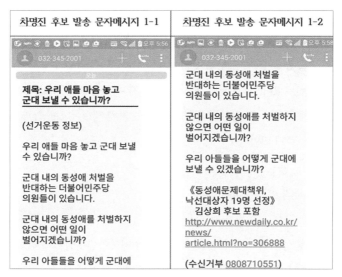

그림 2. 김상희 후보 측이 제시한 문자 메시지 내용

출처: 부천타임즈

다. 실제로 아직은 동성애를 좋지 않은 시선으로 보는 사람들이 많은 편이며, 기독교와 천주교인들은 종교적 이유로 동성애를 절대 용인하지 않고 있다. 이 쟁점에 대해 차 후보가 보다 더 집요하게 네거티브 전략을 펼쳤다면 결과는 달라졌을 수도 있다고 생각된다.

야권의 분열 속에 김상희 후보 당선

20대 총선의 최대 변수는 야권의 분열이었다고 생각한다. 부천 소사에서 야권 단일화는 이뤄지지 못했다. 김상희 후보는 '야권연대는 부천주민의 명령'이라고 말하였지만, 정의당의 신현자 후보는 소사구의 야권분열은 더불어민주당의 분열 때문이라며 "더불어민주당에서 한솥밥 먹은 분(김정기 후보)이 3번 달고 나오셨는데 분열의 가장 큰 책임을 지셔야 할 분이 이제 와서 시민의 명령 운운하는 것은 앞뒤가 맞지 않다."라고 말하면서 야권단일화에 찬성하지 않았다. 신 후보가 말한 대로 국민의당 김정기 후보는 김상희 후보와 동고동락하던 사이였다. 결국 부천 소사에서 야권단일화는 실패하였고, 이로 인해 야권의 표 분열이 일어나 김상희 후보가 불리할 것이라는 예측이 지배적이었다.

그러나 20대 총선 결과, 김상희 후보가 43.75%로 36.86%를 얻은 차명진 후보를 누르고 당선되었다. 김 후보는 46,650표를, 차 후보는 39,303표를 얻었다. 득표율 7%, 7,347표 차이로 김상희 후보는 소사구 의원 재선에 성공함과 동시에 3선의 반열에 오르게 되었다.

경기 부천 소사의 선거 결과 분석

이번 20대 총선은 새누리당 심판론에 힘입어 더불어민주당이 승리하였다. 결국 더불어민주당이 부천 선거구 4곳 모두를 싹쓸이하면서 부천이 이제는 보수 정당을 지지하는 도시가 아닌 야권의 도시임을 입증했다.

김상희 후보의 승리 요인을 분석하자면, 김상희 후보를 포함한 더불어민주당 후보[8]들은 현역 프리미엄을 바탕으로 단단한 조직력을 닦아 왔다. 더불어민주당 후보들은 4년 동안 관리해 온 각 지역향우회 등을 총동원시켜 지지발언을 하거나 선거운동에 참여토록 했다. 정치노선을 같이하고 있는 한국노총을 결집하고, 대의원들의 지지선언을 이끌어 내기도 했다. 그리고 함께 유세활동을 하면서 새누리당 후보들과는 다른, 조직력 있는 모습을 보여 주었다.

　　반면 차명진 후보는 김상희 후보와 판이한 공약을 내세우지 못했다. 기존 공약과 크게 차별화되지 않았고 김 후보의 공약과도 비슷해 결국 유권자들은 무탈하게 4년을 지낸 현역의원 김 후보에게 표를 주었다. 김상희 후보의 현 정부에 대한 지속적인 비판 전략도 성공적이었다. 김 후보 스스로도 "지난 8년간 이명박·박근혜 정권의 경제 정책 실패가 이번 당선의 밑거름이 됐다."라고 말할 정도로 현 정부에 비판의식을 가진 유권자의 표를 김 후보가 가져온 것이다. 거기다가 새누리당의 공천 과정에서의 다툼이 유권자들의 표심을 야당에 돌리게 하는 데 크게 작용한 것으로 보인다.

　　김 후보는 네거티브 전략보다는 본인이 일한 업적을 내세워 승부 내기를 원했다. 이러한 업적들을 돋보이게 하기 위해 완료예정 공약까지 포함하여 공약 이행률이 80%라고 말해 긍정적으로 보이게 했으며, 이행하지 못한 경인선 지하화와 같은 공약은 전면적으로 내세우지 않았다. 그리고 선거 기간 중에 있었던 동성애 네거티브도 소사 유권자들에게 널리 알려지지 않게 발빠르게 대응하여 선거에 미칠 영향을 최대한으로 줄였다. 이 점에 대해서 김 후보는 선거과정에서 "흑색선전과 네거티브가 나와 어려움이 있었지만 최대한 대응하지 않겠다는 원칙으로 이를 극복했다."라고 말하였다.

　　예상과는 다르게 야권분열로 인한 표 분열 효과도 미미했다. 전체적으로 야당 성향의 유권자들은 '분할 투표(split voting)'를 하였다. 지역 후보는 더불어민주당

---

8. 부천 소사 김상희 의원, 오정 원혜영 의원, 원미 갑 김경협 의원, 원미 을 설훈 의원

을 찍어 주고 비례대표 정당투표는 국민의당을 선택했다.

지역신문은 부천 소사구의 국민의당으로 출마한 김정기 후보가 부천시의원을 두 번이나 역임했지만 국민의당의 다른 정치신인들보다 득표율이 적었다고 비판했다.[9] 김 후보는 부천 4개 선거구의 다른 국민의당 후보와 많게는 6%, 적게는 3% 차이를 보이며 가장 낮은 표를 얻었다(16.99%, 18,121표). 이와 같이 지지가 낮았던 이유 중의 하나는 김정기 후보가 부천시의원 임기를 2년 6개월이나 남긴 채 사퇴하고 국회의원에 출마하여 보궐선거가 이루어졌는데, 이 선거에 국민의 혈세가 들어간다고 비판하는 목소리가 있었다. 또 김정기 후보는 시의원 재직 당시 2012년 행정사무감사에서 부천타임즈, 부천신문, 부천일보 3개 언론사가 선정한 최악의 의원에 선정된 데 이어, 부천시민방청단이 선정한 가장 불성실한 F학점 의원으로 뽑혀 불명예 2관왕이 되기도 했었다. 이러한 이유로, 소사주민들은 김정기 후보에게 다른 지역의 국민의당 후보보다 표를 적게 주었다.

지난 총선과 비교해 볼 때 차명진 후보는 5,003표, 김상희 후보는 4,650표가 감소하였다. 차 후보의 득표수가 김 후보보다 353표나 더 감소하였다. 결과적으로 야권이 나누어져 김상희 후보의 표가 분할되기는 하였으나 이것이 선거의 결과에 영향을 줄 정도는 아니었다. 차명진 후보는 결국 4년 만의 재대결에서도 패자가 되었다. 같은 후보에게 두 번 패한 것은 17·18대 국회의원을 지낸 차 후보에게는 치명적인 결과이다. 차 후보가 지금의 이러한 정치적 난관을 어떻게 헤쳐 나갈 수 있을지 관심이 모아진다. 한편으로는 재선에 성공한 김상희 의원이 본인을 다시 한 번 믿어 준 부천주민들을 위해서 더 노력해 줄 것을 기대한다.

---

9. "국민의당 김정기 후보, 시의원 후보보다 득표율저조", 부천타임즈, 2016. 4. 15.

3. 후보들이 미디어 매체를 어떻게 활용하나

[경기 안산 상록 을]

김형민

20대 총선에서 안산 상록 을 유권자들은 후보의 미디어 전략을 어떻게 받아들이는지를 참여관찰하였다. 특히 유권자들이 접할 수 있는 미디어 매체를 중심으로 분석하였다. 페이스북, 트위터, 블로그를 비롯한 SNS와 후보의 정책 토론회 방송, 그리고 미디어 매체에 대한 분석 등이다. 지역 미디어 매체 중 하나인 '안산신문'의 편집국장을 상대로 서면 인터뷰를 실시해, 지역 미디어 매체에 대한 이해와 총선에 대한 이야기를 나누어 보았다. 이를 바탕으로 총선 결과에 대해 분석해 보고자 한다.

안산시 상록구는 어떤 선거구인가?

안산시는 고령화 지수가 전국에서 낮은 편에 속하며, 비교적 젊은 층이 많은 편이어서 야권 성향이 매우 강한 지역이다. 또한 안산은 1980년대 공업지역으로 발달하여 호남지역 사람들이 안산에 많이 유입된 것으로 알려져 있다. 안산의 일부지역은 여전히 공업지역이라 노동자가 많으며, 인구 대비 외국인 비율이 전국에서 가장 높다. 최근에는 안산 단원고등학교 학생들을 포함한 승객들이 사고를 당한 세월호사건이 일어났다. 이 모든 요인들이 결합하여 안산에서는 야당 성향이 더 짙어졌다. 참여관찰 대상 지역인 안산 상록구 을(일동, 이동, 부곡동, 월피동, 성포동, 안산동)의 경우에도 예외 없이 야당 성향이 강했다. 안산시 상록구 전체(갑·을)를 통틀어 24년간 6번의 총선에서 여당 후보가 당선된 경우는 한 번뿐이며, 상록구 을의 경우에는 전혀 없었다.

안산신문 김석일 편집국장에게 전화·서면 인터뷰를 통해 "안산에서 야당이 강한 이유가 무엇인가"를 물었다. 그의 답변이 매우 상세하였다. "안산지역은 비교적 젊은 도시에 속합니다. 잘 아시다시피 젊은 유권층은 야권 성향이 강합니다. 또한, 공단 배후도시로 저소득층과 다세대 비율이 높고 부유층은 적습니다. 강남은 부유층이 많아 여당 성향의 표가 많고, 강북은 정치혁신을 원하는 야권 표가 많습니다. 이와 똑같은 이치입니다. 19대 총선에서 단원 갑의 한나라당 김명연 후보를 제외하면 모두 민주당 소속 후보가 당선됐습니다. 당시 김명연 후보의 당선은 민주당 후보가 통합진보당 후보에게 경선 과정에서 패배하면서 다소 운이 따랐던 결과였습니다. 그만큼 안산지역은 야권 후보가 유리한 도시입니다. 때문에 새누리당은 일여다야 구도인 이번 선거를 최대 기회로 보고 있는 상황입니다."[1]

어떤 후보가 나왔는가?

안산 상록 을 선거구에서는 새누리당의 홍장표 후보, 더불어민주당의 김철민 후보, 국민의당의 김영환 후보 등이 경쟁하였다. 홍 후보는 18대 총선 때 경기도에서 유일하게 '친박연대' 소속으로 국회의원이 되었던 인물이다. 그러나 18대 국회의원이 된 후 상대 후보를 비방한 죄목으로 선거법을 위반하여 의원직을 박탈당했다. 인하대학교 건축공학과 출신으로 한양대학교에서 도시공학 박사학위를 받아, 선거 포스터에 '도시공학 박사'라는 타이틀을 달고 대중들에게 널리 알

---

1. 안산신문 김석일 편집국장과의 서면인터뷰, 2016. 4. 12.

리는 전략을 펼쳤다. 이러한 맥락에서 안산을 공학적인 도시로 만들겠다는 공약도 들어 있다. 또 홍장표는 안산에서 태어나 지금까지 계속 생활했다. 안산에서 1·2·3대 시의원이었던 것을 내세워 안산지역을 위한다는 이미지를 강조했다.

더불어민주당의 김철민 후보는 2010년 안산시장을 지낸 인물이다. 그러나 2014년에는 민주당 공천에서 떨어져 안산시장 선거에 무소속으로 나왔고, 민주당의 '제종길'에게 패배했다. 김 후보의 큰 문제점은 전과 4범이라는 점이다. 건축회사에서 사장건축 관련법 두 건과 음주음전 두 건이 전과로 남아 있다. 이것은 본인에게 큰 흠이 되어 타 후보의 공격 대상이 되었다. 하지만 상록신용협동조합 이사장 시절에 밀접한 관계를 맺은 지역상인들 사이에서는 인기가 좋았다.

국민의당 김영환 후보는 안산에서만 4선을 지낸 국회의원이다. 게다가 김대중 정부 시절에 과학기술부 장관을 맡은 경력도 있다. 종편에서도 자주 볼 수 있어, 세 후보 중에서는 높은 인지도를 가지고 있었다. 김 후보가 더불어민주당 소속으로 나왔다면 당선을 쉽게 낙관할 수 있었지만 국민의당으로 옮겨 간 까닭에 쉽사리 당선을 예상할 수 없었다.

왜 미디어 전략을 택했는가?

일반적으로 미디어란 정보를 전송하는 매체를 말하는데, 대표적인 예로 우편, 신문뿐만 아니라 뉴미디어라는 이름 아래 SNS도 포함된다. 또 선거 관련 미디어는 선거홍보, 뉴스, 인터넷 등을 포함한다. 이제 안산 상록 을에 출마한 각 후보들의 SNS 전략, 선거홍보물, 지역신문, 선거방송 토론회 등을 분석해 보자. 선거운동에서 SNS을 활용하는 정도가 갈수록 높아지고 있다. 안산이 고령화 지수가 낮은 동네이기 때문에 젊은 층에게 미디어 전략, 특히 SNS 홍보를 어떻게 하는가가 선거에 영향을 줄 것으로 예상했다. 안산에 거주하는 20대 대학생, 손 모 씨에게 물어 보았다. "안산 상록구 을 후보들의 공약을 본 적이 있나요?"라는 질문에 "페이스북을 통해 우연히 접한 적이 있습니다."라고 대답하였다.[2] 역시 젊은 유권자는 페이스북을 비롯한 SNS를 통해 선거정보를 얻고 있었다. 한편 안산의 어느 택시기사에게 "안산신문을 자주 보시나요?"라고 묻자 "시간 날 때마다 종종 봐요."라고 답했다.[3] 택시기사가 보고 있는 안산신문 1면에는 각 후보의 얼굴이 있었다.

각 후보의 SNS 전략 비교

각 후보들의 SNS 전략을 비교하기 위해 첫째, 어떠한 SNS 매체를 주로 이용하는지, 둘째, SNS 미디어 매체활용이 얼마나 활성화되어 있는지, 셋째, 어떤 내용의 글을 게시하는지 등을 평가했다. 홍장표 후보가 가지고 있는 SNS는 블로그, 페이스북으로 두 가지였다. 블로그는 총 방문자수가 32,621명(2016. 4. 24. 기준)으로 방문자들이 많이 오지 않았다는 사실을 알 수 있었다. 블로그의 글들은 홍장표 후보가 어느 단체, 어느 건물을 방문해 선거운동을 했는지 등 행적에 대해 기록물처럼 남겨져 있었다. 블로그의 마지막 글(2016. 4. 12.)에는 김영환 후보의 정치 자금에 대해 의문을 제기하는 기사를 게재했다. 총선 전날 4월 4일에 쓰여진 기사를 블로그에 올린 것으로 보아, 선거에 영향을 주기 위한 것으로 보였다. 블로그에 대한 타이틀이 '예비 후보 홍장표'인 것을 볼 때, 블로그에 대한 관리가 미흡함을 알 수 있었고 페이스북은 3월 2일 이후, 아무런 글이 올라와 있지 않았다. 블로그와 페이스북의 행태를 보았을 때, SNS 홍보에 대해 큰 신경을 쓰지 않는 것처럼 보였다.

한편 김철민 후보가 가지고 있는 SNS은 블로그, 페이스북, 트위터로 세 가지였다. 블로그의 총 방문자 수는 14만 6,451명(2016. 4. 24. 기준)으로 많은 방문자들이 다녀갔다. 블로그는 2010년 안산시장 후보 시절부터 이용해 왔으며, 많은 내용의 글이 축적되어 있어 후보의 행보를 파악하는 데 도움이 되었다. 블로그에는 후보

---

2. 20대 유권자, 안산, 2016. 4. 11.
3. 택시기사인 유권자, 안산, 2016. 4. 10.

의 행보를 보도한 언론기사를 다룬 게시판과 '논평데스크'라는 이름으로 후보의 의견을 게시하는 게시판이 있었다. '논평데스크'에서는 몇 개의 흥미로운 글이 있었다. 2016년 4월 3일자로 홍장표 후보의 논문 표절 의혹을 해명하라는 글이 게재되어 있었는데, 이 글에 따르면 도시공학 박사를 주요 경력으로 내세우는 홍장표의 박사 논문이 표절이라는 것이다. 2016년 4월 11일자에는 '새누리당에게 승리할 후보에게 힘을 모아야 합니다'라는 제목의 글이 올라와 있었는데 제3당이 아니라, 새누리당에게 승리할 수 있는 야당 후보에게 힘을 실어주어야 한다는 내용이었다. 즉, 야당의 분열을 막기 위해서는 2번에 투표해야 하며, 3번에 투표하는 것은 사표가 된다는 것이었다.

김철민 후보는 트위터에 5,127명의 팔로워가 있었고, 트위터를 통해 글을 쓰기보다는 블로그에 쓴 글을 링크로 걸어 중간 매개체로 사용하고 있었다. 트위터에서 특이했던 점은 대부분의 블로그의 링크가 김철민 공식 블로그의 글들이었지만 나머지 글들은 다른 한 블로그에서 갖고 온다는 것이었다. 그런데 글들의 내용 중 일부가 김영환 후보에 대한 글이었다. 김영환 후보의 학위 논문이 표절이라든가, 김철민과 김영환 후보의 대결을 다룬 기사라든가 하는 등의 글을 다루고 있었다. 김철민 공식 블로그에서는 볼 수 없는 성격의 글들이었다. 그 블로그의 김철민 관련 글들은 나중에 전부 비공개 처리가 되었다. 가족이나 측근이 블로그를 운영한 것이 아닌지 추측해 볼 뿐이었다. 페이스북은 페이지로 만든 상태였으며 6,713명이 "좋아요"를 누른 상태였다. 김철민 후보의 행보를 사진과 글로 올렸는데, 잘 되어 있는 편이었다. 주목할 만한 점은 댓글을 달면, 그에 대해 어느 정도 김철민 후보 측이 답글을 달아 준다는 것이었다.

김영환 후보가 가지고 있는 SNS는 공식 사이트, 블로그, 트위터, 페이스북으로 네 가지였다. 블로그는 '김영환의 덧셈 정치', '김영환의 방송국', '김영환 문학사' 등의 메뉴로 게시판을 분류해 놓았다. '덧셈 정치'와 '방송국'에서는 김영환에 대한 언론보도를 주로 다뤘다. 김 후보는 타 후보와는 달리 좀 더 게시판을 세세히 구분해 놓았다. 그 이유는 타 후보에 비해 종편이나 라디오 방송에 출연하는 빈도가 잦아 언론보도 또한 많았기 때문으로 보였다. 주목할 만한 부분은 '김영환 문학사'이다. 김 후보는 몇 권의 시집을 내 시인으로 불리기도 했으며 시나 산문을 블로그에 올렸다. 트위터는 13,935명의 팔로워가 있는 상태였으며, 대부분의 글은 페이스북에 있는 글들을 링크로 가지고 온 것이었다. 페이스북은 3,009명이 "좋아요"를 누른 상태였으며, 대부분 선거행보에 대한 글과 동영상을 올렸다. 타 후보들과 다른 점이라면 동영상들을 많이 올렸다는 점인데, 미디어를 통해 쉽게 선거현장을 볼 수 있었고 이를 통해 선거 현장을 동영상으로 찍는 담당자가 따로 있다는 점을 추측할 수 있었다. 공식사이트(http://www.kyh21.net/)가 가장 활성화되어 있었다. 페이스북, 트위터, 블로그에 있는 글들을 전부 공식 사이트에서 볼 수 있었다. 후보의 프로필부터, 문학 관련 이야기, 김영환의 언론 자료, 선거후보 영상, 디자인 등에서 이 사이트를 가장 중시하는 것을 알 수 있었다. 타 후보에 대한 의혹을 제기한 글은 보기 힘들었다.

종합적으로 보면, 김영환 후보는 다방면에 걸쳐 본인을 소개하고 있었으며 라디오, 종편, 문학계, 신문 등을 통해 유권자들이 알기 쉬운 사람이었다. 그러나 그러한 까닭에, 미디어를 통해 접하는 김영환 후보는 전국적으로 알려진 국회의원이라는 인상이 강해 안산시 상록구를 대표하는 이미지는 아니었다.

3명 후보의 SNS 전략을 비교해 보니 매우 흥미로운 사실을 알 수 있었다. 홍장표 후보는 SNS 전략에 있어서 타 후보에 비해 홍보가 미약했다. 김철민 후보는 SNS를 잘 활용한 편이었으며 타 후보들에 대한 의혹을 제기한 글들을 게재함으로써 네거티브 전략을 사용하였다. 그러나 김철민 후보가 가지고 있는 전과 4범은 이미 네티즌 사이에서도 많이 알려진 상태였다. 타 후보가 마음만 먹으면 언제든지 이것을 가지고 네거티브 전략을 쓸 수 있었다. 따라서 이런 네커티브 전략은 위험 부담이 있었다고 생각한다. 김영환 후보 역시 SNS의 관리를 잘했으나, 워낙 방대한 자료와 언론보도자료로 인해서, 안산시 상록구 주민들에게 SNS를 통해 지역구에 대한 소식을 전하기보다 후보의 높은 명성을 홍보하려는 것처럼 보였다.

각 후보의 미디어 전략에 대해서 안산신문의 김석일 편집국장에게 물어 보았다. "각 후보, 혹은 정당마다 미디어 전략의 차이가 있나요?" 그의 대답은 명쾌했다.

"물론 각 후보마다 미디어 전략의 차이는 있습니다. 어떤 후보는 젊은 층, 다른 후보는 노인층이나 여성 유권자, 또 다른 후보는 노동자나 특정 계층의 표심을 얻기 위해 불철주야 고심합니다. 기본적으로는 중앙 정당의 전략과 후보의 전략은 비슷합니다. 현재 '새누리당' 후보들은 주로 본인들의 최대 지지층인 중·장년층과 노인층의 표심 이탈을 막기 위해, 또한 말실수를 하지 않기 위해 노력 중입니다. 중앙당 유세 지원이 거의 매일 이뤄지고 있는 시점에서 북한과 관련한 안보 및 박근혜 정부의 레임덕 현상을 각종 미디어와 연결시켜 선거운동을 펼치고 있으며, 선거 막바지에 이르러서는 상대 후보를 비방하는 성명서나 각종 의혹에 대한 입장 표명 등을 SNS로 유포하는 일도 다반사입니다. 더불어민주당은 안산 지역에 위치한 반월·시화공단 근로자나 대학생 등 비교적 젊은 층의 표심을 활용하기 위해 다양한 미디어를 활용해 지지층을 공략 중입니다. TV 토론이나 지역신문 및 휴대폰을 활용해 이들이 원하는 정책을 제시합니다. 청년층 일자리 창출이나 공단근로자와 관련된 비정규직 문제 해결 등이 그것입니다. 국민의당은 안산시 상록 을 지역구에 김영환이라는 거물급 정치인이 출마한 만큼 기존 정당 정치의 식상함을 이용하여 변화와 혁신을 유권자들에게 호소하며 미디어 전략을 수행 중입니다. 총선은 중앙당에서 추구하는 미디어 전략을 따르기 때문에 지역이라고 별반 다르지 않습니다. 다만 차이가 있다면 의혹, 표절 등 네거티브 전략이 난무해 유권자의 선택에 혼란을 가중시키고 있다는 점입니다."[4]

---

4. 안산신문 김석일 편집국장과의 인터뷰

각 후보의 선거홍보물 분석

선거홍보물은 후보가 유권자들에게 정당과 후보에 대한 정보를 주기 위해 선거관리위원회를 통해 제공하는 것이다. 홍보물에는 후보가 유권자에게 무엇을 강조하고 싶은지 잘 나와 있다. 그러한 이유로 선거홍보물에 대해 분석해 보고자 한다. 각 후보의 공약이 상당히 유사하며 동의어 반복이 많은데, 이 중 각 후보의 지역 공약은 후보의 정책 토론회 부분에서 다루도록 하겠다.

홍장표 후보는 안산에서 태어나 쭉 살아 왔다는 점을 강조했다. 안산에서 노동자 생활을 경험했으며, 그 이후에는 안산 시의원, 경기도 의원, 국회의원을 했다고 강조했다. 그리고 인하대학교 건축공학과를 나와 한양대학교 대학원에서 박사학위를 딴 것으로, 안산을 도시공학적 관점에서 발전시키겠다고 홍보했다. 이 점은 토론회에서도 드러났다. 한편 홍 후보의 홍보물에는 다른 후보에 대한 비난이 담겨 있었는데, 역대 국회의원, 시장, 도의원 당선 현황 표를 보여 주면서 야당이 상록구 을 지역을 계속 독점했다는 점을 강조했다. 또 김철민 후보는 전과 4범, 세금 체납 전력이 있다는 것을 근거로 들어 그의 도덕성을 문제 삼았으며, 김영환 후보는 과거 총선에서 약속했던 공약을 지키지 못했다는 점을 근거로 삼아 비난했다.

김철민 후보는 홍보물에 안산시장 시절 친환경 무상급식 실현, 공공 무인자전거 '페달로' 시행, 범죄예방 CCTV 확대 설치, 기업 SOS 이동시장실 운영, 학교주차장 야간 개방 등의 업적을 넣었다. 하지만 일부 항목은 업적이라고 하기엔 민망한 것으로 보였다. 그러나 시민들에게는 와 닿는 부분도 있었다. 특히 공공 무인자전거 '페달로'는 1년에 5만 원을 내면 안산시 자전거를 이용할 수 있는 제도로, 많은 안산시민들이 애용하는 제도이다. 그리고 김 후보는 새누리당의 독주를 꼭 막아야 한다는 점을 강조하며 새누리당을 이기려면 이길 수 있는 후보에게 표를 던져야 한다고 주장했다. 야권 성향이 강한 안산 상록구에 적합하고 효과적인 전략으로 보였다.

김영환 후보는 "더불어민주당 탈당 선언문"을 선거홍보물에 기재함으로써, 국민의당에 들어온 당위성을 밝혔다. 분명 더불어민주당이라는 이름이 안산 상록구에서 유리하게 작용할 것을 알기에, 이를 무마하기 위해서 국민의당에 입당한 것을 시민들에게 납득시켜야 한다고 판단해, 탈당 선언문을 넣은 것으로 보였다. 김 후보가 안산에서 4선 국회의원을 한 것을 강조한 것은 분명히 안산시민들에게 그의 명성을 알리려는 것이었다. 김 후보는 안산시의 큰 화두였던 '신안산선'과 '양상동 화장장 문제'를 해결했다는 점을 드러내며 과시했다. 김 후보가 전과와 비리가 없다는 문구를 써 놓은 것은 다른 후보들을 간접적으로 비판한 것으로 보였다. 실제로 김영환 후보의 경우 전과는 1980년대의 학생운동뿐이다. 또 세 후보 중 가장 적은 재산 2억 원을 가지고 있다는 점에서 청렴한 것을 강조하였다.

지역신문이 선거에 미치는 영향

이번에는 지역신문이 총선에 미치는 영향을 알아보기 위해 안산신문의 김석일 편집국장과 서면 인터뷰를 진행했다.

Q. 지역신문이 안산시민들에게 얼마나 정치적 영향력을 발휘하나요?

A. 현재 안산지역에는 약 10여 개의 지역신문이 운영 중입니다. 최근 불황으로 지역신문도 폐간되거나 발행 중지, 인력 감축 등의 여파를 겪고 있습니다. 보통 지역신문은 3,000~7,000부 정도 안산 전역에 배포되는데 배포처는 길거리, 상가, 공공기관, 24개 동주민센터 등입니다. 이 밖에 개인이나 기관, 기업 등 유료 구독자에게 우편으로 신문을 보냅니다. 이 중 안산시민들이 가장 지역신문과 접하기 쉬운 공간이 시청민원실과 구청, 그리고 동주민센터입니다. 볼일을 보러 공공기관을 방문할 때 손쉽게 무료로 신문을 볼 수 있기 때문에 인기가 좋은 편입니다. 선거 기간에는 주로 1면에 정치 기사를 자주 싣습니다. 이 때문에 시민들은 자연스레 정치 소식을 접하고, 기사에 오른 정치인들은 다소 민감한 반응

을 보입니다. 결국 평소에 지역신문을 구독하거나 관심이 높은 시민들은 기사를 보고 각 당 후보를 평가합니다. 특히 후보들은 경기도 31개 시·군 소식을 다룬 일간신문보다 지역신문을 선호합니다. 지역 곳곳에 배포되기 때문입니다. 이런 상황을 종합해 보면 아직까진 시민들에게 정치적 선택을 하는 데 지역신문이 정보를 제공하고 있고, 선택에 어느 정도 영향을 미친다고 할 수 있습니다.

Q. 지역신문과 각 지역구 후보들, 혹은 각 후보들의 미디어 담당자들과 어떤 식으로 연락하나요?

A. 보통 평소에 각 후보들과 연락을 주고받는 경우가 많습니다. 전략공천 후보를 제외하면 평소에 이미 후보나 후보의 보좌관과 연락을 합니다. 특히 선거철에는 평소 알던 후보를 통해 홍보 담당자나 미디어 담당자들과 소통을 합니다. 주로 문자나 카톡으로 본인들의 정책이나 선거일정, 지지율 등이 담긴 뉴스 등을 보내옵니다. 지역신문 기자는 보통 경력 5년 이상이 되면 정치인들과 인적 네트워크가 구축돼 있어 원활하게 연락이 되는 편입니다. 그래서 해당 후보의 기사를 인터넷에 올리는 동시에 카톡으로 전송하는 경우도 많습니다

Q. 지역신문은 정치적으로 중립적인 매체인가요?

A. 당연히 언론은 중립의 의무가 존재합니다. 따라서 각 지역신문은 중립의 의무를 지키려 노력하고 있습니다. 하지만 최근 지역신문의 경영 악화로 인해 이 같은 중립의 의무를 지키기가 쉽지 않습니다. 광고 수입과 유료 구독으로 인한 수입구조에 비해 지출이 많아 적자운영이 태반입니다. 적자운영 상황에서 광고주를 비판하기 어려운 현실을 감안하면 '지역신문이 중립적인 매체인가?'라는 질문에 선뜻 '그렇습니다'라고 답하기 어려운 게 현실이자 사실입니다.

Q. 현재 안산 상록구 을, 혹은 안산시 상록구의 정치적 핵심 화두는 무엇인지요?

A. 상록 을 지역구는 전·현직 국회의원에 전직 시장이 가세한 선거구로 후보들 모두 지역에서 상당한 인지도를 갖고 있습니다. 때문에 승리의 기쁨도 패배의 충격도 상당히 크리라 사료됩니다. 홍장표 후보의 경우 제18대 총선에서 친박 후보로 수도권에서 유일하게 당선된 정치인이었습니다. 이번 선거에서 당선될 경

우, 지난 선거승리 후 국회의원직을 상실한 사태와 관련해 명예회복을 이룰 것으로 기대됩니다. 김철민 후보는 세월호사건 후 민주당에서 공천을 받지 못해 무소속으로 시장에 출마했으나 결국 선거에서 패배한 정치인으로 이번 국회의원 당선으로 명예회복을 노리고 있습니다. 김영환 후보는 이번 선거에서 당선되면 5선 의원이 됨과 동시에 단숨에 안철수 대표와 더불어 대권 후보군에 포함될 것으로 예상됩니다. 사실상 야권단일화가 이뤄지지 않아 5선의 꿈은 힘들어 보입니다.

Q. 그외에 말씀해 주실 수 있는 것이 있나요?

A. 사실 총선과 지방선거는 지역신문의 입장에서 보면 크게 다릅니다. 김형민 학생의 관심사인 지방선거에서의 각 후보나 정당별 미디어 전략의 차이는 크지만, 총선의 경우에는 후보도 많지 않고, 중앙당 차원의 선거전략을 따르는 경우가 많아 그리 다양하지는 않습니다. 다만 현재 미국 대선의 경우처럼 미디어를 통해 네거티브 전략을 펼쳐 본인의 지지층을 확고히 하고 타 후보 지지율을 끌어내리려 한다는 점은 언론인으로서 아쉬운 대목입니다.

후보의 방송 토론회 분석

이제 마지막으로 후보의 미디어 전략 중에서 방송 토론회를 분석해 보자. 4월 6일 오후 9시, 지역방송인 한빛방송에서는 선거관리위원회 주최로 열리는 후보 토론회가 열렸다. 각 후보는 해당 주제에 대한 의견을 발표하고, 그에 대해 후보 간의 질의응답을 받는 방식으로 진행되었다.

각 후보의 기조연설

김영환 후보는 새누리당과 더불어민주당의 문제점을 이야기하며 국민의당에 들어간 이유에 대해 당위성을 부여했다. 새누리당은 집권 기간 동안 한 게 없다는 점, 더불어민주당은 운동권의 논리 때문에 여당이 문제가 있어 야당을 찍으려고 해도 유권자들이 등을 돌린다는 점을 이야기 했다. 홍장표 후보는 안산시에서 오랜 세월 살아왔으며 도시 건설 분야의 전문가라는 것을 선거홍보와 흡사하게 강조했다. 그리고 안산에서 4선을 한 김영환 후보에 대해, 신안산선의 착공시기를 지키지 못한 사람이라고 비판하였다. 또 야당의 텃밭인 안산을 바꿔야 한다고 말했다. 김철민 후보 역시 안산에서 30년 이상 살아온 것과 안산시장을 했다는 사실을 이야기했다. 그러한 까닭에 안산을 잘 알고 있으며, 안산시장 시절 '페달로' 제도를 시행했다고 자랑하였다.

공약 토론 1: 신안산선

토론회에서는 각 후보들에게 공약 두 가지를 발표 할 수 있는 기회가 주어졌다. 세 후보 모두 첫 번째 공약으로는 신안산선에 대해 언급하였다. 홍장표 후보는 신안산선에 대한 수요, 즉 주민 이용 수를 늘리기 위해서는 신도시를 만들어야 한다고 주장했다. 여기서 신도시는 단순히 주거단지가 아니라, 자급자족 능력을 가진 복합단지를 의미한다. 신도시를 만들면 지하철은 당연히 따라오는 것이라고 말했다. 또한 신안산선의 착공이 늦어진 것은 전직 시장이었던 김철민 후보와 국회의원이었던 김영환 후보에게 책임이 있다고 주장했다. 이를 해결할 수 있는 사람은 '도시 전문가'인 본인이라고 말했다. 김철민 후보의 경우 신안산선은 2017년에 착공하기로 결정됐으나 노선이 바뀌는 바람에 늦어졌다고 주장하였다. 그 배경에는 과거 국회의원였던 홍장표 후보와 그 이후의 국회의원이었던 김영환후보의 잘못이라고 비판하였다. 현재의 신안산선을 유치시킨 것은 시장이었던 김철민이므로 앞으로도 본인만이 할 수 있는 것이라고 주장했다. 김영환 후보는 '역사'를 만들겠다는 것은 세 후보의 공약에서 모두 볼 수 있다는 점을 인정했다. 또한 안산시의 일부 그린벨트를 풀어 신도시를 만들어, 수요를 창출해야 한다고 주장했다. 하지만 주거형 신도시를 만들 경우, 월피동과 같은 기존 동네의 집값이 떨어지게 된다. 그렇기에 '구로디지털단지'처럼 취업과 주거가 함께 가능한 '신기술복합창업단지'를 만들 것이라 주장했다.

공약 토론 2: 안산시 발전 방안

홍장표 후보는 수암동에 신도시를 만들어야 한다고 주장했다. 그 신도시는 복합단지일 것이다. 그러면 전철은 따라올 것이라고 봤다. 사실상 공약 1과 큰 차이가 없었다. 김철민 후보는 반월공단 육성을 위한 협의체를 만들겠다고 주장했다. 반월 공단의 성장은 지체된 상태였지만, 안산시는 반월공단과 함께 성장했다. 그렇기에 반월공단과 그곳에 있는 근로자들을 위한 제도를 만들고, 안산지역에 있는 우량 기업들을 유치하도록 하겠다고 말했다. 안산지역에 큰 영향을 주고 있는 반월공단을 공략한 것이다. 김영환 후보는 기존의 안산이 해 왔던 공업은 이제 더 이상 발전하기 어려운 산업이라고 보았다. 따라서 첨단 산업을 연구해야 하며 특히 청년들이 사업을 할 수 있도록 외국의 실리콘밸리처럼 안산을 만들어야 한다고 주장했다.

종합평가: 각 후보의 강점과 약점

홍장표 후보는 도시공학 전문가라는 점을 일관되게 강조하며 안산의 큰 화두 중 하나인 '신안산선' 부분에 대해서 계속 언급하였다. 하지만 그러한 까닭에 다른 부분에 대해서는 잘 알 수 없었다. 또한 신도시에 대한 계획을 말했지만, 김철민 후보와 김영환 후보가 실현하기 어려운 거시적인 계획이라고 비판했다. 실제로 시장과 국회의원을 했던 두 후보보다는 안산에 대한 실정을 자세히 알지 못했다. 그러나 다른 후보들에게 질문하는 부분에 대해서는 날카로움을 보여 주었다. 상대 후보를 비판하기 위해 많이 준비한 모습이었다.

김철민 후보는 '반월·시화공단'을 중심으로 공약을 전개해 나갔다. 지역 사업가 간의 관계가 강점인 후보이기에 공약 또한 그러한 점을 고려한 것으로 보였다. 새누리당에 대한 비판을 중간중간에 하는 것을 통해 야권 성향이 강한 안산 시민의 마음을 얻기 위해 노력하였다. 김영환 후보의 공약과는 큰 차이가 없어 김영환 후보에 대해서는 비판하는 모습을 보여 주지 않았다. 다만 자료에 대한 부분이 숙지가 되지 않아, 다른 후보와 달리 프린터를 그대로 들고 읽는 모습을 보여 줘 아쉬움을 남겼다.

김영환 후보는 '혁신'을 기본 개념으로 공약을 전개해 나갔다. 기존의 안산이 지닌 특징을 강화하는 정책을 내세운 두 후보와는 달리, 새로운 방향, 가령 문화·첨단 도시라는 새로운 방향을 제안했다. 이는 혁신이라는 '국민의당' 슬로건과 함께, 4선 국회의원을 안산에서 했기에, 이미 파악된 상황에 대한 분석에서 나온 결과로 보인다. 이러한 후보들의 공약에 대한 유권자의 반응을 살펴보기 위해 인터뷰를 진행했다.

Q. 어떤 후보가 당선돼야 한다고 보시나요?

A. 김철민이가 돼야지. 시장하면서 지역 주민들이랑 스킨십을 많이 했단 말이야.

Q. 김영환 후보는 어떠신가요?

A. 그 사람이 뭐 한 거 있어? 안산에 내려올 생각을 안 하는데.[5]

Q. 어떤 후보가 당선되어야 한다고 보시나요?

A. 김영환이 되지 않겠어? 계속 김영환이 했었잖아.

Q. 김철민 후보는 어떠세요?

A. 그 사람이 시장해서 안산이 망했잖아.[6]

Q. 어떤 후보가 당선될 것이라고 예상하시나요?

A. 현재 상록 을 지역구도 일여다야 구도로 선거가 치러집니다. 때문에 새누리당 홍장표 후보가 다소 유리해 보이지만 이 지역(월피동)에서 상당 기간 상록신협 이사장을 지내 조직력을 겸비한 김철민 전 안산시장의 지지율도 만만치 않은 모습입니다. 여기에 국민의당 공동선거대책위원장인 김영환 4선 의원도 타 국민의당 후보에 비해 많은 지지층을 확보하고 있습니다. 현재 홍장표 후보 측이 어부지리 효과로 인해 다소 우세할 것으로 보이며, 김철민 후보 측은 같은 야권 후보인 김영환 후보 측의 지지표가 올라갈 경우 당선이 어려울 수 있고, 반대로 김

---

5. 택시기사인 유권자, 안산
6. 지역상인인 유권자, 안산

영환 후보 측의 지지 표가 예상보다 떨어질 경우 승부를 예측할 수 없을 것이란 분석이 나오고 있습니다.[7]

이처럼 유권자들, 지역신문 발행인과 이야기를 해 본 결과, 어떤 후보가 당선될지 알 수 없었다. 유권자들은 대부분 야권 후보를 지지하는 경향이 강했지만, 야권 후보가 두 명 나왔고 두 후보의 지지층 모두 탄탄했기 때문에 야권을 지지하는 유권자들의 표가 갈린다면, 홍장표 후보가 당선될 가능성을 무시할 수 없었다. 한 치 앞을 알 수 없는 총선이었다.

총선 결과 분석

개표 과정은 놀라웠다. 더불어민주당의 김철민 후보가 34%의 득표로 당선되었다. 그러나 김영환 후보가 33.5%로 김철민 후보와 약 400표 차이밖에 나지 않았고, 홍장표 후보 역시 32.5%로 전국에서 가장 많은 득표율을 받은 3위가 되었다. 오후 6시부터 시작된 개표는 밤 12시가 넘어서도 순위가 계속 바뀌면서 예상을 알 수 없었다. 총선 조사를 시작했을 때도 '안갯속 총선'인 것 같았는데, 개표율 80%일 때까지도 당선자를 알 수가 없었다. 야권성향이 강하기에 원칙대로라면 당선됐어야 할 김철민 후보, 녹색바람과 더불어 이미 높은 인지도를 가지고 있는 김영환 후보, 그리고 어부지리로 자리를 차지할 수도 있었던 홍장표 후보, 그 차이는 정말 미세했다. 김철민 후보와 김영환 후보 모두 미디어 전략 부분에서 뛰어났다. 또한 이미 시장과 국회의원을 맡았었기에 안산시에 대한 이해에서도 큰 차이가 없었다. 그러나 김철민 후보는 이미 지역 주민들에게 스킨십을 통해 인지도를 쌓았고, SNS 전략을 통해 '안산시의 국회의원 후보'라는 이미지를 각인시켰다. 이것이 중앙정부적 미디어 전략을 보여 준 김영환 후보를 근소한 차

---

7. 안산신문 김석일 편집국장과의 인터뷰 일부

이로 이기는 데 한몫한 것으로 보인다. 홍
장표 후보가 이들을 이기기 위해서는 네거
티브 전략과 '도시 공학'만을 강조하는 부
분에서 벗어났어야 하지 않았을까라는 생
각이 든다.

사전 투표제도가 20대 총선의 결과에 영
향을 미쳤던 것으로 보인다. 사전 투표는 4
월 8일에서 4월 9일까지 진행되었다. 기존
부재자 투표와의 차이점은 누구나 전국에

그림 1. 안산 상록 을의 20대 총선 결과

서 참여할 수 있었다는 것이다. 그렇기에 야권 성향이 강한 안산시 상록 을에서
사전 투표 시기에도 유권자들이 더불어민주당의 김철민 후보를 뽑을 가능성이
높다고 예상했다. 또한 이 시기에는 국민의당의 녹색 바람이 비교적 강하게 불지
않았다.[8] 하지만 그 이후에는 국민의당의 지지율이 급격히 올라갔고 그 결과 김
영환 후보는 예상보다 높은 지지율을 얻었다. 그러나 김철민 후보와의 근소한 차
이는 이미 진행된 사전 투표에서 갈린 것으로 보였다.

---

8. 안산신문 김석일 편집국장과의 인터뷰

4. 동네별 맞춤형 선거공약이 승리 요인

[경기 수원 무]

심성보

누가 어떻게 유권자의 마음을 사로잡았나?

2016년 4월 13일 마침내 말 많고 탈 많았던 20대 총선이 막을 내렸다. 선거 직전까지만 해도 여당이 우세하고 야당이 열세할 것이라는 예상이 지배적이었지만 여당이 수도권에서 참패하고 국민의당이 선전하면서 여소야대라는 흥미로운 결과가 나왔다. 총선 전부터 후보 공천과 선거구 획정 문제 등으로 많은 문제가 있었지만 58%라는 투표율을 기록하고 16년만의 여소야대라는 반전의 결과를 낳으며 2017년 대선에도 많은 파란이 예고되고 있다. 이런 선거 결과는 결국 각 선거구의 승패를 모은 것이다. 정권심판론과 야권분열 등 여러 변수가 작용하여 많은 선거구에서 예상을 뒤엎는 결과들이 나왔다. 특히 수원 무 선거구에서는 각 정당이 후보 공천을 둘러싸고 경쟁하여 필자가 투표권을 행사하게 된 이후로 가장 흥미진진한 선거전이었다고 생각한다. 각 정당과 후보는 선거구의 특징에 맞는 선거전략을 구사했는데, 수원 무도 예외가 아니었다. 이제 수원 무의 선거구 특성, 특히 각 동의 특성이 각 후보의 선거전략과 투표에는 어떤 영향을 미쳤는지 알아보고자 한다.

수원 무는 어떤 곳인가?

수원시 선거구는 본래 3개였는데 팔달구의 영통동이 커지면서 17대 총선부터 장안구, 팔달구, 권선구, 영통구 이렇게 4개의 선거구로 나누어 졌다. 하지만 이번 20대 총선을 앞두고 선거구 획정에서 많은 불만이 터졌는데, 선거구가 5개로 늘어나면서 영통1·2동이 각각 정 선거구와 무 선거구로 나누어지는 바람에 같은 동인데도 불구하고 다른 선거구로 편성되었기 때문이다. 수원에서는 주민들이 선거구 획정안에 불만을 제기하며 서명운동을 하는 등 적극적으로 반대했지만 결국 받아들여지지 않고 5개의 선거구로 확정되었다. 이렇게 해서 수원의 5번째 선거구인 무(세류1·2·3동, 권선1·2동, 곡선동, 영통2동, 태장동)가 생겨나게 되었다. 이러한 선거구 변화는 각 정당이 후보 공천을 하는 데 더 많은 고민을 하게 했고, 새롭게 신설된 선거구에 대한 예상은 언론사와 여론조사기관마다 크게 엇갈렸다.

수원시 무 선거구는 8개 동으로 이루어졌는데 인구는 27만 672명으로 수원시 전체 인구의 약 22%를 차지하고 있다. 수원 무는 교통의 중심지로서 지하철 개통에 따라 수원의 동쪽 관문으로 고속도로가 분기하고 있으며 경부고속도로, 영동고속도로, 용인서울고속도로의 진입로, 국도 42·43호선 등 주요 간선도로가 통과하고, 수원–분당선 및 신분당선 연장선 지하철이 개통되었다. 또한 수원의 관문인 버스터미널이 수원 무에 소재하고 있다. 수원 무 지역은 산업적으로 고부가가치 첨단산업이 입지해 있는 글로벌 IT산업의 메카도시이다. 삼성전자, SDI 등의 첨단기업과 중소기업종합지원센터, 최첨단 R&D 클러스터 등이 있어 무한한 발전 잠재력을 내재하고 있다. 디지털엠파이어Ⅱ 등을 비롯해 중소기업이 운집해 있기도 하다. 이러한 산업단지들이 많이 들어선 영통지역에서 젊은 노동자의 전입 증가는 영통을 야당의 텃밭으로 만드는 데 중요한 역할을 하고 있었다. 하지만 권선지역과 영통1동은 대부분 아파트단지로 구성되어 있고 큰 평수의 아파트와 주상복합건물이 많이 들어서 있어 어느 정도 여당에 유리한 지역으로 예상했다. 선거구 무의 가장 큰 핵심은 선거구가 새롭게 획정되면서 기존 선거구인 권선구(을)와 영통구(정)가 섞였다는 점이다. 각각 선거구가 정치적으로 다른 성향을 가진 것을 〈표 1〉에서 확인 할 수 있다.

〈표 1〉에서 볼 수 있듯이 수원 정(영통구)은 김진표 후보의 텃밭이자 야당 강세지역이었다. 16대 선거부터 19대에 이르기까지 한 번도 놓치지 않고 본인의 세력기반을 확고히 해 왔다. 반면 수원 을(권선구) 지역에서는 여당과 야당이 번갈아 집권해 온 것을 알 수 있다. 하지만 19대 신장용 의원이 공천 과정에서 금품을 제공한 혐의로 당선 무효가 되면서 의원직을 상실하게 된다. 당시 무소속으로 3위를 차지하여 낙선하였던 정미경 후보가 새누리당 후보로 7·30 재보궐 선거에서 당선되었다. 정미경 후보가 권선구에서 연임하면서 권선지역은 여당의 주요 지지기반이 되었다. 이처럼 정치적 성향이 뚜렷한 선거구들이 섞여서 선거구 무가 만들어졌다. 이 선거구에서 김진표 후보가 강세였지만 권선구 동네가 더 많이 포함되면서 김진표 후보가 우세하다고 단정 지을 수 없게 되었다. 하지만 기존의 선거구 을(권선구) 지역이 여당과 야당이 번갈아 집권해 왔던 만큼 어떻게 공략하느냐에 따라 여론이 충분히 바뀔 가능성이 존재했다. 새롭게 편성된 선거구인 만큼 정치적으로 어떤 성향이 우세한지 알 수 없었고 여론조사 결과도 매번 바뀌어서 섣불리 어느 정당과 후보가 우세할지 예상하기 힘들었다. 그렇기 때문에 선거결과는 누가 더 선거구를 잘 파악해서 적절한 선거전략을 펼쳐 나가는가에 달려 있었다.

표 1. 역대 수원지역 총선 결과

	수원 갑: 장안구	수원 을: 권선구	수원 병: 팔달구	수원 정: 영통구
16대	한나라당: 박종희	한나라당: 신현태	한나라당: 남경필	x
17대	한나라당: 박종희	열린우리당: 이기우	한나라당: 남경필	열린우리당: 김진표
18대	한나라당: 박종희	한나라당: 정미경	한나라당: 남경필	통합민주당: 김진표
19대	민주통합: 이찬열	민주통합: 신장용/ 한나라당: 정미경	새누리당: 남경필	통합민주당: 김진표

양대 정당 후보들은 어떤 사람들인가?

정미경 후보는 본인이 국방위원직을 수행하고 있기에 수원 세류동 지역에서 문제시되고 있는 수원비행장 이전 문제의 적임자라고 주장했다. 또한, 본인이 국방부와 소통하고 해결하는 데 용이한 점을 거듭 강조했다. 한편 김진표 후보는 더불어민주당 슬로건인 경제 분야에서 본인의 경력을 강조했다. 전 경제부총리를 역임한 경력을 내세우며 경제 문제의 해결사적인 이미지를 만들었고 프로야구 10구단 유치와 수원지하철 시대 개막의 주역이라고 주장했다. 지난 국회의원 시절의 업적을 바탕으로 유권자들에게 본인의 능력을 어필하려고 노력했다. 또한 수원에서는 수원중·고등학교 동문회가 강한 편인데, 수원중학교 출신의 김진표 후보는 이를 잘 활용하였다. 필자도 수원고등학교 동문이기에 수원고등학교 SNS나 문자 등에서 자주 김진표 후보의 이름이나 공약 등을 쉽게 접할 수 있었다.

표 2. 양대 정당 후보의 신상 정보

후보	새누리당 정미경 후보	더불어민주당 김진표 후보

경력
및
신상
	– 고려대학교 법학과 졸업
	– 전 수원 지방검찰청 검사(2005),
	  부산 지방검찰청 검사(2007)
	– 제19대 국회 후반기 국방위원회 위원
	– 제18·19대 국회의원
	– 후보(349,887,000),
	  배우자(1,160,228,000),
	  계(1,510,115,000)
	  후보 및 배우자 체납액 없음
	– 전과기록 없음, 병역의무 없음
		– 수원중학교 졸업, 서울대학교 법학과 졸업
		– 전 노무현 정부 재정경제부 장관,
		  전 노무현 정부 교육인적자원부 장관
		– 제17·18·19대 국회의원
		– 후보(809,533,000),
		  배우자(813,061,000),
		  직계존속(10,000,000),
		  계(1,632,594,000)
		  후보 및 배우자 체납액 없음
		– 전과기록 없음, 장남 5급 판정으로 인한 현역
		  제외

선거구의 핵심쟁점과 후보 공약 비교

정미경 후보와 김진표 후보의 핵심 공약은 수원비행장 이전과 지하철 연장으로 좁혀진다. 두 후보 모두 수원비행장 이전을 조속히 실행하고 지하철을 연장하겠다고 주장했다. 이외의 공약에선 약간의 차이점을 보였지만 부차적인 선거공략이었고 핵심 공약의 내용에서는 첨예하게 대립하였다.

쟁점 1: 수원공군비행장 이전

1954년 수원시 권선구 세류동에 제10전투비행단이 들어선 이래, 수원시의 반가까운 면적이 고도제한에 걸리고 소음피해로 인한 소송 등으로 마찰을 빚었다. 2013년에 군 공항 이전 및 지원에 관한 특별법이 제정되고 수원시는 이전 건의서를 국방부에 제출했다. 2015년에 최종적으로 이전이 승인되면서 이전 선정지 예비 작업이 시작되어 현재 지원계획 수립 및 부지 공고를 위한 준비가 진행 중이다. 수원시는 공군비행장 이전을 통해 스마트폴리스를 조성하고자 한다. 이전 비용으로 7조원을 부담하면서 2023년까지 아파트 단독가구 25,000여 개를 만들고 85만 ㎡에 이르는 산업단지와, 각종 상업시설 및 공원 등의 도시기반 시설을 추진 중이다. 또한 수원비행장 이전과 함께 현재 공군골프장으로 이용하고 있는 넓은 부지를 어떻게 활용할 것이냐에 대한 논의가 계속되고 있다.

김진표 후보와 정미경 후보는 둘 다 본인이 먼저 수원비행장 이전을 주선한 사람이라고 주장했다. 정미경 후보는 예산 확보, 김진표 후보는 수원공군기지 이전법 대표발의를 주장하면서, 선거기간 동안 끊임없는 논쟁이 이어졌다. 수원비행장 이전 문제에 관해 가장 중요한 핵심은 이전 후보지 선정이다. 이전 부지 선정으로 인해 골머리를 앓는 만큼 명쾌한 해답이 필요했지만 후보 둘 다 이전 후보지들에 대해 설명을 하지 못했다. 정미경 후보는 집권여당 후보로서 비행장 이전에 대한 중앙정부의 협력을 잘 이끌어 낼 수 있으며 국방위원장은 여당 몫이기에 본인의 재선이 국방위원장이 될 수 있는 기회라고 주장했다. 하지만 정 후보가 국회의원이 되더라도 국방위원장이 되지 않을 가능성도 있기 때문에 너무 앞서가고 있다는 생각이 들었다. 그리고 이전 부지에 대한 설명을 요구했을 때도 계속 국방위원장이 되면 만사가 해결될 것이라는 식으로 일관해버렸다. 또한 수원 공군골프장 문제도 본인이 여성 국방위원장이 된다는 가정하에 국방부와 협의해서 해결할 수 있다는 주장을 했다. 최초의 여성 국방위원장이라는 타이틀은 신선했지만, 이것이 불확실한 가정이기에 신뢰를 얻기가 힘들었다.

한편 김진표 후보도 정미경 후보와 마찬가지로 이전 부지의 중요성을 강조했지만 명확한 답을 제시하지 못했다. 하지만 본인이 경제 슬로건을 내건 만큼 비행장 이전 후 만들어 갈 한국형 실리콘밸리에 대해서는 많은 계획과 자신감을 보였다. 부지활용과 공군골프장에 대한 탄탄한 계획, 지역개발 관련 공약들이 주를 이루었다. 특히 개발 측면에서 경제적 효과를 구체적으로 명시하여, 수원비행장 이전으로 가장 큰 이득을 보게 될 세류동 주민에게 충분히 어필할 수 있었다고 생각된다. 세류동 주민에게는 수원비행장 이전이 생활권과 경제적 여건이 바뀌는 중요한 요소였던 만큼 시각적이고 명확한 공약이 잘 전달 될 수 있었던 것 같다. 다음은 수원비행장 이전 문제와 관련하여 더불어민주당 김진표 의원과 인터뷰한 것이다.[1]

Q. 수원비행장 이전 문제에 대한 생각은?

A. 중요한 것은 빠른 착공이다. 수도권에서 하루 120만 명이 서울로 출퇴근하는 상황에서 신수원선으로 인해 혜택을 받게 될 수도권 주민의 교통복지 증진이 최우선적으로 고려되어야 한다. 수원비행장이전법이 반드시 필요한 이유가 바로 그것 때문이다. 수원비행장이전법은 이전 부지 선정을 위해 이전 부지의 주변 지역에 대한 지원 방안을 마련하고, 이전 부지 자치단체의 주민 투표를 거쳐 결정되도록 이전 부지 선정절차와 기준을 규정하고 있다. 1954년 들어선 수원비

---

1. 수원일보 후보 인터뷰

행장은 대한민국 전체로 보면 국가안보를 책임져 왔으나, 수원시민은 고도제한 때문에 재산권 침해를 받아 왔다. 2012년에 대표발의해 2013년에 통과된 수원비행장이전법(군 공항 이전 및 지원에 관한 특별법안)에 근거한 절차에 따라 수원비행장 이전이 결실을 맺고 있다. 앞으로가 더 중요하다. 수원비행장 이전 부지에 한국형 실리콘밸리를 조성하여, 우리 수원시가 10년, 30년을 먹고살아 갈 신성장 동력으로 만들어야 한다. 한국형 실리콘밸리의 중심에 권선·영통이 있다. 수원시민께서 김진표가 수원비행장 이전을 시작하였으니, 부지 선정에 앞장서 실질적인 이전의 첫 삽을 뜰 수 있는 기회도 수원시민들이 저에게 맡겨주실 것으로 확신한다.

쟁점 2: 신수원선 및 지하철 확장

수원에 분당선이 생겨 출퇴근이 편해지고 서울과 접근성이 좋아지는 등 교통복지가 엄청나게 향상되면서 많은 수원 시민들이 혜택과 편리를 얻었다. 그렇기 때문에 자연스럽게 교통복지에 대한 관심이 더 많아졌고 선거의 핵심 쟁점으로 떠올랐다. 신수원선은 지난 2003년부터 추진되어 70억 원의 설계착수 예산을 확보하며 우여곡절 끝에 사업에 탄력이 붙는 듯하였으나, 해당된 지역들이 제각기 요구사항을 내걸어 지지부진한 상황을 겪고 있었다. 신수원선은 수도권 서남부 지역의 교통 개선을 위해 국토교통부가 최초로 제안한 사업으로 처음에는 안양시 인덕원에서 수원시 영통, 화서, 동탄까지 35.3km 이르는 구간을 건설하는 계획이었다. 이후 동탄 택지개발 및 KTX 동탄역 신설 등으로 수요가 증가하고 공사기법개발에 따른 사업비 절감 등 경제성이 향상되면서 2011년 기획재정부의 예비타당성 조사에서 통과해 사업 추진에 가속도가 붙었다. 하지만 주변 지역 주민들의 추가 역 설치 및 노선 변경 등의 요구에 부딪혀 지지부진한 상황이 되었다.

김진표 후보와 정미경 후보의 공약을 비교해 보면 전자가 교통복지 부분에서 상대적으로 설득력이 있었다. 수원에 지하철 시대를 열고 영통에 분당선을 끌어왔던 사람으로서 분당선 연장선을 권선지역까지 늘리고 인구유동이 많은 버스터미널과 세류동에 지하철을 신설한다는 공약은 유권자들의 마음을 얻기에 충분했다. 버스터미널로 인하여 유동인구와 버스량이 상당히 많음에도 불구하고, 세류동에는 지하철역이 개통되지 않아 세류·권선주민들이 지하철의 혜택을 받지 못하고 있었기 때문이다. 또한 분당선 이용이 많은 만큼 부족한 분당선 연장선 급행과 서울 광역버스 확충은 실제 주민들의 요구를 충족시켜 줄 수 있는 부분이었다. 하지만 한편으로는 과거 분당선 개통 도중에 자금 문제로 인해 지연된 경험이 있어 이 공약이 유권자들의 마음을 완벽히 충족시킬 수 있을지에 대해서는 의문이 들기도 했다.

정미경 후보 측도 같은 쟁점에 대해 비슷한 공약을 내걸었다. 하지만 김진표 후보 측에서 내세운 구체적이고 세밀한 공약들이 정미경 후보의 공약을 압도하고 있었다. 김진표 후보는 이미 지하철 개통으로 받은 지지와 신뢰를 바탕으로 하고 있는 데다 지역맞춤형 전략으로 공약이 더 빛을 발했다. 다음은 교통 문제와 관련하여 새누리당 정미경 후보와 인터뷰한 내용이다.[2]

Q. 신수원선에 대한 계획은?

A. 인덕원~수원 복선전철사업(신수원선)은 재개될 것이다. 최근에 기획재정부로부터 '인덕원~수원 복선전철사업 조치 결과 및 향후계획'을 받았다. 이에 따르면 기재부는 "인덕원~수원 복선전철사업은 2016년 1월부터 사업 노선, 정거장, 공사 기간, 사업비 등에 대해 관계기관과 협의 진행 중"이며 "해당 사업 기본계획이 조속히 확정되도록 최대한 노력해 나갈 계획"이라고 서면 답변했다. 본인은 국회 예산결산특별위원을 맡고 있어 그동안 국회 예결위 회의와 대정부질문 등을 통해 정부에 지속적으로 인덕원~수원 복선전철사업의 추진과 수원 명성교회 사거리(권곡 사거리)에 정차역 신설을 요구해 왔다. 제20대 총선 주요 공약으로 '인덕원~수원 복선전철사업의 신속 추진'과 함께 '명성교회 사거리(권곡

2. 수원일보의 후보 인터뷰

사거리)역 신설'을 발표했다. 2014년 재보선으로 19대 국회에 들어가 멈춰 버렸던 광교~호매실 복선전철사업에 대해서 민간조사를 다시 착수시켰듯이, 인덕원~수원 복선전철도 신속히 추진하고 정차역도 만들어 내겠다. 총선이 끝나는 대로 국회 예결위 차원에서 본격적으로 기획재정부, 국토교통부 등 관계기관으로부터 업무보고를 받고, 수원주민들의 의견을 수렴해 정부와 세부적인 협의에 나서겠다.

후보와 정당의 선거전략 비교: 어떻게 유권자들에게 다가갔나?

선거공약과 선거전략은 지역적 특성과 선거의 쟁점에 맞춰 변화할 수밖에 없다. 누가 더 수원시 무 선거구의 지역적 특성과 논쟁점을 잘 파악하고 이해해서 유권자들에게 접근하느냐에 따라 선거의 당락이 좌우된다. 결과적으로 더불어민주당의 김진표 후보가 과반수로 당선되면서 정미경 후보의 텃밭이라 불리는 권선지역을 김진표 후보가 얼마나 잘 공약했는가를 알 수 있었다. 김진표 후보는 단순한 선거전략을 넘어 지역구를 잘 분석했으며, 두루뭉술한 공약이 아닌 동네별로 세밀하고 차별화된 공약을 개발해서 승리를 거둔 것이다.

정미경 후보의 전략

수원시 무 선거구의 영통지역에서는 처음부터 김진표 후보의 강세가 예견되었다. 이 지역에서 김 후보가 이미 3선을 통해 표밭을 닦아 놓은 터라 정치적 고향인 수원시 을 선거구를 벗어난 정미경 후보에겐 처음부터 험난할 수밖에 없었다.

정미경 후보는 선거전략의 첫 번째로 젊음을 가장 큰 무기로 내세워 주민과 소통하려고 노력했다. 무 선거구에 젊은 세대와 부유층이 많은 것에 착안해서 고리타분한 선거유세가 아닌 젊음을 컨셉으로 주민들에게 다가갔다. 일일히 주민들을 호명하며, 지나치지 않고 다가가 스킨십을 자주 시도했다. 영통지역에서 김진표 후보의 강세가 보여서 그런지, 정미경 후보는 유세 시간의 대부분을 세류동과 권선동에 투자하면서 표심을 확고히 다지려고 노력했다. 임팩트 있는 유세를 하기 위해 연예인이 와 선거운동을 하기도 하였다. 컬투의 정찬우와 출발드림팀 MC 이창명, 그리고 가수 태진아가 나와 정미경 후보의 선거유세를 도왔다. 연예인과 함께한 유세는 영통동과 태장동이 유일하다. 둘째로, 공약 중에 생활환경, 문화에 관련된 공약이 많았기 때문에 정미경 후보는 문화시설 및 복지시설을 방문하고 공약을 홍보하였다. 인근 아파트 문화시설이나 놀이터 등을 방문하여 주민들에게 문화시설의 필요성을 제기하며 유세에 나섰다. 아파트단지 내의 경로당이나 버드 내 노인복지관 등을 방문하여 선거공약을 피력하였다. 셋째로 김진표 후보의 선거법 위반을 홍보하였다. 김진표 후보와 수원비행장 이전 공약으로 선거유세 전부터 누가 진짜 공약의 주인인지를 두고 많이 부딪쳐, 결국 선거 기간에 공약 표절로 인한 마찰이 있었다. 이에 대응하여 정미경 후보는 김진표 후보가 공약 표절과 태장동 산악 회원 30명에게 쌀을 나누어 주었다는 혐의를 받아 선거법 위반으로 고소되었다는 점을 널리 선전하였다.

김진표 후보의 전략

영통과 태장동에서 확고한 지지를 얻고 있던 김진표 후보는 처음에 합동유세를 많이 하였다. 무 선거구 후보인 박광온 후보와 함께 선거유세를 했고 또 김종인 당대표와 함께 유세하기도 하였다. 김진표 후보의 선거전략을 살펴보면 첫째로, 지하철 유치의 장본인답게 지하철 및 영통 홈플러스 앞 등 교통 요지에서 많은 선거유세 시간을 할애하였다. 지하철 출입구 등에서 분당선 연장선 급행화에 대해 홍보하고 광역버스 시간 및 배차 시간 확충에 대한 주장을 펼쳐 나갔다. 권선지선까지의 신설 지하철역을 홍보하면서 더욱 더 편리한 교통복지를 약속했다. 또한 주요 경제적 요소인 삼성 산업단지와 중소기업이 몰려있는 디지털엠파이어로 가서 유세활동을 많이 하였다. 둘째로, 선거전략의 가장 큰 핵심을 경제로 잡고 적극적으로 홍보했다. 더불어민주당이 경제를 살리는 정치를 전면에 내세운 만큼 전 경제부총리라는 경력을 내세워 유권자들을 자극했다. 특히 영통과 소득 부문에서 차이가 나는 세류동의 선거유세에서 경제적인 요소를 홍보하며, 수원비행장을 통한 경제적 가치 창출을 강조하였다. 또한 한국형 실리콘밸리 건설과 신분당선 연장선을 통한 세류·권선 지구 지하철역 개통을 유권자들에게 홍보하였다. 셋째, 합동유세를 이용하여 다양한 세대층에게 접근하였다. 박광온 후보와 영통 홈플러스 앞에서 토크쇼 형식의 합동유세를 하였는데, 시끄러운 유세방식에서 벗어나 질의응답 시간을 가지고 대화를 많이 시도하였다. 이를 통해 젊은 대학생부터 직장인, 주부와 소통하는 등 색다른 선거유세의 모습을 보여줬다.

두 후보의 선거전략 비교

정미경 후보는 재선 국회의원답게 노련하게 선거전략을 짜고 선거에 임했다. 김진표 후보에 비해 본인의 강점인 젊음을 강조하고 본인의 경력과 공약을 잘 연결지어 다가갔다. 하지만 김진표 후보와의 대결에서 세밀한 동네별 공약을 개발하지 못했다. 정미경 후보의 선거전략은 큼직큼직했던 반면 김진표 후보의 선거전략은 자잘하고 조밀조밀했다. 또한, 정미경 후보의 선거전략은 선거구 내 어느 지역에도 적용할 수 있는 보편적 성격의 공약이었다. 하지만 김진표 후보의 공약은 큰 전략 안에서 동네별로 그 특성에 맞는 공약을 펼쳐 나간 것이었다.

선거유세방식에서도 차이가 있었는데, 정 후보의 젊은 컨셉이나 문화·복지시설 방문 등은 충분히 예상할 수 있는 보편적인 선거 유세방식이었다. 하지만 김진표 후보는 본인의 강세지역인 영통에서 토크쇼라는 색다른 방식으로 신선함을 불어넣으려고 노력했다. 또한 경제적으로 어려운 세류지역에서 본인의 강점인 경제 분야를 집중적으로 홍보하였다. 수원비행장 문제해결에 대한 접근과 그 효과에 대해서도 경제적인 측면에서의 이점 등을 보다 효과적으로 세류동 주민에게 어필하고 자극했다.

유권자들의 정치적 태도

유권자들의 투표행태를 조사하기 위해 직접 유권자들을 만나보며 몇 가지 간단한 질문을 통해 자료를 모아 정리하였다. 수원 무 선거구민 50명을 대상으로 시행하였다.

1. 지지하는 정당은?

	새누리당	더불어민주당	무응답	기타
인원(비율)	9명(18%)	19명(38%)	18명(36%)	4명(8%)

2. 투표할 때 가장 중요하게 보는 요소는?

	정당	공약	후보	기타
인원(비율)	20명(40%)	12명(24%)	8명(16%)	10명(20%)

3. 현 정권에 대한 평가는?

	긍정	부정	중립	무응답
인원(비율)	7명(14%)	31명(62%)	12명(24%)	0명

4. 야당에 대한 평가는?

	긍정	부정	중립	무응답
인원(비율)	10명(20%)	15명(30%)	25명(50%)	0명

5. 현재 우리 선거구에 가장 필요한 것은?

	대중교통 확장	청년취업	복지시설 확충	주차난 해결	기타
인원(비율)	16명(32%)	17명(34%)	6명(12%)	5명(10%)	6명(12%)

6. 20대 총선에 대한 예상은?

	여대야소 체제 유지	여소야대 체제
인원(비율)	38명(76%)	12명(24%)

7. 기타 애로사항이나 바라는 점은?

	선거구 확정 문제	선거유세	기타
인원(비율)	45명(90%)	3명(6%)	2명(4%)

승패 요인: 왜 또다시 김진표인가?

20대 총선을 앞두고 박근혜 정부 심판론이 불거졌지만 야권단일화 실패와 공천 문제로 인해 그래도 여대야소의 상황이 이어질 것이라 전망했다. 수원시 무선거구에서도 야권통합이 되지 않았고 더불어민주당과 국민의당에서 각각 후보를 내면서 이번에는 김진표 후보의 시대가 막을 내리겠다고 예상했다. 하지만 실제로 유권자들이 지난 8년간의 새누리당의 집권기간에 많은 회의를 느끼고 있음을 수원시 무 선거구뿐만 아니라 전국적으로 확인할 수 있었다. 더불어민주당도 심판을 피해가지 못하고 전라도지역에서 패하면서 똑같이 심판을 받았다.

선거 결과 더불어민주당의 김진표 후보의 지지는 강하다 못해 굳건했다. 51%의 득표율을 기록하면서 과반수를 넘기고 당선을 확정 지은 것이다. 리얼미터에서 시행한 주요 언론사 여론조사에서 김진표 후보는 정미경 후보에게 1% 정도로 뒤졌지만 막상 실제 투표에서는 과반수를 넘기며 크게 이겼다. 상대적으로 젊은 세대들이 새롭게 야권을 지지했으며 김진표를 지지해 왔던 야당 세력은 변하지 않고 견고했다. 수원시 무 선거구는 수원에서 가장 젊은 선거구이며 17대 총선부터 더불어민주당 계열의 정당을 지지했던 진보층이 많은 곳이다. 또한 참여관찰을 통해 조사했던 설문에서 볼 수 있듯이, 현 정권에 대한 불신이 그대로 나타났다. 야당에 대한 평가는 확연히 좋지도 나쁘지도 않았지만 중립의 비율이 높은 것으로 미루어보아 본인의 정치색에 대해 말을 아낀 것으로 보였다.

20대 총선에서 김진표 후보가 유권자의 마음에 와 닿을 공약을 잘 내걸었다. 원래 선거구의 안방마님이었듯이 현 시점에서 유권자들이 느끼고 있는 불편함과 갈증을 잘 캐치해 낸 것이다. 프로야구 10구단 유치로 문화생활의 허기를 해결하고, 젊은 세대와 서울에 출퇴근하는 유동인구가 많아 지하철과 광역버스는 필수였는데, 이에 대한 공약이 구체적이었다. 수원의 축구문화는 삼성블루윙즈로 인해 크게 발달하고 자리 잡았다. 하지만 또 하나의 인기 스포츠인 야구를 수원에서 못 보는 것에 대한 불만을 갖고 수원에 야구문화가 자리 잡길 바라는 주민들이 많았다. 이를 캐치해내어 지난 번에 프로 야구단을 유치한 것도 김진표 후보였다. 신수원선 건설이라는 선거공약은 같았지만 분당선 연장선과 급행화라는 구체적이고 필수적인 공약이 정미경 후보의 공약과 차별화되었다. 신수원선은 무엇보다 동탄과 수원을 연결한다는 점에서 많은 이점을 가진다. 인구유동량이 많고 여러 문화·편의시설이 밀집해 있지만 동탄을 잇는 교통시설은 많이 확충되어 있지 않은 편이다. 만약 신수원선이 연결된다면 바로 옆의 세류지역과 권선지역은 훨씬 편리한 대중교통체계에 연결될 뿐 아니라 여러 역세권 효과도 가져올 것이라 예상된다. 급행화라는 요소는 그저 공약중의 작은 일부이지만 얼마나 면밀하고 구체적인 공약을 만든 것인지를 알 수 있는 대목이다. 비록 작은 요소일지라도 지역구 내의 동네에서 주민들이 절실히 원하고 진정으로 필요한 것을 캐치해낸다는 것은 충분히 유권자들을 자극하고도 남는 요소이다. 이미 김진표 의원에게 분당선 개통이라는 성과가 있었기에 유권자들이 교통복지에 관해 더 믿음을 주었다고 생각한다.

한편 세류동의 수원비행장 이전으로 만들려고 하는 실리콘밸리사업에 대해서는 김진표 후보와 정미경 후보의 공약 사이에 큰 차이점이 없다. 오히려 둘 다 비행장 이전지에 대한 세부적이고 좋은 계획을 세우지 못한 건 동일하였다. 그럼에도 불구하고 김진표 후보가 앞선 것은 세류동과 권선동의 특성에 맞는 공약을 개발했기 때문이다. 세류동 유권자들이 가장 필요로 하는 것은 경제적인 이익이다. 바로 옆 동에서는 지하철역이 생겨 수원역까지의 이동시간이 짧아져 역세권 효과를 누리는 반면 세류동은 버스터미널이라는 중요 시설을 지니고 있음에도 역세권 효과를 제대로 누리지 못했다. 세류역이 세류동 중심이 아닌 외진 곳에 있기 때문이다. 더군다나 수원비행장 이전은 아직 이전 부지도 정하지 못한 시작

단계이며 얼마나 걸릴지 예상조차 하지 못한다. 하지만 역세권이 확장되는 것이 확정된다면 터미널과 권곡 사거리를 중심으로 상권이 확장되고 투자가 늘어나는 등 경제적인 파급효과를 빠른 시일 내에 누릴 수 있다. 또한 수원비행장 이전으로 인해 공약대로 비행장 부지와 골프장을 새롭게 바꾸는 것이 현실화된다면 바로 앞의 세류역이 진정한 의미에서 역세권 효과를 발휘할 것이다. 죽어 있는 세류역 주변이 활성화되면 주변의 경제적 문화적 요소들이 발전할 가능성이 무궁무진하다.

이렇듯 김진표 후보는 단순히 표면적으로만 선거구 특성을 파악하고 있는 것이 아니라 선거구 내 동네별로 각각의 특성을 파악하고 있었다. 이에 맞추어 본인의 지지기반 지역에는 새로움을 불어넣고 선거구 내 다른 지역에서는 동네별 특성에 맞게 사소한 부분까지 어필할 수 있는 공약을 내세웠기 때문에 유권자들의 지지를 얻을 수 있었다. 김진표가 4선에 성공한 것은 단순한 명성의 차이에서 온 것이 아니라 치밀하고 세밀한 공약과 전략에서 나온 것이었다.

5. 현역의원의 재선 전략은 인물론이었다

[인천 남동 갑]

이혜빈

남동 갑의 정치 성향

인천 남동 갑은 15대 총선 때 선거구가 생긴 이래로 줄곧 신한국당 또는 한나라당 소속 이윤성 의원이 당선된 지역이다. 여·야당 상관없이 보수 정당 소속 후보가 줄곧 당선되었다. 이례적으로 지난 19대 총선은 박남춘 더불어민주당(당시 민주통합당) 후보가 당선되었다. 지난 총선의 결과로 인해 남동 갑의 정치 성향을 알 수 없다는 평가와 남동 갑의 선호 정당이 바뀌었다는 평가가 대두되었다. 그러나 이는 성급한 주장이다. 19대 총선의 득표수를 분석해 보면 박남춘 후보의 당선은 여권분열이 가장 큰 원인이었다. 당시 새누리당 공천에서 탈락해 무소속으로 출마한 이윤성 후보와 새누리당 윤태진 후보의 표가 갈렸기 때문에 박남춘 후보가 당선될 수 있었다. 윤태진 후보의 득표율(득표수)은 38.52%(46,152표), 무소속 이윤성 후보의 득표율(득표수)은 12.26%(14,687표)였다. 두 후보의 득표율(득표수)의 합은 50.78%로 당시 박남춘 민주통합당 후보의 46.98%(56,283표)보다 높다. 〈표 1〉과 같이 19대 총선 당시 남동 갑의 각 동별 득표수를 비교해 보더라도 윤태진 후보와 이윤성 후보의 득표수보다 박남춘 후보의 득표수가 더 높게 나온 곳은 11곳 중 3곳(구월1동, 논현1동, 논현고잔동)뿐이었다.

표 1. 19대 총선 남동 갑 선거구의 동별 득표수 비교

후보 득표수 동명	윤태진+이윤성 득표수	박남춘 득표수	득표수가 더 높은 후보
구월1동	4,666	4,743	박남춘
구월2동	8,520	8,173	윤태진+이윤성
구월3동	2,756	2,266	윤태진+이윤성
구월4동	3,404	2,935	윤태진+이윤성
간석1동	5,340	4,832	윤태진+이윤성
간석2동	4,912	4,068	윤태진+이윤성
간석4동	5,809	5,391	윤태진+이윤성
남촌도림동	4,934	4,132	윤태진+이윤성
논현1동	5,528	5,719	박남춘
논현2동	6,429	6,046	윤태진+이윤성
논현고잔동	6,261	6,323	박남춘

출처: 중앙선거관리위원회, 선거통계시스템(http://info.nec.go.kr/)

지난 3월 14일에 발표된 정당 지지도 조사 결과, 새누리당에 대한 지지도가 가장 높은 것으로 나타났다. 중부일보 의뢰로 여론조사 전문기관 리얼미터가 실시한 여론조사에 따르면 남동 갑 지역구의 정당 지지도는 새누리당(42.5%), 더불어민주당(23.1%), 국민의당(10.0%), 정의당(2.4%) 순인 것으로 나타났다. 따라서 남동 갑은 전통적으로 신한국당, 한나라당, 새누리당으로 이어진 보수 정당을 줄곧 지지해 왔다고 판단할 수 있다.

남동 갑 선거구의 변경

이번 20대 총선의 변수 중 하나는 '선거구 개편'이었다. 19대 총선 때 남동 갑은 남동구의 11개동[1]으로 이루어졌으나 이번 20대 총선 때는 구월2동, 간석2동을 제외한 9개동뿐이었다. 20대 총선 선거구 획정안은 총선을 42일 앞둔 3월 2일에

---

1. 구월1·2·3·4동, 간석1·2·4동, 남촌도림동, 논현1·2동, 논현고잔동

서야 국회 본회의를 통과했다. 갑작스러운 선거구 변화는 후보들의 선거운동 준비에 영향을 끼쳤다. 김명수 국민의당 후보는 "원래 주소지가 구월2동이어서 이곳에서 선거운동을 열심히 하고 있었다. 그런데 갑자기 선거구가 변경되었다. 무척 당황스럽다. 이는 국민에 대한 기만이라 생각한다."[2]라고 밝혔다. 지역의 주거 형태, 개발 및 발전 정도에 따라 유권자의 표심이 갈리기 때문에 선거구 획정은 중요하다. 새로 개발되어 젊은 층의 유입이 많은 논현1·2동과 논현고잔동 쪽은 야당 지지층이 많은 편이다. 반면 오래 거주한 주민이 많거나 고가의 아파트가 위치한 구월동, 간석동 부근과 개발제한구역이자 농촌지역인 남촌도림동은 여당 지지 성향이 강한 편이다. 이번에 선거구에서 제외된 구월2동과 간석2동은 고가의 아파트가 위치한 주거지역이다. 구월2동은 인천시청, 길병원, 모래내시장으로 둘러싸인 주거지역으로 고층의 고급아파트단지가 위치해 있다. 간석2동은 인천시청 근처로 올리브백화점이 위치해 있으며 근처에 고급아파트단지가 있다. 주거형태에 따른 선호정당 지지가설에 따르면 이번 선거구 개편은 야당 쪽에 유리한 변화였다.

총선 전 남동 갑의 승패는 구월 아시아드선수촌아파트에서 결정된다는 예측이 많았다. 이 아파트가 있는 구월1동 25~35통에는 2016년 3월 기준으로 약 13,000명(약 4,300세대)이 거주하고 있었다.[3] 신생 주거지역인 탓에 표심을 알 수 없다는 평가가 있었다. 그러나 평수가 작은 아파트가 대부분이고 20대부터 40대까지의 전세 거주자가 다수인 탓에 야권 우세지역으로 평가할 수 있다.

인천 남동 갑은 전통적으로 여당 지지도가 높은 지역이었다. 그러나 20대 총선에서는 고가의 아파트단지가 위치한 지역이 빠지는 등 선거구 구성이 변경되었고, 아파트대단지 건설로 인해 젊은 세대의 유입이 늘면서 야당에 유리한 환경이 조성되었다. 남동구에는 지역개발 관련 정치적 이슈가 없었다. 따라서 각 동별 지지기반을 바탕으로 야당 후보가 선거구도와 전략을 잘 세우면 승리할 확률이

---

2. 김명수 후보, 2016. 3. 21.
3. "구월 아시아드 선수촌 '표심 쟁탈전'", 경인일보, 2016. 4. 5.

높았다.

후보의 인물 및 경력 분석

이번에 남동 갑에 출마한 후보는 총 4명이었다. 문대성 새누리당 후보, 현역의원인 박남춘 더불어민주당 후보, 김명수 국민의당 후보, 민중연합당 임동수 후보다. 더불어민주당 인천광역시당과 정의당 인천광역시당의 야권연대 합의에 따라 정의당에서는 출마하지 않았다. 새누리당의 문대성 후보는 태권도 올림픽 대표선수였다. 지난 19대 때 부산 사하 갑에서 국회의원으로 당선되어 20대 총선 출마 당시, 현역의원이었다. 지역구를 옮겨 본인의 고향인 인천 남동구에 출마한 것이었다. 문 후보는 지난해 12월, 20대 총선 불출마 선언을 했다. 초선 의원으로서의 부족함을 실감했기에 체육인으로 돌아가겠다는 것이었다. 그러나 새누리

표 2. 남동 갑 후보의 인물 및 경력 비교

기호	소속 정당명	성명	성별	생년월일	직업	학력	경력	재산신고액 (천 원)	전과기록
1	새누리당	문대성 (文大成)	남	1976/09/03 (39세)	국회의원	동아대학교 체육학과 졸업	(현)제19대 국회의원 (현)국제올림픽위원회 (IOC) 위원	944,330	없음
2	더불어민주당	박남춘 (朴南春)	남	1958/07/02 (57세)	국회의원	영국 웨일스대학교 국제운송 이학석사 (1993.9.~1995.2.)	(전)참여정부 청와대 인사수석(차관급) (현)남동구 갑 국회의원	2,384,028	없음
3	국민의당	김명수 (金明秀)	남	1963/06/28 (52세)	정당인	성균관대학교 대학원 법학과 졸업 (법학박사)	(전)한국산업은행 노조 위원장 (현)한국노동경영연구원 원장	691,802	도로교통법위반 (음주운전) 등 1건
5	민중연합당	임동수 (林東洙)	남	1963/04/02 (53세)	한국GM노동자	서울대학교 사범대학 지구과학교육과 중퇴 (1982.03~1984.12)	(전)최저임금위원회 근로자위원 (현)인천비정규노동센터 대표	100,270	사문서위조·위조사문서행사·업무방해, 폭력행위 등 처벌에 관한 법률위반 등 2건

당 김무성 대표의 권유로 인천 남동 갑에 출마했다. 김 대표는 "문대성 의원이 얼마 전 불출마를 선언했는데 문 의원은 IOC(국제올림픽위원회) 선수위원으로 세계적인 체육 엘리트 지도자"라며, "너무 아까운 인물이고 체육발전에 더 큰일을 해야 한다는 생각에 문대성 의원에게 고향인 인천에서 출마할 것을 권유해 문 의원이 그렇게 하기로 했다."라고 밝혔다.[4] 공천 확정 전 새누리당에서는 7명의 예비 후보가 나왔다. 남동 갑에서만 4선을 지낸 이윤성 전 국회의원, 구본철 전 국회의원, 남동구 의원 출신의 김승태 새누리당 인천시당 시민안전위원장, 인천지검 부장검사를 지낸 윤형모 변호사, 이종열 새누리당 인천시당 부위원장, 최진범 전 대통령 직속 청년 위원회 주무관, 그리고 문대성 국회의원이었다. 남동 갑에서 새누리당 지지율이 높기 때문에 많은 예비 후보가 출마한 것이다. 문 후보가 단수추천으로 공천되면서 이윤성 전 의원을 비롯한 예비 후보들이 반발하였다. 그러나 19대 총선처럼 여권분열 사태는 일어나지 않았다.

문 후보는 남동구 구월동에서 태어나 구월초·중학교를 졸업했다. 부산에서 인천으로 선거구를 바꾸어 갑작스레 출마하게 되었으나, 인천 남동구 출신임을 강조해 인천의 정치인으로 거듭나고자 했다. 문 후보는 초선 의원이었기에 정치적 위상은 낮았지만 올림픽 금메달리스트로서 인지도는 높았다. 그러나 문 후보는 박사학위 논문 표절 의혹, 불출마 선언 번복 등으로 인해 신뢰도가 낮은 편이었다. 문 후보는 IOC 선수위원, 19대 국회의원이라는 점을 강조해 낮은 신뢰도를 극복하고자 노력했다. 본인의 20대 총선 불출마 선언, 논문 표절 의혹으로 인한 자진 탈당 및 복당했던 일은 정치에 대한 진실한 고뇌의 과정으로 표현했다.

더불어민주당의 박남춘 후보는 인천 출신으로 남동 갑의 도림동에서 어린 시절을 보냈다. 박문초등학교(전학), 동산중학교, 제물포고등학교를 졸업했다. 박 후보의 강점은 전문성이다. 영국 웨일스대학교 국제운송 이학석사로 해양수산부에서 22년을 근무했다. 노무현 대통령 시절 청와대 국정상황실장, 청와대 인사

4. "스포츠로 돌아간다던 문대성 인천 출마…김무성 "아까운 인물…권유했다."", 동아일보, 2016. 1. 21.

수석(차관급)의 경력도 지니고 있었다. 19대 총선에서 강조했던 것도 '나랏일'을 했던 경력이었다. 19대 국회의원이 된 후에는 의정평가에서 전체 국회의원 300명 중 7위, 인천에서 1위를 하여 유권자가 원하는 '일 잘하는 국회의원'이라는 점을 부각시킬 수 있었다. 그러나 현역 국회의원임에도 불구하고 인지도가 낮다는 단점이 있었다. 문 후보는 운동선수 출신이기에 인지도가 높은 편인 데 반해, 박 후보는 경력에 비해 본인의 이름을 알릴 기회가 적었다. 20대 총선 선거운동 전까지 현 남동 갑 국회의원이 박남춘 후보인지 모르는 유권자가 많았다.

국민의당 김명수 후보는 성균관대학교 법학과 학사, 고려대학교 노동대학원 노동법학과 석사, 성균관대학교 대학원 법학과 박사 출신으로 법학에 조예가 깊다. 『김명수의 노동법』 등 여러 권의 노동법 관련 저서를 발간했다. 한국산업은행 노동조합 위원장, 산은경제연구소 선임연구위원 등을 역임했으며, 현재 한국노동경영연구원 원장이다. 국민의당이 창당될 때 중앙당 창당 발기인으로 참여했다. 경제형편이 좋지 않았던 신혼 시절을 인천 남동구에서 보냈다는 것과 인천광역시 호남향우회 부회장이라는 것을 제외하면 인천에 연고는 없어 후보의 인지도가 낮을 수밖에 없었다. 국민의당 후보로서 야당 지지자들에게 야권분열의 원인이라는 반감을 사기도 했다. 그러나 제3당 후보이자 정치신인으로서 새로운 정치를 바라는 유권자들의 지지를 얻을 가능성이 컸다. 법·경제 분야 전문가로 실효성 있는 지역발전 추진에 대한 신뢰성도 갖출 수 있었다.

민중연합당 임동수 후보는 한국지엠 도장2부에서 일하고 있으며, 민주노총 조합원이자 인천비정규노동센터 대표다. 임 후보는 민주노총 정책실장, 민주노동당 정책위원을 역임하는 등 노동운동을 계속해 왔다. 남동 갑에 위치한 남동공단의 비정규직 문제를 해결하기 위해 캠페인 및 부당해고, 체불임금 등에 관한 상담활동을 했다. 임 후보의 경우 '노동자 대표'라는 것을 강조했다. 민중연합당은 청년들의 "흙수저당", 노동자의 "비정규직 철폐당", 농민의 "농민당"이 '직접정치'에 기반해 자율적으로 활동하는 한국 정당 사상 최초의 '오픈플랫폼' 정당을 표방했다. 따라서 민중연합당 및 임 후보의 지지층은 한정될 수밖에 없었다. 총선 전

후 노동 관련 의제가 부각되지 않았기 때문에 임 후보가 선거운동을 통해 다수 유권자의 관심을 끌어올 확률은 낮았다.

각 후보의 선거공약에 차이가 있나?

남동 갑에는 지역개발 관련 이슈가 별로 없었기 때문에 후보들의 공약은 주로 민생 문제에 집중되었다. 후보들은 본인의 이력을 강조하는 방식으로 공약을 내세웠다. 새누리당 문대성 후보는 남동구가 고향임을 강조하기 위해 "남동의 아들, 다 컸으니 부려먹자!"라는 문구를 강조했다. 문 후보는 체육인 출신 경력을 살려 생활체육시설 건립 등 체육시설 확대를 약속했다. 가장 큰 특징은 각 동별

표 3. 각 후보의 선거공약 비교

공약별＼후보별	문대성 새누리당 후보	박남춘 더불어민주당 후보	김명수 국민의당 후보	임동수 민중연합당 후보
인물	남동의 아들	남동의 봄(春)	안철수와 함께하는 경제활명수	1%에 맞서는 진짜 노동자
경제	남동공단 리모델링 지원 등	남동공단 리모델링 지원 등	남동공단 첨단 IT엔진을 탑재한 디지털 산업지구로 육성	법 제정을 통한 쉬운 해고 막기, 산업단지 생활임금제 도입 등
교통	인천대공원역－서창1·2지구－도림동－논현동을 잇는 남동구 동남권 도시철도 건설, 광역버스·M버스 확대 및 노선 개편	서창－도림－논현－남동산단－송도를 잇는 도시철도 3호선을 건설, 수도권광역 급행철도 추진, 월곶－판교 복선전철 조기완공	인천도시철도(월곶, 대공원역)와 경부고속철도(KTX) 광역역과 연결사업 추진	
복지	노인복지관 건립, '찾아가는 체육지도사' 제도 등	기초노령연금 인상, 실여급여 수급 기준 70세 이하 확대, 국공립 어린이집 확충 등	청년실업계층, 사회적 약자, 노령 계층, 여성들을 위한 지역 맞춤형 일자리 개발 등	14세까지 무상의료 등
교육	학교별 다목적 강당 보수 및 신설, 체험학습장 확대 등	남동구 교육혁신지구 지정 추진, 맞춤형 지역도서관 신설 등	100세 시대 맞춤형 평생학습체제 구축 등	고등학교 의무교육
관광	소래포구 국가어항 지정 등	소래포구 국가어항 지정 등	관광구역 연계 상품 개발 및 홍보	소래포구 국가어항 지정

공약을 만들어 선거홍보물 및 현수막을 통해 이를 홍보한 것이었다. 예를 들어 구월1동에는 아시아 선수촌 M버스 노선 신설, 구월1동 주민자치센터 이전에 따른 복합 문화센터 건립, 근린공원 내 산책로 운동시설 확충 및 CCTV 설치, 그린벨트지역 해지를 통한 산책로 확충 등의 공약을 내세웠다.

한편 더불어민주당 박남춘 후보는 본인의 이름을 활용해 "남동의 봄"이라는 슬로건을 내세웠다. 총선이 치러지는 4월의 '봄'이 갖는 따뜻한 느낌과 남동구의 발전을 추구한 것이었다. 박 후보는 4대 프로젝트 공약으로 교통(도시철도 3호선 건설 등), 경제(남촌동 도시첨단 산업단지 신규 조성 등), 관광(국립해양박물관 유치 등), 교육(남동구 교육혁신지구 지정 등)을 꼽았다. 박 후보는 19대 현역의원임을 강조해 공약 이행에 대한 신뢰를 높이고자 했다.

국민의당 김명수 후보는 경제 분야 전문 경력과 후보 이름을 활용한 '경제활명수'라는 슬로건으로 인지도를 높이고자 했다. 전체 슬로건은 "안철수와 함께하는 경제活(활)명수"였다. 안철수 국민의당 대표 이름으로 국민의당 지지자를 확보하고 '活'의 의미처럼 경제를 살리겠다는 뜻을 담은 것이다. 김 후보는 경제발전 공약을 강조했다. 특히 논현고잔동에 위치한 남동공단을 디지털 산업지구로 육성

사진 1. 문대성, 박남춘, 김명수 후보의 선거현수막(인천 논현역, 2016. 3. 29.)

하겠다고 공약했다.

한편 민중연합당 임동수후보의 슬로건은 "1%에 맞서는 진짜 노동자"였다. 임 후보는 '99% 서민을 위한 9대 공약'을 냈다. 법 제정을 통한 쉬운 해고 막기, 남동 공단 특별법 도입, 산업단지 생활임금제 도입, 노조탄압에 대한 일벌백계, 아이 돌봄 지원법 제정, 소래포구 국가어항 지정, 흙수저 방지법 제정, 고등학교 의무 교육, 14세까지 무상의료 등이다. 이 중 '남동공단 특별법'은 국가산업단지 직원 을 위한 '노동휴양소' 설립, 대기업이 하청 단가를 큰 폭으로 깎는 등의 '갑질' 금 지, 기업에서 중대 재해나 사망 사고가 발생했을 때 기업주를 구속 수사할 수 있 는 내용을 담고 있다. 임 후보의 9대 공약은 지역발전보다 노동권 개선을 위한 정 책이었다.

문대성 후보의 선거전략: 연고주의

새누리당 문대성 후보는 '남동의 아들'이라는 슬로건으로 연고주의 선거전략 을 사용했다. 선거운동 기간 동안 문 후보의 명함 앞면에는 "남동이 낳은 문대성, 다 컸으니 부려먹자!"라는 문구가 선명하게 적혀 있었다. 명함 뒷면에 기재되어 있는 문 후보의 9개의 이력 중 '인천 남동구 구월 출생', '인천 구월초등학교 졸업', '인천 구월 중학교 졸업', '현 인천광역시 체육특보'만이 진한 글씨로 강조되었다. 문 후보의 인천과 연관된 이력을 강조한 것이다. 이력에 19대 국회의원임을 기재 하되, 지역구인 부산 사하 갑은 기재하지 않았다. 지역을 바꾸어 출마한 것이 문 후보의 신뢰도를 떨어뜨릴 수 있기 때문이었다. 선거홍보물에는 "젊은 일꾼", "대 성아! 우리 동네 이렇게 바꿨다오!" 등의 문구로 문 후보가 젊다는 점을 강조했 다. 이는 특히 새누리당 지지층이 많은 노년층 유권자를 확실히 잡기 위한 전략 이었다. 문 후보는 39세로 6~70대 유권자들이 문 후보를 아들로 생각하기에 적 당한 나이이기 때문이다. 문 후보는 구월동 출신이라는 점과 태권도 선수로서 쌓 은 인지도가 강점이었지만 19대 국회의원으로서의 업적 및 전문성은 적은 편이

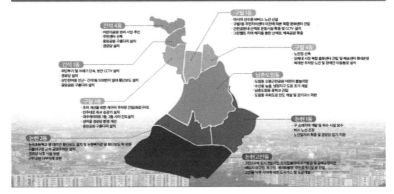

그림 1. 문대성 후보 선거홍보물에 담긴 남동 갑 동별 공약

었다. 이를 보완하기 위해 아시아 최초 IOC(국제올림픽위원회) 선수위원임을 강조
했다. 스포츠 외교 경력을 살려 '세계적 트렌드에 맞는 남동구'를 만들겠다고 공
약했다. 그러나 남동구가 세계적으로 발전해야 한다는 주장은 구체적 이유가 제
시되지 않아 억지스러운 느낌이 강했다.

문대성 후보와의 인터뷰

2016년 3월 29일 화요일 저녁, 문대성 후보의 선거사무소를 방문해 후보와 인
터뷰를 진행하고자 했다. 그러나 후보 사무실 측은 "인천으로 온 지 얼마 되지 않
아 후보가 학생들을 만날 시간이 없다."라고 하며 선거사무소 방문 및 보좌진과
의 인터뷰만을 허락했다. 당일 선거사무소를 방문했을 때 20대 남성 두 명, 20대
여성 두 명이 새누리당 홍보노래에 맞춰 율동을 연습하고 있었다. 당시 젊은 층
에게 인기 있던 TV 프로그램인 'PRODUCE 101'의 대표곡 '픽미(Pick me)'를 개사
한 것이었다. '기호 1번 새누리'가 반복되어 중독성이 강해 젊은 유권자를 사로잡

는 데 효과적일 듯했다. 사무실 벽에는 문 후보의 태권도 선수 시절 사진들과 '남동의 아들'이라는 문구가 붙어 있었다. 문 후보가 이번 선거에서 태권도 선수 경력으로 얻은 인지도와 연고주의를 이용해 선거운동을 할 것으로 추측할 수 있었다. 이날 박준호 보좌관과 인터뷰를 진행했다. 선거전략 및 선거운동계획에 대해 질문했으나 모든 답변은 '문 의원님이 소박한 것을 좋아한다'와 같은 문대성 후보의 훌륭함을 강조하는 내용이었다. "문 후보가 모래내시장에서 어린 시절 함께 자란 동네 누님을 마주하고 펑펑 울었다.", "문 후보는 구월동에서 나고 자랐다." 등 문 후보가 인천 남동구 출신임을 강조했다. 함께 인터뷰하러 갔던 정치외교학과 학우들이 남동 갑 유권자라고 하자 크게 반가워 하며 "나중에 술 한 잔 하자"며 친밀하게 대하기도 했다. 박 보좌관은 선거전략과 선거운동계획에 관한 질문에 제대로 답변하지 못해 선거에 대한 전문성이 부족해 보였다. 문 후보의 훌륭함을 강조했으나 문 후보가 논란이 많았던 만큼 신뢰가 가지는 않았다.

4월 5일 화요일, 구월 아시아드선수촌아파트에서 선거유세를 나온 문 후보를 만날 수 있었다. 문 후보는 우리에게 반갑게 악수를 건네며 대한민국 정치 현실에 대한 견해를 밝혔다. "정치는 봉사고 사랑이다. 정치가 국민들로부터 신뢰를 받지 못하고 있다. 이제는 변해야 한다. 대한민국이 세계로 나아가야 하는데 그렇지 못하는 게 안타깝다. 지금이 우리나라에 중요한 시기다. 불출마 선언을 했으나 선배들이 현실정치를 거부하지 말라고 했다. 제도권 내에서 변해야 한다고 했다. 이에 공감해 이번 선거에 출마한 것이다." 문 후보를 직접 만나기 전에는 각종 논란으로 인한 부정적 이미지가 강해 문 후보를 정치인으로 신뢰하지 못했다. 그러나 문 후보를 인터뷰해 보니 정치에 대한 고민과 변화에 대한 갈망을 느낄 수 있었다. 본인의 소신을 똑똑하게 밝히는 모습을 보고 문 후보를 조금씩 신뢰하게 되었다. 4월 9일 문 후보는 논현동 홈플러스 앞에서 영어로 유세를 했다. 문 후보는 영어유세가 유권자의 이목을 집중시키기 위한 것이라고 밝히며, 영어로 IOC 위원으로서의 세계적 경험을 남동구민과 나누겠다고 했다. 문 후보의 세계적 경험이 구체적으로 무엇인지, 세계적 경험을 남동구 의정활동에 어떻게 적용시킬 수 있을지 의문이 들었다. 남동 갑 유권자들 대다수가 문 후보의 영어 연설 내용을 이해하지 못했다. 문 후보의 영어유세는 내용 전달보다 이미지를 위한 연설이라고 판단했다.

문대성 후보에 대한 유권자의 반응

각 후보에 대한 유권자 반응을 알아보기 위해 인터뷰를 실시했다. 4월 4일 간석역 근처, 4월 6일 구월 아시아드선수촌 아파트, 인천논현역 및 논현사거리, 4월 9일 모래내시장 및 인근 아파트, 4월 11일 남촌도림동 아파트에서 총 40명과 인터뷰를 진행했다. 문대성 후보는 세 후보 중 인지도가 가장 높았다. 논현동에 거주하는 70대 남성은 무조건 새누리당을 지지했다. 현역 국회의원이나 20대 총선 후보가 누구인지는 몰랐다. '태권도 선수'가 나왔다는 것만 알 뿐이었다. 이렇듯 대다수의 유권자는 현역 국회의원 및 20대 총선 후보가 누구인지 모르고 있었고 문대성 후보가 출마했다는 것만 알고 있었다.

문 후보의 남동 갑 출마에 분노하는 유권자들도 있었다. 대부분 여당 지지자들이었다. 남촌도림동에 거주하는 50대 남성은 "남동구를 얼마나 무시하면 문대성을 공천해? 정치인으로 보여 준 게 없잖아. 국회 잘 안 나가고 논문 표절했다는 사람을 어디 감히. 김무성이 공천했지? 김무성은 인천을 뭐로 보는 거야?"라고 말했다. 문 후보가 공천되기 전 인터넷에 '남동 갑'을 검색하면 새누리당 최진범 예비 후보의 블로그가 가장 많이 떴다. 70대 고령의 이윤성 예비 후보 역시 서툰 솜씨로 블로그에 글을 올리면서 유권자에게 본인을 알렸다. 그에 비해 문 후보는 공천이 확정된 후에도 본인의 블로그에 '사하 갑 국회의원'이라고 적어 두고 있어 온라인상에서 남동 갑 출마를 위해 준비한 것이 없는 느낌이었다. 문 후보가 출마한 것을 의아하게 느끼는 유권자 중에는 '남동구를 무시한 공천'이라며 분노하는 유권자가 많았다.

그러나 새누리당 고정 지지층은 흔들리지 않았다. 구월 아시아드선수촌 아파트 노인정에서 만난 7~80대 할머니들은 인천에 40~50년째 거주 중이라고 밝히며 인터뷰에 응했다. 국회의원을 뽑을 때 '대통령을 위해' 뽑는다고 하면서 지지 후보를 정할 때 '후보의 모양새'가 가장 먼저 보인다고 했다. "문 후보가 스포츠 선수 출신이라 정치인으로서 못 미덥지 않느냐"는 질문에 "문대성이 선수였어도 지난번에 부산에서 국회의원 한 번 했어!"라고 하며 문 후보를 지지한다고 했다. 새누리당을 지지하는 노년층 대부분은 문 후보의 이력을 자세히 알고 있었고 새누리당과 문 후보를 무조건적으로 지지했다. 2~30대 중 정치에 무관심한 유권자는 후보를 모르거나 지지하는 후보가 없다고 밝히면서, 지지 후보를 정할 때는 '얼마나 우리 지역을 잘 알고 있는지', '우리 지역 사람인지'를 중요시 생각한다고 했다. 문 후보의 연고주의 전략은 정치를 피곤하게 느끼거나 어렵다고 생각하는 유권자들에게 효과적이었다.

국민의당 김명수 후보와의 인터뷰

남동 갑은 새누리당 문대성 후보 또는 더불어민주당 박남춘 후보가 당선 가능성이 높았기 때문에 기본적으로 양자 대결이었다. 그러나 국민의당 김명수 후보가 출마하며 변수로 등장하였다. 김명수 후보는 이번에 처음 출마한 정치신인이었고 인천 출신이 아니었다. 문대성 후보, 박남춘 후보와 비교해 인지도 측면에서 불리했다. 신생 정당인 국민의당 후보로서 야당의 고정지지자들로부터 야권을 분열시켰다는 원망을 샀다. 불리한 선거구도 속에서도 김 후보는 박남춘 후보와 단일화하지 않았는데 김 후보의 정치에 대한 소신을 통해 그 이유를 알 수 있었다.

2016년 3월 22일 김명수 후보의 선거사무소에서 김 후보와 인터뷰를 진행했다. 김 후보는 "유권자들은 정치인들 보고 '그놈이 그놈이다'라고 한다. 유권자들이 관심을 갖고 투표해도 삶이 나아지지 않은 것이다. 특히 인천은 더 심각하다. 투표율이 최저다. 현재 국회의원이 누군지 모르는 사람이 대부분이다. 사람들은 정치에 기대하지 않는다.”라고 하며 유권자를 대변하지 못하는 정치에 대한 답답함을 토로했다. 양당체제를 비판하고 3당체제로 나아가야 정치권이 유권자들의 기대를 제대로 충족시킬 거라고 주장했다. 김 후보는 법학·경제 부문에서 쌓은 이력을 강조하며, “남동공단은 작은 중소기업들만 모여 있어 발전이 어렵다. 내가 자금을 끌어들이는 노하우를 가지고 있는데 이를 활용해 해외자본을 유치하고 대기업을 유치할 것”이라고 공약했으며, 남동 경제활성화를 통해 인천시의 부채를 해결할 것이라고 말했다. 김 후보는 인물론을 내세워 당도 중요하지만 인물의 역량과 자질을 따져 평가해 주기를 바란다며 본인의 법, 경제에 대한 전문성을 강조했다. 덧붙여 야권단일화 의사를 묻자 “단일화된 여권 또는 야권주자가 당선되었다고 한들 남동구가 발전했나? 이제는 분열이니 단일화니 하는 말은 그만하자. 여야를 떠나 제대로 된 인물을 뽑아야 한다.”며 단일화 의사가 없음을 밝혔다.

김 후보는 “30년 전에 인천에 살았다.”, “본적이 인천이다.”라고 밝혔으나 인천과 남동구를 제대로 이해하고 있는가에 대해서는 의문이 들었다. 몇 십 년간 잘 운영되고 있는 남동공단에 해외자본을 유치하는 것은 불필요하고 비현실적으로 느껴졌기 때문이다. 김 후보 사무실 책상에는 인천의 각 동을 형광펜으로 칠한 지도가 붙어 있었고 사무실의 전반적인 분위기는 산만했다. 후보 인터뷰를 할 때는 보좌진이 옆에 붙어, “이는 양당체제를 비판하는 후보님의 뜻을 의미합니다.”라는 식으로 후보의 의견을 정리해 주었다. 김 후보는 다른 후보들에 비해 많은 시간을 내주었으며 인하대학교 측에 후보 간담회를 열 수 있겠냐는 제안도 하여, 인지도를 높이기 위해 다양한 유권자들을 만나고 싶어 하는 듯했다. 김 후보는 부족한 인지도를 극복하기 위해 슬로건 자체에 안철수 국민의당 대표 이름을 표기했다. 블로그 첫 화면은 김 후보와 안 대표가 악수하고 있는 사진이었고, TV 프로그램 ‘백년손님’에 출연해 인기를 얻은 남재현 씨와 모래내시장을 방문하기도 했다.

김명수 후보에 대한 유권자의 반응

남동 갑 유권자 중에 김명수 후보를 제대로 알고 있는 유권자는 거의 없었다. 그 대신 김명수 후보의 선거운동을 돕는 후보의 배우자와 딸의 인터뷰를 통해 유권자 반응을 간접적으로 파악했다. 3월 22일 김명수 후보의 선거사무소에서 만난 김 후보의 딸은 "여당지지자보다도 야당지지자들이 싫어하는 분위기에요. 야권을 분열시켰다고요. 명함을 나눠드리자마자 바로 제 눈앞에서 찢고 가시는 분들도 있어요."라며 선거운동의 어려움을 밝혔다. 4월 5일 인천 논현역 4번 출구 앞에서 김 후보의 명함을 주며 유권자들에게 인사 중이던 김 후보의 배우자를 만났다. "선거가 얼마 안 남아서 이곳저곳에서 출근길, 퇴근길에 인사하고 있는데 점점 여론이 좋아지는 게 느껴져요. 만나는 분들마다 좋은 말을 해 주시더라고요. 특히 논현동, 간석동 쪽이 좋아요"라며 김 후보에 대한 지지율이 높아지고 있다고 했다.

더불어민주당 박남춘 후보의 선거전략: 인물론

박남춘 후보는 선거현수막, 홍보물, 명함 등에 "두 번째엔 두 배 더 열심히 하겠습니다", "19대 국회의원 의정평가 300명 중 7위(인천 1위)" 등 숫자를 활용해 본인을 설명했다. "남동의 아들"로 연고주의를 내세우는 문 후보의 슬로건에 비해 어려운 느낌이었다. "남동의 봄"만으로는 박 후보의 정체성을 제대로 드러내기 어려웠다. 박 후보의 선거유세 차량에는 '지난 4년간 한 일을 보십시오' 라고 쓰여 있었고, 그 아래 모니터로 19대 국회 의정활동이 소개되었다. 박 후보는 선거홍보물과 선거유세에서 '단 4년 만에 남동구 5대 숙원사업 모두 해결!', '4년 동안 확보한 지역예산이 무려 4,820억 원!'을 강조함으로써 남동 갑을 위한 국회의원임을 유권자에게 각인시키고자 했다.

박 후보를 직접 만나 얘기를 들어 보기 위해 2016년 3월 19일 박 후보의 선거

사진 2. 박남춘 후보의 선거유세 차량(구월 아시아드선수촌아파트, 2016. 4. 9.)

사무소를 찾았다. 선거사무소는 2층으로 이루어져 있었고, 인터뷰를 위해 1층 사무실로 들어가자 현수막에 박 후보의 사진과 공약들이 새겨져 있었다. 벽에는 "남동의 봄"이라는 박 후보의 슬로건을 활용해 노란 꽃과 나뭇가지가 붙어 있었고 그 아래로 지지자들의 응원 문구가 담긴 포스트잇이 있었다. 보좌진과의 연락을 통해 1시간 동안 인터뷰를 진행하기로 약속했으나 박 후보는 바쁘다는 이유로 30분 정도만 가능하다고 했다.

　박 후보에게 "세대별, 지역별 선거전략을 다르게 세웠나?"라고 묻자 유권자를 각 층으로 나눠 공략하는 선거전략은 효과가 없다고 했다. 이어서 대한민국의 전반적인 문제점에 대해 토로했다. 세대갈등, 지역감정, 황금만능주의, 언론 등이 큰 문제라고 지적하며 대한민국을 바꿀 20대들이 투표를 안 한다고 비판했고 본인의 정치적 소신을 실현하기 위해 국회의원으로서 일을 열심히 하겠다고 했다. 후보 인터뷰 전 야당 후보이기에, 젊은 층에게 호의적일 것이라고 기대했던 것과는 달리 20대에게 기대하지 않는다고 밝혀 당혹스러웠다. 그러나 이는 당을 내세워 특정 계층만을 기반으로 삼아 당선되기보다는 인물을 강조해 유권자 전체 계층으로부터 지지받겠다는 뜻이었다. "내가 단수공천을 받을 수 있었던 이유는 4

년간 의정활동을 잘한 덕분이다. 호남 민심이 더불어민주당에 등 돌린 이유는 정당만 강조하고 일은 안했기 때문이다."라는 말에서 박 후보의 선거운동 방향을 추측할 수 있었다.

특히 남동 갑은 새누리당 지지율이 높기 때문에 박 후보 측의 전략이 당선 가능성을 높이는 길이었다. 박 후보는 "남동 갑의 정치 성향상 당대당 구조는 불리하다. 박근혜 대통령 심판론으로 선거운동을 하지 않을 것이다. 총선 때 표를 두 장 주는 이유는 하나는 나라발전을 위한 정당, 하나는 지역구를 위한 사람을 뽑으라는 것이다. 나는 사람에게 주는 표에 집중할 것이다. 일 잘하는 국회의원임을 강조할 것이다. 19대 때 민원 해결 과정에서 네트워크가 많이 생겼다. 나만큼 인프라를 구축한 후보는 없을 것"이라며 인물을 강조하고 업적을 내세우는 현직자형 선거전략을 사용할 것을 밝혔다.

박 후보는 인물론을 내세울 만큼의 업적이 있었고 정당을 강조하기에는 남동 갑은 새누리당 지지 성향이 강했다. 따라서 인물을 강조했다. 그런데 인물론을 내세운 이유가 하나 더 있다. 선거구도 자체가 박 후보에게 불리했기 때문이다. 국민의당 김명수 후보 출마 및 국민의당과의 야권단일화 실패로 인해 박 후보와 김 후보 모두에게 불리한 '1여다야' 선거구도가 형성됐다. 이를 극복하기 위한 전략이 인물론이었다.

박남춘 후보의 SNS 매체를 활용한 선거운동

타 후보와 비교해 박 후보 선거사무소의 가장 큰 특징은 SNS 활용이었다. 박 후보 선거사무소의 비서관은 네이버 블로그, 인스타그램, 페이스북 등 박남춘 후보 계정의 SNS를 관리했다. 네이버 블로그(blog.naver.com/parknamchun)에는 후보 소개, 보도자료, 의정활동과 같이 타 후보들의 블로그에서도 쉽게 볼 수 있는 내용은 물론, '남동의 봄 캠프' 게시판에 비서관이 직접 쓴 '어제의 일기' 시리즈도 있었다. 비서관은 인터넷에서 유행하는 말과 재밌는 그림을 곁들여 박 후보의

그림 2. 박남춘 후보의 블로그

선거운동 과정을 블로그에 올렸다. 남동 갑 선거구 곳곳을 돌아다니는 박 후보의 사진과 함께 유권자들에게 지지를 부탁하는 글도 올렸다. 당시 인기리에 방영된 드라마 '태양의 후예'를 패러디해 박 후보와 후보 배우자의 젊은 시절 사진을 '남동의 후예'로 올리기도 했다. 많은 콘텐츠를 담을 수 있는 블로그를 가장 우선적으로 활용했고 그 다음으로는 페이스북, 인스타그램 순이었다. 이제는 중장년층에게도 익숙한 블로그와 페이스북과는 달리 인스타그램은 아직까지 10~30대 젊은 층의 이용자가 가장 많다. 그럼에도 불구하고 비서관이 인스타그램을 활용한 것은 2~30대 지지자를 확보하기 위한 노력이었다.

유권자가 후보의 SNS에 접근하는 이유는 크게 두 가지다. 그 후보를 강력하게 지지하거나, 후보에 대한 정보를 찾기 위해서다. 문대성 후보나 김명수 후보와 비교해 박 후보의 SNS 활용을 높게 평가하는 이유는 지지자가 아닌 유권자들역시 즐겁게 볼 수 있었기 때문이다. 그리고 세 후보의 블로그 중 박 후보의 블로그가 가장 정보를 찾기 쉬웠다. 블로그에는 예비 홍보물과 선거홍보물은 물론 박후보의 20대 총선 공약이 여러 차례에 걸쳐 소개되었다. 또한 박 후보가 발의한 법안들을 정리해 '카드뉴스'로 올리는 등 그동안의 의정활동을 쉽게 알 수 있었다. 박 후보의 블로그 활용은 선거를 위한 일회성이 아니었다. 지난 2015년에는 박 후보의 국정감사 참여 내용이 블로그에 자세히 올라왔는데, TV 프로그램 '쇼미더머니'를 패러디한 '쇼미더국감'이라는 제목으로, 감사내용을 쉽게 이해할 수 있도록 유머성이 담겨 있었다.

박 후보 선거사무소은 SNS를 통해 인물론을 더욱 부각시켰다. 박 후보의 성장 과정, 경력, 지난 19대 국회에서의 의정활동을 자세히 올려 유권자가 박 후보를 친숙하게 느끼고 신뢰할 수 있도록 만들었다. 남촌도림동에 거주하는 20대 여성은 "문대성, 박남춘, 김명수 후보 모두 잘 몰라서 선거홍보물만으로 지지 후보를 결정하기는 어려워 인터넷을 찾아봤다. 후보 모두 좋은 분들 같지만 블로그를 보니 나에게 필요한 후보는 박 후보라는 확신이 들더라."라며 선거운동에서의 SNS의 효과를 실감했다고 밝혔다. 점점 SNS 이용층은 확대되고 있다. 박 후보 블로그에는 4~50대 남동구 주민들의 댓글이 많았다. 이렇듯 이제 SNS를 활용한 선거운동은 오직 청년 유권자를 위한 방식이 아니다. 따라서 박 후보는 특정 세대만을 공략하는 선거전략을 쓰지 않음에도 불구하고 SNS를 적극적으로 활용했다.

박남춘 후보에 대한 유권자의 반응

박남춘 후보에 대한 유권자 반응은 극과 극이었다. 박 후보를 아예 모르는 사람과 박 후보를 열렬히 신뢰하고 지지하는 사람으로 나뉘었다. 구월1동에 30년째 거주 중이라는 50대 여성들에게 "19대 박남춘 의원 이후 달라진 게 있나?"라고 질문했다. 그들은 "딱히 달라진 건 없다.", "박남춘이 국회의원이었어?", "그런가 보다."라는 반응을 보였다. 이어 국회의원에게 가장 중요한 것은 '이념'이라고 했다. 새누리당을 적극적으로 지지하는 유권자들이었다. 박 후보의 선거전략이 그들의 표심까지 움직일 수는 없었다. 논현동에 거주하는 40대 남성은 "현역 국회의원을 모른다."라고 밝혔다. 국회의원을 뽑을 때 가장 중요한 기준은 공약을 잘 지키는 것이라고 하며, 그는 특정 정당만을 지지하지 않는다고 밝혔다. 만약 인터뷰 이후 이 유권자가 현역의원이 박남춘 후보라는 것을 인식하고 박 후보가 의정평가에서 전체 7위를 했다는 것을 알았다면 박 후보를 지지했을 것이다.

박 후보를 적극적으로 지지하는 유권자들의 지지 이유는 다양했다. 4월 9일, 박 후보의 모래내시장 연설현장에서 박 후보 지지자들을 만나 그를 지지하는 이유를 물었다. 구월4동에 50년째 거주 중인 70대 남성은, "옛날부터 2번을 지지했다. 선거 때마다 여당만 찍으면 발전이 없다. 국민들이 모르는 게 있는데 야당도 있어야 민주주의가 발전한다는 것이다."라며 야당을 지지하기 때문에 박 후보를 뽑겠다고 밝혔다. 20년째 구월1동에 거주 중인 50대 여성은, "우리 남편이 남동구가 발전하려면 누가 좋겠냐! (속삭이며) 2번 아니겠냐 했다. 나도 동의한다."라고 했다. 그는 현역 국회의원이 박 후보인지는 몰랐으나, 타 후보들에 비해 신뢰가 가기 때문에 뽑겠다고 했다.

모래내시장에서 만난 50대 남성들 역시, "박남춘은 의정평가 순위 전체 300명 중 7등이고 문대성은 275등 했다더라. 당연히 박남춘 아니겠는가."라며 박 후보가 타 후보에 비해 훌륭하다고 말했다. 박 후보의 선거유세 차량 근처에 서 있던 30대 여성은, "박 후보가 청와대에서 일 잘한 것을 알고 있다. 그래서 지난 선거 때도 박 후보를 뽑았고 4년 동안 지지해 왔다. 지난 19대 국회에서 데이트폭력 방지법을 발의하고 소방공무원 처우 개선에 힘쓴 것을 알고 있다. 그런데 결실을 못 맺은 것들이라 안타깝다. 사람이 유세현장에 얼마 안 모인 것 같아 아쉽기도 하다."라고 했다. 박 후보의 경력을 자세히 알고 있는 강력한 지지자였다. 간석동에 거주하는 20대 남성은, "지지 후보를 결정하기 위해 후보에 대해 찾아보다가 박 후보가 집 앞 버스정류장에 BIS(Bus Information System)를 설치했다는 것을 알았다. 일 잘한 국회의원인 것 같아 신뢰가 간다."라고 밝혔다. 박 후보가 지난 19대 국회의원 시절 이행한 공약들을 실제로 체감해 지지자가 된 것이다.

오후 4시 모래내시장 입구에서 박 후보의 선거유세가 시작되자 지지자들이 모였다. 배진교 전 남동구청장이 지지 연설을 할 때 한 시장 상인이 밖으로 나와 욕을 하며 연설을 중단하라고 외쳤다. "먹고 살아야 하는 데 앞에 와서 시끄럽게 하네! 작작해!"라고 외치고 들어갔다가 연설을 시작하려고 하면, 다시 나와 욕을 했다. 근처 상인과 주민 중 몇몇은 "선거운동 때인데 이해해야지. 왜 저래?" 하며 술렁였다. "나도 정치인들이 제일 싫어." 하며 귀를 막고 빠르게 걸어가는 주민 역시 있었다. 정치를 혐오하는 유권자의 반응이었다.

야권단일화 실패 및 '야권단일 후보' 논란

후보 등록 전 더불어민주당 인천광역시당과 정의당 인천광역시당의 야권연대 합의로, 정의당 후보는 남동 갑에 출마하지 않았다. 더불어민주당이 정의당과의 야권통합을 이뤄 낸 만큼 국민의당과의 야권단일화 여부는 선거 전반적으로 큰 관심사였다. 한겨레와 여론조사기관인 한국리서치가 공동으로 4월 3~4일에 실시한 여론조사에서 박남춘 후보의 지지율은 37.3%로, 문대성 후보의 33%보다 약 4% 앞섰다. 김명수 후보는 11%였다. 이후 실시된 여론조사에서 박 후보와 문 후보는 오차 범위 내에서 접전을 벌이는 경우도 있어 박 후보 지지층 사이에서는 김 후보와의 단일화 필요성이 계속 제기되었다. 그러나 국민의당 차원에서 더불어민주당과의 단일화를 거부한 점과 더불어 김 후보와 박 후보의 단일화 거부 의사로 인해 야권의 완전한 단일화는 이루어지지 못했다.

박 후보는 홍보물에 '야권단일 후보'라는 문구를 넣었다. 4월 2일 김 후보는 '박 후보가 다른 후보와 단일화를 한 사실이 없기 때문에 상대가 없는 단일화는 선거법상 허위사실 유포에 해당한다'고 주장하며 남동구 선거관리위원회에 박 후보를 고발했다. 박 후보 측은 보도자료를 통해, "중앙선거관리위원회는 지난 3월 25일, 중앙선거관리위원장 명의의 회답을 통해 '더불어민주당 인천광역시당과 정의당 인천광역시당의 야권연대 합의에 따라 등록한 후보가 선거운동용 명함, 선거벽보, 선거공보 등에 '야권단일 후보'라는 표현을 사용하는 것은 그 선거구에 다른 야당의 추천을 받은 후보가 있는 경우에도 '공직선거법' 제250조에 위반되지 아니하다'고 회신하였다."라고 밝히며 김 후보의 주장을 반박했다. 박 후보는 줄곧 야권단일 후보임을 강조했다. 정의당 소속 배진교 전 남동구청장은 박 후보 선거유세에서 지지 연설을 하기도 했다.

그러나 4월 2일 중앙선거관리위원회는 "더불어민주당·국민의당·정의당이 후보단일화에 합의하지 않은 경우에는 '야권단일 후보'라는 표현을 사용할 수 없다."라고 밝혔다. 이는 인천지방법원의 '야권단일 후보 확정'이라는 문구가 사용된 인쇄물 철거 및 사용금지 가처분 신청에 대한 인용결정을 수용한 것이었다. 따라서 이미 인쇄된 선거벽보에는 선거관리위원회가 작성한 안내문이 추가 부착되었고, 또 선거관리위원회가 작성한 안내문을 인쇄해 함께 발송했다.[5]

후보들의 네거티브 전략

박남춘 후보는 김명수 후보가 '야권단일 후보' 표현을 문제 삼아 선거관리위원회에 고발한 것이 네거티브 전략이라고 비판했다. 김 후보의 선거관리위원회 고발에 이어 문 후보는 4월 6일 박 후보에게 사과를 요구하는 보도자료를 배포했다. 박 후보의 전직 보좌관의 부인이 운영하는 어린이집 원아 학대 사건에 대해 공개 사과를 하라는 내용이었다. 박 후보는 사건 발생 시점으로부터 1년여 전에 퇴직한 전직 보좌관의 부인이 운영하는 어린이집을 문제 삼는 것은 전형적인 네거티브 전략이라고 비판했다. 4월 9일 모래내시장에서 만난 박 후보는 타 후보들의 네거티브 전략으로 인해 힘겹다고 했다.

그러나 박 후보 역시 모래내시장 연설, 구월 아시아드선수촌아파트 연설에서 타 후보를 비방하는 내용의 발언을 했다. "타 지역에서 버림받고 온 철새가 지역을 위하겠다는데 그 말을 어떻게 믿겠습니까? 부산 사하구에서 못했는데 여기서

5. "선거관리위원회 "더민주, 국민의당,정의당 모두 단일화해야 '야권단일 후보'"", 조선일보, 2016. 4. 3.

는 잘하겠습니까? 남동구에 관심조차 없던 사람입니다. 부산에서 날아온 철새는 또 다른 곳으로 날아갈 것입니다."라며 문 후보의 약점을 공격했다. 이어서 김 후보에 대해서는 "야권이 분열되어 있습니다. 죄송합니다. 야당 후보 중 가장 가능성이 높은 후보에게 투표해 주십시오."라고 발언했다. 박 후보는 문 후보의 네거티브 전략에 대응하기 위한 보도자료에 문 후보의 논문 표절, 매형 비서 채용 등의 논란도 자세히 서술했다. 4월 9일 유세 연설을 듣던 20대 남성 시민은 "원래 박 후보에 우호적이었는데 네거티브에 똑같이 네거티브로 대응하는 것 같아 실망했다."라고 말했다. 네거티브 대응 전략이 역효과를 낸 것이다. 선거일이 다가올수록 타 후보를 비방하는 보도자료, 연설이 늘어나고 있었다.

남동 갑의 선거 결과 분석

선거 결과, 인천 남동 갑은 기호 2번 더불어민주당 박남춘 후보가 당선되었다. 박 후보의 득표율(득표수)은 50.58%(56,857표)로 기호 1번 새누리당 문대성 후보의 33.15%(37,271표)보다 압도적으로 높았다. 기호 3번 국민의당 김명수 후보는 14.72%(16,556표), 기호 5번 민중의당 임동수 후보는 1.53%(1,726표)를 얻었다. 후보들의 공약은 남동구민을 위해 지역구를 발전시키겠다는 내용으로 거의 비슷했다. 특히 문 후보와 박 후보의 선거공약의 구체적인 내용은 크게 다르지 않았다. 유권자들이 원하는 것이 비슷했기 때문이다. 그러므로 20대 총선을 앞두고 결정된 선거구 개편이 야당 쪽에 유리했기 때문에 박남춘 후보가 당선되었다고 평가할 수도 있을 것이다. 그러나 유권자에게는 정당보다 비슷한 내용의 공약을 누가 더 잘 이행할 것인지가 더 중요했다. 남동 갑에서 만난 새누리당 지지 유권자는 문 후보가 신뢰성이 떨어져 지지하지 않았다고 했다. 지지하는 정당이 없는 유권자는 박 후보가 의정활동을 잘했기 때문에 지지했다고 말했다. 박남춘 후보는 "선거운동에서 선거구도가 60%, 인물이 30%, 선거운동이 10% 순으로 중요하다."라고 했다. 여당 성향의 남동 갑에서 일여다야의 선거구도였음에도 불구하고, 인물론을 내세운 야당 박남춘 후보가 당선되었다. 이제 유권자가 원하는 것은 '내가 좋아하는 정당'의 후보가 아니다. 유권자는 더 이상 실망시키지 않을 정치인, 세금을 낭비하지 않을 정치인, 투표하는 보람이 있도록 만드는 정치인, 일 잘하는 정치인을 원한다. 남동 갑의 초선 박남춘 의원이 재선에 성공한 이유가 바로 이러한 유권자의 변화에 있다.

6. 여당 강세지역에서 야당 신진 후보의 승리

[인천 연수 갑]

신정원

선거구의 특징

인천은 '외지인들의 터'라고 불릴 정도로 본래 인천에서 살던 사람이 많지 않다. 인천은 휴전선, 서울과 가깝고 항만과 공항, 공단이 위치해 있어, 한국전쟁 이후 많은 외지인이 들어와 살고 있다. 이런 배경으로 인해 인천엔 토박이 정치인이 많지 않다. 특히 연수구는 인천의 도심과 항만, 남동공단 등 주요 산업기반에서 일하는 직장인의 베드타운으로, 1990년대에 이곳에 대규모 아파트단지가 들어선 뒤부터 중산층 이상이 거주해 잘 사는 동네가 되었다. 여기에 송도국제도시까지 개발돼 송도를 중심으로 소득수준이 높은 주거지역이 형성되면서 "인천의 강남"으로 불릴 정도로 생활수준이 높고, 여당에게 호의적인 지역이다. 이로 인해 새누리당의 황우여 의원이 연수구에서 4선에 성공할 수 있었다.

하지만 황 의원은 4·13총선을 앞두고 해양경비안전본부의 세종시 이전 등 지역현안을 다루는 데 있어서 유권자의 요구를 제대로 대변하지 못했다는 비판을 받았다. 또 교육부장관으로 역사교과서 국정화 논란의 중심에 서기도 했으며 총선 직전에 돌연 인천 서구 을 선거구로 '징발'되었다. 황 후보의 선거구 변경으로 인해 그간 연수구지역에서의 여권 강세가 정당일체감에 기인한 것인지, 황 후보에 대한 유권자의 지지인지를 알 수 있을 것이라 기대했다. 또 황 후보 지지자들이 여권의 손을 들어줄 것인지, 아니면 야당의 편으로 돌아설지 관심이 집중되었다.

연수구에서 야권은 조금씩 세력을 키웠다. 2006년 4회 지방선거 때 남무교 한나라당 연수구청장 후보는 58.89%, 2008년 18대 총선에서 황우여 한나라당 후보는 59.02%라는 압도적 득표율을 기록했다. 그런데 2010년 5회 지방선거에선 야권단일 후보였던 고남석 민주당 후보가 48.89%로 44.56%를 얻은 남무교 후보를 제치고 야권연대의 위력을 보였다. 이는 4회 지방선거 때 안귀옥 열린우리당 후보의 24.05%와 이혁재 민주노동당 후보의 12.56%를 합한 것을 넘어선 득표율이다. 2012년 19대 총선에선 황우여 후보가 53.08%, 18대 대선에선 박근혜 후보가 53.35%를 각각 얻었다. 같은 선거에서 민주당 이철기 후보와 문재인 후보가 패하긴 했지만, 41%와 46.29%를 얻으며 여당 후보가 과거처럼 압도적으로 패하진 않았다. 이는 2014년 6회 지방선거에서도 확인됐다. 이재호 새누리당 후보가 48.96%를 얻어 고남석 새정치민주연합 후보(44.84%)를 따돌리고 당선됐다. 새정치민주연합 후보 경선 결정에 반발해 무소속으로 출마한 후보의 득표율 6.18%

그림 1. 분구 전 연수 선거구

그림 2. 분구 후 연수 갑 선거구

를 감안하면, 야권 신장이 다시 한 번 확인된 것이다.

또 연수구는 본래 하나의 선거구였지만 송도신도시로의 인구유입으로 인구가 증가하면서, 분구되어 제20대 총선부터 연수 갑·을 두 개의 선거구로 나누어졌다.[1] 황 후보의 연수 갑 출마 포기와 연수구에서의 지속적인 야권 신장이 이번 20대 총선에서 어떤 영향을 미칠 것인가에 대한 관심이 집중됐다.

세 후보에 대한 비교

연수 갑 선거구는 새누리당 정승연 후보, 더불어민주당 박찬대 후보, 국민의당 진의범 후보가 출마를 선언하여 정치신인 간의 흥미로운 대결이 성사되었다. 새누리당의 정 후보는 인하대학교 국제통상학부 교수로 황우여 후보를 대신해 처음 공천을 받아 입후보했다. 공인회계사 출신의 박찬대 후보 또한 연수 갑 지역에서 20대 총선에 처음 공천을 받았다. 진 후보는 연수구 3선의 출신이다. 또 정 후보 49세, 박 후보 48세, 진 후보 55세로 나이도 서로 비슷하다. 정승연 후보는 연세대학교 경제학과를 졸업한 뒤 교토대학교에서 석·박사 학위를 취득하고 지식경제부 경제자유구역위원회 위원으로 활동하였다. 공개된 재산은 약 16억 4000만 원이며 전과기록은 없는 것으로 확인되었다. 한편 박찬대 후보는 1967년 인천에서 태어나 용현초등학교, 대건중학교, 동인천고등학교, 인하대학교를 졸업한 인천 토박이로 인하대학교 경영학과를 졸업한 뒤, 서울대학교에서 경영학 석사학위를 취득했으며 현재 인하대학교에서 겸임교수로 경영학을 가르치고 있다. 재산은 약 14억 9000만 원이며 전과기록은 없다. 마지막으로 진의범 후보는 숭실대학교 법학과를 졸업한 뒤 경희대학교 일반대학원 법학박사 과정 2년을 수료하였다. 연수구 4·5·6대 국회의원으로 활동하였고, 재산은 약 2억 5000만 원이며 전과기록은 없다.

---

1. 연수 갑: 옥련2동, 선학동, 연수1·2·3동, 청학동, 동춘3동
   연수 을: 옥련1동, 동춘1·2동, 송도1·2·3동

경제학을 전공한 정 후보와 공인 회계사 출신 박 후보는 연수구 구도심의 경제 활성화를 핵심 공약으로 들고 나왔다. 국민의당에서는 4~6대 연수구 의원을 지낸 진 후보가 '지역정치 전문가'임을 강조하였다. 세 명의 후보 모두 연수구는 개혁이 필요하다고 주장하며 참신함을 어필하기 위해 노력하였다. 또한 정 후보는 정책에 발목 잡는 야당의 책임론을, 박 후보와 진 후보는 여당의 경제파탄 책임론을 주장하며 젊은 층을 공략하기 위한 일자리 마련 선거공약을 내걸었다. 새누리당의 텃밭이었던 곳에서 세 명의 후보가 어떤 선거전략을 펼칠 것인지 궁금하였다. 특히 진보 성향의 박 후보가 20~30대 젊은 층의 지지를 끌어들이기 위해 어떤 선거전략을 쓸지 관심을 기울였다.

박찬대 후보의 인지도 높이기 전략

20대 총선에서 야당은 민생 경제를 살리지 못한 여당에게 경제파탄의 책임을 묻고 심판해야 한다고 주장하였다. 한편 여당은 야당이 발목을 잡는 바람에 효율적인 국정운영이 되지 않았다고 주장하며 여당 후보를 더 많이 뽑아줄 것을 호소하였다. 그러나 각 선거구에서 개별 후보들은 이러한 프레임 외에 본인의 강점을 강조하고, 약점을 보강하기 위해 노력하였다.

이런 상황에서 박찬대 후보는 새롭게 등장한 신인으로 참신하긴 했지만 유권자들에게 다소 낯설게 느껴질 수 있다는 약점이 있었다. 따라서 박 후보에게 인지도를 높이기 위한 전략은 필수적이었다. 이에 박 후보는 인천 경제가 매우 나쁘다는 것을 문제 삼으면서 '금융감독원 출신 공인회계사'라는 본인만의 장점을 유권자들에게 적극 알리기 위해 노력하였다. 그는 수인선에서 수도권 광역철도로 환승 가능한 청학역 신설, 송도역에서 출발하는 KTX 유치, 교통 소외지역 버스 임시노선 개설, 문학터널 무료화 추진 등을 주요 공약으로 내세웠다. 후보와 동행하면서 선거운동을 직접 관찰한 바에 의하면, 박 후보는 최대한 많은 시간을 투자하여 연수 갑의 지역 유동인구가 많은 곳에서 본인을 알리기 위한 선거운동을 진행했다. 기독교 신자인 박 후보는 오전 5시, 새벽 예배로 일정을 시작하여 종교인의 이미지를 부각하였다. 이후 오전 6시 30분부터 9시까지 신연수 사거리에서 피켓을 머리 위로 들고 마치 벌서는 자세를 취하며 선거운동을 하였다. 후보에게 이유를 물으니 "나라 경제와 정치가 파탄난 것에 대해 팻말을 높이 들어 벌을 서는 것으로, 시민들에게 조금이나마 사죄하는 마음을 표현한다."라고 답했다. 오전 9시 이후엔 인근 상가식당으로 옮겨 아침식사를 하며 상가 내 상인들에게 지지를 호소했다. 선거 기간 내내 박 후보는 거의 인근 상가식당이나 기사식당에서 끼니를 해결하며 상인들과 기사들에게 얼굴을 알리기 위해 노력하였다. 식사 후 선거유세 차량에 몸을 싣고 연수 갑 지역 곳곳을 다니며 시민들에게 한 표를 부탁하였다. 또한 아파트 상가, 경로당과 관리실을 돌며 인사를 하여 유권자들에게 본인의 얼굴을 알렸다. 오후에도 연수1동, 청학동, 옥련2동 인근을 돌며 구민들과 인사를 하고 지지를 호소하였다.

　선거운동을 동행하며 관찰한 결과, 박 후보가 발로 뛰는 선거운동을 진행하고 있다는 것을 알 수 있었다. 실제로 선학동에 거주하는 필자는 연수 갑 세 명의 후보 중 박찬대 후보의 선거운동을 가장 많이 보았다. 또 인형탈을 쓴 선거운동원

사진 1. 박 후보 선거운동 모습

사진 2. 지역상인들에게 본인을 알리는 박 후보

들을 대동하며 지나가는 사람들에게 "좋은 하루 보내세요.", "아가가 참 귀여워요." 등의 일상적인 말을 하는 등 주민들에게 친숙하게 다가가기 위해 노력하였다. 또한 그의 선거운동원은 상대 후보에 대한 네거티브 전략을 펼치는 대신 유권자들에게 박 후보의 긍정적인 이미지를 심어주기 위해 노력하였다. 또한 박 후보는 인천 토박이임을 강조하며 지역연고를 어필하기 위해 노력하였다.

박찬대 후보의 온라인 선거운동

거의 대부분의 20~30대 젊은 유권자는 SNS를 이용한다. 따라서 후보들은 젊은 층을 공략하기 위해 SNS를 활용한 선거운동을 활발히 하였다. 박찬대 후보는 페이스북[2]과 블로그[3]를 활용하여 활발한 온라인 선거운동을 펼쳤다. 필자가 면담차 박 후보의 선거사무소를 방문 했을 때, 자원봉사자들이 온라인 선거운동을 계획하는 모습을 볼 수 있었다. 자원봉사자들은 홍보물 제작과 로고송을 만들기 위한 회의를 하고, SNS에 올릴 게시물을 논의하여 디자인 콘텐츠를 제작하고 있었다. 박 후보는 페이스북과 블로그 등에 '감성호소형'의 글을 작성하여 유권자의 마음을 얻기 위해 노력하였다. 학창시절 가난해 꿈을 이루지 못하고 놓았던 붓과 팔레트를 30년 만에 다시 들었다며 화실에서 그린 회화작품을 SNS에 공개했다. 또한 박 후보만의 차별화된 SNS 홍보 방법으로 '찬대일보'[4]와 '그림일기'가 있다. '찬대일보'는 박 후보의 선거일정과 유세를 담은 신문기사 형식의 사진이다. 박 후보는 '찬대일보'라는 간이 신문기사를 통해 페이스북을 이용하는 유권자들에게 본인을 홍보하였다. 또한 블로그의 그림일기 코너에서 본인의 정책과 공략을 재미있게 풀어낸 여러 패러디물[5]과 재미있는 사진을 올려 유권자의 관심을 끌기 위해 노력하였다. 패러디 이미지는 젊은 유권자와 소통할 수 있는 효율적인 방법

---

2. 박찬대 의원 블로그, http://blog.naver.com/starhanmia
3. 박찬대 의원 페이스북, https://www.facebook.com/whiparam
4. 〈사진 4〉 참조

그림 3. 박 후보의 페이스북 페이지

그림 4. 찬대일보

그림 5. 블로그 '그림일기'에 실린 선거 패러디물

이다.

유권자의 반응

박찬대 후보의 선거운동에 대한 유권자의 반응을 관찰한 결과, 대부분이 호의적이었다. 선학동에 거주하는 30대 김혜연 씨는 "후보에 대해 별 관심이 없었는데 저렇게 곰돌이 탈을 쓰고 선거운동을 하는 사람들이 있어서 아이들이 재미있어 하고, 선거운동을 열정적으로 하는 모습을 보니 박 후보에게 관심을 갖고 지켜보게 되었다."라고 말하며 박 후보의 선거운동을 긍정적으로 받아들였다. 또한 연수동에 거주하는 40대 이영옥 씨는 "매일 출근시간마다 받는 명함을 읽어보았다. 아침부터 고생하는 모습을 보니 안쓰럽기도 하고 후보에 대해 관심이 생겼다."라며 박 후보의 선거운동에 대해 호의적인 반응을 보였다. 또한 박 후보와 동행하여 유권자들의 반응을 지켜본 결과, 유권자들 모두 크게 불쾌감이나 거부반응을 나타내지 않았고, 박 후보와 사진을 찍는 경우도 있었다.

양대 후보 선거운동원의 충돌

20대 총선에서 연수 갑 선거구의 최대 관심 중의 하나는 연수구가 갑·을로 분구된 것이 선거에 어떠한 영향을 미칠 것인가였다. 실제로 발로 뛰는 선거운동에 주력한 박찬대 후보에게 분구는 매우 유리하게 작용하였다. 분구가 되면서 넓은 연수구 전 지역을 돌아다닐 필요가 없어졌고, 이로 인해 연수 갑 지역에 살고 있는 유권자와 만날 기회가 많아졌기 때문이다. 박 후보의 이러한 발로 뛰는 선거운동은 유권자들에게 본인의 이름을 알리는 데 유리하게 작용했다. 최대한 많은 곳을 돌아다니며 다양한 사람을 만난 박 후보와는 대조적으로, 국민의당의 진

---

5. 〈그림 5〉 참조

의범 후보는 많은 유권자들을 만나지 못했다. 진 후보는 등산화를 신고 선거유세 차량 없이 도보로 이동하며 선거운동을 하는 일명 '뚜벅이' 선거운동을 진행하였기 때문이다. 그러나 실제로 이를 아는 사람은 많지 않아 효과적인 선거운동이 되지 못했다.

한편 20대 총선에서 최대 경쟁자인 박찬대 후보와 정승연 후보 간의 갈등이 심상치 않았다. 박 후보와 정 후보는 맞고소로 사람들의 구설수에 올랐다. 유세 과정에서 발생한 선거운동원 간 폭행사건이 그 원인이었다. 박 후보 측은 "지난 9일 오후 3시경, 연수구 먼우금 사거리 인근에서 정 후보 측 A 선거사무원이 관련 사진을 찍던 박 후보 측 B 자원봉사자에게 욕설을 퍼붓고 폭행했다."라고 주장했다. 이 같은 주장에 정 후보도 발끈하고 나섰다. 정 후보 측은 "당시 A 사무원이 배너 광고판을 등에 지고 홍보활동을 하는데 B 씨가 쫓아다니며 사진을 찍다가 시비가 붙었고, 결국 B 씨가 머리로 A 씨의 이마를 2차례 때렸다."라고 반박했다. 공정하고 깨끗한 선거를 위해선 이와 같은 폭행사건과 고소는 지양해야 할 것이다.

선거 결과

연수 갑 선거구는 총선 후보로 인지도가 낮은 신진정치인 세 후보가 격돌하면서 격전지로 분류되었다. 개표는 초반부터 끝날 때까지, 많게는 300여 표, 적게는 30여 표 안팎으로 서로 엎치락뒤치락하면서 초박빙으로 진행되었다. 개표 결과, 박찬대 후보는 30,047표(40.6%)를 얻어 29,833표(40.3%)를 얻은 정승연 후보를 214표 차이로 따돌렸다. 국민의당 진의범 후보는 14,175표를 얻어 19.1%를 기록했다. 1996년 15대 총선에서 연수구 선거구가 신설된 이후 20년 만에 처음으로 진보 성향의 후보가 보수 성향의 후보를 누르고 당선된 것이다. 연수구는 15대 총선부터 2012년 19대 총선까지 20년 동안 신한국당, 한나라당, 새누리당 등 보수 정당의 후보만 내리 당선되었다. 연수구는 15대 총선 때 비례대표로 당선된

표 1. 연수 갑 후보별 득표현황

투표수	새누리당 정승연	더불어민주당 박찬대	국민의당 진의범	계
74,864	29,833(40.28)	30,047(40.57)	14,175(19.14)	74,055

출처: 중앙선거관리위원회, 선거통계시스템(http://info.nec.go.kr/)

황우여 의원이 16대부터 이곳에서만 5선을 할 정도로 보수 텃밭으로 꼽혔다. 하지만 야권은 그 사이 꾸준히 성장했다. 2014년 치러진 6회 지방선거에서 새누리당 이재호 후보가 48.96%를 얻어 44.84%의 지지를 받은 새정치민주연합당 고남석 후보를 따돌리고 당선됐지만, 당시 새정치민주연합당 내 경선 결정에 반발해 무소속으로 출마한 야권 후보의 득표율 6.18%를 감안하면, 야권 득표율이 더 높았다. 그리고 20대 총선에서 박 후보가 당선되면서 20년간 꾸준히 성장한 야권의 힘이 결실을 맺었다.

또한 연수 갑은 연수구 기존 도심에 해당하는 곳으로, 송도국제도시로 성장한 연수 을에 비해 상대적 박탈감이 있었다. 이에 박 후보는 연수구를 두루두루 잘 사는 곳으로 만들겠다는 취지로 '두루미 정책'[6]을 제시하며, 기존 도심 주민의 상대적 박탈감이 큰 만큼 신도시와 구도심의 균형발전을 꾀하겠다는 공약으로 유권자 속을 파고들었다. 이것은 유권자들에게 효과적으로 작용하였다. 또한 박 후보의 발로 뛰는 선거운동과 흥미를 유발하는 다양한 홍보물, 찬대일보, 로고송과 율동 등은 유권자들의 관심을 끌기에 충분했다. 마지막 선거운동이 있었던 4월 11일, 후보들 모두 전력을 다해 선거운동을 펼쳤다. 이때 박 후보는 여러 가지 인형탈과 율동, 로고송을 동원해 재미있는 선거운동을 펼친 반면, 정 후보는 다소 밋밋할 수 있는 선거운동을 펼친 결과, 보는 유권자로 하여금 대비되는 반응을 낳았고 이러한 여러 가지 요인이 박 후보의 당선에 큰 영향을 주었다고 말할 수 있다.

20대 총선에서 진보 성향의 박찬대 후보가 젊은 층의 지지를 끌어들이기 위한

---

6. 연수구 원도심 재생 정책으로 철도개발 및 중고차단지 이전, 드론시티 유치, 청학역 신설 등을 포함한다.

선거전략을 구사할 것으로 기대했으나 실제 참여관찰을 진행하며 조사한 결과, 박 후보가 20~30대의 젊은 층을 만날 방법이 많지 않았기 때문에 20~30대를 주요 타겟으로 하는 별도의 선거운동 또한 펼칠 여력이 되지 않았다. 20~30대의 지지층을 끌어들이기 위한 방법으로 흔히 SNS 홍보 활동을 꼽을 수 있지만 이 또한 20~30대를 주요 타겟으로 한다고 보기 어렵다. 그렇다면 젊은 층을 주력으로 한 선거전략을 수립하기 어려운 이유는 무엇일까? 먼저 바쁜 20~30대가 일정 시간에 모여 있을 가능성이 거의 없다. 또한 페이스북의 경우 사적인 SNS 공간이기 때문에 후보가 친구신청할지라도 친구를 수락하는 경우는 거의 없고, 차단을 당하거나 신고를 할 가능성이 있어 이 또한 쉽지 않다. 실제로 페이스북을 통한 SNS 선거운동은 20~30대의 젊은층을 타겟으로 한다기보다 40~50대의 주변 지인들을 위주로 하였다. 또한 쌍방소통을 중시하는 20~30대에게 한 방향으로만 소통하는 트위터의 효과는 미미했다. 따라서 야당의 진보 성향의 박 후보가 20~30대를 타겟으로 하는 선거전략을 펼치는 데 어려움이 있었다. 그러나 장년층과 노년층을 대상으로 한 선거전략은 돋보였다. 예를 들면 노인들 중에서 영향력이 있는 사람을 포섭하여 선대위원으로 임명한 후 후보에 관한 좋은 내용을 홍보하는 전략을 구사하였다.

7. 신진 후보의 네거티브에 대한 현역의원의 대응

[인천 남구 갑]

김기윤

인천 남구는 여당 강세지역

인천 남구지역은 인천의 대표적 원도심 지역으로 과거에 조성된 건물이 많으며 저소득층 밀집지역이다. 따라서 고령층이 두터우며 14대 총선부터 19대까지의 총선 결과를 보면, 당시 집권여당 후보들이 대다수 당선되는 등 전통적으로 여당이 강세를 보이는 지역이다. 따라서 이번 4·13총선에서도 여당 후보가 당선되는 것이 거의 당연시되는 지역 중 하나였다. 새누리당 후보인 홍일표 의원은 대구·인천지법에서 판사를 역임하고 퇴임한 뒤 인천에서 변호사로 활동해 왔으며, 2008년 18대 한나라당 후보로 이 지역에 출마해 당선 되고 19대 총선 또한 당선되어 재선을 한 뒤 이번에 3선에 도전하는 후보였다. 홍 후보에 도전하는 더불어민주당 허종식 후보는 인하대학교를 졸업하고 한겨레신문 기자로 근무하면서 남구에서 35년을 거주하였고, 두 아들이 남구에서 태어나 현재 인하대학교에 재학 중임을 들어 동네사람임을 강조하며 선거에 출마했다.

두 후보의 공약 비교

홍일표 후보는 인천대학교가 떠난 도화지구에 청운대학교, 도화행정타운, 제물포 스마트타운 등을 유치한 것과 전액 국비로 인천지역의 정부합동청사를 건립한 것 등의 업적을 내세웠다. 또한 앞으로 인천시교육청과 남부교육지원청을 유치하고 남구 원도심에 국제고등학교를 설립하여 인천을 '명품교육도시'로 만들겠다고 밝혔다. 주안지역의 경우 전액 국비로 석바위에 인천가정법원, 광역 등기국, 주안 복합문화센터를 건립한 것과 남구를 남과 북으로 갈라놓는 경인고속도로를 일반 도로로 만든 성과 등을 어필하며 의료·비즈니스타운을 조성하고 경인고속도로가 일반 도로화된 후 지역경제를 활성화시킬 것이라고 공약했다.

반면에 허종식 후보는 동네사람 이미지로 어필하며, 공약으로는 청계천 복원사업의 성공을 모티브로 한 승기천 복원사업을 제시하였는데 이를 통해 원도심 문제를 해결하겠다고 말했다. 또한 도화지구에 인천시청 신청사를 유치하고 주안지역에는 의료복합단지를 조성하며, 주안국가산업단지 구조고도화사업을 펼칠 것이라고 공약했다. 특히 인지도가 낮은 신진 후보로서 인지도를 높이기 위해 노력하였다. 이처럼 두 후보는 원도심 문제 해결과 경제 활성화를 주요 공약 중 하나로 내세워 큰 차이점을 보이지 않았다. 따라서 선거에 있어서 민심과 인지도가 가장 중요한 요소가 되었다.

현역과 신진의 차이

홍일표 후보의 경우 재선을 거치면서 얻은 '현역 프리미엄'과 그동안 이뤄 온 성공적인 성과로 높은 인지도를 보이고 있었으며, 3선 달성 시 중진의원으로서 발언권이 강해질 것으로 예상되었다. 이런 상황에서 4월 1일 경인일보가 여론조사 전문기관에 의뢰해 505명을 대상으로 한 여론조사 결과, 홍일표 후보는 34.3%의 지지를 얻은 반면에 허종식 후보는 15.3%로 두 배 이상의 큰 차이를 보였다. 또한 당선 가능성의 경우 홍일표 후보는 42.6%, 허종식 후보는 8.1%로 후보 지지도보다 높았다. 이러한 여론조사가 보여 주듯 인천 남구 갑 지역은 기존 여당의 텃밭임과 더불어 현역 프리미엄을 지닌 홍일표 후보가 압도적으로 우세를 보이는 지역으로 홍 후보는 선거운동에서 기존의 지지도를 유지시키는 전략을 전개하였다. 반면 야당 후보는 이를 뒤집기 위해 여당의 후보를 깎아 내리는 공격적인 선거운동을 전개하였다.

신진 후보의 네거티브와 현역의원의 대응

더불어민주당 허종식 후보는 4월 7일 인터넷 블로그에 "새누리당 홍일표 후보의 진실을 밝힙니다."라는 제목의 글을 올렸다.

- 억대 대포통장(차명계좌), 사무실 압수수색, 검찰 수사 의뢰
- 서울과 일산에 상가 22개 소유
- '맥쿼리 인프라' 주식 배우자 명의 10,300주 보유
- 주안에는 전세아파트, 목동에는 중대형아파트 소유
- 19대 공약 실천에 관하여

위와 같은 5개의 주제를 가지고 홍일표 의원을 비판하면서 새로운 인물로 교체되어 한다고 주장하며 이와 관련된 자료와 기사 등을 블로그에 게시했다. 이는 오프라인 선거운동에서도 이루어졌는데 선거유세 차량에서 2분짜리 동영상을 반복해서 틀어 주었다. 영상 내용은 홍일표 후보의 대포통장에 관련된 것이었다. 또한 허종식 후보는 4월 10일 인천시청에서 기자회견을 열고 "인천시 선거관리위원회의 수사의뢰 조치와 국회 재산변동 등록사항 등 객관적 사실을 근거로 각종 의혹에 대해 해명을 요구했으나, 홍일표 후보는 오히려 비방과 흑색선전이라며 나를 검찰에 고발하고 SNS를 통해 이를 무차별 유포하는 등 선거운동에 악용

하고 있다."라며 유권자들의 알 권리를 보장하고 현명한 선택을 돕는다는 차원에서 형식에 구애받지 말고 기자들이 참관하는 긴급토론회를 열자고 제안했다. 이러한 허종식 후보의 공격적인 선거운동에 대해 홍일표 후보는 블로그와 이메일 등 SNS를 통해 차명계좌 사용사실을 몰랐다며 관련 직원은 해고하고 검찰에 수사를 의뢰했다고 주장했다. 또 쌍문동 상가는 서류상으로 구분등기지만 롯데슈퍼가 한 개의 상가로 이용하고 있고, 매쿼리 인프라 주식은 증권회사를 통해 간접투자인 '랩상품'을 구입한 것으로 현재 매각한 상태라고 해명했다. 아울러 매니페스토 보고에 따르면 공약이행률이 60%이고 다른 공약도 이번 회기 내 지속적으로 추진할 것이라고 밝혔다.

허 후보는 "6년간 차명계좌를 사용하면서 급여와 식대 등의 명목으로 2억 1000만 원을 불법 지출하고 일부를 다시 돌려받아 정치자금을 불법 수수했으며, 선거관리위원회에 허위를 회계 보고한 가운데 일부는 홍 의원의 의정활동과 개인용도로 사용됐다는 것이 인천시 선거관리위원회의 보도자료 내용"이라며 "서울 쌍문동 상가가 점포 수 21개로 구분 등기됐는데 SSM(기업형 슈퍼마켓)에 임대했기 때문에 사실상 한 개의 점포라고 주장하는 홍 후보가 골목상권 활성화와 일자리 창출을 말할 자격이 있느냐"고 비판했다. 허 후보는 "기자들이 지켜보는 가운데 토론회를 열어 무엇이 진실인지 유권자들이 판단할 수 있도록 하자."라고 거듭 주장하며, "헌법기관인 총선에 출마한 후보들은 유권자들에게 진실을 알릴 의무가 있다."라고 강조했다. 그는 긴급토론회 제안을 거부하고 허위사실 공표를 계속한다면 불가피하게 선거법 위반으로 홍 후보를 고발할 수밖에 없다고 밝혔다.

이와 관련하여 홍일표 후보 선거캠프는 보도자료를 내고 "허 후보가 기본적인 사실관계조차 확인하지 않고 토론을 제안한다는 명분 아래 홍 후보에 대해 흑색선전을 유포하는 것은 민주주의가 깨끗한 선거를 통해 이뤄져야 한다는 점에서 참으로 개탄스럽다."라고 반박했다. 이처럼 홍일표 후보는 허종식 후보의 긴급토론회 제안을 거절하고 블로그에 해명글을 올리고 오프라인 선거운동 과정에서 사실이 아님을 밝히며 기존의 표심을 굳히는 식의 선거운동을 전개해 나갔다.

선거유세 비교

홍일표 후보와 허종식 후보 모두 유세 과정에서 유권자들을 모으기 위해 당 대표를 초청했다. 홍일표 후보는 4월 2일, 새누리당 김무성 대표를, 허종식 후보는 4월 7일, 더불어민주당 문재인 전 대표를 초청하여 유세를 했다. 이는 유세현장에 보다 많은 유권자들을 모이게 하려는 전략이었다.

4월 2일 새누리당 김무성 대표가 왔을 때는 사정상 참여관찰을 시행하지 못하여 후에 기사를 접했는데, 초점이 남구 을에 집중된 것으로 보였다. 김무성 전 대표가 인천의 13개 지역구 중 12곳에서만 유세활동을 하고 남구 을 지역은 방문하지 않았기 때문이다. 남구 을 지역에서는 윤상현 후보가 '막말 논란'으로 공천을 받지 못해 무소속으로 출마했고, 새누리당은 대신 김정심 후보를 내세웠다. 하지만 김 후보의 당선 가능성이 낮았고 윤상현 후보의 복당 가능성이 있기 때문에 무소속의 윤 후보를 의식하여 김무성 대표가 유세를 하지 않은 것으로 보였다. 결국 남구 갑 지역으로 김정심 후보를 불러 남구 을 후보를 지원 유세하는 아이러니한 상황이 벌어졌다.

한편 문재인 대표가 허종식 후보를 위해 유세를 하면서, 남구가 야당에게 어려운 지역인 것은 사실이지만 승리할 수 있는 여건이 갖춰졌으며, 특히 정의당이 남구의 단일 후보인 더불어민주당의 허후보를 적극 도와주면 승리할 수 있을 것이라고 역설하였다. 이처럼 허 후보를 위한 당 대표 유세활동은 무난하게 진행되었지만 언론에서 크게 주목받지는 못했다.

유권자의 반응

두 후보의 선거운동에 대한 유권자들의 반응은 약간의 차이를 보였다. 홍일표 후보의 경우 현역 프리미엄을 지닌 후보로 유권자들에게 능력을 인정받았기 때문에 기존 업적에 대한 반응이 확실히 좋은 편이었고, 이러한 성과를 바탕으로

사진 1. 총선 전날 주안역에서 벌어진 더불어민주당 허종식 후보의 마지막 유세

새로운 공약에 대해서도 긍정적인 평가를 이끌어 냈다. 하지만 더불어민주당 허종식 후보의 경우 신진 후보로서 얼굴 알리기에 집중해서인지 공약보다는 현역 후보에 대한 네거티브 전략이 주를 이루었으며, 총선 전날 주안역에서 벌어진 마지막 유세에서 유권자들의 반응은 냉담한 편이었다. 인하대학교에 재학 중인 아들을 데려와 호소하고 새로운 인재를 뽑아달라고 어필했지만, 당시 선거운동원을 제외한 시민들은 퇴근길에 바빴고 귀 기울여 듣는 유권자는 많지 않았다.

현역의 승리, 신진의 패배 요인 분석

4·13총선의 결과, 새누리당 홍일표 후보가 총 84,277표 중 37,283표로 44.83%의 득표율을 기록하였고 더불어민주당 허종식 후보는 29,523표로 35.5%를 득표하여 새누리당 홍 후보가 3선에 성공했다. 홍 후보의 승리 요인으로 지난 8년 동안 국회의원으로서 이뤄낸 성과와 인지도가 큰 역할을 했다. 허종식 후보는 정치적 경험이 부족하고 인지도가 낮아 유권자들을 결집시키지 못했고, 네거티브 전략을 사용해 상대 후보를 흠집 내려 했지만 그동안 홍일표 후보가 쌓은 지지를 무너뜨릴 정도의 파급력을 갖지 못했다.

인천 남구 갑 지역의 경우, 초반 여론조사와는 달리 출구조사 결과, 홍일표 후보가 41.4%, 허종식 후보가 39.2%로 2% 정도의 차이를 보이며 경합이 예상되었지만 결과적으로 홍 후보가 비교적 여유 있게 승리했다. 20대 총선에서 새누리당이 전반적으로 부진했으나 인천 남구 갑 지역의 경우, 과거 14대 총선부터 현재까지 야당의 텃밭이었고 홍일표 후보 자체가 가진 능력과 인지도가 탄탄해 굳건히 자리를 지켰다. 과거 인천의 중심지로서 흥했던 남구지역은 인천 경제가 인천 남동구 구월동, 부평구 쪽으로 몰리면서 원도심 문제가 계속 존재해 왔으며, 이러한 문제를 해결하는 것이 가장 중요한 선거 쟁점 중 하나였다. 하지만 허종식 후보는 이러한 문제를 해결할 수 있는 새로운 공약을 개발하지 못해 홍 후보와의 차이를 만들어 내지 못했다. 홍일표 후보는 재선을 하는 동안 공약을 모두 실행하지는 못했지만 높은 이행율과 더불어 경제를 활성화시키는 여러 시설들을 유치하는 등의 모습을 보여 왔다. 결국 허종식후보의 네거티브 선거운동에도 불구하고 홍 후보는 그동안 이뤄 온 성과 때문에 표심이 흔들리지 않은 것이다. 홍 후보의 경우 지난 18대와 19대 총선에 비해선 득표율이 감소했지만 당선되는 데 아무런 지장이 없을 정도로 큰 차이로 승리했다.

당선된 홍일표 후보의 네거티브 전략에 대한 반응

총선이 끝나고 일주일 후인 4월 20일, 인천일보에 게시된 기사에 의하면 홍일표 당선인은 20대 총선이 그동안 치렀던 여느 선거 때보다도 힘든 선거였다고 말했다. 당내 경선과 본선 과정에서 홍 당선인과 측근들은 예상치 못했던 난관들에 봉착했다. 수많은 네거티브전이 펼쳐지면서 본인뿐 아니라 측근, 심지어 가족을 겨냥한 흑색선전과 루머 공세가 연일 꼬리를 물었다. 그는 "선거기간 내내 다양한 의혹이 제기되어 언론에 보도되고, 그것이 본선까지 이어지는 네거티브 공세에 시달렸다."며 "공세에 일일이 설명하는 데는 한계가 있으니 방어하기 어려운 경우가 많았다. 결과적으론 큰 문제가 없었지만 그것을 견디는 과정에서 저와 지지자들은 몹시 고통을 받았다."라고 회상했다. 그러면서 "이번 선거 과정에서 네거티브 공세와 인신공격이 난무하면서 훌륭한 지역공약들이 모두 묻혀버렸다는 점이 무엇보다 안타까웠다."라고 덧붙였다. 이어 "이번 선거 결과에서 득표 차는 19대와 큰 차이가 없었기 때문에 '네거티브 선거전이 절대적 영향을 미치거나 선거판세를 좌우할만한 변수는 아니구나'라고 생각했다."며 "한편으론 제가 의정활동을 하는 동안 주민들에게 믿음을 주었기 때문에 이 고비를 잘 넘길 수 있었다고 생각했다."라고 소회를 밝혔다. 20대 총선에서 새누리당은 집권여당으로서 많은 비판을 받았지만, 홍일표 의원은 현역 프리미엄과 함께 큰 신임을 얻고 있었기 때문에 상대방의 네거티브 전략은 선거 결과에 큰 영향을 미치지 못했다.

8. 새누리당 후보가 온라인 선거운동의 득을 보았다

[인천 서구 갑]

부인성

온라인 선거운동의 추세

온라인 선거운동이 보편화되면서 인천 서구 갑 후보들도 온라인 선거운동의 발달 추세에 맞추기 위해 노력하는 모습을 보였다. 특히 후보들이 과거에 선거에서 나타난 온라인 선거운동의 문제점을 어떻게 극복해 나가느냐 하는 것이 관심의 대상이다. 온라인 매체가 매우 빠른 속도로 발달하고 있기 때문에 20대 총선에서는 온라인 선거전략이 어떤 변모를 보였는지에 대해 조사하고 싶었다. 예를 들면 2010년 6·2지방선거에서 '투표 인증 샷'이 유행하면서 젊은 층의 투표율이 상승함에 따라, 이후 선거에서 각 정당과 후보들의 온라인 선거운동에 대한 관심이 뜨거워졌는데, 이런 추세가 20대 총선에서는 어떤 새로운 양상을 보여 줬는지 알아 볼 것이다. 2012년 제19대 총선에서 헌법재판소의 판결로 온라인 선거운동이 공식적으로 허용되고 두 차례의 보궐선거에서 트위터의 영향력이 크다는 결과가 확인되면서, 선거에서 소셜미디어 활용이 확산되었다. 이에 따라 소셜미디어가 선거의 중요한 변수로 등장한 것은 물론 소셜미디어를 실제 여론으로 여기는 경향까지 나타났다. 또한 인천 서구는 인구 50만여 명 가운데 맘(지역을 중심으로 모여 조직력과 정보력을 갖춘 조직) 카페 회원이 4만 명을 넘어서 전체 인구의 8%

이상을 차지하는 등 이 지역에서 소셜미디어를 통한 영향력 행사는 늘어나고 있는 추세였다.

이러한 소셜미디어가 중요한 이유는 소셜미디어가 개방과 공유, 참여를 특성으로 하는 미디어이기 때문이다. 또한 권력과 자본의 통제를 받지 않는, 사적이면서도 공적인 미디어이며 기존 매스미디어와 달리 누구나 생산, 유통, 소비가가능하다는 장점도 가지고 있다. 즉, 특별한 전문성이 없더라도 누구나 자유자재로 콘텐츠를 생산해 쌍방향으로 소통하면서 무제한 확산시킬 수 있고 정보의 확산 속도와 파급력에선 신문 호외나 방송의 속보를 능가한다. 이런 특성으로 인해소셜미디어 증가세는 최근 들어 폭발적이다. 통계에 따르면 전 세계 트위터 가입자는 5억 명, 페이스북은 9억 5500만 명을 넘어섰다. 우리나라도 스마트폰 사용자가 3000만 명을 넘어서면서 트위터 700여 만 명[1], 페이스북 가입자가 1000만 명을 돌파했다고 한다. 즉, 소셜미디어가 선거운동의 변화를 주도하는 시대가 열린 것이다.

한편 소셜미디어가 위력을 발휘한 외국의 사례로 2008년과 2012년 미국 대선이 있다. 오바마는 흑인 후보라는 약점에도 불구하고 소셜미디어를 통해 두 차례의 선거를 승리로 이끌었다. 오바마는 2008년 미국 대선에서 페이스북 친구 80만 명과 트위터 팔로워 13만 명을 적극 활용했으며, 소셜미디어는 오바마의 지지도를 상승시켰고, 정책홍보는 물론 선거자금 모금까지 가능하게 해줬다. 2012년 미국 대선에서도 오바마 대통령이 트위터, 페이스북 등 소셜미디어 선거운동에서 및 롬니 공화당 후보를 앞선 것으로 평가됐다.[2] 소셜미디어의 파워는 2010년

---

1. 프랑스 시장조사업체 세미오캐스트가 전 세계 트위터 가입자는 2012년 6월 말 기준으로 5억 명을 돌파했다고 발표했다. 1위는 미국 1억 4100만 명, 2위 브라질 4100만 명, 3위 일본 3500만 명으로 한국은 15위를 기록했다. 프랑스 세미오캐스트가 한국의 트위터 가입자 수를 발표하지 않았지만, 공개한 그래픽 자료에 따르면 2012년 6월 말 700만 명을 넘어선 것으로 추산된다. 통계청 발표에 따르면 2011년 12월에는 544만 명, 페이스북 이용자는 536만 명이었다. 트위터 이용자는 1년 사이에 8.6배 폭발적으로 증가했다. 이소영, 2012, "19대 총선에서의 SNS선거캠페인", 「정치적 소통과 SNS」, 한국언론학회, p.175.
2. 미국 여론조사기관 퓨리서치센터가 트위터에 올라온 2,500여 개 글을 조사한 결과, 롬니 후보를 언급한 의견 가운데 58%가 그에 대해 부정적이었지만, 오바마 대통령에 대한 부정적 견해는 45%에 불과했다. 이런

5월 영국총선에서도 관찰됐다.[3] 이처럼 소셜미디어는 정치소통의 방식과 정치 지형을 크게 변모시키고 있다. 언제 어디서나 정치적 소통과 참여가 가능해졌고, 정치참여의 문턱이 낮아졌다. 그리고 소셜미디어를 통해 정치적 여론과 이슈가 생성됐고, 정치 세력이 조직화됐다. 이러한 소셜미디어의 특성 덕분에 온라인 선거전략은 매우 중요해졌으며 특히 후보들이 젊은 세대에게 쉽게 접근하여 표심을 얻을 수 있는 방법이 되었다. 이제 사용자가 폭발적으로 증가하고 있는 3대 소셜미디어(페이스북, 인스타그램, 트위터)를 위주로 온라인 선거운동을 분석해 보고자 한다.

무엇을 어떻게 관찰할 것인가?

후보나 정당별 온라인 선거운동의 특징을 살펴보려고 한다. 예를 들면 후보나 정당이 트위터, 페이스북, 인스타그램 중에서 무엇을 주로 사용하는지, 하루에 업로드되는 게시글의 수는 어느 정도인지, 게시글이 단순히 본인의 선거공약을 설명하는 데 급급하고 있는지, 지역 주민과의 유대를 위한 일상생활 글을 올리고 있는지, 그리고 트위터라면 팔로워 수, 페이스북이라면 좋아요 수, 댓글의 수, 공유의 수 등을 비롯한 객관적 수치를 조사하여 어떤 후보가 온라인 선거운동을 통해 유권자의 더 나은 반응을 얻었는지 등을 추론했다. 또 정량적인 수치로 확인하기 어려운 부분에 대해서는 유권자들에게 개별 설문조사를 함으로써 첫째, 어느 후보의 선거운동이 특별히 기억되고 있는지, 둘째, 유권자의 입장에서 실제로 SNS를 통한 선거운동이 기존의 선거방법보다 후보와 유권자 간의 소통을 더 원활하게 한다고 생각하는지 등을 알아보았다. 이때 최대한 많은 표본을 확보하기

경향은 페이스북에서도 비슷하게 나타났다. 선거가 한창이던 2012년 9월 21일 기준으로 오바마의 트위터 팔로워수는 1997만 명인데 반해, 롬니는 115만 명에 그쳤다. "미 대선, SNS에선 오바마 우세", 이데일리, 2012.11.07.

3. 박용수, 2012, "소셜미디어가 선거에 미치는 영향력 연구", 경기대학교 박사학위논문, p.13

위해서 출·퇴근하는 직장인들을 대상으로 인터뷰했다. 또한 유권자가 생각하기에 온라인 선거운동에서 가장 많은 영향을 받는 매체는 무엇인지에 대한 설문지를 작성하여 배포하고 그 결과를 토대로 어떤 매체가 가장 효과적인지에 대해 조사했다. 19대 총선에서는 온라인 선거운동의 한계가 있었다. 그에 따라 20대 총선에서는, 19대 총선 때 유권자들의 관심을 끌지 못했던 온라인 선거환경의 문제, 과도한 온라인 규제, 그리고 온라인 선거캠페인 전략의 부재가 달라졌는지를 조사했다.

인천 서구의 특징

서구는 인천국제공항의 관문으로서 영종대교의 시작이며, 북항을 끼고 있고 서부공단과 목재단지, SK인천석유화학이 자리 잡고 있다. 또한, 경인고속도로에 위치해 서울의 물류통로의 핵심적인 역할을 하며, 수도권 매립지가 위치해 있다. 그리고 청라국제도시가 최근에 들어서면서 크나큰 기대가 쏠리고 있다. 서구 청라지구는 인천경제자유구역(IFEZ)에 속하며 정부가 추진하고 있는 동북아경제 중심의 핵심이다. 2003년 8월, 국내 최초로 인천국제공항과 항만을 포함하여 송도, 영종, 청라국제도시가 인천경제자유구역으로 지정되었다. 인천경제자유구역은 총 132.9㎢ 규모인데, 대내적으로 국토개발과 경제 및 산업 발전의 축인 서해안지역의 출발점이자 2300만 명의 대규모 배후시장을 형성하고 있는 서울 및 수도권의 관문에 위치하고 있다. 인천경제자유구역은 인천 도심과 8㎞, 서울 중심지역에서 50㎞의 거리에 있으며, 인천항과 인접하고 수도권의 주요 대도시에서 60~90분 내에 접근이 가능하다. 한편 7월에 인천 지하철 2호선이 필자가 사는 동네인 서구 당하동 앞을 지나 개통될 예정이었다. 이처럼 동북아 경제 중심으로 발전하려는 서구이기에 어떤 국회의원을 뽑는지에 따라 장래가 달라질 수 있어 20대 총선은 더욱 중요했다.

그렇지만 필자 주위에 있는 중·장년층 어른들을 대상으로 물어본 결과, 아직 보수를 지지하고 계신 분들이 많았고 서구지역은 이러한 노인 인구비율이 많은 편이었다. 그러나 서구에 신도시가 들어서면서 온라인에 강한 젊은 유권자들이 많이 이주해 들어와 보수 성향이 약해질 가능성이 생겼다. 따라서 보수 성향의 후보는 기존의 지지를 지켜내야 하는 반면 진보 성향의 후보는 보수 성향을 가진 노년층의 마음을 돌려놓고, 젊은 유권자의 표를 굳히는 것이 필요했다. 특히 젊은 유권자의 지지를 얻기 위한 온라인 선거운동이 상대적으로 중요해졌다.

후보의 공약 비교

　인천 서구 갑에서 이학재 후보는 18·19대 국회의원이었고, 김교흥 후보는 17대 국회의원으로 20대 총선 대결이 세 번째 대결이라 더욱 흥미진진했다. 이학재 후보를 인터뷰 했을 당시, 상대 후보에 대해 상당히 조심스러운 태도였다. 새누리당 이학재 후보는 크게 세 가지 공약을 내세웠다. 첫 번째 공약은 루원시티에 시청을 유치하여 조속한 개발은 물론 청라와 영종, 검단 등 인천 서북부 개발사업에 활기를 불어넣어 제3연륙교 건설도 탄력을 받게 한다는 것이다. 이 후보는 루원시티에 대한 공약을 신문기사나 카페를 통해 적극적으로 홍보하였다. 두 번째 공약은 청라를 '송도도 탐내는' 국제도시로 만들겠다는 다짐 아래, 그 구체적인 방법으로 자율형사립고등학교와 특수목적고등학교 같은 명품학교를 유치하거나 학교배정을 조정하고 청라단일학군제를 적극적으로 추진하여 명품교육도시로 만들겠다는 것이다. 이 부분에 대해서는 온라인 선거운동보다는 직접 청라 지역에 가서 지역 주민들을 상대하는 등의 오프라인 선거운동을 통해 공약을 홍보하였다. 세 번째 공약은 연희공원을 주민 휴식공간으로 만들고 수도권 매립지를 테마파크로 만들겠다는 것이다. 이미 매립이 종료된 땅에 수많은 사람이 즐겨 찾는 테마파크를 만들어 매립지의 수명을 자연스레 단축시키고 관리를 엄격하게 하자는 취지로 이 공약을 내세웠다.
　한편 20대 총선에서 이학재 후보와 세 번째 대결에 돌입한 김교흥 후보의 공약

중 중요한 세 가지를 들어 보자. 첫 번째는 매각된 코스모화학공장 부지를 자족 상권으로 바꾸는 것이다. 서구 가좌동의 경우 상업지역 부재로 제대로 형성된 상권지역이 없어 지역 주민들이 부평이나 주안 등지의 상가 등을 이용하는 불편을 안고 있었다. 코스모화학공장이 온산공장으로 이전하고 도시철도 2호선이 개통되면, 코스모화학공장 주변에 인천가좌역이 위치해 역세권과 연계한 상권개발이 가능하기 때문에 이곳을 서구 원도심 재생을 선도하는 인천지역의 대표적인 상권지역으로 발전시킨다는 것이다. 김교흥 후보는 원도심 재생이라는 공약을 내세워 본인의 SNS활동을 통해 이 공약을 제일 큰 공약으로 내세웠다. 두 번째는 청라 중심부에 대기업브랜드타운을 조성하겠다는 공약이다. 청라는 시티타워(지상 453m) 건립계획이 세워진 지 8년이 지나도록 아직 사업자를 선정하지 못해 첫 삽조차 뜨지 못하고 있는 상황이었다. 만약 4번째 사업자 선정 공모가 무산된다면 사업권을 대기업에 통째로 넘겨 시티타워를 중심으로 한 '기업브랜드타운'을 건립·운영·관리하려는 것이다. 대기업이 투자하는 경우 청라의 랜드마크 역할을 할 시티타워의 조기 건립이 가능해지기 때문이다. 김 후보는 이 공약을 소셜미디어나 신문기사를 통해 홍보했는데 유권자들은 "단순히 뜬구름잡기식의 공약이 아니냐?"는 반응이 다수였다. 이러한 반응에 대해 김교흥 후보는 구체적인 답변을 달지 않는 등 소통의 부재를 보였다. 오프라인 선거운동을 통해 청라지역에서 유권자들과 원활한 소통을 했던 이학재 후보와는 다소 대조되는 모습이었다. 세 번째는 SK인천석유화학공장을 안전·친환경적으로 해결하겠다는 공약이다. 인천석유화학공장이 들어설 당시 석유화학시설에 대한 평가 규정이 없어 일반 공장으로 들어 왔다. 김 후보의 공약은 이것으로 인한 주민들의 안전 위협, 환경피해 불안감을 해소하기 위해 관련 법 규정을 정비하고 SK인천석유화학 공장을 일반 공장이 아닌 석유화학시설로 분류해 엄격한 환경·위험 관리가 이뤄지도록 하겠다는 취지이다.

두 후보의 공약을 비교 분석해 보면 공통점이 많지만 차이점도 발견할 수 있다. 두 후보가 모두 청라에 시티타워 건립을 공통적으로 공약했지만, 그 방법에 대해서는 김교홍 후보가 더욱 자세하고 세밀했다. 그러나 김 후보의 공약대로 선불리 대기업에게 사업권을 주었을 때 발생하는 문제점에 대한 고려가 필요하다는 생각이 들었다.

후보의 온라인 선거운동 비교

우선 각 후보별 SNS 계정 정보를 비교해 보면 두 후보 모두 3대 소셜 미디어라고 할 수 있는 페이스북, 인스타그램, 트위터 모두를 사용하고 있었다. 또한 소통의 기준이라고 할 수 있는 팔로우 숫자는 이학재 후보의 경우에는 페이스북은 팔로워 3800명인 반면에, 김교홍 후보의 페이스북 팔로워 수는 2802명으로 이학재 후보에 비해 918명가량 적은 것으로 조사됐다. 또 인스타그램에선 이학재 후보는 팔로우 2575명, 게시물 103개, 팔로워 932명으로 확인됐으며, 김교홍 후보는 팔로우 353명, 게시물 27개, 팔로워 359명으로 이 부분에서도 이학재 후보가 세 배가량 앞선다는 것을 알 수 있다. 그리고 트위터의 경우 이학재 후보는 트윗 942명, 팔로잉 18,307명, 팔로워 17,930명으로 확인되었으며, 김교홍 후보는 트윗 2,211명, 팔로잉 17,777명, 팔로워 16,767명으로 이학재 후보가 김교홍 후보를 약간 앞선다는 것을 확인할 수 있다. 그리고 각 후보의 트위터, 페이스북, 인스타그램을 확인하였을 때 하루에 올리는 게시물의 수는 평균 2~3개 정도였지만 두 후보 모두 트위터에 게시물의 수가 한 두 개 정도가 더 많은 것으로 확인됐고, 팔로워 수나 팔로잉 수가 페이스북이나 인스타그램에 비해 더 많은 것으로 보아 두 후보 모두 트위터에 더 중점을 두고 있는 것으로 추정했다.

그리고 각 후보들이 글을 올렸을 때 달리는 댓글과 좋아요 수를 보니, 이학재 후보의 경우 페이스북은 평균적으로 댓글 30~40개, 좋아요 200~300개이었으며, 김교홍 후보는 평균적으로 댓글 20~30개, 좋아요 100~200개로 뒤쳐져 있는 것을 확인할 수 있었다. 또한, 선거기간 동안 올라온 게시글 개수(지인의 타임라인 글 제외)는 이학재 후보가 45개, 김교홍 후보는 43개로 별 차이는 없었다. 그리고

표 1. 후보별 소셜미디어 팔로우 비교(2016년 5월 4일 기준)

	이학재(새누리당)	김교흥(더불어민주당)
페이스북 팔로워	3,800명	2,802명
인스타그램 팔로워	935명	353명
트위터 팔로워	17,930명	17,777명
게시물의 수	45개	43개

댓글에 대한 응답 시간을 비교해 보았을 때 이학재 후보는 선거 초기에는 24시간 이내, 선거 막바지에는 1~3일 이내이었으며, 김교흥 후보는 선거 초기 24시간 이내, 선거 막바지에는 2~3일 이내로 응답했다. 따라서 이학재 후보가 김교흥 후보에 비해 약간의 차이로 소통의 속도가 더 빠르다는 것을 알 수 있었다.

또한, 이학재 후보가 픽미 춤(당시 유행하고 있는 모 프로그램의 유명한 춤)을 춘 것이 SNS에 크게 퍼지면서 젊은 유권자에게 친근하게 다가가 획기적인 온라인 선거전략이라고 보았다. 하지만 아쉬운 점이라고 한다면 페이스북 같은 경우 로그인을 하지 않는다면 후보들이 작성한 내용을 볼 수 없다는 것이었다. 두 후보 모두 게시물을 전체공개로 하지 않아 이 부분에서 약간의 소통의 부재가 있었고, 온라인으로 공약을 보려는 중·장년층에게는 다소 확인이 어려워 보였다. 요약하면 온라인 선거전략에 있어서 객관적인 수치를 비교하였을 때, 트위터, 페이스북, 인스타그램의 팔로우 수나 좋아요 수 등을 기준으로 이학재 후보가 앞선 다는 것을 알 수 있었다.

이학재 후보와의 인터뷰: 온라인 선거운동을 중심으로

온라인 선거운동과 관련하여 이학재 후보에게 크게 네 가지 질문을 하였다. 필자의 첫 번째 질문은 "정당(새누리당)과 후보님 개인의 온라인 선거전략의 방향이 같은지, 다르다면 어느 부분에서 다른지? 그리고 SNS에 올린 픽미 춤이 상당히 호응이 높은데 어떤 목적을 가지고 하신건지"였다. 이학재 후보는 새누리당에서 소통하는 방식은 지역 주민과 소통하고 젊은 층에 초점을 맞추려고 노력하는 것이라고 했다. 하지만 정당 활동은 양방향 소통이 쉽지가 않아서 픽미 춤을 통해 이번 선거에서 정치에 무관심한 젊은 유권자들에게 친숙하게 다가가고 "정치가 지루할 수 있다."라는 부분을 해소함과 동시에 20대들과 소통의 장을 만들기 위해 SNS를 활용하였다고 했다.

두 번째로 "후보님이 생각하시기에 SNS(페이스북, 인스타그램, 트위터) 중에 가장 영향력이 큰 매체는 어디라고 생각하시는지 또 그 이유에 대해서" 물어 보았다. 두 후보 모두 팔로우나 팔로잉, 트윗 수가 제일 많은 트위터가 가장 영향력 있는 매체라고 답할 것으로 예상했다. 그러나 예상과 달리, 이학재 후보는 페이스북이라고 답했다. 이학재 후보는 과거에는 트위터 같은 매체가 큰 SNS 매체라고 생각했으나, 홈페이지 운영을 통해 일방향의 소통이 이루어졌다면 페이스북 같은 매체는 동영상이나 글을 올리면 유권자와 양방향의 소통이 가능하기 때문에 지금은 페이스북이 가장 영향력 있는 매체라고 답변했다.

세 번째 질문은 "지난 19대 총선에서의 온라인 전략과 이번 20대 총선의 온라

사진 1. 이학재 후보와의 인터뷰 장면

사진 2. 이학재 후보의 연설을 도와주러 온 김무성 대표와의 만남

인 전략이 어떻게 다른지, 또 19대 총선의 온라인 선거전략의 아쉬운 점이 있었다면 이번에는 어떻게 보완하셨는지?"였다. 이학재 후보는 19대 총선에선 단순히 정보 전달을 목적으로 온라인 선거전략을 펼쳤다면 이번 20대 총선에서는 보다 쌍방향적이고 재미를 통해 유권자들에게 다가가는 것이 달라진 점이라고 하였다.

마지막 질문으로 "온라인 선거활동 외에 오프라인 선거활동은 주로 어떤 것인지?"를 물어보았다. 이학재 후보는 오프라인 선거활동으로 크게 5가지를 얘기했는데 첫 번째로, 자전거를 타고 선거운동을 펼치면서 지역 주민들과의 유대를 강화한다고 했다. 두 번째는 가까운 역에 나가서 출·퇴근하는 직장인들을 대상으로 간략한 선거유세활동을 한다고 했다. 세 번째는 시장이나 대형마트에서 국밥과 같은 서민적인 음식을 유권자들과 함께 먹으면서 일상적인 얘기를 주고받곤 한다고 했다. 마지막으로 주말에는 공원, 교회 같은 곳에 가서 선거활동을 펼친다고 했다. 이외에 "3선 국회의원에 도전하는 것이지만 선거는 할 때마다 새로우며 특히 초심을 유지하려고 노력한다."라고 덧붙였다.

온라인 선거운동에 대한 유권자의 의견

출·퇴근시간에 직장인이나 대학생을 상대로 간략한 질문을 구성하여 설문조사를 실시했다. 그렇게 해서 지하철역이나 후보의 선거유세 장소에 가서 참여관찰을 하였다. 질문의 내용은 크게 두 가지로, 첫 번째는 20대 총선에서 가장 영향력 있다고 생각하는 SNS 매체는 무엇인지에 대해 물어보았고, 두 번째는 그 매체라고 답한 이유에 대해서 물어보았다. 그 결과 〈그림 1〉처럼 40명 중에 25명이 페이스북을 가장 영향력 있는 매체라고 대답했고, 40명 중에 10명이 트위터가 가장 영향력 있다고 말했으며, 다음으로 40명 중에서 5명이 인스타그램이 가장 영향력 있다고 하였다. 앞서 이학재 후보가 페이스북의 영향력이 가장 크다고 했고 그 이유에 대해서 말했는데 대학생·직장인 역시도 그 이유에 대해서 물어보니 25명 중에 24명이 쌍방향의 소통이 가능하기 때문이라고 하였다. 물론 트위터나 인스타그램 같은 경우도 댓글을 달 수 있지만 세 개의 SNS 중에서 페이스북이 댓글이나 글을 올린 게시자와의 소통이 가장 활발하다는 것을 알 수 있었다.

그림 1. 출·퇴근 직장인과 대학생들을 대상으로 한 설문조사 내용 및 분석

사진 3. 유권자와 인터뷰 장면

온라인 선거운동의 진화

서구 갑의 경우 젊은 유권자들이 부정적 인식, 예를 들면 "저 국회의원은 꽉 막혀 있을 거야"라는 생각을 가지고 있었다면, 새누리당의 픽미 춤을 통해서 그 인식이 바뀔 수 있었다. 또한 19대 총선과 달리, 20대 총선에서는 페이스북과 인스타그램, 트위터에서 소통하는 사람들의 절반이 젊은 층이 아닌 중·장년층이란 것을 알 수 있었고, 이는 이용층이 젊은 층에서 장년층으로 확대되었다는 것을 의미한다. 즉, SNS를 이용하는 유권자가 한정적이라는 지난 총선의 문제가 어느 정도 해소되었다고 볼 수 있다. 하지만 아직까지도 노년층의 이용은 매우 적었다. 우리나라에서 아직도 보수적인 성향을 가지고 그저 본인이 태어난 지역이라면 뽑아 주는 식의 지역주의 성향이 강한 노인층에게 SNS나 온라인을 통해 후보에 대한 정확한 정보전달과 정치에 대한 다양한 관점, 지지하고 있던 후보의 문제점에 대한 정보를 제공한다면 이들의 인식이 점차 변할 수 있다고 생각한다. 물론, 평생동안 가지고 있던 가치관이 갑자기 바뀌진 않겠지만 변화의 여지는 있을 것이

다. 그렇기에 앞으로 온라인 선거운동의 중요성은 분명히 더욱 증가할 것으로 보인다.

온라인 선거운동의 효과

우선 이번 서구 갑 지역을 조사하면서 이전에는 몰랐던 수도권 매립지 이전 문제, 청라지역 사업자 문제 등을 알게 됐다. 그리고 참여관찰계획서에서 가설로 내세운 페이스북, 트위터, 인스타그램의 팔로워 수와 온라인 선거전략의 효율성이 비례할 것이라는 예상이 그대로 적중하였다. 또한, 설문조사에 참여했던 유권자가 가장 효율적이라고 답한 페이스북에 대해 이학재 후보도 같은 의견이었다. 또 김교흥 후보보다 SNS의 소통 측면에서 앞섰다고 할 수 있는 이학재 후보의 온라인 선거전략이 승리에 기여했다고 생각한다. 비록 20대 총선에서 다른 선거구에서는 여당이 많이 패배했음에도 불구하고 여당 후보로 출마한 이학재 후보가 성공할 수 있었던 이유는 바로 소셜미디어를 적극 활용했기 때문이라고 본다. 이학재 후보는 김교흥 후보보다 모든 SNS매체에서 우위를 점했고, 특히 픽미 춤을 통해 무관심한 젊은 유권자들의 발길을 돌려놓고 소통하려 했다는 점에서 높이 평가받을 만하다.

표 2. 서구 갑 20대 총선 결과

선거인수	투표수	후보자별 득표수(득표율)					무효투표수	기권수	개표율
		새누리당 이학재	더불어민주당 김교흥	국민의당 유길종	무소속 안생준	계			
210,214	119,445	52,595 (44.45)	45,233 (38.23)	17,591 (14.86)	2,898 (2.44)	118,317	1,128	90,769	100

출처: 중앙선거관리위원회, 선거통계시스템(http://info.nec.go.kr/)

9. 3파전에서 제3당 후보의 선거전략

[인천 계양 갑]

김지은·전승환

진보 성향이 강한 계양구

역대 선거 결과를 보면 계양 갑은 전통적으로 진보 성향으로 야당 지지율이 높은 지역구다. 과거 민선 5기(2010년)와 6기(2014년) 지방선거에서는 당시 야당 후보 박형우 구청장이 한나라당 오성규 후보에게 승리한 바 있으며, 과거 15대 총선 당시 새정치국민회의의 이기문 의원이, 16대에는 당시 새천년민주당 송영길 후보가 한나라당의 안상수 후보를 꺾었고, 17대와 18대에는 송영길 후보가 각각 한나라당의 김해수 의원과 조갑진 의원에게 승리하여 연속으로 3선에 성공하였다. 또 계양구는 5·6기 지방선거 당시에도 송영길 인천시장 후보에게 높은 지지율을 보여 줬다. 지난 18대 대선에서도 박근혜 후보보다 문재인 후보에게 더 많은 지지표를 던졌다.

상업지역보다 주거지역이 많은 계양구

계양구는 도시, 상업지구의 기능보다 주거지역으로서 기능을 하고 있다. 일반적으로 거주지역은 보수적이고 상업지역은 진보적이라고 하지만 계양구는 전입·전출이 낮아서 인구이동이 적기 때문에 야당의 지지세가 변함없이 이어지고 있다. 하지만 2010년 이후로 인구가 감소하는 추세이니 정밀하게 관찰해야 할 것이다.

표 1. 계양구(전체)의 연도별 인구 추이

구분	2009년	2010년	2011년	2012년	2013	2014년	2015년
세대수	125,826	128,996	127,929	127,706	128,889	128,138	127,063
인구수	334,039	347,810	344,299	342,202	343,806	339,538	334,332

출처: 인천 계양구청, 정보공개, 통계자료

또 계양구의 연령분포는 41세부터 60세까지의 인구가 제일 많다. 비교적 연령대가 높아 보수적 성향을 나타낸다고 예측할 수 있지만, 인구 추세가 점점 변화하고 있으며, 인구가 6년 정도 일정한 수준을 유지하고 있어 야당 성향이 크게 변했다고는 볼 수 없다.

표 2. 계양구(전체) 인구분포

0~10세	11~20세	21~30세	31~40세	41~50세	51~60세	61~70세	71세 이상
31,115	41,242	50,560	49,933	62,165	59,233	22,128	17,737

출처: 인천 계양구청, 정보공개, 통계자료

계양구 유권자의 50%가 25평 이하 아파트에 거주

일반적으로 아파트 거주자는 보수적이고, 연립주택이나 다가구주택 거주자는 진보적이라고 알려져 있다. 계양구는 대부분 아파트 거주자가 많기에 보수적 성향이 많다고 오해할 가능성이 높다. 그러나 아파트의 규모별 현황을 본다면 야당 지지세가 나타나는 이유를 알 수 있다.

〈표 4〉에서 보는 것처럼 계양구 유권자의 대다수가 85㎡(25평) 이하에 살고 있는데, 25평 미만에서 거주하는 유권자들은 중산층 미만의 계층으로 볼 수 있다. 그래서 아파트에 거주한다고 꼭 보수 성향을 가지는 것은 아니라고 할 수 있다.

표 3. 계양구(전체) 주택현황

단계	주택					주택보급율
	단독주택	연립주택	다세대주택	아파트	기타	
114,363	7,995	2,794	35,153	67,870	551	100%

출처: 인천 계양구청, 정보공개, 통계자료

표 4. 계양구(전체) 규모별 아파트 현황

계		85㎡ 미만		85~135㎡		135㎡ 초과	
동수	세대수	동수	세대수	동수	세대수	동수	세대수
861	67,870	743	58,160	101	8,540	17	1,170

출처: 인천 계양구청, 정보공개, 통계자료

아파트 공시지가를 비교해 보면 확실히 알 수 있다. 인천에서 부촌이라고 불리는 연수구에서 초등학교가 밀집되어 있는 동춘동 한 아파트의, 최근 3년간 공시지가를 확인해 보았다.

표 5. 개별 공시지가 열람: 연수구 동춘동 929번지 공시지가

신청대상토지			확인내용		
가격기준연도	토지소재지	지번	개별공시지가	기준일자	공시일자
2016	연수구 동춘동	929	1,510,000원	1. 1.	2016. 5. 31
2015	연수구 동춘동	929	1,450,000원	1. 1.	2015. 5. 29
2014	연수구 동춘동	929	1,390,000원	1. 1.	2014. 5. 30

출처: 국토교통부, 부동산 공시가격 알리미

다음으로 계양 갑에서, 학교와 가깝고 대체적으로 평균적인 아파트의 공시지가를 보면 거의 매년 연수구와 10만 원 이상 차이가 난다. 즉 연수구에 비해 계양 갑의 아파트 가격이 낮기 때문에 생활수준이 높다고 볼 수 없다. 따라서 계양 갑의 유권자들이 상대적으로 진보적인 정치 성향을 보여 주고 있다고 판단된다.

표 6. 개별 공시지가 열람: 계양구 작전동 169번지 공시지가

신청대상토지			확인내용		
가격기준연도	토지소재지	지번	개별공시지가	기준일자	공시일자
2016	계양구 작전동	169	1,395,000원	1. 1.	2016. 5. 31
2015	계양구 작전동	169	1,331,000원	1. 1.	2015. 5. 29
2014	계양구 작전동	169	1,320,000원	1. 1.	2014. 5. 30

출처: 국토교통부, 부동산 공시가격 알리미

요약컨대 계양구 주민들은 아파트와 주택 보유율이 상대적으로 높아 정착율 또한 높으며, 전입·전출도 상대적으로 큰 폭으로 나타나지 않아 전통적으로 야당의 지지세가 꾸준히 이어져 오고 있다. 또한 대다수 아파트 거주민도 25평 이하의 작은 규모에서 거주 중이기에 대략적으로 생활수준이 높은 편이 아니다. 공시지가를 통해 보더라도 계양구는 다른 지역구보다 공시지가가 낮은 주거지역의 형태를 보인다.

각 후보의 주요 특징

〈표 7〉과 〈표 8〉은 20대 총선 계양 갑 지역에 출마한 국회의원 후보들의 기본적인 신상정보이다. 선거홍보용 책자와 신문기사들을 통해 후보에 대하여 상세하게 분석해 보자.

5번의 선거에서 패배한 새누리당 오성규 후보

새누리당 오성규 후보는 계양구와 인연이 깊다. 과거 지방선거에서 박형우 구청장에게 두 번이나 패배한 경험이 있는 후보이다. 게다가 20대 총선을 포함하여 계양구에서만 내리 3연패를 기록한 후보이다. 오 후보는 지난 지방선거에서 큰 차이로 박형우 구청장에게 패배하였는데 20대 총선에서는 출구조사에서부터 경합을 이루었기에 그나마 긍정적으로 평가할 만했다.

오 후보의 재산은 16억 4200만 원이며 그는 육군 일병으로 병역을 만료했다.

표 7. 계양 갑 지역구 출마자 개인 약력

기호	소속 정당명	성명 (한자)	성별	생년월일 (연령)	주소	직업	학력	경력
1	새누리당	오성규 (吳成圭)	남	1953/ 07/10 (62세)	인천광역시 계양구 길마로	정당인	연세대학교 정경대학원 행정학석사	(전)새누리당 2014년 계양구 청장 후보 (전)생활체육협회 회장
2	더불어민주당	유동수 (柳東秀)	남	1961/ 09/18 (54세)	인천광역시 계양구 장제로 6663번길	(주)하우징텐 대표이사	연세대학교 경영학과 졸업	(주)인천도시공사 상임감사 (현) 공인회계사
3	국민의당	이수봉 (李守峯)	남	1961/ 06/23 (54세)	인천광역시 계양구 아나지로	정치인	고려대학교 사회학과 졸업	(전)안철수 국회의원 보좌관 (현)인천경제연구소 소장

표 8. 후보 정보 공개자료(재산, 병역, 세금, 전과기록)

		오성규	유동수	이수봉
재산상황(천 원)		1,642,208	3,611,436	210,000
병역	후보	육군 일병	육군일병	보충역 소집 면제(수형)
	직계비속	장남- 육군병장 차남-징병검사대상	해당 없음	해당 없음
세금체납		없음	없음	없음
전과기록		없음	없음	집회 및 시위에 관한 법률위반 징역1년(1982.11.19.) 사면 특별복권(1983. 8.12.)

현재 후보의 아들 중 장남은 이미 육군 병장으로 만기전역했으며 차남은 징병검사 대상이다. 또한, 오 후보의 최근 5년간 체납액과 전과기록은 없다.[1] 그런데 재산 현황에서 배우자가 대대수를 가지고 있다. 아마도 후보에 대한 도덕적 자질이 중요하여 체납 등의 오점을 남기지 않으려는 모습을 보이려고 노력한 것 같았다.

그리고 오 후보는 계양구 생활체육협의회 회장을 했던 경험이 있고, 인천전문

---

1. 중앙선거관리위원회 후보 정보 공개자료

학교 객원교수로 재직했으며, 국제장애인문화교류협의회 인천광역시 총재를 맡았다. 또한 계양구 사회복지협의회 부회장이었고, 새누리당 여의도연구원 정책자문위원과 새누리당 중앙당 국민소통 자문위원으로 활동했다.

회계사 출신의 신진 후보: 더불어민주당 유동수 후보

더불어민주당 유동수 후보는 이번 지역구 선거에서 승리한 당선자이다. 유 후보는 이번에 처음으로 출마하였는데 정의당에서 출마한 김성진 후보와 단일화를 이루어 냈다. 특히 계양구에서 회계사 경력 30년, 교육 경력 14년이 있다는 것을 홍보하며 지역인재임을 표방하기도 하였다. 유 후보는 ㈜하우징텐의 대표이사를 지낸 경험이 있어 상대적으로 다른 후보보다 재산이 많은 것으로 보였다. 또한 유 후보도 오 후보와 마찬가지로 육군 일병으로 복무를 완료했다. 또한 유 후보에게는 두 명의 딸이 있어 직계비속의 병역사항은 없는 것으로 나타났으며, 유 후보도 배우자가 본인보다 재산이 많은 것으로 나타났다. 게다가 친모가 재산을 공개 하지 않은 것으로 보아[2], 공개액보다 더 많을 것이라고 보았다. 그리고 유 후보도 납세를 성실히 납부하였고 체납액과 전과 기록이 없는 것으로 보아 도덕적 자질에 오점을 남기려 하지 않은 것으로 생각된다. 그리고 유 후보는 인덕회계법인 인천지점 대표 회계사 경험이 있고, 인천도시공사 상임감사직을 맡았으며, 경인여자대학교 감사를 했던 경험이 있다. 한국여성단체협의회 소비자 분과자문위원과 더불어민주당 사회적경제위원회 부위원장으로 활동했다.

안철수 보좌관 출신의 국민의당 이수봉 후보

국민의당 이수봉 후보도 유동수 후보와 마찬가지로 20대 총선에 첫 출마하였다. 이 후보는 과거 안철수 의원의 보좌관 출신임을 예비 후보 시절부터 강조해 왔다. 특히나 3파전으로 치루어 지는 선거구도에서 야당의 표를 분산시킬 것인

---

2. 중앙선거관리위원회, 후보 정보 공개자료

지, 제3당의 돌풍을 일으켜 당선권까지 노리는지에 대해 관심을 가지게 했다. 이 후보는 다른 후보와 다르게 재산이 많은 편은 아니었다. 게다가 다른 후보들과 다르게 신고 재산 모두가 배우자가 아닌 본인의 명의로 등록되어 있다는 점도 주목할 만했다. 특히, 그는 병역을 면제 받은 경력이 있는데 이는 이 후보가 82년도에 '집회 및 시위에 관한 법률' 위반으로 징역형을 선고 받았기 때문이다. 또 후보에게 외동딸이 있어 직계비속에 대한 병역사항은 해당사항이 없는 것[3]으로 나왔다. 특히, 이 후보는 다른 후보들과는 다르게 지역 관련 직책보다는 특정 단체와 관련된 직책을 주로 맡고 있었다. 구체적으로는 전국실업극복단체연대회의 집행위원장과 민주노총 정책연구원장 대변인을 맡았으며, 선거 당시 인천경제연구소장, 국민의당 인천시당 인천경제특별위원장, 국회의원 안철수 정무특보로 활동하고 있었다.

〈표 9〉는 각 후보들의 주요 공약을 정리한 것이다. 오성규 후보는 스펙 좋은

표 9. 계양 갑 후보의 표어 및 주요 공약

	오성규	유동수	이수봉
주요 표어	이제 힘있는 여당 일꾼으로 바꿔야 합니다!	말보다 실천입니다.	이번에는 3번! 양당 기득권 정치, 또 보고만 계시겠습니까?
후보 설명	실생활형 정치인	야권단일 후보/실물 경제 전문가	국민의 편 / 3·4·5 플랜
주요 공약	- 광역철도 계양선 연장 (효성역에서 홍대입구) - 효성역 신설 - 경인아라뱃길 수변공간을 문화공간으로 개발 - 서운동 일대 활성화 - 출산휴가, 육아휴직 30~36개월 확대 실시 - 테마별 둘레길 조성 - 문화공간, 체육시설 확충 - 재개발사업의 신속한 추진	- 효성도시개발 임기 내 착공 - 제2서운산업단지 조성 - 작전역 BRT 연계 순환노선확대 - 지역별 어린이 도서관 건립 - 계산산 관광 벨트 추진 - 서부간선수로 친수생태공간 조성 및 굴포천 정비 - 작전시장 현대화 추진 - 작전역세권 복합개발, 상권활성화	- 담합구조 해체하는 4대 입법 추진 - 재벌친화적인 조세제도 개혁 - 봉오대로 '꽃길' 관광자원개발 - 굴현호를 철거해 깨끗한 굴포천 만들기 - 계양지역 재개발 임기 내 해결 - 스포츠·영상문화 복합산업단지 조성

---

3. 중앙선거관리위원회, 후보 정보 공개자료

사람들이 정치에 뛰어들고 단지 그럴듯한 간판으로 당선이 되던 시대는 이미 오래전에 끝났다고 하며, 관료주의적이고 책으로만 정치를 공부한 사람보다는 이제 계양구민과 함께 진정으로 땀 흘리며 봉사해 온 실생활형 정치인이 필요하다고 주장했다. 그리고 이제 힘 있는 여당 일꾼으로 계양을 바꿔야 한다고 강조하였다. 반면에 유동수 후보는 함께 잘 사는 공정한 사회, 차별 없고 평등한 대한민국을 향해 걸어가며, 진정으로 계양에 필요한 것을 고민하고 실천하겠다고 말하며 경제 전문가임을 주장하였다. 마지막으로 제3당의 이수봉 후보는 낡은 정치를 바꾸고 경제와 민생을 살리기 위해서는 국민 편에서 싸울 수 있는 새로운 정치 세력이 필요하다고 주장했다. 이제 세 후보들의 공약을 구체적으로 살펴보고자 한다.

실생활형 정치인, 새누리당 오성규 후보의 공약

오성규 후보는 지역발전을 위하여 "입법"과 "예산"이라는 두 가지 키워드를 가지고 출마했다. 오 후보는 광역철도 계양선 설치, 경인아라뱃길 개발을 통한 친수 복합도시 조성, 서운산업단지 추가·조성을 통한 서운동 활성화, 출산 휴가, 유아 휴직 30~36개월로 확대 실시, 효성산과 계양산, 전통시장, 서부간선수로에 테마별 둘레길 조성을 통한 관광코스개발, 문화공간과 체육시설 확충, 효성1구역과 계양1구역, 서운구역, 작전현대구역의 재개발사업 신속한 추진 지원 등을 공약으로 내걸었다. 그중에서도 광역철도 계양선 설치는 오 후보의 핵심 공약 중 하나였다. 오 후보는 계양구민의 신속한 출·퇴근 이동서비스 제공, 계양구와 수도권을 잇는 광역권 생활교통 혁신, 작전역 환승센터 개발에 따른 초역세권 형성, 수도권 인구 유입에 따른 계양구의 부동산 가치상승, 계양구 및 인천의 유동인구 증가에 따른 지역경제 활성화라는 5대 기본방향을 가지고, 각계 전문가의 자문과 함께 폭넓고 다양한 의견을 심도 있게 수렴·계획하여 공약을 발표하였다.

공약발표와 관련하여 오 후보는 공약의 이행에 따른 목표, 절차, 재원조달 방안(예: 소요 사업비 약 5000억 원 / 국비 60%, 지방비 40%) 등 구체적 계획안을 이미 가지고 있으며 성공적인 공약이행을 위해 관계기관을 비롯해 지역구민들과도 적극적으로 협력해 나아가겠다고 밝혔다. 이와 더불어 오 후보는 여성 유권자들을 사로잡기 위해 유급휴직은 현행의 15개월로 하되, 나머지 기간은 무급이라도 휴가 기간과 복직이 보장되는 정책과 법안을 추진하겠다고 밝히며, 경력 단절을 최소화하기 위한 재택교육 프로그램 등을 보완책으로 제시하였다. 또 테마길 조성에 대해서는 효성산에는 '산과 숲'을 테마로 하는 둘레길을 조성하고 계양산 자락과 전통시장이 연결되는 곳에는 먹거리와 문화를 테마로, 그리고 서부간선수로에는 '물'을 테마로 하는 둘레길을 조성하는 방안을 제시했다.

이와 더불어 효성과 작전, 서운의 가치를 상승시키고 원도심의 숨통을 열어주기 위하여 구도심의 난개발을 정리할 것이며, 신도심과 구도심 간의 격차를 해소하고 신속히 개발하기 위해 공공·민간 부문을 동원하고 뉴스테이방식을 도입하겠다고 공약했다. 특히나 특정한 복지 공약보다는 일자리 창출이라는 기조를 앞세웠다.

공인회계사 출신의 실물경제전문가, 더불어민주당 유동수 후보의 공약

유동수 후보는 인천도시공사 감사 경험과 회계사 경험을 살려 경제 중심의 공약을 내세웠다. 그는 현 계양구청장인 박형우 구청장과 효성도시개발을 추진하여 자연친화적 주거도시 건설을 내세웠고, 계양 을 송영길 후보와 제2서운산업단지 조성을 약속하며 구민 일자리 창출과 지역경제 활성화, 세수 확충을 주요 공약으로 내세웠다. 또 교육혁신을 위해 효성·작전권역에 교육혁신지구를 설치하겠다고 말했다. 이를 통해 행정직을 충원하고 1학교 1강당 사업도 추진하여 공교육의 정상화를 이루겠다고 했으며, 대다수 지역구가 걸쳐있는 경인고속도로의 지하화 추진 공약과 함께 다른 지역구 공약도 내세웠다.

그림 1. 유동수 후보의 공약 홍보물

유 후보는 국정 공약으로 '상시회계감사제도'와 '정책실명제'를 내세웠다. 당시 이 정책에 대해 설명해 준 더불어민주당 손민호 구의원은 "상시회계감사제도를 통해 입법에 치우친 국회의 기능을, 회계 쪽에서도 능력을 양성해 공무원행정제도에서 예·결산 감사 면에서도 뛰어난 국회를 만들어야 한다."라고 답했다. 또 "정책실명제를 통하여 4대강사업, 방산비리, 자원외교같이 혈세를 낭비하는 정책에 대해서 책임을 물어야 한다." 등의 설명을 덧붙였다.

국민의당 안철수 대표의 보좌관 출신, 이수봉 후보의 공약

이수봉 후보 측으로부터 받은 매니페스토 계획서에는 이 후보의 의정계획이나 활동이 잘 정리되어 있었다. 계획서에는 후보의 공약 우선순위가 정해져 있었는데, 첫 번째는 기득권 담합구조 해체를 위한 4대 입법(부당재정환수법, 조직범죄처벌법, 범죄수익환수법, 공정거래법 개정) 추진이었다. 이 후보는 현재 우리나라가 심각한 소득 불균형을 이루고 있다고 판단하고, 이를 해소하기 위해 선순환 시장경제와 공정성장을 위한 경제구조 혁신을 추진할 것이라고 밝혔다. 두 번째는 봉오대로 관광자원 개발이다. 봉오대로는 인천 서구에서부터 서울 양천구까지 이어지는 도로인데, 계양 갑의 효성동과 최대 상권인 작전역, 작전시장 부근을 거쳐 서운동까지 종단으로 가로지르는 도로이기에, 이 도로를 중심으로 계양 갑의 상권이 발달되어 있다. 이 후보는 이러한 봉오대로를 인천의 랜드마크로 성장시킬 계획이 있으며, 이곳에 벚꽃길을 조성할 예정이라 밝혔다. 세 번째 공약은 굴현보 철거 및 국가하천 지정이다. 현재 굴현보로 인해 물길이 막혀 오염된, 이른바 '똥물' 굴포천을 굴현보 철거와 상류지역 하천 관리를 통해 개선하겠다고 약속했다. 실제로 굴현보는 작년부터 수질 오염의 주범으로 지적되었으며, 여러 전문가들과 시민단체가 철거를 주장했다. 그러나 수도공사 측과의 의견 대립으로 아직까지도 논쟁 중인 상황이다. 네 번째로 스포츠·영상문화 복합산업단지 조성이다. 이는 지역경제 신(新)성장 동력을 확보하여 지역기반 경제를 활성화하는 데 초점이 맞추어져 있다. 이용도가 낮은 스포츠시설과 유휴 부지의 활용도를 제고하려는 방안이다. 마지막으로 관내 재개발사업 해결이다. 다른 두 후보들은 재개발과 관련해서는 효성도시개발에 초점을 맞추어 공약을 제시했지만 이 후보는 특정 지역에 초점을 맞추기보다는 노후된 불량주택이나 낙후지역에 초점을 맞추어 재개발을 추진하겠다는 목표를 밝혔다.

지역구의 핵심 쟁점

계양 갑 지역구 선거에서의 핵심 쟁점으로 두 가지를 꼽을 수 있는데 하나는 오성규 후보와 유동수 후보의 '광역철도 계양선 논쟁'이고, 또 다른 하나는 유동수 후보와 이수봉 후보의 '야권단일화'이다.

쟁점1: 오성규 후보의 광역철도 계양선 공약을 둘러싼 공방

광역철도 계양선은 오성규 후보의 대표 공약이다. 오 후보는 국토교통부가 발표한 '제3차국가철도망구축계획안' 중 부천 원종에서부터 홍대입구까지의 서부광역철도를 서운–작전–효성까지 연장하는 계양선을 놓겠다고 발표하였다. 이 안은 2016년부터 2025년까지의 10년간 계획이며, 준 고속철도망 건설과 광역철도 구축으로 서울까지 걸리는 시간을 단축하는 것이 목적이다. 그러나 유동수 후

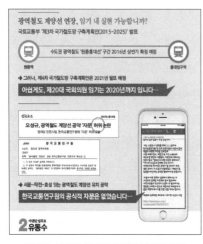

그림 2. 오성규 후보의 계양선 공약에 대한 유동수 후보의 비판

보는 계양선의 실현 가능성과 오 후보가 정말로 한국교통연구원으로부터 자문을 받았는지 의문을 제기하였다. 실제로 정의당은 오 후보가 한국교통연구원으로부터 자문을 받은 사실이 없다며 허위사실을 유포하였다고 공방을 벌였다. 이에 대해 오 후보 측은, 선거사무소의 실무자가 한국교통연구원을 방문하여 박사급 연구원과 수차례 미팅과 대화를 통해 자문을 받았다고 주장했다. 오 후보 측은 계양선

구간이 4.8km라고 주장하는 데 반해 정의당은 효성동부터 원종동까지의 길이인 10km의 거리를 감안해야 한다며 사업구간에 대해서도 공방을 벌였다.

유동수 후보도 선거 기간에 오 후보의 계양선 공약에 대해 비판하였다. 이에 대해 오 후보 측은 성명을 통해 공식 자문과 비공식 자문의 사이에서 말꼬투리를 잡는다고 반박하며, 공약의 타당성과 소요예산, 이행 가능성에 대한 자문을 받은 바 있으며, 지속적으로 흑색선전을 한다면 법적 책임을 물을 것이라고 하였다. 유 후보 측은 오 후보의 공약이 실현불가능한 선심성 공약에 불과하다고 반박했다. 실제로 유 후보는 선거 기간 중에 오 후보를 선거관리위원회에 허위사실 공표 혐의로 고발하였다.

쟁점2: 야권후보단일화 논쟁

20대 총선은 과거와 달리 양당의 힘겨루기나 야권연대가 이루어진 상태에서 1대1로 겨루는 것이 아닌, 비교적 중도 성향을 가진 국민의당의 등장으로 3파전의 형세를 보였다. 그러나 국민의당이 여권보다는 야권의 표를 분산시킬 것이라는 여론이 우세했다. 이런 우려 때문에 더불어민주당과 국민의당은 야권후보단일

화에 대해 대화를 나눌 수밖에 없었다. 그리하여 더불어민주당이 국민의당에게 단일화 제스쳐를 취했지만, 안철수 공동대표는 이를 반대하며 강수를 두었다. 그러나 지역 내의 연대는 중앙당에서 개입할 수 없다고 하며 단일화의 여지는 열어주었다.

계양 갑 또한 단일화의 움직임이 있었다. 먼저 더불어민주당의 유동수 후보는 정의당 김성진 후보와 단일화를 이루었다. 다음으로 국민의당 이수봉 후보와 단일화를 시도했지만 성사되지 못했다고 더불어민주당 손민호 의원은 밝혔다. 이 후보는 더불어민주당이 제1야당으로서의 기능을 못한다는 것에 대해 비판적이었으며 다시 더불어민주당과 연대를 한다는 것은 구태 정치로의 복귀라고 생각하여 단일화를 거절한 것으로 보였다. 한편 유 후보가 단일화를 제의한 것은 야권의 표 분산 방지와 첫 출마에 대한 두려움 때문인 것으로 판단되었다.

유동수 후보의 선거전략과 선거승리 요인

더불어민주당이 20대 총선에서 패배하면 새누리당에게 개헌선을 내줄 수도 있다는 참담한 예측이 존재했다. 몇몇 전문가들은 더불어민주당이 100석도 못 얻을 것이라고 예측했다. 이러한 부정적인 기류 속에서 더불어민주당은 총력전을 펼쳤다. 우선 유동수 후보는 지역구에만 집중했다. 더불어민주당 손민호 계양구 의원은 지역 숙원사업인 효성도시개발이 진행되지 않고 있음을 꼬집으며, 유 후보가 당선되면 임기 중에 이를 추진하고 기존에 존재하던 서운산업단지에서 발생하는 문제를 해결하여 제2서운산업단지를 조성할 것이라는 공약을 밝혔다. 또한 이를 송영길 후보, 박형우 구청장과 연계하여 추진력에 힘을 실을 것이라 말했다. 특히, 교육혁신지구를 통해 서부교육청에서 효성과 작전권역의 교육을 혁신하여 공교육을 정상화할 것이라고 표방했다. 이는 주거지역으로 분류되는 계양구에 학교가 여럿 있다는 점을 파악하고 학부모 유권자층을 겨냥한 공약으로 보였다. 특히, 유 후보는 상시회계감사제도와 정책실명제로 투명한 정부 운영을 강조했다.

특히 유 후보는 연령별 맞춤형 선거운동을 전개했다. 이는 중앙당 전략과도 맞물리게 되는데, 야권 후보이기에 공략 대상인 젊은 층이 투표를 하도록 만드는 것을 중점적으로 생각했다. 계양구의 20~30대 연령층은 약 5만 명으로 연령대에서 세 번째로 많기 때문에 이들을 투표소로 나오도록 하는 것이 목표라고 했다. 이를 위해서 실질적인 반값등록금 정책, 공공 분야의 일자리 창출을 내세웠다. 그리고 상대적으로 지지세가 약한 노년층에 대해서는 중앙당에서 발표한 정책인 '65세 이상 노인 중 소득 하위 70%에게 30만 원 지급'을 내세워 지지를 호소했다. 유 후보는 중앙당 정책과 전략을 본인의 공약과 지역구 전략에 적절하게 융합시켜 선거운동을 전개했다.

유 후보는 거의 매일 아침 작전역 부근에서 출근길 유세를 진행하였고, 이후에는 차량 선거유세, 길거리와 골목유세를 하였다. 이후 4시 이후에는 퇴근길 유세를 진행하여 젊은층에게는 투표참여 독려를, 노인 유권자에게는 지지를 호소하는 방식으로 선거운동을 진행하였다. 특히 밤에는 유동인구가 많은 작전역 부근에 선거유세 차량을 주차하여 인지도 상승을 노렸다. 또 2014년 지방선거에서 유정복 인천시장의 공약이었던 경인고속도로 지하화를 교통 문제에 관한 공약으로 내세웠다.

이러한 유 후보의 전략들은 비교적 효과적이었다. 계양 갑이 야권 강세지역이기 때문에, 더불어민주당이 제시한 '야권을 포용할 수 있는 제1야당' 전략은 '형님 야당'으로서의 존재감을 과시하기에 충분했다. 전국적으로 여당에 대한 불만이 표출된 것도 한몫한 것으로 보였다. 경제 상황이 어려웠기에 유 후보의 '경제 전문가' 표어 또한 매력적이었다. 이러한 표어에 맞게 지역별 공약도 경제와 관련된 것을 전면으로 내세웠다. 오 후보의 행정 중심 전략과 이 후보의 견제 세력 양성과는 다르게, 경제 문제를 전면으로 내세운 것이 지역구 전략에서는 효과를 발휘했다고 볼 수 있다.

이수봉 후보의 선거전략

이수봉 후보는 국가운영 및 국민생활에 필요한 입법 기능과 국가재정 및 행정에 대한 감시 역할이 국민을 대표하는 국회의원의 주된 책무라고 여겼다. 국민의 당은 한국사회의 가장 시급한 문제가 공정성장론에서 제기하고 있는 기득권담합구조의 혁파라고 생각했다. 2008년 정립했던 기본소득 담론 역시 그런 공정한 경제구조가 전제되지 않으면 작동할 수 없는 제도라는 점에서 더욱 그러하다고 말했다. 이 후보가 30여 년의 활동경험(노동계 활동 및 제도권 정치경험)을 토대로 마련한 의정활동계획의 기조는 첫째, 기득권담합구조의 척결, 둘째, 국가재정의 낭비요소 절감, 셋째, 공정한 소득재분배 정책을 통한 한국경제의 재도약이었다. 이와 관련된 구체적인 공약은 아래와 같다.[4]

이수봉 후보의 공약 1: 입법활동

이수봉 후보의 입법활동의 핵심은 기득권담합구조의 해체이다. 첫째, 부당재정환수법이다. 정치인과 공무원이 부당한 방법으로 국민의 세금이나 국가 자산을 낭비, 편취할 경우 징벌적 배상을 물리는 방안이다. 둘째, 조직범죄처벌법이다. 기업이나 조직범죄집단이 부정한 행위로 이익을 얻을 경우, 본인이 그 적법성을 밝히지 못하면 이익을 몰수할 수 있는 법이다. 미국에서는 리코법(The RICO Act)이라고도 하는데 이런 법의 강력한 시행이 미국사회를 지탱하는 근간이라고 보았다. 셋째, 범죄수익환수법이다. 횡령이나 배임 또는 제3자를 통해 취득한 이익을 국가가 환수할 수 있도록 하는 일명 이학수법이다. 넷째, 비정규직 제한법이다. "근로조건의 기준은 인간의 존엄을 보장하도록 법률로 정한다."는 헌법 32조 3항을 법률적 근거로, 2년 이상 상시 고용해야 하는 업무는 정규직을 고용하도록 하고, 동일가치 노동에 동일 임금을 구현하도록 해야 한다고 주장했다. 이

---

4. 이수봉 후보 매니페스토 공약집

후보는 재벌에 의존해서 재벌만 행복한 현행 독과점 경제구조를 공정거래질서로 바꿔야만 우리 경제가 다시 성장할 수 있고 새로운 일자리도 만들 수 있기 때문에, 재벌과 기득권층 간 담합구조를 깰 수 있는 입법화는 시급한 과제라고 주장했다.

이수봉 후보의 공약 2: 재정감시활동

이수봉 후보는 예산낭비를 막기 위해서는 예산편성단계에서 타 부처와의 중복사업 여부 확인 및 사전 수요조사를 철저히 해야 하며, 국회의원 스스로 예산 끼워넣기를 자제해야 한다고 주장했다. 또 국정감사를 통해서 공공기관의 운영 및 사업을 철저히 감시해야 한다고 강조했다. 이를 위해 당 차원의 전문 회계사와 국회 보좌관제도 및 전문위원제도를 적극 활용하는 한편, 자원봉사 전문가 자문단을 구성해서 해당 상임위원회에서 재정낭비 요소를 철저히 찾아내야 한다고 주장했다.

이수봉 후보의 공약 3: 국정감시활동

첫째는, 법인세를 통해 조세정의와 형평성 차원에서 대기업 실효세율 인상 방안을 찾는 것이었고, 둘째는, 한국기업의 해외계열사 소득에 대한 외국납부세액 공제 제도로 이월공제 기간 축소, 대상회사 및 지분율 요건 재정비 등의 개선 방안을 마련하는 것이었다. 셋째, 정부의 배당소득 증대세제는 배당소득 과세자 중 상위 1%가 배당소득의 70% 이상을 가져가는데도 원천징수세율 인하와 분리과세 허용으로 재벌 총수 일가의 세금만 깎아 준 결과를 낳았고 근로소득 증대세제의 경우에도 근로자 소득세가 아닌 기업 법인세를 깎아주는 제도에 불과했기 때문에, 실질적 가계소득 증대 방안을 모색한다고 공약했다. 넷째, 다국적기업에 적용되는 외국인투자기업 법인세 감면특례제도는 효과가 미미하기 때문에, 궁극적으로 폐지하는 방향으로 기한을 축소하고 대상 기준을 강화하는 등 단계적 추진 방안을 마련하여 우회투자를 통한 조세감면 남용을 억제해야 한다고 주장했다. 다섯째로, 자본이득세 도입이 필요하다고 보며, 특히 외국계 투자펀드의 주식 양도차익 과세는 한미조세조약에서도 지속적으로 문제가 된다고 지적했다. 그래서 자본이득세의 적정선과 원천 징수권 및 누진세율체계 등 적절한 부과방식을 마련해 세원을 확대해야 한다고 주장했다. 끝으로 30년 노사관계 전문가의 강점을 최대한 발휘하여 노동부나 보건복지부 사업의 관료주의 내지는 기득권 편향성을 바로잡아 국민으로부터 사랑받는 당이 되도록 노력하겠다는 의지를 밝혔다.

이수봉 후보의 공약 4: 지역발전

첫째, 지역구인 계양 갑은 그동안 인천시 재정투입으로부터 소외되었던 지역이었으며, 낙후된 상가와 개발 지연으로 주민 불만이 많은 곳이다. 이 후보는 효성동, 작전동 일대는 서운동 서운산업단지 개발사업이나 뉴스테이사업으로 주민들이 다소 기대를 하는 편이나 자칫 그 여파로 상권이 죽지 않을까 염려한다고 말했다. 또한 서운동개발과 작전, 효성의 상권 살리기 계획을 같이 입안해 추진할 필요가 있다고 했다.

둘째, 이수봉 후보는 계양의 문화시설이 타 구에 비해 많이 부족하다고 했다. 공공도서관도 계양도서관만이 기능을 할 뿐이고, 작전동, 효성동의 도서관은 신간 도서도 부족하고 전문사서도 없어 단순 독서실로 전락할 우려가 있다고 봤다. 이 후보는 인천, 책의 도시에 마땅히 보여줄 공공도서시설이 없었던 것은 부끄러운 일이라고 말하며, 계양을 책의 도시로 만들어 주민들의 높은 문화적 소양에 대한 욕구를 충족한다는 계획을 밝혔다. 이것은 30~40대 주부들의 욕구와 맞닿은 부분임을 밝혔다.

셋째, 사회적경제 활성화를 통한 일자리 창출사업계획을 다음과 같이 밝혔다.
- 실버교육돌봄 지원사업: 도서관을 기반으로 어르신의 진로체험교육과 '유소년돌봄프로그램'을 함께 운영해 지역 어르신의 경험을 활용한 전문교육과 돌봄의 질을 높일 계획이며, 이를 통해 어르신 일자리를 창출하고 맞벌이

부부나 한부모가정의 고충도 해결.

- 청년일자리 협동조합: 청년 일자리 창출을 위해 청년기업 창업시스템을 개발 중에 있으며, 협동조합을 통한 성공사례 모형을 만드는 중. 계양구 내 공공기관 건물 중 청년기업 무료 지원구역을 지정, 개인 실패부담을 최소화하여 도전 기회를 제공.

- 지역미디어문화센터 활성화: 중앙에 집중돼 있는 영상미디어산업 인프라를 계양지역에 구축하여 영상미디어 향유의 지역 불균형을 해소하는 한편, 문화콘텐츠 생산의 대중화와 쌍방향 소통 및 소비를 창출해 시민들의 문화수요 충족과 함께 관련 일자리를 창출.

이수봉 후보와의 면담

이수봉 후보의 구체적인 비전과 계획을 듣기 위해 면담 일정을 잡고 선거사무소에서 이 후보를 직접 만나 보았다.[5]

Q. 왜 '국민의당'을 선택했는가?

A. 가장 큰 이유는 지금의 민주당이 진짜 야당이 아니기 때문이다. 지금의 민주당은 야당인 것처럼 활동을 하지만 진정한 야당이 아니라고 생각한다. 야당은 정부 문제를 비판하고, 문제 해결을 제시하며 국민이 원하는 방향으로 정책을 제시해야 한다. 하지만 민주당은 그렇지 않고, 이런 야당으로는 전망이 없다고 판단하였다. 그래서 국민의당을 선택했다.

Q. 국민의당이 요즘 지지율이 떨어지고 있는데 이 점에 대해서는 어떻게 생각하시는지?

A. (약간 언짢은 듯이) 아니다. 젊은 친구가 잘못 알고 있는 것이다. 현재는 지지율

---

5. 이수봉 후보 선거사무소, 2016. 4. 2.

이 올라가는 추세이며, 지지율이 떨어진 것은 원래 신당을 만들었을 때, 국민의 큰 기대치를 만족시키기 어렵기 때문이다. 국민들의 기대에 비해 구성원들의 수나 인력이 부족하여 국민들이 당의 한계를 느껴 낮게 평가하는 것 같다. 하지만 다른 당에서 정치인들의 말실수나 행실 때문에 문제가 되고 있고, 그에 반해 현재 국민의당의 지지율은 상승하고 있어 국민의당의 지지율을 기대해 볼만하다.

Q. 다른 후보들과 달리 본인만의 차별화가 있다면?

A. 모든 국회의원 후보들이 비슷하게 선거운동을 하지만, 나만의 차별화가 있다면, 어떤 콘텐츠로 국민에게 접근할 것인지를 중요하게 생각한다는 것이다.

Q. 가장 큰 선거전략은 어떤 것이라고 생각하십니까?

A. 가장 큰 전략은 크게 두 가지이다. 첫 번째는 '국정 어젠다'이고 둘째는 '지역 어젠다'이다. 우선 국정 어젠다는 우리나라의 '기득권담합구조'를 없애는 것이다. 예를 들면, 설탕을 살 때 대기업들의 담합으로 인한 소비자들의 손해를 계산하면 54조 원이 된다. 이러한 기득권담합세력으로부터 국민의 돈을 되찾아 노후연금, 청년구직수당, 학자금대출 이자 인하, 무상보육예산 등으로 환급하는 전략이 국정 어젠다이다. 지역 어젠다는 계양구가 다른 인천지역에 비해 낙후되어 있고 봉오대로가 계양을 남북으로 갈라 놓기 때문에 상권이 죽어 가고 있는데, 이를 해결하기 위해 봉오대로를 꽃길 관광자원으로 개선하여 테마관광식으로 명소화하는 것과 굴포천을 막고 있는 굴현보를 철거하여 굴포천의 수질을 개선하고 하수처리장을 효율적으로 운용하게 하며 생태학습장등으로 활용하여 경제 활성화에 도움을 주는 등의 계획이다.

Q. 공천 과정에서 이도형 예비 후보와 발생한 문제에 대해서 어떻게 생각하십니까?

A. (고개를 끄덕이며) 아시겠지만, 신학용 국회의원이 20대 총선에 불출마 선언을 하면서 자기의 보좌관이었던 이도형 예비 후보를 지지했지 않는가. 또한 공천 발표가 5번이나 미뤄지면서 국민들의 오해가 있었는데, 이러한 오해는 이전의

토후세력들을 밀어내고 후보들이 전체적으로 바뀌면서 지역을 살리는 핵심이
되기 위한 과정이었다.

이수봉 후보의 선거운동 일정

이수봉 후보의 선거운동 하루 일정을 보면 유권자 접촉이 가장 많은 편이었다.
선거사무소보다 바깥에서 유권자를 만나는 일이 거의 대부분이었다. 이 후보의
경우 주로 유권자들이 많이 다니는 지하철역이나 상가를 중심으로 유권자를 만
났다. 아파트를 비롯한 주거지역에서 유권자를 만나기 어렵기 때문이다. 특히 아
파트단지에서 선거운동을 하는 경우, 유권자들이 시끄럽다며 짜증을 부리는 경
우가 있기 때문에 오히려 선거운동의 역효과가 날 수 있어서 후보들이 모두 조
심하는 경향이 있었다. 〈표 10〉은 이 후보의 하루 선거운동 일정표를 나타낸 것
이다.

표 10. 이수봉 후보의 선거운동 하루일정

시간		장소	내용
오전	7~9시	작전역 출구	출근인사
	9~10시	선거사무소	휴식 및 아침식사, 전체일정 브리핑
	10시 30분~12시	작전역 및 홈플러스, 상권지역	명함 배부 및 선거운동
오후	12~1시	선거사무소	점심식사
	1~6시	전체 선거구역	유동적인 선거운동 및 유권자 면담
	6~7시	작전동 아파트단지	유세 차량을 동원한 순회선거운동
	8~9시	작전역 2번, 3번, 7번 출구	플랜카드와 퇴근인사운동
	9~10시	선거사무소	하루일정 보고 및 전략회의
	10~11시	먹자골목	유권자들과 소통
	11시	–	퇴근

계양 갑 유권자의 반응

"신당이 정치를 하는 것이니 지금까지 이어져 오던 양당제가 아닌 정치구조가 새로운, 뭔가 신선한 요소가 생겼다는 점에서 만족스럽다. 그러나 당이 생긴 지 얼마 안돼서 내공이나 노하우 같은 경험적인 측면에서 새누리당이나 더불어민주당보다 부족할 수 있어서 국민의당은 큰 모험 같은 당인 것 같다."[6]

"국민의당 덕분에 야권분열을 이겨내고 새누리당의 과반을 막았다. 안철수 대표의 야권분열은 신의 한수였다고 생각한다. 청년층의 정치의식은 여전하나 장년, 노인층은 미래를 감지한 것으로 보인다. 양당체제에서 3당체제 밑거름의 시작이고 독재체제를 막을 수 있으며 정치의 새막이 열렸다고 볼 수 있다."[7]

"우리가 기억해야 될 것은 국민의당이 어찌 됐든, 다음 국회의 캐스팅보트를 쥐게 되었다는 점이다. 새누리당, 더불어민주당 모두 국민의당 눈치를 안 볼 수가 없게 된 것이다. 국민의당(안철수)의 승부수가 기가 막혔다."[8]

"국민의당은 안철수가 이곳저곳에서 정치인들 끌어 모은 이도 저도 아닌 당이라고 생각한다. 나는 새누리당의 지지자로서 안철수, 국민의당은 회색분자라 생각한다."[9]

이수봉 후보의 선거 패배 요인

이 후보가 당선되지 않은 이유 중에 여러 가지가 있겠지만 가장 결정적인 것은

---

6. 20대 남성 유권자, 작전시장 입구
7. 30대 여성 유권자, 작전역 부근 카페
8. 30대 남성 유권자, 작전역 2번 출구
9. 20대 남성 유권자, 작전 홈플러스 입구

사진 1. 이수봉 후보 선거사무소

사진 2. 이수봉 후보와의 인터뷰 모습

유권자들이 선거에서는 당선 득표율이 더 높은 양당을 투표했다는 점이다. 유권자들은 사표에 대한 우려 때문에 국민의당이 아닌, 당선 확률이 높은 새누리당이나 더불어민주당을 뽑았다. 하지만 이 후보가 속한 국민의당의 인천 계양 갑 비례대표 득표율을 봤을 때, 새누리당, 29.51% 더불어민주당이 28.54%, 국민의당 27.8%로 3당 모두 별 차이가 없었다. 유권자들이 양대 정당에 대한 불만을 가져 정당투표에서 국민의당을 많이 지지한 것으로 보여진다. 결과적으로 봤을 때 국민의당이 아직 인천 계양 갑 지역의 양당체제를 3당 경쟁구도로 바꾸기에는 부족했지만, 정당투표를 봤을 때는 유권자들이 양당에 대한 불만이 있었다는 것을 알 수 있었다.

10. 연고주의 대 업적주의 프레임 싸움

[인천 남동 갑]

김명진

일여다야 경쟁구도가 여당 후보에게 항상 유리한가?

인천의 정치 1번가로 불리는 인천 남동 갑 선거구(구월1·3·4동, 간석1·4동, 남촌도림동, 논현1·2동, 논현고잔동)는 최근 6번의 총선에서 여야가 3번씩 승리를 가져간 전국 최대의 격전지 중 한 곳이다. 20대 총선에서도 최대 접전지로 분류된 인천 남동 갑에는 새누리당의 문대성 후보, 더불어민주당의 박남춘 후보, 국민의당의 김명수 후보가 경쟁했다.

일반적으로 현역의원이 특별한 하자가 없는 한, 현직자의 프리미엄이 있어서 국내외의 많은 선거에서 현직자의 재선 가능성이 높다. 하지만 이번 인천 남동 갑의 경우 야당 현역의원의 이러한 이점에도 불구하고, 야권이 분열되어 단일 후보를 내지 못한 채 본격적인 선거전에 돌입했다. 초반 여론조사에서 국민의당 김명수 후보가 당선권에 가까운 지지율을 얻지는 못했지만, 충분히 캐스팅보트에 준하는 역할을 수행할 만한 지지율을 보여 더불어민주당 박남춘 후보와의 단일화 여부가 더욱 중요해졌다. 단일 여당 후보와 분열된 두 명의 야권 후보 간의 3파전은 단일화 여부에 따라 우위를 점하게 되는 후보가 달라진다. 이런 3파전에서 단일 여권 후보가 유리할 것이라는 예측이 일반적이다. 따라서 일여다야 구도에서 여당의 단일 후보가 당선에 유리하다는 가설을 세우게 되었고, 이번 인천 남동 갑의 3파전 선거운동에 대한 참여관찰을 실시하였다.

초박빙의 접전이 예상되는 남동 갑의 3파전에서, 박남춘 후보는 19대 총선 당시 여권 후보의 단일화 실패로 인해 만들어진 선거구도의 승자였지만, 20대 총선에서는 입장이 바뀌었다. 확실한 수성을 원하는 박 후보가 김명수 후보에게 단일화의 손을 내밀지 않을까 생각했다. 또 현역의원의 프리미엄이라는 큰 벽을 깨뜨리고 여권 단일 후보인 문대성 후보가 국회에 입성할 수 있을지 궁금했다. 그런데 항상 여권의 단일 후보가 우위를 가져가는 것은 아닐 것이라는 생각도 했다. 만약 선거운동 과정에서 야권후보단일화가 이루어지면 하루 아침에 선거 국면이 바뀌고 여권 후보는 선거전략을 변경해야 하기 때문에 어려움이 발생하게 된다. 따라서 남동 갑의 경쟁구도에 변화가 있는지, 후보단일화가 이루어지는 과정, 만약 단일화가 이루어진다면 후보단일화의 이유, 시기, 방식 등에 관한 자료를 신문, 방송, 온라인 홍보매체(블로그, 트위터, 페이스북 등의 SNS) 등을 통해 수집할 예정이었다. 또한 선거사무소를 직접 방문하여 후보의 인터뷰도 진행하고 거리 유권자들을 만나서 선거전략의 효과와 인지도도 파악했다.

남동 갑의 정치·경제·사회적 특성

인천 남동구는 1988년 남동공단이 조성되면서 그 규모가 크게 늘자 남구에서 분리되었다. 남동 갑 선거구의 특성은 유권자들이 매우 다층적으로 구성되어 있기 때문에 뚜렷한 정치적 성향이 드러나지 않는다는 점이다. 남동 갑은 인천시청과 인천시교육청, 인천지방경찰청, 인천종합문화예술회관 등 인천의 주요시설이 밀집한 정치·행정의 1번지이다. 6,000개가 넘는 기업이 365일 쉬지 않고 가동되는 남동공단과 구월농산물도매시장, 롯데백화점 등의 유통시설은 물론, 각종 금융기관과 업무시설, 길병원타운이 조성돼 경제 중심지이기도 하다.[1] 서민경제가 활성화되어 있어 야권 성향이 짙을 것이라는 추측도 있지만 역대 선거에서 남동 갑의 유권자들은 여야 모두에게 기회를 줬다.

특히 논현 및 고잔동에는 인천의 대표 공단인 남동공단과 재개발로 신축된 고층아파트, 소래포구가 공존하고 있다. 남촌도림동은 비교적 한적한 농촌지역으로 야당 성향의 후보들이 고전을 면치 못했던 것으로 알려져 있지만, 최근 고층아파트가 건립되어 도농복합지역을 이루었다. 또한, 남촌도림동은 박남춘 후보의 출신지역으로 한 관계자는 "비록 보수 성향이 강한 동네지만 의원님의 출신동네이고 현재 의원님의 부모님께서도 거주하고 계시기에 큰 걱정이 없다."라고 밝혔다. 구월동은 인천시청, 예술회관, 롯데백화점, 뉴코아아울렛 등의 상업시설이 위치해 있다. 시청과 길병원을 둘러싼 고급아파트단지에 밀집한 주거지역 특성상 원래는 높은 여당 지지가 예측되었다. 하지만 20대 총선을 앞두고 선거구 획정에서 남동 갑은 간석3동, 구월2동을 남동 을에 넘겨주어, 간석1·4동, 구월1·3·4동, 논현고잔동, 남촌도림동으로 구성되었다. 간석3동, 구월2동은 고층 아파트단지가 있어서 보수 성향이 강한 편인데, 선거구 개편으로 떨어져 나가는 바람에 야당 쪽에 유리해진 것이다.

3파전의 고착화: 후보의 인터뷰를 중심으로

부산 사하 갑 선거구에서 인천 남동 갑으로 차출된 새누리당 문대성 후보와, 더불어민주당 박남춘 후보가 예상 밖의 접전구도를 형성하는 한편, 국회 첫 입성을 노리는 김명수 후보가 합류하며 전형적인 일여다야, 3파전의 구도가 확정되었다. 연합뉴스와 KBS가 코리아리서치에 의뢰해 3월 24일 발표한 여론조사 결과에 따르면, 문 후보와 박 후보가 초접전을 벌이고 있는 것으로 조사됐다. 남동 갑의 선거구도는 단일화 여부에 모든 것이 달려 있었지만 두 후보의 입장차는 명백히 달랐다. 선거유세 시작 전, 박 후보에게 "국민의당 김명수 후보와의 단일화

---

1. http://navercast.naver.com/contents.nhn?rid=10&contents·id=7143

여부와 선거구도 관세를 어떻게 예상하는가"라고 질문하자, "국민의당 김명수 후보와의 야권단일화를 추진하기는 하겠지만, 어려울 것 같다. 결국 일여다야 구도의 3파전으로 갈 것이다. 국민의당 공천 과정 또한 전적으로 김 후보에게 유리하게 이루어졌기에 새로운 정치를 추구한다는 그들의 말을 믿기 어렵다. 선거승리에 가장 중요한 요소는 선거구도와 인물이다. 3파전으로 가도 자신 있고, 인물론으로 가는 건 나에게 훨씬 더 유리하다."[2]라고 답했다.

반면 문 후보의 선거사무소를 방문했을 당시, 문 후보를 직접 만나 인터뷰를 하지는 못하였다. 대신 보좌관과 짧게나마 인터뷰를 진행했는데 그는, "야권 후보들의 단일화 여부를 계속 예의주시할 것"이라고 밝혔다.[3] 이미 단일화가 된다는 가정하에 선거를 준비했으며 그에 맞는 전략을 가지고 있어 승리를 확신했다. 또한 "남동구의 유권자들은 고향의 품으로 돌아온 문 후보를 결국 선택해 줄 것"이라고 말했다. "야권단일화가 성사된다면 이는 선거승리를 위한 정치적 야합에 불과한 것"이라며 끊임없이 후보단일화를 견제하는 태도였다. 계속하여 위기를 느낀 보수층의 결집을 기대하는 태도 또한 보여 주었다. 마지막으로 3월 22일 국민의당 김명수 후보의 선거사무소를 방문해, 선거구도와 관련하여 1시간 정도 인터뷰를 진행하였다.

Q. 이번 선거승리에 가장 중요한 요인은 무엇이라고 생각하십니까?

A. 현재 가장 중요한 것은 선거구도인데 출마한 후보들은 전부 다 훌륭한 사람들이다. 그들은 국가와 국민들을 위해서 헌신하는 사람들이지만, 당선이 되면 거대 정당의 꼭두각시가 되고 만다. 선거전략 다 좋지만 국민정서에 대한 마인드가 먼저 제고되어야 한다. 후보의 자질과 역량이 가장 중요한데, 당만 보고 찍는 실태가 문제다.

Q. 박남춘 후보와의 단일화에 대해서는 어떻게 생각하십니까?

2. 박남춘 후보, 남동구 박남춘 후보 선거사무소, 2016. 3. 19.
3. 익명의 문대성 후보 캠프 관계자, 남동구 문대성 후보 선거사무소, 2016. 3. 29.

A. 야권분열이 굉장한 이슈지만 야권연대해서 승리하면 어쩔 것인가? 그것이야 말로 필요 없는 일이다. 개헌저지선을 목표로 한다는데 지금도 여야가 위헌을 저지르는데 야권연대하면 무엇을 할 것인가. 여야 서로 나눠 가지는 게임에 참여할 필요가 없다. 여야 모두 잘못된 정치를 하고 있으며 계파정치에 빠져있어 국민이 안중에 없다. 그나마 우리 국민의당이 여야의 변화를 조금씩 이끌어 오고 있다. 남동 갑의 유권자들은 이를 알아줄 것이다.

세 명의 후보 인터뷰를 진행해갈수록 3파전의 구도가 점점 더 공고해지는 느낌을 받았다. 실제로 공식적인 선거유세 기간이 시작되면서, 후보들은 각자의 뚜렷한 프레임을 내세우며 본격적인 경쟁에 돌입했다. 이는 단일화 가능성을 점점 더 낮게 만들었고, 선거기간 내내 일여다야의 3파전구도는 이어졌다. 문 후보는 IOC(국제올림픽위원회) 위원을 했던 경력을 부각했고, 박 후보는 지역에서의 성과를 내세웠다. 인천의 정치 1번지 남동 갑 유권자들이 이번엔 누구의 손을 들어줄지, 3파전으로 굳어지는 일여다야 구도는 예상대로 여당 단일 후보인 문 후보에게 정말로 유리할지 많은 것이 궁금했던 인천 남동 갑의 선거전이 시작되고 있었다.

박남춘 후보의 이미지 전략

후보의 선거전략에는 많은 종류가 있다. 이 중에는 홍보 전략, 인지도 높이기 전략, 미디어 전략, 조직 동원 전략, 이미지 전략, 정책·공약개발 전략, 온라인 전략, 세대별 전략, 유세 전략 등에 이르기까지 굉장히 다양하다. 그중 미디어 전략을 중심으로 후보들을 참여관찰하였다. 후보의 이미지 전략에 초점을 맞추기 위해서는 후보가 어떤 인물론을 내세우는지 파악하는 게 우선이다. 후보의 선거전략 전반에 대해 자세히 알아야 하겠지만, 하나의 전략에 초점을 맞추어 비교하는 것이 각 후보의 선거전략 프레임을 빠르게 파악하는 데 용이하기 때문이다. 선거에서 프레임은 굉장히 중요하다. 후보가 내건 프레임에 유권자들이 얼마나 호응해 주는지가 선거승리에 결정적이기 때문이다.

19대 국회에 초선으로 입성한 더불어민주당 박남춘 후보는 공식 선거유세활동이 시작되자, 철저한 현역의원의 방어전 전략을 들고나왔다. 박 후보는 법률소비자연맹 총본부의 19대 국회 의정활동 종합평가에서 전체 국회의원 300명 중 7위, 인천지역 국회의원 중 1위를 차지했다. 또한 인천 유일의 4년 연속 270여 개 시민단체 선정 국정감사 우수위원, 인천지역 국회의원 법률안 발의 1위(111건), 국회의원 헌정대상(300명 중 2년 연속 TOP 10)에 선정되었다.[4] 박 후보는 이러한 업적, 성과 및 향후 예상되는 긍정적인 결과, 능력과 자질 등의 긍정적인 측면을 집중적으로 부각시켰다. 이는 박 후보가 유권자를 대상으로 업적주의 프레임을 작동시키려는 것으로 보였다. 박 후보는 인천 남동구 출신으로 연고주의 프레임을 내걸 수 있었지만 업적주의 전략을 택한 것이다. '남동의 봄'이라는 슬로건과 '2번째엔 두 배 더 열심히 하겠습니다'라는 문구는 선거유세 기간 내내 박 후보와 함께했다. 상대방 후보에 대해서는 취약점조차도 최대한 언급을 자제하는 모습을 보였다.

'업적주의'에 응답한 남동 갑 유권자들

박 후보의 업적주의 프레임은 지난 4년간의 의정활동으로 더욱 부각되었다. 박 후보는 남동인더스파크 리모델링단지 선정, 소래포구 국가어항 지정 등 19대 의정활동을 적극적으로 유권자에게 알리며 지지층을 굳혀 갔다. 이렇듯 박 후보는 국회의원의 충분한 능력과 자질을 갖고 있을 뿐만 아니라 실제로 그가 현역의원으로서 그 직책을 성공적으로 수행하고 있는 사람이라는 메시지를 유권자들에게 전달하는 이미지 메이킹 전략을 사용하였다. 인천 남동구에 거주하는 20대

---

4. 박남춘 후보 공식 블로그 참고(blog.naver.com/parknamchun)

사진 1. 박남춘 후보 선거사무소 내부 벽에 걸린 홍보물

김 씨는 "정각지구대 말고는 주민으로서 크게 와 닿는 변화는 없었다. 하지만 다른 지역구의 국회의원들보다는 활발하게 임했다고 느꼈다. 정치에 관심 없는 나도 이름을 몇 번 들어 봤기 때문이다. 인천 남동구에 거주한 기간이 오래되지는 않아서 19대 이전과의 큰 변화점은 아직 잘 모르겠다."고 하여, 박 후보의 현역의원 이미지 메이킹 전략이 효과를 볼 수 있을 것이라는 예측을 가능하게 했다.

하지만 논현동에 거주하는 김성남 씨는 현역의원을 모른다면서 "국회의원은 공약 잘 지키는 게 가장 중요하죠. 당선되면 지역구는 외면하잖아요."라고 말했다. 이를 통해 박 후보의 업적주의 프레임이 일정 부분 한계가 있다는 것을 알 수 있었다.

문대성 후보의 이미지 전략

반면 2004년 아테네올림픽의 돌려차기로 단숨에 전국적 스타로 떠오른 새누리당 문대성 후보는 19대 현역의원으로 활동했던 부산 사하 갑을 떠나, 고향인 인천 남동 갑에 출사표를 던졌다. 인천 남동 갑 출마 발표 당시, 문 후보는 불출마를 번복한 경위에 대해 "현실정치는 거짓, 비겁함, 개인의 영달 추구가 난무하는 곳이라는 생각에는 변함이 없지만 제도권에서 변화를 주면서 체육발전을 실현해 나가는 것이 실질적이고 효율적이라는 당 지도부와 주위 분들의 지속적인 권유를 받아들였다."라고 해명했다.[5]

하지만 문 후보의 연고주의 프레임이 큰 타격을 입는 사건이 터졌다. 매형을 5급 비서관에 앉혔다는 논란이 불거져, 문 후보가 해명을 하는 과정에서 본격적인 선거 전에 이미지가 손상된 것이다. 문 후보 의원실의 5급 비서관으로 등록돼 있는 A 씨가 문 후보의 매형인 것으로 확인됐는데, A 씨는 지역 사무실의 사무국장직을 겸하면서 인천 남동 갑 지역구에서 문 의원의 선거를 돕고 있다고 전해졌다. 5급 상당 비서관의 경우 연봉 7천만 원(세전)을 밑도는 임금을 받는다. 국회의원 보좌진의 친인척 채용은 수년 전부터 논란이 됐던 사안인데, 문 후보 의원실 측은 대수롭지 않다는 입장을 밝혔다. 문 의원실의 서상열 보좌관은 "문대성 의원이 새누리당을 탈당하고 무소속이 된 뒤, 일할 사람이 없어서 매형이 비서관으로 온 것으로 알고 있다."라며 "일을 하지도 않고 월급을 받거나, 월급을 사무실 운영경비나 의원의 활동비로 쓰면 문제가 되겠지만, 휴일도 반납할 정도로 열심히 일을 하고 있다."라고 적극 해명했다. '매형 비서관' 이슈는 남동 갑의 선거전에 중대한 영향을 줄 만큼은 이슈가 되지 못했고, 문 후보 측은 계획대로 유세를 착실히 준비해 나가는 모습이었다.

'남동의 아들' 문대성, 감성에 호소하다

"남동이 키운 문대성, 다 컸으니 실컷 부려먹자"는 프레임을 들고 나온 문대성 후보는 전형적인 연고주의를 바탕으로 한 이미지 메이킹 전략을 고수했다. 39세의 젊은 나이로 60~70대 유권자층에 '아들'이라는 연고 프레임을 펼쳐 차별화 전략을 실시했다. 콘크리트 지지층으로 불리는 이 세대의 여당 지지는 생각보다 단

---

5. http://blog.daum.net/insufirst/7302492

사진 2. 문대성 후보 선거사무소로 올라가는 엘리베이터 내부 모습.
박남춘 후보와는 달리 본인이 진정한 '아들'임을 강조하고 있다.

단했다. 인천 남동구 구월동 선수촌사거리 근처 부동산에서 만났던 50대 여성 박
씨는 "현역 국회의원이 누군지는 모른다. 하지만 여당인 새누리당을 뽑는다."라
고 밝혔다. 투표 시 후보를 뽑는 기준을 묻는 질문에는, "정당만 보고 뽑는다. 바
라는 점은 없지만 새누리당이 힘을 내기 위해서는 뽑아줘야 한다는 생각이고, 단
지 힘을 실어주기 위해 투표를 한다."라고 답변했다. 반면, 같은 부동산에 있던
30대 여성 김 모 씨는 "현역 국회의원은 나도 모른다. 하지만 지지 정당은 새누리
당을 제외한 야당을 뽑을 예정이다. 뽑는 기준은 여기서 나고 자란 사람이어야
한다."라고 답변했다. 이를 통해 지역적 연고를 중시하는 유권자들이 있음을 예
측할 수 있었고, 문 후보의 이미지 전략의 가능성 또한 엿볼 수 있었다.

문 후보의 모든 선거운동 현수막과 이동 차량에는 "남동의 아들, 남동이 키운
문대성"과 같은 문구가 등장했으며, 실제 선거사무소 방문 시 인터뷰에 응했던
보좌관 또한 선거공약이나 정책 비전에 대한 이야기보다는 지역 유권자와의 친
밀감, 연고 등 감정에 호소하는 분위기를 드러냈다. 이에 따라 후보의 능력이나
경험을 강조하기보다는 연고에 의한 지지를 강조하는 판촉물이 많았다. 또한, 선
거사무소에는 최신 노래에 맞춰 동작을 맞춰보고 있던 젊은 선거운동원들이 굉
장히 많았다.

박남춘 후보과 문대성 후보의 네거티브 선거전략 비교

양측의 선거사무소는 프레임을 바탕으로 연설을 하고 유권자와 접촉하며, 인지도를 제고하고 지지를 세력화하는 등 다양한 직·간접적인 이미지 메이킹 전략을 구사했다. 초반 선거유세 기간에는 두 후보 모두 네거티브 캠페인을 전혀 펼치지 않았지만 선거운동 기간 중반을 넘어서자, 각자의 프레임을 강조하기보다는 네거티브 공방전을 벌였다. 새누리당 문대성 후보는 2014년 인천 구월동 어린이집 교사가 아기를 내동댕이쳤던 사건과 관련해 더불어민주당 박남춘 후보에게 공개 사과를 촉구했다.[6] 바로 네거티브 전략을 통해 박 후보의 이미지를 공격한 것이었다. 문 후보 측은 보도자료를 통해 "지난 2014년 12월 17일 구월동 모 어린이집에서 두 살배기를 내동댕이쳤던 사건이 전 국민의 공분을 산 바 있다."면서 "박 후보는 아이들을 잘 키울 수 있는 공약 이전에 본인의 지역구에서 일어났던 두 살배기 어린이를 내동댕이친 사건부터 공개 사과하라."라고 목소리를 높였다.

티브로드 공개 채널을 통해 방송된 남동 갑 후보 방송 토론에서도 이러한 네거티브 설전은 계속되었다. 문 후보 측의 공격적인 발언에 박 후보는, "보좌관이 그만둔 지 한참 지났고 아내가 하던 곳입니다. 물론 피해 학부모에겐 죄송합니다. 하지만 지금 친인척을 보좌관으로 채용하신 분이 정직하다고 말씀하십니까."라며 맞대응하였다.[7] 이후 박 후보는 "사하의 아들이 되겠다고 문자도 보내고 하셨는데… 갑자기 당에서 내리 꽂은 것 아닙니까…"라며 본격적인 네거티브 설전을 이어 갔다. 토론회의 말미에 박 후보는 국민의당 김명수 후보에게 공개 단일화 제안을 하기도 했다. "대화를 해 보면 걸어온 길도 비슷하고 야당이 갈라져서 답답합니다. 단일화 합시다."라며 손을 내밀었지만 국민의당 김 후보로부터 "야권 후보가 혼자라는 생각은 잘못된 것입니다. 완주하겠다는 말을 누차 밝혀 왔습니

---

6. "인천 남동 갑 문대성 후보, '박남춘, 구월동 어린이집 내동댕이 사건 사과하라'", 2016. 4. 7.
7. 남동 갑 후보토론회 '네거티브 설전', 티브로드 인천방송

다.'라는 차가운 답변만을 받아들여야만 했다.

'네거티브'에 반응하지 않은 남동 갑

문대성 후보 측은 박남춘 후보의 뛰어난 업적주의 프레임을 방해하기 위해 네거티브 전략을 구사했지만, 이후 여론조사 결과에는 큰 변화가 없었다. 문 후보가 박 후보만의 선거전략을 유리하게 사용하기 어려운 상황에 처하게 하거나, 다른 적합한 선거전략을 창출해 내지 못하게 했다면, 문 후보 측의 네거티브 전략이 성공적이었을 것이다. 하지만 문 후보는 큰 효과를 보지 못하였고, 오히려 박 후보의 의정활동에 새로운 변화를 부르짖기도 힘들던 문 후보는 어려움에 직면하였다. 〈그림 1〉은 선거 초·중반 네거티브 전략을 시작할 무렵 남동 갑 후보에 대한 여론조사 결과다. 박 후보가 여전히 1위를 한 채 두 후보가 뒤를 쫓는 형국이다. 선거유세가 지속되어도 여론조사 순위 변동에는 큰 변화가 없는 듯 보였다.[8]

지속되는 네거티브 선거전에 결국 박남춘 후보도 인천 남동구 구월동 선수촌 사거리유세 연설에서 "부산으로 떠났던 철새가 고향으로 갑자기 돌아 왔습니다. 이 철새가 우리 남동구 유권자 여러분을 버리고 다시 어디론가 떠나지 않을 것이라고 누가 약속해 주겠습니까."라며 초반과는 다른 전략을 펼쳤다. 또한 박 후보는 "문 후보 측에서는 바꿔야 한다"라는 말을 못하는데 이는 "본인이 워낙 잘해 놨기 때문이"라는 논리를 내세우기 시작했다. "대통령, 구청장이 다 새누리당이니까 지역구도 새누리당이 해야 추진력을 얻을 수 있으니 뽑아달라는 프레임에 더 이상 남동 갑 유권자들은 반응하지 않을 것"이라며 강도 높은 연설을 이어 갔다. 결국 선거 막바지에 이르러 두 후보는 각자의 프레임을 내려 놓고 서로를 깎아 내리며, 마지막 한 표를 위한 경쟁을 했다.

---

8. 한겨레·한국리서치, 인천 남동 갑 후보 여론조사, 2016. 4. 3.~4.

새 새누리당　더 더불어민주당　국 국민의당　정 정의당　무 무소속

인천 남동갑

한겨레(4.5)

33.0
문대성 새

37.3
박남춘 더

11.0
김명수 국

그림 1. 20대 총선 남동 갑 여론조사 결과

단일화 실패, 결국 박남춘에 유리했다

야권의 단일화 여부를 두고 계속되는 줄다리기로 시작했던 인천 남동 갑의 선거전은 결국 후보단일화 협상의 근처에 가지도 못한 채, 3파전으로 고착화되었다. 그렇다면 일여다야, 즉 3파전의 선거구도는 각 후보의 선거전략에 어떤 영향을 미쳤을까?

먼저 박남춘 후보의 경우부터 살펴보자. 박 후보는 지역구의 현역의원으로 이점을 분명하게 갖고 있었지만, 같은 야권에서 국민의당 김명수 후보가 예상 외로 선전하면서 야권 표가 심하게 분열될 것이라는 예측이 강했다. 박 후보 본인도 19대 총선에서 여권의 후보가 분열되며 4선을 이어 오던 이윤성 당시 현역의원을 무너뜨렸기 때문에, 잘못했다가는 상황이 바뀌는 상황이 연출될 수 있었다. 이 때문에 선거 초반부터 야권후보단일화의 강한 압박을 받았다. 하지만 단일화에 유리한 상황이 아니었다. 인천지역에서 정의당과의 단일화만 이루어졌을 뿐, 국민의당 중앙당 차원에서도 강하게 야권연대를 반대하는 상황이었기에 김 후보와의 물밑 작업조차 어려웠다.

그럼에도 불구하고 인터뷰 당시, 박 후보 선거사무소 측은 단일화가 되면 좋지만, 아니어도 승산이 충분하다는 생각을 가지고 있다는 듯했다. 3자구도로 선거전이 시작되자, 인터뷰 당시 받았던 그 인상 그대로 박 후보는 본인을 제외한 다른 후보들은 신경 쓰지 않았고, 네거티브 없이 본인의 업적과 활동평가를 내세우는 이미지 메이킹을 고수했다. 이는 문대성 후보로 하여금 불안함을 먼저 느끼게 했으며, 문 후보가 진흙탕 싸움을 시작하게 된 계기가 되었다.

유권자는 문대성에 호응하지 않았다

문대성 후보의 경우 단일화가 진행된다면, 이를 선거승리만을 위한 정치적인 야합으로 몰아야 했고, 단일화가 진행되지 않는다면 야권의 표가 분열된 틈을 타 연고·지역주의를 상대적 우선순위로 여기는 전통적인 보수층을 세력화하는 데 힘써야 했다. 그래도 그나마 문 후보에게 유리한 경우의 수는 단일화가 진행되지 않고 야권의 표가 조금이라도 갈리는 상황이었다. 때마침 국민의당 김명수 후보 측의 단호한 태도로 야권후보단일화의 가능성이 굉장히 낮아지자, 문 후보는 이 틈을 타 초반의 네거티브 전략이 아닌 연고·지역주의 프레임을 가동했다.

하지만 근소한 차이라도 여론조사에서 박 후보를 앞서지는 못했다. 이 부분을 통해 유권자가 '전략 투표'를 했다는 것을 알 수 있다. 여기서 '전략 투표'는 단일화가 실패한 경우, 일부 야권 지지자가 본인의 지지후보가 아니더라도 당선 가능성이 높은 야권 후보에 전략적으로 투표하는 것을 의미한다. 박남춘 후보와 김명수 후보가 비록 단일화에 실패했지만 야권 지지층은 현역인 박 후보에게 힘을 실어 주었던 것이다. 그럼에도 김 후보가 일정 부분 선전한 이유는 연고주의에 응답하지 않은 일부 중도 보수층이 이탈한 것으로 해석할 수 있다. 문 후보의 인맥 네트워크와 고향 민심은 불출마 번복, 새누리당 공천 논란 등 초반 이미지 타격 때문인지 유권자의 표심으로 돌아오지 않았다.

박남춘의 방어전 승리

두 명의 현역의원이 맞붙은 대결로 관심을 끌었으며, 전국 최대 격전지 중 하나였던 인천 남동 갑의 대결은 결국 더불어민주당 박남춘 후보의 재선 성공으로 마무리되었다. 선거유세 기간 중에 실시된 거의 모든 여론조사에서 박 후보는 근소한 차이라도 1위를 내주지 않았다. 선거 결과, 박 후보의 득표율(득표수)은 50.58%(56,857표), 문대성 후보는 33.15%(37,271표)였다. 국민의당 김명수 후보는 14.72%(16,556표), 기호 5번 민중의당 임동수 후보는 1.53%(1,726표)를 득표했다. 따라서 박 후보는 2위인 문 후보를 17% 표 차이로 여유롭게 누르고 다시 한 번 국회에 입성하게 되었다.

문 후보는 초반 열세를 뒤집기 위해 노력했지만 현역의원인 박 후보를 앞지르기에 역부족이었다. 박남춘 당선자는 "지난 4년 남동은 의미 있는 성장을 해 왔고, 그 과정에서 구민들께서 제게 또 다시 변함없는 희망과 믿음을 보내주셨다."라며 "다시 4년, 박남춘이 그 믿음과 성원에 기쁨과 행복으로 보답해드리겠다."라고 강조했다.[9]

승패 요인: 유권자 호응, 이슈 부재, 일여다야

이번 참여관찰계획의 연구가설로 '선거구도가 선거전략 및 결과에 미치는 영향: 일여다야의 구도에서 여당의 단일 후보가 유리하다'를 수립했었다. 하지만 이번 20대 총선에서 남동 갑의 경우, 일여다야의 다자구도에서 여당의 단일 후보는 많은 우위를 가져가지 못했고, 패배라는 성적표를 받아들여야만 했다. 가설을 세웠던 이유는 여당에서 단일 후보가 나오고, 야권에서 여러 후보를 배출해 표가 분산되면, 여당의 단일 후보가 상대적으로 유리할 것이라는 예측 때문이었다. 새

---

9. http://www.kyeongin.com/main/view.php?key=20160414010006028

누리당의 문대성 후보가 야권의 후보단일화 실패에도 패배했던 이유들을 분석해 보았다.

첫 번째 패배 요인은 현역의원이었던 박남춘 후보의 의정활동에 대한 유권자의 호응과 이들의 굳건한 지지였다. '현역 프리미엄'이라고 불릴 수 있는 이러한 후광효과가 박 후보의 절대적인 강점이 되었던 것으로 풀이했다. 선거유세 기간에서도 현장에서 많은 유권자들이 박 후보가 현역의원임을 알아보았고, 그만큼 이미지와 평가 또한 긍정적이었다. 박 후보는 본인의 4년이 결코 헛되지 않았음을 20대 총선에서 분명히 보여 주었다.

두 번째는 남동 갑의 뚜렷한 정책 이슈의 부재였다. 경제 분야에서는 민중연합당 임동수 후보를 제외하고는, 세 후보 모두 남동공단의 리모델링과 한 단계 나아간 산업지구 육성이라는 같은 공약을 내걸었다. 교통 분야 또한 수도권 광역철도, 광역버스 및 인천도시철도 건설 등 차별화된 정책 공약을 제시하지 못했다. 이러한 정책 이슈의 부재는 결국 선거전을 인물론으로 이끌었다. 후보들의 인물론은 프레임으로 등장했으며, 정책 대결이 아닌 연고·업적주의의 프레임 대결로 귀결될 수밖에 없었다.

또 다른 패배 요인은 일여다야 구도였다. 20대 총선의 전국적인 추세는 '일여다야'였는데, 남동 갑 지역구 또한 전국적인 추세와 그 흐름을 함께 했다. 많은 지역구에서 여당의 단일 후보에 대항해 다야(多野) 후보들이 등장했다. 하지만 오히려 일여다야 구도는 여당 단일 후보에게 대부분 불리하게 작용했다. 이는 현 정부에 대한 심판론과 후보와 정당을 다르게 투표했던 유권자들의 분할 투표(split voting) 때문인 것으로 해석할 수 있다. 새롭게 등장한 국민의당이 유권자들의 분할투표를 이끌었다. 야권 지지층은 비례대표 정당 지지는 국민의당을, 대부분의 수도권 지역구 대결에서는 더불어민주당 후보를 선택하는 분할 투표 행태를 보였다. 그 결과, 더불어민주당 123석, 새누리당 122석, 국민의당이 38석을 가져갔지만, 비례대표 의석수는 각각 13석, 17석, 13석으로 교차 투표의 효과를 직접 확인할 수 있었다. 야권 지지층은 더 단단히 결집했고, 문 후보는 결국 단일 후보의 이점을 누리지 못했다.

총선과 남동 갑 유권자의 메시지

선거의 결과에 영향을 주는 요인은 실로 다양했다. 한 가지 요인이 절대적인 영향을 미친다 말할 수도 없고, 아주 작은 요인이 관련 없다며 단정 지을 수도 없다. 참여관찰계획 가설을 세울 당시, 야권분열로 선거구도가 2파전, 3파전, 혹은 그 이상의 다자구도가 됐을 때 여당의 단일 후보가 압도적으로 유리할 것이라고 예측했다. 하지만 다자구도, 또는 후보 간 1:1 이라는 선거구도 자체가 선거 결과와 후보의 선거전략 수립에 많은 영향을 끼치지는 못했다. 적어도 이번 20대 총선의 '인천 남동구 갑' 선거구에서 만큼은 그러했다.

새누리당 문대성 후보의 연고주의와 더불어민주당 박남춘 후보의 업적주의 프레임 싸움에서 박 후보가 효과적인 선거전을 펼쳤다. 이에 유권자의 적극적이고도 변함없는 지지가 더해졌다. 결국 남동 갑의 유권자들은 지난 4년을 믿고, 다가올 4년을 위해 다시 한 번 박남춘 후보를 선택하였다. 또 다른 변수로 국민의당 김명수 후보의 선전 또한 문 후보의 도전에 큰 영향을 주었다고도 할 수 있다. 야권후보단일화 실패로 인해 3명의 후보에게는 분명 전략 수정이 불가피했다. 하지만 결과적으로 야권분열의 가장 큰 피해는 문 후보가 받았다. 박 후보는 본인의 지지층을 수성했고, 김 후보는 박 후보의 지지율을 나눠 가진 것이 아니라, 문후보 측의 이탈 표를 흡수했기 때문이다.

16년 만에 여소야대 국회가 탄생했고, 신생 정당인 국민의당은 야권의 심장인 호남에서 제1당으로 안착했다. 남동 갑 또한 전국적 추세와 같은 흐름을 보여 주었다. 선거승패 그 이면에 많은 선거이슈와 유권자의 호응, 그리고 전국적인 정치판도가 영향을 끼쳤다. 이번 20대 총선을 통해 현장에서 직접 배우게 된 것을 좋은 경험이자 기회라고 생각한다. 그런 점에 있어서 인천 남동 갑은 연구가치가 충분한 선거구였다.

박남춘 당선자는 "문대성, 김명수, 임동수 후보와 치열하게 경쟁했던 그 힘을 발전의 에너지로 승화시켜 통 크게 협력하고 소통해, 남동 발전을 위해 함께하겠다."라고 소감을 밝혔다. 박남춘 당선인에게 선거 막바지에 보였던 네거티브 선전이 아닌, 남동을 위해 일하는 정치인으로서의 성실하고 정직한 행보를 기대해 본다.

11. 후보의 20대 유권자 공략 전략 평가

[인천 연수 갑]

임우현

연수구는 '인천의 강남'

　인천 연수구는 선거구획정위원회에서 정한 인구 상한선을 넘어섰기 때문에 20대 총선에서 갑·을 2개의 선거구로 나뉘었다. 연수구는 '인천의 강남'이라는 별칭이 붙은 지역이며, 인천의 주요 산업기반에서 일하는 직장인 가구의 베드타운으로, 1990년대 연수지구에 대규모 아파트단지가 들어선 뒤부터 중산층 이상 가구의 밀집지역이다. 여기에 송도국제도시까지 개발되면서 송도를 중심으로 소득수준이 높은 주거지역이 형성되어 '인천의 강남'이라는 색깔은 더욱 짙어졌다. 이곳은 소득수준이 높은 유권자들이 안정을 추구하는 보수 성향을 보여 준 결과, 그동안 새누리당 지지가 높은 편이었다. 연수구가 생긴 뒤 치러진 15대 총선부터 19대 총선까지, 5번의 총선에서 새누리당과 그 전신인 신한국당·한나라당은 한 번도 의석을 놓친 적이 없었다. 16대 총선부터는 황우여 의원이 연속으로 네 차례 의석을 차지했다. 하지만 황우여 의원이 20대 총선에서 출마 지역을 서구 을로 옮겨 상황이 급변했다. 공석이 된 연수 갑 선거구에 정치신인들이 대거 출마했다.

표 1. 각 후보의 프로필 비교

1 정승연 새누리당	2 박찬대 더불어민주당	3 진의범 국민의당

	새누리당	더불어민주당	국민의당
이름	정승연	박찬대	진의범
생년월일	1966/09/10(49세)	1967/05/10(48세)	1960/05/28(55세)
학력	교토대학교 대학원 경제학연구과 박사과정 졸업(경제학 박사)	서울대학교 대학원 경영학과 졸업(경영학석사)	경희대학교 일반대학원 법학과 박사과정 2년 수료
직업	교수	공인회계사	정당인
경력	(전) 지식경제부 경제자유구역위원회 위원 (현) 인하대학교 국제통상학과 교수	(현) 더불어민주당 인천 연수구 갑 지역위원장 (현) 인하대학교 경영학과 겸임교수	(전) 연수구 구의원(4·5·6대) (전)경희대·방송대 비정규직 교수
전과	없음	없음	없음
재산(천 원)	16억 4286만 원	14억 9647만 원	2억 5861만 원

핵심 쟁점과 공약 분석

연수 갑 선거구의 최대 화두 중의 하나는 송도국제도시로 대표되는 연수구 신도심과 기존 도심 간 격차를 해소하는 일이었다. 연수 갑에 출마한 새누리당 정승연 후보와 더불어민주당 박찬대 후보, 국민의당 진의범 후보는 저마다 신도시와 원도심 간의 격차 해소 방안을 제시했다. 정 후보는 "대부분 아파트지역이라 세외수입을 확보할 기반이 없다. 신도심 개발이익을 원도심에 우선 투입할 수 있는 방안을 강구하고, 지역 내 새로운 성장 동력을 확보해 일자리를 창출해야 한다."라고 말했다. 그는 주요 공약으로 송도유원지 휴양지개발, 송도 석산시립미

술관과 한류문화원 건립, 원인재역 KTX 환승역 지정, 연수구 고등학교 기숙사 건립, 난방비 지원 확대, 해경본부 이전 부지에 해양환경관리공단 유치 등을 내세웠다.

박찬대 후보는 "실현 불가능한 공약 대신 현실 가능성을 봐야 한다."며 "수인선 청학역 신설, 수도권 광역급행철도와 KTX의 환승역 마련, 수인선과 4호선 직통 연결, 교통 소외지역을 대상으로 한 '착한 버스' 운영이 필요하다."라고 말했다. 이외에도 아파트관리비 인하, 실버택배·빨래방으로 어르신 일자리 마련, 문학터 널 무료화, 수인선 덮개사업 건설, 송도역 도심공항터미널과 면세점 유치, 주차 난 해소를 위한 지역 공영주차장 건설 등을 주요 공약으로 제시했다.

진 후보는 "원도심 중심의 주민참여형 마을건강지원센터를 설립하고 지역학 습체 설립, 학생 중심의 공동체 회복, 수인선 청학역사 건설 추진, 원도심 주거환 경 정비사업 정부 지원 등을 이루겠다."라고 밝혔다. 또 'LNG 인수기지 주변지역 안전지원에 관한 법률' 제정으로 안전에 필요한 예산 확보, 공동주택 관리비 인 하를 위한 제도적 장치 마련, 옥련동 사격장 이전, 해경본부 이전 적극 저지 등을 주요 공약으로 제시했고, 불법 파견 사내 하청 금지와 아르바이트 임금체불 금 지, 최저임금 준수 등을 약속했다.

황우여 지지자들은 어디로?

연수 갑은 새누리당 황우여 의원이 4선을 했던 여당 강세지역이었다. 하지만 20대 총선을 앞두고 공천 과정 중, 황 의원이 서구 을에서 출마하게 되는 바람에 선거판이 여당 강세에서 여야 경합으로 바뀌었다. 지난 4년 동안 꾸준히 선거구 를 누비며 표밭을 갈아온 정승연 후보, 지난 19대 총선때 남구 을에 출마한 후 이 번에 이곳으로 옮겨 온 박찬대 후보, 오랫동안 이곳 구의원 등으로 활약해 온 진 의범 후보, 이들 3명이 지난 16년간 이 선거구에서 4선을 했던 황우여 자리를 놓 고 치열한 경쟁을 했다. 정승연 후보 캠프에서는 "오랫동안 선거구를 관리해 온

분이 떠나 일시적인 박탈감, 상실감이 있었으나 이제 거의 해소되었다."라고 자신했다. 정 후보의 선거사무장 박규석 씨는 "새누리당 지지자들이 하루하루 결집되는게 느껴져서 염려하지 않습니다."라고 말했다. 더욱이 야권 후보가 분열되어 여당 후보가 유리한 편이었다. 더불어민주당의 박 후보가 국민의당 진 후보에게 후보단일화를 제안했지만 진 후보 측은 단호히 거절했다. 선거회계책임자인 진 후보 부인, 김승희 씨는 "23년 동안 연수구에 살며 구의원도 하고 꾸준히 주민들을 위해 봉사해 왔기 때문에 많은 분들이 저희를 알아보고 지지를 보내고 있어서 끝까지 선거 운동을 하겠습니다."라며 결연한 의지를 보여 주었다. 여론조사에 의하면 정 후보와 박 후보의 박빙의 경쟁이 예상되었기 때문에 박 후보는 야권연대가 더욱 절실했지만 후보단일화는 쉽지 않았다.

후보의 선거전략과 선거운동 스타일 비교

후보들 모두 이제는 연수구도 선수 교체가 필요하다고 목소리를 높였다. 연수구에 처음 출마한 정승연 후보와 박찬대 후보는 선거유세 차량과 자원봉사자를 동원해 선거구 전역을 오가며 본인의 얼굴을 알리는 데 주력했다. 반면 3선 구의원인 진의범 후보는 아파트와 상가 등을 돌며 유권자들을 만났다. 정치 경력에 따라 선거운동 방식이 극명하게 대비됐다. 세 후보의 선거참모를 만나 인터뷰를 해 본 결과, 각 후보의 선거운동 전략과 스타일이 서로 달랐다.

정승연 후보의 선거사무소장 인터뷰[1]

Q. 정승연 후보의 선거운동 전략은?

A. 지역 주민과의 밀착을 위해 잦은 스킨십을 하고 있습니다. 골목골목 다니면서 유권자를 만나며, 아침에는 아파트에서 출근인사를 시작합니다. 오전 시간에는

---

1. 박규석, 정승연 후보 선거사무소, 2016. 4. 5.

여러 지역행사들을 다닙니다. 특히 4월 달에는 나무심기 등 주변 환경정리를 하고 있습니다. 또 크고 작은 지역단체 행사에 찾아가서 그쪽에 있는 회원들하고 지역현황 얘기를 합니다. 오후부터는 주변 상가를 돌면서 상가를 방문하시는 분들을 만납니다. 주말에는 대형마트에서 인사를 하고 저녁 퇴근 시간에 도시 입구인 선학사거리, 문학 터널 입구에서 거리유세를 합니다.

박찬대 후보의 선거사무소장 인터뷰[2]

Q. 박찬대 후보의 선거운동 전략은?

A. 후보님이 직접 활동하는 선거운동 전략부터 말씀드리겠습니다. 가장 먼저 각 동 지역사회 조직사업에 참여합니다. 예를 들어 새마을운동 등의 자생단체에서 아주머니들과 친목을 쌓습니다. 생활지도자로 활동하시는 아주머니들과 아저씨들은 지역에서 상당히 입김이 세기 때문입니다. 작년 11월에는 김장공사 봉사활동도 하며 마음을 얻기 위해 노력했습니다. 두 번째로 매일 새벽 출근시간에 역사에서 일반 유권자에게 명함과 피켓을 나눠 드리며 인지도를 높여 나갑니다. 마지막으로 요즘 스케줄은 오전에는 개인 약속이 많고, 오후에는 주민분들이 식사하시는 상가를 방문하여 명함을 돌리며 인사 드리고 있습니다. 저희 선거사무소에서는 SNS 페이스북, 블로그, 트위터 등에 각종 패러디 게시글을 전파하고 있습니다. 이는 주로 2~30대 유권자를 타깃으로 한 이미지 강화 작업입니다.

진의범 후보의 아내와 인터뷰[3]

Q. 진의범 후보님은 어떤 식으로 선거운동을 하시는지?

A. 저희는 최소 비용으로 선거를 치르는 데 중점을 두고 있습니다. 다른 후보들은 선거사무소와 많은 선거운동원들을 대동하고 선거운동을 합니다. 하지만 진의

2. 류달진. 박찬대 후보 선거사무소. 2016. 3. 18.
3. 김승희(후보의 아내, 회계책임자 겸임), 진의범 후보 선거사무소, 2016. 4. 5.

범 후보님은 저희가 살고 있는 집을 선거사무소로 사용하며, 후보님 본인과 소수의 선거운동원으로 선거운동을 하고 있습니다. 또 저희는 유세 차량도 사용하지 않기 때문에, 항상 후보님이 직접 걸어 다니시며 운동하고 계십니다. 그 이유는 저희 후보님이 정치 소신이 있기 때문입니다. 다른 후보님들처럼 선거운동할 때 많은 돈을 사용하게 되면, 나중에 당선되더라도 정치를 할 때 돈에 연연할 수밖에 없습니다. 하지만 저희는 그렇지 않기 때문에 저희 소신대로 주민 분들의 의견을 그대로 정치에 반영할 수 있습니다. 이게 저희가 23년 동안 이곳에 살며 꾸준히 해 오던 정치이고, 정치는 곧 저희 삶입니다. 하지만 문제는 이러한 저희의 선거운동 전략을 주변에서 자꾸 견제한다는 점입니다. 저희는 시끄럽게 선거운동하는 것이 싫어서 조용하고 검소하게 선거운동할 뿐인데, 주변에서 왜 그런 식으로 하냐며 자꾸 견제가 들어옵니다. 하지만 앞에서도 말씀드렸듯이, 23년 동안 이곳에 살며 구의원도 하고 꾸준히 정치를 해 왔기 때문에 주변의 알만한 분들은 저희를 다 알아주시기에 저희는 계속 청렴결백하게 운동하겠습니다.

특히 진의범 후보가 이색적인 선거운동을 펼쳐 눈길을 끌었다. 진의범 후보는 선거비용도 국민 세금이기 때문에 최대한 절약해야 한다고 강조했다. 그는 이를 위해 본인이 살고 있는 청학동 19평 아파트에서 선거사무소를 운영했으며, 다른 후보들이 모두 채용하는 선거운동원도 없이 진의범 후보 본인과 배우자, 소수의 선거운동원으로 선거운동을 했다. 또한 진 후보는 유세 차량이 없어 대중교통을 이용해 선거운동을 하면서, 선거비용 절감이라는 본인의 약속을 실천하기 위해 노력했다.

20대 유권자 공략 전략 비교

전체 유권자 중에서 20대 유권자의 지지를 얻기 위해 후보들이 어떤 선거전략을 사용하는지가 궁금하였다. 왜냐하면 후보들이 20대 유권자의 지지를 얻게 되면 다음 선거에서도 이들의 지지를 얻을 가능성이 높기 때문에 재선 확률도 높아질 것이기 때문이다. 먼저 후보나 선거참모를 만나, 후보들이 20대 유권자를 공략하는 전략을 물어 보았다.

정승연 후보의 선거사무소장[4]

Q. 20대 총선에서 20대 유권자의 투표 참여 의향이 크게 상승했는데, 정승연 후보의 선거전략에도 영향을 끼쳤는지?

A. 20대 유권자들을 대상으로 SNS 홍보를 하지만 많이 취약합니다. 20대가 정치에 대한 관심이 너무 낮아서 관심을 높이기 위한 방법으로 20대를 겨냥한 여러 가지 정책들을 내놓았지만, 20대들의 피부에 직접적으로 닿는지는 모르겠습니다. 20대 대부분은 대학생이거나 사회에 막 진출하려는 취업 준비생이라 바쁘다 보니 정치에 무관심하고 출마자들은 그들의 관심을 끌기가 쉽지 않습니다. 후보님 직업이 대학교수다 보니 대학생들에게 맞는 SNS 활동을 하려 노력합니다. 하지만 젊은 20대의 표심을 잡기에 많이 부족합니다. 지금 20대들은 생각보다 더 다양하다 보니 어렵고, 공을 굉장히 들이는 편인데 다가가기가 쉽지 않습니다.

Q. 20대를 겨냥한 정책들을 내놓았다 하셨는데 구체적으로 어떤 정책이 있는지?

A. 경제가 살아야 청년들 일자리가 살아납니다. 우리 후보의 큰 그림은 연수구 송도 석산에 송도유원지 테마파크 디즈니랜드사업을 통해서 청년 일자리를 만드는 것과 여러 신도심에 바이오단지로 연결된 아파트형 기업들과 하청공장을 연계하고 유치해서 약 2만여 개의 일자리를 만드는 것입니다. 또 송도신도시 내에 여러 대학들이 있는데, 비싼 입주환경이 문제입니다. 원도심은 아직도 싼 오피스텔이 많기 때문에 송도에 있는 대학교와 연결하여 공용 셔틀버스를 운영하면

---

4. 박규석, 정승연 후보 선거사무소, 2016. 4. 5.

학생들이 싼 곳에서 생활하면서 학교를 다닐 수 있게 할 수 있습니다. 학생들이 방과 후 원도심에서 모임도 하고 생활하면, 원도심 경제가 활성화될 수 있고, 학생들은 저렴하게 생활할 수 있으니 일석이조입니다.

박찬대 후보 인터뷰[5]

Q. 20대 유권자들에 대해 어떻게 생각하십니까?

A. 이번에 20대 유권자들의 표가 굉장히 중요합니다. 20대 유권자들의 표를 얻기 위해 저희 선거사무소에서는 많은 20대 인천대학교 정치외교학과 출신 사무원들이 준비하고 있습니다. 시간 되실 때 언제든지 방문하셔서 같이 대화도 하고 했으면 좋겠습니다. 이번에 연수구가 바뀌려면 20대 분들의 표가 꼭 필요합니다.

박찬대 후보 선거사무소장 인터뷰[6]

Q. 20대 총선에서 20대 유권자의 투표 참여 의향이 크게 상승했는데, 박찬대 후보의 선거전략에도 영향을 끼쳤는지?

A. 저희가 야당이다 보니 20대 유권자의 높은 지지가 필요한 상황입니다. 그 때문에 앞에서 말했던 SNS, 특히 페이스북을 이용해 친근한 이미지를 조성하려고 노력하고 있습니다. 왜냐하면 요즘 20대 친구들은 투표하기 전에 후보에 대해 인터넷으로 많이 검색해 보기 때문입니다. 분명한 점은 저희는 20대 유권자의 투표 참여 의향 상승에 대해 고무적인 입장입니다.

진의범 후보의 아내와 인터뷰[7]

Q. 20대 유권자의 투표 참여 의향이 크게 상승했는데, 진의범 후보에게 영향을 끼

---

5. 선학역 식당, 2016. 4. 10.

6. 류달진, 박찬대 후보 선거사무소, 2016. 3. 18.

7. 김승희(후보의 아내, 회계책임자 겸임), 진의범 후보 선거사무소, 2016. 4. 5.

사진 1. 진희범 후보가 장우산을 들고 선거운동 중인 모습

첬는지?

A. 솔직히 20대 분들이 다들 고등학교를 졸업한 지 얼마 지나지 않아 바로 취업 준비에 전념하기 때문에 정치에 큰 관심이 있다고 생각하진 않습니다.

Q. 가령 SNS를 통한 홍보같이 20대를 겨냥한 선거운동을 하시는지?

A. 저희는 SNS 선거운동을 하지 않습니다. 거의 후보님 혼자서 선거운동을 하시기 때문에 따로 SNS까지 할 시간이 없습니다. 대신 저희는 우산을 이용한 선거운동을 통해 관심을 끌고 있습니다. 검은 장우산에 예전 선거 때 쓰고 재활용하고 있는 이름 띠를 붙여, 펼치고 다니며 선거운동을 합니다. 굉장히 눈에 띄고 특이하기 때문에 검은 장우산만 봐도 저희 진의범 후보님인 걸 알아봐 주십니다.

20대 유권자의 반응은?

〈그림 1〉은 2016년 4월 6일, 인하대학교의 인하광장 자유게시판에 올라온 글이다. 당시 더불어민주당 박찬대 후보의 인하대학교 후문 선거운동에 대한 인하대 학생들의 반응이다. 결국 인하대학교 학생들은 이날 학교 주변 선거유세의 소

○ 자유 게시판

제 목	[기타] 후문가 선거 유세 관련		작성자 김대규
등록일	2016-04-06 12:50	추 천 35	조 회 3338

후문가에서 선거 운동하는거 너무 시끄러운데 이거 볼륨 낮춰달라고 학교차원에서 할 수 있나요?? 아니면 따로 어디다 신고를 해서 말해야하는건지...

그리고 궁금해서 그러는데 학교 내로 들어와서 지지해달라고 하는 것도 상관없는건가요?

박소정	너무시끄러워요 ㅠ3ㅠ	2016.04.06.12:59
최진우	공부하는 공인데 이건 아닌듯~~	2016.04.06.13:00
김민규	선관위에 문의해보세요	2016.04.06.13:10
손성호	전국적으로 선거소음관련 신고가 엄청나다던데 바뀌는건 없네요.	2016.04.06.13:11
안성준	불법주차로 신고하면 해결될까요.	2016.04.06.13:26
정용덕	가서 직접 말하면 안되나요? 시끄럽다고.	2016.04.06.13:52
안경민	아마 소음규정이 60db정도로 인금로 알고있는데 선거 유세할때 박고정도로 해서 민원넣어도 해결이 안되는걸로 알고있습니다.	2016.04.06.14:00
최순자	일단 사무처에서 고심해 주기 바랍니다	2016.04.06.14:06
남수연	그사람 쩐대 안뽑을래요	2016.04.06.14:19
김대규	일일 사람이 대부분은 온화고 일반하시는 분들이고, 볼륨 줄일 수 있을만한 사항들은 연설 만하고 어디론가 기분데요. 그냥 모기하고 이게 남은 두 정당이 더 왔다가길 기다리하나봅니다 하허 시험기간에데요.	2016.04.06.16:37
박선영	공직선거법에 따르면 차량용 확성 장치는 오전 7시~오후 9시까지, 이동용 확성 장치는 오전 6시~오후 11시까지 사용할 수 있다는 시간 관련 규정만 있을 뿐, 소음 대시벨 기준은 따로 정해져있지 않습니다. 따라서 규정 외 시간에 거리연설 한 것이 아니라면 민원 제기해도 법적으로 제재할 방법이 없겠네요?	2016.04.06.17:17

그림 1. 인하대 인하광장 자유게시판

음으로 수업이 방해받고 있다고 인천 선거관리위원회에 신고했다.

　인천 연수구에 거주 중인 정민선 씨(26)는 "자격증 공부 중인데 밤새 공부하고 일찍 투표하러 왔다."며 "정치에 관심이 없지만 투표는 권리이므로 어제까지 인터넷을 찾아보면서 누굴 찍을지 결정했다."라고 소감을 밝혔다. 이어 영어학원에서 강사로 일하고 있는 장석화 씨(24)는 "학원에 다니고 있는데 투표 당일이라 수업 시작 시간을 미뤘다. 투표를 마치고는 여느 때처럼 학원에서 강의를 할 생각"이라며 "20살 때부터 호주에 유학을 다녀와서 이번이 첫 투표라 설렌다."라고 전했다. 그러면서 "공약은 잘 보지 않는다. 후보들이 많이 홍보하더라"며 "젊은 사람들의 투표율이 늘어나면 세상이 바뀔 수 있을 것이라는 희망을 안고 투표했다."라고 강조했다. 장 씨는 "20대 총선에서 SNS를 통해 후보들의 홍보를 많이 봤다. SNS가 20대의 투표에 많은 영향을 끼칠 것 같다."라고 말했다. 연수구 주민이지만 현재 용인에서 군복무 중인 박준우 씨(25)는 "군인이라 사전 투표에 참여했다."며 "이전까지 정치에 관심이 없었는데 지금은 나라 지키는 군인으로서 국가에 힘을 보탰다는 느낌"이라고 밝혔다. 박씨는 "처음으로 사전 투표를 해봐서 신기했다."며 "더 나빠지지 말자. 막을 수 있을 때 막자는 생각으로 투표했다."라고 덧붙였다.

20대 유권자를 대상으로 한 설문조사

보다 체계적으로 20대 유권자의 반응을 조사하기 위해 4월 9일부터 13일까지 연수구 20대 남녀 178명을 대상으로 설문조사를 실시하였다. 첫 번째로, "20대 총선 때 투표할 예정입니까?"라고 물었다. 응답자 중 81%가 "20대 총선 때 투표하겠다."라고 답했다. 20대 총선에서는 젊은 층의 정치 관심도가 크게 높아졌고 이에 따라 투표율이 크게 올라갔다. 한편, 투표를 하지 않겠다고 답한 응답자들은 그 이유로 '누가 되든 관심 없어서'라는 대답을 가장 많이 했다.

그리고 연수구 20대 유권자들이 가장 중요하게 생각한 후보 선택 기준은 '공약'이 70.1%로 가장 높았으며, 다음으로 '정당'(17%)과 '인물(후보 경력)'(8.6%)을 들었다.

한편 연수구 20대 유권자들은 각 후보들의 선거운동에 대해, 60.4%(107명)가 '투표에 아무런 영향을 끼치지 않았다'고 밝혔다. 오히려 30.5%(54명)의 응답자는 '거리유세가 너무 시끄러워 이미지가 반감되었다'고 전했다. 설문 결과를 정리하면 첫째, 연수 갑 후보들의 선거운동은 대다수 20대 유권자들에게 효과적으로 영

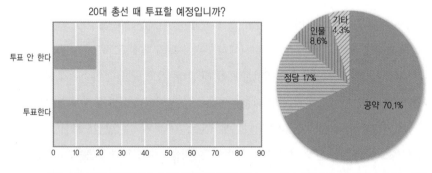

그림 2. 연수구 20대 유권자를 대상으로 한 설문조사 결과   그림 3. 연수구 20대 유권자의 후보 선택 기준

향을 미치지 못했다. 둘째, 시끄러운 거리유세는 오히려 20대 유권자들의 반감을 샀다. 마지막으로 지적할 점은 연수구 20대의 정치 관심도가 크게 상승했고, 20대 표심을 잡느냐가 선거에 중요한 변수로 작용했다는 것이다.

SNS를 이용한 선거운동

이번에 각 후보들의 SNS를 이용한 홍보를 살펴보았다. 특히 연수 갑 지역은 여야 박빙의 상황에서 20대 유권자의 투표율이 중요해졌기 때문에, 젊은 층을 노리는 후보들의 SNS 활동을 많이 볼 수 있었다.

각 후보들은 페이스북, 트위터, 카카오톡 등 주요 SNS를 이용해 눈에 띄기 위해 노력했다. 특히 새누리당 정승연 후보와 더불어민주당 박찬대 후보의 SNS 선거운동은 치열했다. 새누리당 정승연 후보는 각종 동영상 컨텐츠 UCC를 통해 젊은 층에게 보수에 대한 거부감을 가지지 않도록, 자연스럽게 다가가려 노력했다. 한편 더불어민주당 박찬대 후보는 카카오톡과 문자를 통해 쌍방향 소통을 했는데, 후보와 직접 연락할 수는 없었지만 사무국장과 언제든 연락이 가능하도록 해

그림 4. 박찬대 후보의 SNS 홍보
출처: 박찬대 후보 트위터

서, 빠른 소통을 통한 SNS 선거운동을 해 나갔다. 각 후보는 SNS를 통해 본인만의 차별화된 가치를 홍보하며, 20대 유권자들이 정당을 떠나 후보의 공약을 보고 투표하려는 성향에 맞추어 SNS 전략을 구사하였다. 그러나 연수구 20대 유권자들은 후보의 SNS 홍보에서 진정성이 느껴지지 않는다는 반응을 보였다.

더불어민주당 박찬대 후보가 214표 차이로 승리

더불어민주당 박찬대 후보는 접전 끝에 새누리당 정승연 후보를 214표 차이로 누르고 당선됐다. 연수구 선거구가 생긴 이후, 연수 갑에서 처음으로 진보 진영의 후보가 당선된 것이다. 개표는 초반부터 끝날 때까지 초박빙으로 진행됐다. 개표 결과, 더민주 박찬대 후보를 제치고 득표율은 40.6%(30,047표)로 40.3%(29,833표)를 얻은 새누리당 정승연 후보를 제치고 214표 차이로 승리했다. 국민의당 진의범 후보는 14,175표를 얻어 19.1%를 기록했다.

박 후보가 여당 강세지역에서 20년 만에 승리한 요인은 무엇인가? 송도국제도시와 연수구 기존 도심 간의 격차가 커지면서, 기존 도심 주민의 상대적 박탈감이 커졌는데, 박 후보는 신도시와 구도심의 균형발전을 위해 연수구를 두루두루 잘 사는 곳으로 만들겠다는 취지의 '두루미 정책'을 제시하며, 주민 속을 파고들었다. 또 20대 총선에서 새누리당이 연수 갑에서 패배한 원인 중 하나로 20대의 표심을 꼽을 수 있다. KBS 출구조사에 따르면 20대 총선의 20대의 투표율(20대: 49.4%)이 다른 세대에 비해 여전히 낮았다. 그러나 주목할 점은 지난 19대 총선 출구조사와 비교하면 20대의 투표율이 다른 세대에 비해 크게 증가했다는 것이다. 19대 총선과 20대 총선의 세대별 투표율을 비교해 보면 20대는 약 13% 포인트 증가했으나, 다른 세대에서는 별다른 변화가 없었다.

중앙선거관리위원회 자료에 따르면, 이번 20대 총선에 실시된 사전 투표(12.2%)가 20대 젊은 층의 투표율을 높였다는 분석이다. 사전 투표자 513만 1,721명 중 19~29세는 132만 2,574명(25.8%)으로 가장 많은 비중을 차지했다. 연수구는 사전 투표율 11.50%로 옹진, 강화에 이어 인천지역 3번째로 높은 투표율을 보였다.

여야경합의 연수 갑 지역은 개표 순간까지도 초박빙 구도를 유지했지만, 결국 사전 투표에서 크게 앞선 더민주 박찬대 후보가 당선됐다. 이는 20대층의 높은 사전 투표 참여율이 승부를 결정지은 것으로 볼 수 있다.[8] 중앙선거관리위원회가 15일 발표한 '투표구별 개표 상황'에 따르면 1,000표 차 이내로 승부가 갈린 지역구는 13곳이다. 이 가운데 5곳은 사전 투표로 승패가 엇갈렸다. 더민주 후보와 새누리당 후보가 박빙 승부를 벌인 인천 연수 갑에서도 본투표는 새누리당이 이겼지만 사전 투표에서 더민주가 더 크게 이겨서 결과적으로 더민주가 당선됐다. 사전 투표는 군 병사 37만여 명이 대상자여서 진보 성향이 강하다고 평가되는 20대의 투표율 증가에 기여하였다. 20대 총선의 연령대별 사전 투표율도 남성을 기준으로 봤을 때, 20대가 16.83%로 60대 이상(13.02%)보다 높았다. 더민주 지지가 높은 젊은 층에서 사전 투표에 많이 참여해 승부를 뒤집는 계기를 만든 셈이다. 황우여 의원이 출마 지역을 옮겨 공석이 된 연수 갑 지역에서, 20대 유권자들은 정권 교체의 필요성을 느꼈고 정치에 무관심했던 이들까지 투표장으로 향한 것이다.

박찬대의 첫 금배지

박찬대 당선인은 1967년 인천에서 태어나 학창시절을 인천에서 보내고 인하대학교 경영학과를 졸업한 인천 토박이다. 이후 서울대학교 대학원 경영학 석사 공부를 마친 뒤 잘나가는 회계사로 활동했다. 그는 삼일회계법인, 한미회계법인, 금융감독원 등 국내 유수의 직장에서 근무한 경력이 있으며, 모교인 인하대 경영학과 겸임교수도 지냈다. 2011년 민주통합당을 통해 정계에 입문한 그는 당초 이

---

8. "사전 투표가 박빙지역 승부 갈랐다.", 조선일보, 2016. 4. 16.

지역구의 5선 의원인 새누리당 황우여 후보와의 대결이 예상됐지만 황 후보가 인천 서구 을로 전략공천돼 새 선거구도를 짤 수 있었다. 그는 "국민의 살림을 꽉 채우고 경제민주화를 통한 희망의 시대를 이루는 의정활동을 하겠다."라고 당선 소감을 밝혔다.[9]

박찬대 당선인의 각오와 생각[10]

Q. 당선 소감은?

A. 네. 한결같이 연수구 최초의 야당 의원을 만들어 달라고 유권자들한테 호소를 했습니다. 막상 제가 당선됐을 때 사실 실감나지 않았고요, 저의 당선을 위해서 노력했던 캠프의 모든 사람들은 뜨거운 눈물을 흘리고 감격의 포옹을 했습니다. 정말 즐거웠고요, 그리고 꼭 야당 첫 번째 국회의원으로서 다른 모습을 보여야겠다고 각오했습니다.

Q. 다른 후보를 지지하셨던 분들께 한 말씀을 하시지요.

A. 저를 압도적으로 지지해서 승리를 이끌었던 것이 아닌 것을 겸허하게 잘 받아들이고요, 저를 지지한 사람이 있는 반면 다른 후보를 지지했던 유권자가 있다는 것도 잘 이해하고 있습니다. 그렇지만 연수구의 일꾼으로 저를 지지하지 않았던 그분들을 위한 정치도 같이 꼭 해 나가도록 하겠습니다. 화합의 정치, 연수의 참 일꾼으로 열심히 일하겠습니다.

Q. 지역을 위해서 반드시 임기 내에 이것만큼은 꼭 해야겠다는 것이 있다면 무엇인지?

A. 공약의 가장 중요한 주제는 원도심과 신도심의 균형 있는 발전입니다. 그러다 보니까 교통 공약과 그리고 인프라 구축에 관련돼서 몇 가지 공약을 했는데요. 첫 번째 반드시 하고 싶은 것은, 교통취약지역인 청학역을 신설하는 것과 옥련

---

9. "포커스 4·13 당선인", FOCUS NEWS, 2016. 4. 14.
10. "OBS 전격 인터뷰 – 박찬대 더민주 국회의원 당선인", OBS NEWS, 2016. 4. 19.

동에 널리 퍼져 있는 불법 자동차, 중고차 임대 부지를 반드시 이전시키는 것, 이런 공약을 꼭 진행하고 싶습니다.

Q. 경제 전문가로서 현재의 대한민국의 경제를 어떻게 진단하시는지?

A. 지금 나라 빚은 5000조 원에 이르고 있고요, 가계 부채는 1200조 원을 돌파하고 있습니다. 청년 실업률은 12.5%에 달하고 있고요. 그럼에도 불구하고 대기업 곳간에는 500조 원의 유보금이 있다는 것은 우리 사회가 조금은 공정하지 못한 사회로 지금 흐르는 것 같습니다. 지금의 화두는 공정한 사회이고 균형 잡힌 경제 생태계를 만드는 것이 가장 중요하다고 생각이 됩니다. 경제·재정·예산 전문가로서 반드시 경제민주화를 실현하는 데 기여하고자 준비하고 있습니다.

Q. 더불어민주당이 20대 총선에서 예상보다 좋은 성과를 올렸는데 벌써부터 약간 균열의 모습이 나오고 있거든요. 어떻게 보십니까?

A. 이번에 국민들의 선택은 정치하는 사람들의 생각을 훨씬 뛰어넘는 위대한 선택이라고 생각합니다. 저 같은 경우는 기호 3번 국민의당 후보가 10% 정도 득표를 했다면 도저히 당선될 수 없다고 생각했는데, 국민의당 후보가 득표율을 19.1%나 얻었음에도 불구하고 승리했습니다. 위대한 국민의 선택이 있어 가능했다고 봅니다. 이번에 여소야대를 만들었지만 우리 야당이 잘해서 만든 것이 아닌 것을 잘 알고 있습니다. 국민들의 선택은 변화를 위한 것이라고 생각이 들고요, 더욱더 겸손하게 민생과 경제를 위해서 헌신해야만 우리가 정권도 창출할 수 있고 계속 사랑을 받지 않겠나 그렇게 생각됩니다.

Q. 20대 국회에서 본인의 전공을 살려 어떤 입법·의정활동을 계획하고 계신지 궁금합니다.

A. 일단 경제 전문가, 그다음에 경제민주화를 생각해, 기획재정위원회나 정무위원회가 필요하다면 가야 된다고 생각이 됩니다. 지금 우리 인천에서도 사실은 여소야대가 됐고요, 우리 더민주의 의원이 7명입니다. 서로 잘 협의해서 지역발전과 나라발전을 골고루 이끌게끔 하기 위해서 조율을 하고 있습니다.

Q. 선거운동 과정에서 연수 갑 지역 주민들을 만나셨을 때 뭐라고 제일 많이 하시

던가요.

A. 현장에서는 사실 열광적인 지지를 경험했습니다. 19%를 국민의당에 주고, 남아 있는 80~81%를 1번 후보와 2번 후보 중에서 누가 먼저 41%를 취득하느냐에 따라서 승패가 결정되는 그런 승부였는데요. 누구도 41%를 얻지 못했습니다. 출구조사 때 40.6%와 40.4%였는데 최종 결과는 40.3%와 40.6%로 역전을 했는데요, 제가 만나보지 못한 보수층에 대해서는 어떤 식으로 앞으로 그분들께 호소하고 지지를 요청해야 될까 다음 번 숙제가 아닌가 하는 생각이 됩니다.

Q. 끝으로 20대 국회에 입성하는 각오와 포부 한 말씀.

A. 네. 지금 후원 회장이신 분께서 저한테 한 가지 당부 말씀을 하셨습니다. 우리나라의 가장 커다란 문제는 젊은이가 아이를 적게 낳고 노후가 보장되지 않으며 대기업만 위한다는 것이다 이렇게 말씀하셨습니다. 제가 국회의원이 된다면 아이 낳기 좋고 아이 키우기 좋은 세상, 그리고 노후를 보장하기 위해서 좀 더 따뜻한 재정이 우선적으로 배정되는 세상, 그리고 중소기업과 자영업자들, 이런 분들이 건전한 경지에 생태계를 구성할 수 있는 조화로운 사회를 만드는데 경제 전문가 박찬대가 꼭 기여하며, 방심하지 않고 반드시 주민 여러분께 사랑받는, 여러분의 친밀한 친구 국회의원 박찬대가 되고 싶습니다.

박찬대 당선자, 선거법 위반 혐의로 압수수색당하다

경찰이 공직선거법 위반 혐의로 더불어민주당 박찬대 당선자의 선거사무소 등을 압수수색했다. 인천 연수경찰서는 16일 오전 9시부터 3시간 동안 박 당선자의 연수구 선거사무소과 자원봉사자 A 씨와 B 씨의 집 등 3곳을 압수수색했다고 밝혔다. 이날 압수수색에서 경찰은 박 당선자의 선거 당시 회계장부 등을 확보한 것으로 알려졌다. 또 법원에서 체포영장을 발부받아 A 씨를 공직선거법 위반 혐의로 붙잡아 조사하고 있다. A 씨와 B 씨는 지난 4·13총선 당시 선거사무소에서 활동하면서 다른 자원봉사자들에게 금품을 건넨 혐의를 받았다. 이들은 선거관리위원회에 등록하지 않았는데도 선거기간 동안 박 당선자의 선거 사무장 등으로 활동하며, 자원봉사자 관리 등 선거운동에 개입한 것으로 알려졌다. 앞서 경찰은 박 당선자 캠프에서 활동한 한 자원봉사자로부터 '금품이 오갔다'는 첩보를 입수하고 수사에 착수했다. 경찰 관계자는 "현재 압수수색한 자료를 살펴보는 중"이라며 "구체적인 혐의는 수사가 진행 중이어서 밝힐 수 없다."라고 말했다.[11]

박찬대 '금품선거 의혹' 전방위 수사

박찬대 당선자의 금품선거 의혹을 수사 중인 경찰이 전방위적으로 검은 자금줄 추적에 나섰다. 인천 연수경찰서는 자원봉사자에게 금품을 건넨 혐의로 구속된 A 씨(42)가 뿌린 돈이 정식 선거비용이 아닌 것을 확인하여, 자금 출처를 캐고 있다고 23일 밝혔다. 경찰은 앞서 박 당선인의 선거사무소을 압수수색해 확보한 회계 관련 서류와 박 당선인 측이 선거관리위원회에 제출한 서류 등을 분석해 이 돈이 정식 선거비용이 아닌 점을 파악했다. 현행법상 선거에 쓰이는 비용은 반드시 해당 선거사무소의 회계책임자가 선거관리위원회에 신고한 은행계좌를 거쳐 사용해야 한다.

이에 따라 경찰은 A 씨가 자원봉사자에게 건넨 검은돈의 출처를 캐는 데 수사력을 모으고 있다. 현재 A 씨와 A 씨 주변인은 물론 당시 A 씨처럼 자원봉사자를 관리했던 또 다른 중간 관리자 등 수십 명을 대상으로 한 광범위한 계좌추적을 벌이고 있다. 경찰 관계자는 "대부분 수사에서 통상적으로 관계자들에 대한 계좌추적을 벌이지만, 이번 계좌추적은 통상적인 것과는 다른(밝힐 수 없는) 의미가 있는 계좌추적이다."라면서 "계좌추적 중 뭉칫돈의 입·출금 등 수상한 정황이 포착되면 이번 수사의 핵심인 자금줄 수사가 본궤도에 오를 가능성이 크다."라고 전했다. 특히 경찰은 A 씨를 상대로 돈의 출처를 집중 캐묻고 있다. 경찰은 A 씨가

---

11. "선거법 위반 혐의 인천 연수 갑 박찬대 당선자 압수수색", 중앙일보, 2016. 5. 16.

재력가는 아닌 만큼 후원인 등 제3자 등으로부터 돈을 건네받아 자원봉사자에게 일당으로 지급했을 가능성이 매우 크다고 보고 있다. 하지만 A 씨는 관련 혐의 등을 부인하고 있어 수사에 어려움을 겪는 것으로 전해졌다.

이와 함께 경찰은 압수수색을 통해 확보한 A 씨 등의 휴대전화 통화기록은 물론 문자메시지, 컴퓨터 등의 분석을 진행하고 있다. 경찰은 디지털포렌식으로 휴대전화 등에서 일부 삭제된 파일 등을 발견해, 복구 작업 등을 벌이는 것으로 알려졌다. 경찰은 계좌추적과 압수품 분석 등이 끝나면 A 씨의 진술을 토대로 박 당선자 선거사무소의 또 다른 관계자를 소환해 조사를 벌일 방침이다. 경찰의 한 관계자는 "현재로서는 A 씨와 비슷한 직위였던 다른 자원봉사자에 대한 수사보다는 돈줄과 윗선에 대한 수사에 집중하고 있다."며 "압수품 분석 등에 시간이 좀 걸리고 있다. 또 다른 관계자 소환까지는 시간이 걸릴 듯하다."라고 말했다.[12]

---

12. "박찬대 국회의원 당선인 금품선거 의혹 전방위 수사", 경기일보, 2016. 5. 23.

II.
선거운동과 쟁점이 미친 영향은?

12. 무연고 전략공천 후보의 선거운동 진화 과정

[서울 마포 을]

성석우

마포 을의 사회경제적 특성

마포 을은 마포구의 서쪽 지역을 묶은 선거구로서 서강동, 서교동, 합정동, 망원1·2동, 연남동, 성산1·2동, 상암동을 포함한다. 이 지역에는 서강대학교와 홍익대학교가 위치하고 있고 회사가 많기 때문에, 젊은 유권자를 의식하지 않을 수 없다.

마포구 경제적으로 중하층에 해당하는 사람들이 많아 마포구 모의 소득은 대체적으로 200~300만 원대이다. 마포 을인 제3·4권역에서도 200~300만 원대의 소득을 버는 사람이 가장 많은 것을 알 수 있다. 소득이 200만 원에서 300만 원 사이가 가장 많은 이유는 마포 을 주민의 상당수가 청년이기 때문이다. 51%의 마포구민이 100만 원 미만에서부터 300만 원까지의 소득을 번다.

마포구청의 자료에 의하면, 〈그림 1〉에서 보는 것처럼 월평균 가구소득 중 100만 원 미만의 비율은 줄어들고 100~200만 원의 비율과 200~300만 원의 비율이 늘어났다. 이것은 마포구의 물가나 집값이 100만 원 미만의 소득분위에 해당하는 사람들이 살기에는 부적합해지고 있다는 뜻이다. 높아진 땅값으로 인해 100만 원 미만의 소득을 가진 가구들이 떠나간 자리를 100~200만 원, 200~300

표 1. 마포구의 월평균 가구소득 분포

구분		가구주	100만원 미만	100~200만원 미만	200~300만원 미만	300~400만원 미만	400~500만원 미만	500~600만원 미만	600~700만원 미만	700만원 이상
전체		100.0	19.4	19.3	23.1	12.2	8.9	7.1	4.0	5.9
성	남성	100.0	13.2	15.0	22.8	14.2	12.0	9.5	5.0	8.4
	여성	100.0	30.4	26.9	23.5	8.7	3.6	2.9	2.3	1.7
연령	15~29세	100.0	32.2	28.5	25.8	8.0	2.5	1.5	1.0	0.5
	30~39세	100.0	6.8	13.3	30.2	17.5	12.5	8.3	4.8	6.7
	40~49세	100.0	7.7	11.4	21.4	13.8	12.1	16.3	7.1	10.2
	50~59세	100.0	6.7	18.0	24.1	15.9	13.4	6.7	5.3	9.9
	60세 이상	100.0	37.2	25.6	18.4	7.6	4.7	2.4	1.8	2.5
학력	초졸 이하	100.0	59.4	20.6	12.8	2.7	3.8	0.3	0.3	0.0
	중졸	100.0	36.8	29.6	18.6	6.2	3.3	2.5	0.8	2.1
	고졸	100.0	15.6	25.6	26.4	15.2	7.9	3.3	2.7	3.3
	대졸 이상	100.0	11.3	15.0	24.2	13.5	11.1	10.6	5.7	8.7
주택형태	단독주택	100.0	26.8	20.2	26.1	11.3	6.4	4.3	2.6	2.3
	아파트	100.0	11.0	16.7	16.5	13.2	12.4	12.2	7.0	11.1
	다세대주택	100.0	15.5	25.3	27.8	12.2	6.6	5.5	2.8	4.2
	연립주택/기타	100.0	23.6	18.8	27.2	12.1	8.9	3.6	1.6	4.1
권역	1권역	100.0	17.8	21.5	20.1	9.8	8.2	9.4	6.0	7.2
	2권역	100.0	24.1	16.6	24.6	10.0	9.6	6.8	3.3	5.1
	3권역	100.0	18.3	21.1	24.1	14.4	9.0	6.1	2.7	4.2
	4권역	100.0	18.1	17.8	23.5	14.0	9.0	6.4	4.1	7.0

출처: 마포구청, 2015 마포구 사회조사 보고서

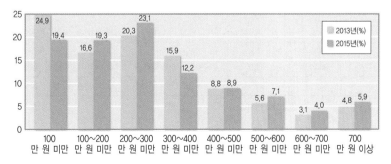

그림 1. 소득별 분포, 2013년과 2015년 비교
출처: 마포구청, 2015 마포구 사회조사 보고서

만 원의 소득이 있는 가구들이 채웠다. 마포가 한강변인 데 비해서는 저렴하기 때문에 소득분위가 100만 원~300만 원 정도 되는 가구들이 마포를 찾는다.

〈표 2〉에서 보다시피, 마포구민 유권자 중 20~40대가 40%를 넘는다. 특히 30~34세가 많은 편이다. 이것은 마포 을 지역에 큰 회사들이 많이 밀집해 있어 젊은 샐러리맨들이 많이 살고 있기 때문으로 보인다. 이렇듯 마포 을은 서울의 다른 지역에 비하여, 젊은 인구가 많고 노인층의 인구가 상대적으로 적다.

〈표 3〉에서 보는 것처럼 제3권역의 가구주는 남성에 비해 여성이 많다. 제4권역은 남성이 여성에 비해 근소하게 많지만 거의 비슷하다. 제3권역에 특히 1인가구가 많은데 이것은 이 권역인 서교동에 홍익대학교가 있어 근처에 원룸촌이 형성되어 있기 때문이다.

표 2. 마포구의 연령대별 인구분포

20~24세	25~29세	30~34세	35~39세	40~44세	45~49세	50~54세
7.07%	8.50%	10.15%	8.89%	9.48%	7.77%	7.49%
55~59세	60~64세	65~69세	70~74세	75~79세	80~84세	
6.71%	4.63%	3.97%	3.43%	2.37%	1.27%	

출처: 마포구청, 2015 마포구 사회조사 보고서

표 3. 마포구 권역별 가구의 특성

구분	전체	전체	권역별			
			1권역	2권역	3권역	4권역
가구수 성별	남성	100.0	23.9	22.6	25.6	27.9
	여성	100.0	24.5	19.5	28.8	27.2
가구원 수별	1인가구	100.0	21.3	25.8	28.0	24.9
	다가구	100.0	25.2	19.9	26.0	28.9
	합계	100.0	24.1	21.6	26.6	27.7

출처: 마포구청, 2015 마포구 사회조사 보고서

마포 을의 정치적 특성

마포 을은 젊은 사람들이 많이 거주하기 때문에 야권 강세지역으로 유명하다. 특히 19대 총선에서 정청래 의원이 김성동 후보를 압도적인 표차로 이겨 더 유명해지기도 했다. 일각에서는 더불어민주당이 마포 을에서는 누구를 공천해도 당선되기 때문에, 경쟁력이 다소 낮은 후보를 공천시키려고 한다는 소문이 있을 정도였다. 그렇다면 소문대로 마포 을은 야당이 정말 아무나 공천을 해도 당선되는 지역일까? 사실 그렇지 않다. 마포 을의 현역의원은 정청래 의원인데, 정 의원 이전에는 여당의 강용석 전 의원이었다. 두 사람이 경쟁한 결과, 2004년에는 정 의원이, 2008에는 강 의원이 당선되었다. 이런 전례가 있기 때문에 야당이 경쟁력 없는 후보를 공천하였을 경우에는 빼앗길 수도 있는 지역이다.

2000년대에 들어 마포 을에서는 여당이 4번의 선거에서 이겼고 2008년 18대 총선에서는 비례대표 선출을 위한 정당 투표에서 우위를 가져갔다. 반면에 야당은 7번의 선거에서 이겼고, 두 번의 총선에서는 정당 투표에서 우위를 가져갔다. 2000년 총선에서 한나라당이 이겼고, 2002년 대선에서는 민주당의 노무현 후보

표 4. 2000년 이후 마포 을 지역구 선거의 승자

연도	선거	지역구 후보 승리 정당	비례대표 정당 투표 승리 정당	전체 선거승리 정당
2000	총선	한나라당	자료없음	한나라당
2002	대선	민주당		민주당
2004	총선	열린우리당	열린우리당	열린우리당
2006	지선	한나라당		한나라당
2007	대선	한나라당		한나라당
2008	총선	한나라당	한나라당	한나라당
2010	지선	민주통합당		민주통합당
2011	보선(지선)	무소속		–
2012	총선	민주통합당	민주통합당	새누리당*
2012	대선	민주통합당		새누리당
2014	지선	새정치민주연합		새정치민주연합*

*는 근소한 승리(이견이 있을 수 있다.)

의 득표가 많았다. 2004년 총선에서 열린우리당을 포함한 야권이 압승을 거두었고, 2006년 한나라당이 지방선거에서 압승을 거두었다. 2007년 대선에서 한나라당의 이명박 후보의 득표가 많았고 2008년 총선에서도 한나라당이 승리를 거두었다. 2010년은 민주통합당이 지방선거를 이겼다. 이것을 볼 때, 마포 을은 대한민국 다수의 유권자들과 똑같은 선택을 했다고 볼 수 있다. 그러나 이러한 구도는 2012년 총선부터 깨지게 된다. 2012년 정청래 의원이 당선되었는데, 전체 선거판도에서는 한나라당이 우세였으나 마포 을에서는 민주통합당이 승리했다. 2012년 대선에서 마포 을 주민들은 문재인 전 대표의 손을 들어줬다. 하지만 최종 승리자는 전국적으로 51.6%를 얻은 박근혜 대통령이었다.

2010년을 기점으로 마포 을에서는 야권이 우세했다. 그러나 2006년 지방선거부터 2007년 대선, 2008년 총선을 보면 야당이 무기력할 때는 유권자들이 주저 없이 여당을 선택했다. 2007년 대선 때는 한나라당 이명박 후보가 대통합민주신당 정동영 후보의 두 배 가까이 되는 표를 얻었다. 종합하자면, 마포 을은 야권 친화적인 지역은 분명하지만 유권자들이 무조건 야당을 지지하지는 않았다.

각 정당의 후보 공천 과정

선거의 3대 요소는 인물, 이슈, 구도이다. 선거를 분석하는 데 있어서 이 세 가지가 핵심이며, 공천은 이 세 가지 요소에 막대한 영향을 미친다. 공천은 그 지역에서 당을 대표해 본선에 나갈 인물을 선정하는 일이다. 또한 공천 과정 자체가 선거이슈가 될 수도 있고 공천에 불복하여 무소속으로 출마하는 경우에는 선거의 경쟁구도까지 영향을 미칠 수 있다. 사실 마포 을은 공천 과정에서 말도 많았고 탈도 많았던 지역구다.

본래 마포 을은 더불어민주당 정청래 현역의원의 지역구이다. 물론 20대 총선에 대비하여 정 의원 또한 출마 준비를 하고 있었다. 그러나 3월 10일 더불어민주당 비상대책위원회는 마포 을을 전략공천지로 선정하여 정 의원을 컷오프시켰다. 이 사건은 곧바로 큰 파장을 몰고 왔다. 정 의원은 2등으로 최고위원에 당선되는 등 당내 입지가 아주 탄탄한 편이었고, 지지세가 아주 컸기 때문이다. 그를 지지하는 세력은 소위 친노라고 불리는 세력인데 이들은 당내 주류였다. 이들의 지지를 한 몸에 받던 정 의원이었기 때문에 지지자들에게 충격이 컸다. '오늘의 유머'를 포함한 진보 진영 커뮤니티에는 컷오프를 철회하지 않으면 탈당하겠다는 글로 도배되었다. 이전에 더불어민주당의 온라인 입당이 가능해지면서 진보 진영 커뮤니티에 가입한 10만 지지자들이 쓴 것이었다. 또한 여의도 당사 앞에는 "정청래를 살려내라"는 시위가 계속되었다. 필자는 국회에서 개최되었던 더불어민주당 경제 콘서트에 참석했는데 정청래 의원 지지자들 다수가 피켓을 들고 입장하는 것을 목격했다. 그들은 컷오프 배후로 지목되던 박영선 의원에게 항의했고 결국 국회 경비원들에게 쫓겨났다. 실제로 상승세이던 더불어민주당의 지지율은 컷오프 이후에 하락세로 접어들었다.

말도 많았던 공천 과정 때문에 이 지역에 관해서 소문도 많이 떠돌았다. 여론조사에서 마포 을에 김기식 의원을 넣어서 돌렸다느니, 조응천 후보가 마포 을로 나온다는 소문도 있었다. 당이 이러한 계획을 한 것인지 아닌지는 알 수 없었지만, 확실한 것은 정청래 의원 컷오프 이후, 당이 지지율을 걱정했다는 것이다. 당은 3월 18일, 마포 을에 당 홍보위원장 손혜원 후보를 전략공천하면서 지지자달래기에 돌입했다. 손 후보는 정청래 의원과 막역한 사이인 것으로 알려진 인물이며, 정 의원이 손 후보를 공천해 달라고 당에 부탁했다는 것이 후문이었다.

이렇게 급작스럽게 후보가 결정된 야당과는 반대로 여당은 순조롭게 후보 선정 과정을 보였다. 새누리당의 마포 을 공천 신청자는 김성동 전 의원, 황인자 의원, 이채관 후보, 최진녕 후보로 총 네 명이었다. 마포 을은 경선지역으로 분류되었다. 3월 19일, 이 후보들은 모두 작년부터 경선 준비를 하면서 선거운동을 시작하였다. 경선에서, 마포 을에서의 지지세가 뚜렷하고 2012년 총선에서 출마했던 김성동 후보가 승리하였다. 비록 나머지 후보들은 떨어졌으나 당내 경선에 승복하였다. 야당과는 달리 비교적 조용한 공천 과정이 인상적이었다.

제3당으로 불리는 국민의당의 후보는 김철 후보로 확정되었다. 김철 후보는 3월 9일 국민의당 마포 을 단수공천 대상자로 선정되어, 일찍이 공천을 확정지었다. 또 눈여겨볼 후보는 정명수 후보이다. 정명수 후보는 본래 더불어민주당 마포 을 예비 후보였다. 2012년 정청래 의원과의 경선에서 탈락하고, 20대 총선 전부터 마포 을 공천을 준비하고 있었다. 하지만 마포 을이 전략공천지역으로 확정되고, 후에 손혜원 후보로 공천이 확정되면서 컷오프당했다. 결국 정명수 후보는 당의 이러한 결정에 불복하여 무소속으로 출마를 감행했다. 이외에도 정의당 배준호 후보, 노동당 하윤정 후보가 출마하였다.

손혜원 후보의 선거운동 진화 과정

손혜원 후보가 20대 총선에 승리하기 위해선 본인이 놓인 상황을 정확히 이해할 필요가 있었다. 이것을 경영학에서 주로 사용하는 SWOT를 통하여 분석하면 〈그림 2〉이다. 선거전략의 기본은 약점을 최소화하거나 극복하고 강점과 기회를 최대한 살려 유리한 방향으로 나아가는 것이다. 이것에 기초하여 손 후보의 선거운동이 어떻게 진화해 갔나 살펴보자.

강점(Strong)	약점(Weak)
홍익대학교 출신 청년 친화적 후보 브랜드 디자인 경험 야당 중 가장 유력한 정당 소속	지역 연고가 無 정치 경험이 全無 짧은 선거운동 기간 당 홍보위원장 병행
기회 요인(Opportunity)	위협 요인(Threat)
비교적 야당친화지역 김성동 후보의 소극적 운동 청년 인구가 다수	3번 후보 출마 정명수 후보 출마 지역적 인지도 높은 여당 후보 낮은 여론 조사 지지율

그림 2. 손혜원 후보에 대한 SWOT 분석

선거운동 초반(3월 18일~3월 30일): 손혜원 후보의 열세

마포 을의 본격적인 선거운동은 손혜원 후보의 공천이 확정되고 난 뒤부터 시작되었다. 여당과 야당의 후보들 모두 정청래 의원의 컷오프 소식에 집중하고 있었고 전략의 타깃이 바뀌는 과정이었기 때문에 별다른 선거운동의 모습이 보이지 않았다. 새누리당의 김성동 후보는 정청래 의원에게 맞춰져 있던 전략을 변경할 시간이 필요했다. 반면에 야권 후보들은 정 의원 지지자를 데려오거나 정 의원을 정면으로 비판하는 등 다양한 태도를 보였다. 정의당 배준호 후보는 3월 16일 페이스북에 '정청래 의원에 대한 정의당의 예의'라는 글을 게재하여 정 의원을 격려하며 지지층을 결집·흡수하려 노력했다.

가장 먼저 3월 9일 국민의당 김철 후보가 공천 확정되었다. 3월 18일 더불어민주당 손혜원 후보가 공천 확정되고, 3월 19일 새누리당 김성동 후보가 경선에 승리하며 공천이 확정되었다. 또 3월 23일에는 정명수 후보가 컷오프에 반발하여 탈당한 뒤 무소속으로 출마를 감행했다. 3월 27일에 무소속 정명수 후보는 새누리당에 맞서 야권단일화를 하자고 손혜원 후보에게 공식적으로 제안했다. 하지만 손혜원 후보는 미온적인 반응을 보이며 사실상 거부했다. 지역에 온 지 얼마 되지 않았기 때문에 인지도 면에서 뒤졌기 때문이다. 따라서 경선에 들어가면 불리할 것이라는 판단을 내렸을 것이다. 그리고 만약, 단일화 과정에서 본인이 떨어진다면 선거운동을 한 지 일주일도 안돼서 다시 짐을 싸야 되는 상황이기도 했다.

3월 30일에는 새누리당 김성동 후보가 손혜원 후보에게 토론회를 하자고 제안했다. 손 후보가 지역에 온 지 얼마 되지 않았기 때문에 지역현안에 관해서 상대적으로 유리한 위치에 있다는 김성동 후보의 판단에서 나온 전략이었다. 사실상 손 후보가 수용할 수 없는 토론회를 제시한 것이다. 새누리당 김성동 후보는 선거운동 첫날인 31일부터 김무성 대표와 함께 유세를 시작했다. 김무성 대표는 김성동 후보와 같이 6호선 지하철을 타고 망원시장을 돌아다녔다. 김무성 대표는 본인의 어부바가 당선의 보증수표라며 김성동 후보를 등에 업기까지 했다. 선거

첫날부터 동원전을 시작한 김성동 후보였다.

선거운동 초반에는 손 후보가 고전할 수밖에 없는 상황이었다. 홍익대학교 출신임이 많은 사람들에게 알려지지 않았을 때라, 손 후보는 "굴러온 돌"이라는 소리를 듣기 일쑤였다. 반면에 새누리당 김성동 후보나 김철 후보는 지역에서 인지도가 있는 편이었기 때문에 별다른 네거티브 없이 순조로운 선거운동을 이어 갔다. 반면, 정명수 후보는 날마다 손혜원 후보와 정청래 의원에 관한 네거티브 전략을 펼쳤다.

이렇게 선거운동 초반에 나타난 손 후보의 열세는 여론조사에도 그대로 반영되었다. 조선일보가 의뢰하여 미디어리서치가 선거 초반에 여론조사한 결과(4월 1~2일)를 보면 김성동 후보 29.9%, 손혜원 후보 22.9%, 국민의당 김철 후보 10.3%, 무소속 정명수 후보 6.8%의 지지율을 얻었다. 손 후보가 다소 우세할 것으로 예상되었지만, 결과는 김성동 후보가 오차범위를 넘어서 앞서고 있었다. 이 여론조사의 원인을 크게 두 가지로 정리할 수 있다. 첫 번째는 국민의당 김철 후보와 무소속 정명수 후보의 출마로 야권 표가 분산되었기 때문이고, 두 번째는 손혜원 후보가 지역에 온 지 얼마 되지 않았기 때문이라 해석된다.

선거운동 중반(4월1일~4월7일): 손혜원 후보의 추격

손혜원 후보는 계속해서 정청래 의원의 눈물을 닦아 주겠다고 언급하며 정 의원 지지자들의 이탈을 막기 위해 노력하였다. 19대 총선에서 정 의원이 큰 표 차이로 당선되었기 때문에 손 후보는 정 의원의 표만 모두 결집시켜도 이길 수 있다는 생각이었을 것이다. 따라서 노골적으로 정 의원을 전면에 내세웠다.

하지만 4월 1일이 되어서 새누리당 김성동 후보는 이를 이용하여 손혜원 후보를 공격했다. '더불어 아바타 정치는 국민 우롱'이라며 손 후보가 본인의 선거운동을 하지 못하고 있고 정청래 의원의 뜻에서만 움직이는 아바타라고 공격을 했으나, 손 후보는 이에 굴하지 않고 계속 정청래 의원과의 관계를 강조했다.

"저는 기꺼이 정청래의 아바타가 되겠습니다. 저는 기꺼이 정청래가 시킨 대로 정청래의 공약을 그대로 따르겠습니다. 정청래의 눈물을 닦아 주며 정청래의 공약을 그대로 이행하겠습니다."

김성동 후보의 공격 다음날 망원시장 유세에서 손혜원 후보는 이와 같이 이야기했다. 전략 수정은 없었다. 상대방의 공격에도 굴하지 않고 끝까지 본인의 전략을 고수하는 모습이었다. 이 날, 토론회에서는 국민의당 김철 후보와 무소속 정명수 후보가 "손 후보는 7000만 원짜리 명품시계 30개와 70억 원가량의 나전칠기를 보유하고 있다."라며 손 후보의 홍보물과 다른 재산 내역에 관해서 공격했다. 재산 내역이 다른 것도 문제였지만, 이것들은 사치품이라서 더욱 문제가 됐다. 일간 베스트의 네티즌들은 나경원 의원의 피부과와 손혜원 후보의 시계가 무엇이 다르냐며 손 후보를 공격했다. 하지만 손 후보는 꿋꿋이 정청래 후보 이야기를 계속 하는 것 이외에 별 다른 제스처를 취하지 않았다.

"저는 정청래의 눈물을 닦아 주고자 강을 건너왔습니다. 편하게 비례대표 1번을 받고 국회에 입성할 수 있었음에도 정청래의 공천 탈락을 보고 참을 수가 없었습니다. 저를 뽑아 주시면 정청래가 살아옵니다."[1]

그런데 손 후보가 계속해서 비례대표 1번 이야기를 언급하는 것이 역효과를 불러왔다. 이것은 손 후보가 정치경험이 부족한 점에서 기인한 것으로 보인다. 다음 내용은 손 후보가 정치인이 아니었다는 점을 보여 주는 다른 예이다.

"이왕 온 것 죽기 살기로 제 인생에 마지막을 마포에서 보내 보려 합니다. 제가 어릴 적에 명동에서 태어났습니다. 그리고 왕십리에도 살았고 용두동에도 살았고 정

---

1. 망원역 유세, 2016. 4. 3.

릉에 살다가 한남동에 살았습니다."[2]

마포구의 선거구에 출마한 상황에서 명동, 왕십리, 한남동의 이야기는 불필요했다. 하지만 손혜원 후보는 이러한 약점을 대민접촉으로 돌파하려 했다. 손 후보는 그동안 정청래 의원이 의정활동 보고를 위해 돌아다닌 시장과 조기축구회, 경로당을 비롯하여 곳곳을 다니며 많은 사람들을 만나려 노력했다. 정 의원은 팟캐스트 방송에서 본인의 지역구의 해병대 단체가 본인을 지지한다고 말을 한 적이 있다. 그 정도로 정 의원은 대민접촉이 활발했다. 손 후보가 연설에서 밝히기를, 정 의원이 본인을 데리고 마포구 이곳저곳을 다닌다고 했다. 특히 망원시장, 농수산시장을 비롯한 여러 시장과 길거리 골목골목 위주로 다녔다. 밤에는 호프집을 방문해 지지자들과 인사하고 사장과 손님에게 인사를 드리기도 했다. 정 의원은 호프집을 방문하면 "본인이 호불호가 많이 갈리기 때문에 격려도 많이 받았지만, 욕도 많이 먹었다."라고 밝힌 적도 있다. 사무실에서 앉아 있으면, "옆 동네는 후보가 왔다는데 우리 동네에 오지 않아서 섭섭하다는 전화가 많았다."라고 말했다. 종합하자면, 손 후보는 정 의원과 함께 시장, 골목 위주로 대민접촉에 적극적으로 힘썼다고 할 수 있다.

반면 김성동 후보나 김철 후보는 대민접촉이 활발하지는 않았다. 김성동 후보가 선거운동을 하지 않는다는 사람들의 목소리가 많았다. 유세 차량을 보면, 김성동 후보는 보이지 않고, 고용된 대학생들만이 춤을 추고 있을 뿐이었다. 망원역에서 저녁시간이 되어 집중 유세를 할 때가 되어서야 김성동 후보의 얼굴을 볼 수 있었다. 한편 국민의당 김철 후보 또한 마찬가지였다. 필자는 김철 후보를 우연히 길에서 만난 기억이 있는데, 굉장히 인상 깊었다. 필자와 동행하던 선거운동원들이 누군가와 인사를 하길래, 누구냐고 물어보니 김철 후보라는 것이었다. 그는 선거운동복을 입지 않고 회사원같이 양복을 입고 있었다. 아무리 점심 때지

---

2. 망원역 유세. 2016. 4. 3.

만, 유세가 매시간 있는 것을 생각한다면 이해가 되지 않는 옷차림이었다. 지역 주민들의 이야기를 들어보면 이렇다.

"김철 후보는 당선을 목적으로 운동을 하는 것이 아니라서 그런지 열심히 하지 않는다."[3]

필자도 마찬가지로 이 경험 외에 김철 후보를 만난 적이 거의 없었다. 오히려 선거운동 기간에 김 후보보다는 김 후보의 딸을 더 많이 봤을 정도였다. 매시간 대민접촉과 유세가 계획되어 있던 손 후보와는 행보가 달랐다.

4월 7일 중앙일보가 의뢰한 여론조사에 의하면, 손혜원 후보는 김성동 후보를 0.8% 차이로 따라붙었다. 김성동 후보는 30.7%의 지지율을 얻었고 손혜원 후보는 29.9%를 얻었다. 이전에 7% 차이로 지던 것을 생각하면 지지도가 많이 오른 셈이었다. 이것은 손혜원 후보가 대민접촉을 활발히 하였고 무엇보다도 홍익대학교와 관련이 있다는 점이 알려지자, 사람들의 거부감 또한 무뎌진 결과라 볼 수 있다. 하지만 손 후보가 홍익대학교 교수임은 알 뿐, 홍익대학교를 다녔다는 점을 아는 사람은 많지 않아 보였다. 선거운동 후반이 되면 홍익대학교 출신임이 더욱 더 알려져 손 후보의 지지율이 오를 것으로 예상했다. 오차범위가 5%인 것

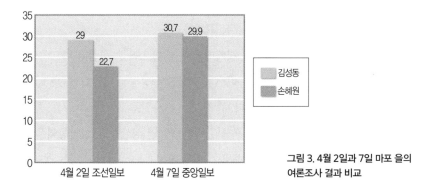

그림 3. 4월 2일과 7일 마포 을의 여론조사 결과 비교

---

3. 익명의 유권자, 2016. 4. 10.

을 생각하면, 0.8%는 차이가 거의 없는 것이라고 봐도 무방했다. 김성동 후보의 지지율 또한 1% 정도 상승한 것은 사실이었지만, 손혜원 후보의 지지율 상승에 비교하면 제자리걸음이라 할 수 있었다. 이것은 김성동 후보가 대민접촉에 소홀했고 공격에만 몰두하다 보니 외연을 확장하지 못한 결과라 생각된다. 여론조사를 보면, 예전부터 새누리당을 지지하던 사람들만이 김성동 후보를 지지한 것이라고 볼 수 있다.

선거운동 종반(4월 7일~4월 12일): 손혜원 후보의 막판 동원전

손혜원 후보는 먼저 4월 7일, 재산 논란에 관련하여 정명수 후보와 김철 후보를 선거관리위원회에 고발했다. 이전 서울시장 선거에서 졌던 나경원 의원의 피부과 사례를 생각하면, 이러한 의혹은 일찍이 털고 일어나는 것이 좋다고 판단했기 때문이다.

손혜원 후보는 유세에서 홍익대학교 출신임을 계속해서 강조하며, 주민들의 거부감을 풀어주는 일에 몰두했다. 그리고 더 나아가 마포의 브랜드 가치를 높이기 위해서는 본인이 적임자이며, 브랜드 가치를 높이면 주민들에게 이익이 될 것임을 강조했다. 이전과는 다르게 정청래 의원을 언급하는 일보다 브랜드 가치를 언급하는 일이 더 많아졌으며, 정 의원을 언급하더라도 그가 가지고 있는 역량 이상으로 잘할 수 있다고 주장했다. 그리고 이전에는 없던 새누리당과 박근혜 정부에 대한 비판이 늘었고, 투표독려운동을 했다.

김성동 후보는 지속해서 "본인은 정청래의 눈물 닦으러 온 사람과 다르다."며 손혜원 후보를 비판하는 전략을 유지했다. 그러면서 정청래 의원이 포퓰리즘에만 치중했다며 그를 비판하기도 했다. 김 후보는 선거운동 후반이 되어서도 뚜렷한 전략 변화를 보이지 않았다. 김 후보의 핵심 공약인 성산동역, 상암동역을 유치하겠다는 공약은 손 후보를 비롯해 많은 야당 후보들도 공유하고 있는 것이었다. 정책으로 후보 간의 경쟁을 보길 원했는데 이러한 이유로 인하여 그 기대는 사라졌다. 김성동 후보를 인터넷에 검색하면 대부분의 기사들이 정 의원, 손 후보에 관한 비판이었다.

이에 손혜원 후보는 동원전으로 맞섰다. 4월 10일에는 문재인 전 대표가 '더컸
유세단'[4]과 함께 홍대를 방문했다. 손혜원 후보는 평소와 같이 정청래 의원과 나
란히 있었고 여기에 문재인 전 대표, 이동학 혁신위원, 김광진 의원, 장하나 의원
등이 모였다. 무엇보다 문재인 대표가 온다는 소식에 홍익대학교 정문에는 사람
들이 약 300명 이상 모였다. 카메라 기자들도 다수 있었고 비공식적으로 김어준
딴지일보 총수, 주진우 기자가 참석하기도 했다. 또 다음날인 4월 11일에는 가수
이은미 씨가 손혜원 후보를 지지하러 왔다.

반면, 선거 후반부에도 새누리당의 김성동 후보 지원 유세는 거의 없었다. 조
윤선 전 정무수석이 지원 유세를 왔을 뿐이었다. 덧붙이자면, 김무성 대표는 마
포 갑에 가서 안대희 후보 유세를 했는데 여기에 김성동 후보가 참석한 것이 전
부였다. 또한 국민의당의 안철수 대표는 마포 을에 오지 않았다. 안철수 대표는
서대문구에 유세를 갔는데 김철 후보 또한 서대문구에 가서 합동유세를 한 번 한
것이 전부였다. 새누리당과 국민의당이 선거 후반 들어서 시간이 없었기 때문이
기도 하지만 더불어민주당에 비해 마포 을에 대한 관심이 적었다고 볼 수 있다.
또한 김철 후보는 국민의당에서도 소수인 참여계 인사이기 때문에 안철수 대표
가 신경을 덜 쓴 것으로 보였다. 선거 후반 동원전에 있어서는 손혜원 후보가 우
위를 점했다고 볼 수 있다.

선거 결과 분석

선거는 결국 손혜원 후보가 42.29%로 김성동 후보를 꺾고 당선되었다. 이전까
지 손혜원 후보가 이긴 여론조사는 단 한 차례도 없었음에도 불구하고, 10% 차

---

4. 더컸유세단: 더불어민주당 경선 및 비경선에서 떨어진 인물로 구성된 유세단으로, 손혜원 후보가 더 컸으면
하는 의미에서 이름을 지어 주었다. 주요 멤버로는 정청래 의원, 장하나 의원, 김광진 의원, 이동학 위원 등이
있다.

이로 김성동 후보를 따돌리고 당선된 것이다. 이번 마포 을 선거 결과는 여론조사의 신뢰성을 의심하게 만들었다. 매번 여론조사가 실제 여론과 차이가 있다는 비판이 있었지만 특히 20대 총선 마포 을에서 두드러지게 차이가 나타났다. 여론조사와 실제 여론이 차이가 나는 이유는, 여론조사는 보통 오전시간 유선전화로 집계되는데, 오전시간 유선전화를 받을 수 있는 사람은 한정적이기 때문이다. 선거법상 정당은 안심번호를 이용하여, 여론을 집계할 수 있는 데 비해 여론조사기관은 그렇지 못하다. 이렇기 때문에 오히려 정당 내부에서 실시하는 조사가 신뢰성이 있다는 분석이 있다.

여론조사가 정확했다면, 여론조사를 집계하지 않은 기간(4월 8일~) 동안 손혜원 후보의 지지율이 상승했다고 볼 수 있다. 선거 후반부 손혜원 후보의 선거운동 전략이 효과적이었다고 볼 수 있는 것이다. 이 기간 동안 손혜원 후보가 지역연고가 있다는 사실이 주민들에게 알려지고, 선거 후반부에는 정청래 의원을 찍었던 사람들이 결집했다.

이번 손혜원 후보의 승리 요인을 인물, 구도, 이슈, 전략 측면에서 살펴보자. 손혜원 후보는 정청래 의원이 추천한 후보다. 정청래 의원은 지역 내에서도 호불

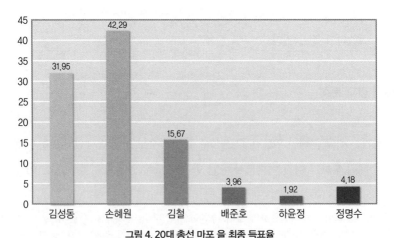

그림 4. 20대 총선 마포 을 최종 득표율
출처: 중앙선거관리위원회, 선거통계시스템(http://info.nec.go.kr/)

호가 갈리는 인물이다. 하지만 이 동네는 젊은 인구가 다수이기 때문에 젊은 세대에 인기가 많은 정 의원의 입지는 비교적 탄탄했다. 이러한 이유로, 정청래 의원의 컷오프는 실망감을 안겨 주었고, 손혜원 후보는 이 실망감을 무마시키기 위한 최적의 카드였다고 생각된다. 손 후보는, 유권자들이 정청래 의원이 여의도에서 해 주었으면 하는 말들을 대신 해 주기를 손혜원 후보에게 기대하도록 만들었다. 페이스북, 블로그, 팟캐스트를 이용해 젊은 세대들과 소통했던 것 또한 손 후보의 강점이었다. 또한 손혜원 후보가 브랜드 디자이너라는 경력을 가지고 있다는 점이 지역 주민들에게 참신하게 여겨졌다. 이전의 국회의원들이 주로 법조인, 공무원, 기자 출신이었던 반면에 디자이너라는 직업은 찾아볼 수 없었기 때문이다. 브랜드 디자인을 정치에 적용하여 마포의 발전을 위해 노력하겠다는 슬로건은 후보의 전문성을 생각해 볼 때 충분히 설득력도 있었다.

이번 마포 을 총선은 사실상 3파전이었다. 기존 새누리당, 더불어민주당의 경쟁구도에서 국민의당이 더해졌다. 야권이 더불어민주당과 국민의당으로 분열되었기 때문에 여권이 매우 유리하다는 관측이 있었다. 역시 야권분열로 인해서 정청래 의원이 받았던 54.48% 중 손혜원 후보의 득표율 42.29%와 김철 후보의 15.67%, 정명수 후보 4.18%, 정의당 배준호 후보 3.96%, 하윤정 후보 1.92%로 야권 표가 갈렸다. 분열된 지지율을 합하면 야권의 지지율은 총 68.05%였다. 정청래 의원이 얻었던 54.48%보다 훨씬 많은 수치이다. 여기서 우리는 국민의당 김철 후보에 다시 한 번 주목해야 한다. 국민의당 김철 후보는 야권의 표뿐만 아니라 여권의 표까지 가지고 갔다고 보아야 한다. 이것은 20대 총선 때 전국적으로 나타난 현상이었으며, 이러한 현상 때문에 통합진보당 소속이었던 김철 후보가 기존 여당의 표를 받는 아이러니한 상황이 연출되었다. 김철 후보가 김성동 후보의 지지표를 가져온 것이 손혜원 후보의 당선을 도왔다. 이렇듯 3당구도가 손혜원 후보에게 실(失)만은 아니었다.

이번 20대 마포 을 총선 이슈는 오직 '정청래'였다. 새누리당 김성동 후보, 국민의당 김철 후보는 본인의 구미에 맞는 선거이슈를 정하지 못하였다. 사실 김성동 후보는 보수 정당임에도 불구하고 이전 선거 때는 합정동 홈플러스 입점 반대 운동을 하는 등 이념적 스펙트럼에서 자유로운 편이었다. 또한, 이번 선거공약으로 상가임대차보호법 개정을 통해 법의 적용 대상을 확대하여, 보다 더 어려운 사람들이 혜택을 받았으면 좋겠다고 밝혔다. 이러한 그의 성향으로 인해서 여야 간 공약 싸움은 볼 수 없었다. 그는 상암동역, 성산동역을 만들겠다고 공약했지만, 사실 이 공약은 대부분의 후보들이 채택한 것이다. 그 밖에 그는 서부광역철도를 완성하여 주민들의 편의를 돕겠다고 주장했다. 김성동 후보는 홍대를 중심으로 한 문화 인프라를, 상암동을 중심으로 한 관광 인프라와 연결하는 관광특구화를 주장했고 손혜원 후보는 매봉산 석유비축기지를 공원화하겠다고 주장했지만, 사실상 유세 때 주목을 받는 것은 정청래 의원의 이야기였다. 손 후보는 정청래 의원의 눈물을 보듬겠다고 하고, 김 후보는 정청래 의원에 대한 날선 비판으로 맞섰다. 김성동 후보는 지역 주민들의 구미에 맞는 이슈를 정하지 못했고 정청래 의원을 홍보하고 다닌 꼴이 되었다. 덕분에 정청래 의원과 함께 유세를 했던 손혜원 후보는 이슈도 독점했다. 김성동 후보가 본인만의 정책, 마포의 미래에 관한 비전을 내세웠으면 어땠을까 하는 아쉬움이 있다.

전략적인 면에서 손혜원 후보는 비교적 괜찮은 반응을 얻었다. 먼저 아바타라는 비판을 받기는 했지만, 정청래 의원을 전면에 내세우는 전략은 주효했다. 지난 19대 총선에서 정청래 의원은 54.48%의 지지율을 얻어 37.19%를 얻은 김성동 후보를 꺾고 당선되었다. 일단 손혜원 후보의 전략은 정청래 지지자를 결집하는 것이었다. 손 후보가 정청래 의원이 얻은 54.48%를 모두 얻을 필요 없이 상당수만 잡더라도 김성동 후보를 이길 수 있다는 전략이었다. 실제로 손 후보가 얻은 지지율은 42.29%이다. 단순 계산으로 정 의원을 찍은 10명 중 8명이 손 후보에게 표를 준 것이다. 손혜원 후보가 정청래 의원을 노골적으로 내세우는 것에 대하여 너무 본인의 주관이 없어 보인다는 의견들도 있었지만 이 전략은 효과적이었다. 만약 손 후보 혼자 나와서 유세를 하고 지역 주민을 만났다면, 거리감과 이질감 때문에 힘들었을 것이라고 예상된다. 정청래 의원을 전면에 내세웠기 때문에 손혜원 후보가 마포주민들에게 거부감 없이 얼굴을 알릴 수 있었던 것이다. 덧붙여서 이 전략이 맞아 들어가게 된 이유는 선거구 때문이기도 하다.

20대 총선은 새누리당-더불어민주당-국민의당 3파전이라, 19대 총선에 비해 더불어민주당이 불리할 것이라는 예측이 많았다. 전통적으로 더불어민주당은 반새누리 진영을 흡수해서 이기곤 했는데, 국민의당이 등장했기 때문에 불리해질 것이라고 예측됐다. 하지만 적어도 마포 을에서는 이러한 이유가 선거판도를 흔들지는 못했다. 그 이유는 정의당 때문이었다. 정의당은 민족해방계열(NL)이나 인민민주주의계열(PD)의 지지자들도 존재하지만 참여계열도 존재한다. 더불어민주당의 주류인 친노 계열은 정의당 내 참여계와 매우 우호적인 관계를 가진다. 따라서 더불어민주당의 지지자들이 지역구는 더불어민주당에, 비례는 정의당에 투표하는 경향이 많았다. 이들이 탈당 과정에서 갈등을 겪은 국민의당에 표를 던질 일은 극히 적었다. 더불어민주당 비상대책위원회가 정청래 의원을 컷오프시키고 운동권을 배제하는 전략을 선택한 후로 친노계열 지지자 중 다수가 등을 돌렸다. 이들 중 다수는 정 의원을 지지하기 때문에 더불어민주당에 실망한 사람들이 손혜원 후보를 찍고 비례대표는 정의당을 찍을 것이라고 예상했다. 역시나 마포구에서 정의당이 11.38%의 비례득표율을 얻었다. 정의당의 전국 평균 득표율의 두 배 가까이를 얻은 것이다. 마포구의 유권자가 비교적 젊은 점도 한몫 했겠지만, 더불어민주당에 실망한 정 의원 지지자들의 표가 여기로 가지 않았나 생각된다. 따라서 정청래 의원을 내세우는 전략은 유효했다는 결론이 도출된다.

홍대를 내세우는 전략도 주효했다. 손혜원 후보는 처음에는 지역과 아무런 연고가 없었기 때문에 고전했지만, 점차 홍익대학교 출신임이 알려져 지지율이 올라갔고 마포주민들에게 '내 지역 사람'으로 가까워지게 되었다. 서강동에 거주하는 김 모 씨의 반응은 이랬다.

"처음에는 우리 지역 사람이 아니라서 거부감이 있었는데, 홍대에서 학교를 다녔다고 하면 우리 지역 사람이 완전 아닌 것도 아니네요."[5]

　이밖에도 아직 구체적인 선거분석 자료가 없기 때문에 청년친화정책의 효과에 대한 근거를 제시할 수 없으나, 유세현장의 반응을 보면 확실히 효과가 있었다고 짐작된다. 그러나 새누리당을 이기기 위해서 표를 모아 달라는 '표로 야권 단일화' 전략은 실패했다. 밴드왜건 효과를 더욱 더 유발하기 위해서 표로 단일화를 해달라고 유권자들에게 호소했지만, 모든 야권 유권자가 이에 반응한 것은 아닌 듯했다. 국민의당 김철 후보가 15% 가까이 받았는데 이것은 새누리당이 당선되는 것은 싫지만, 그렇다고 더불어민주당이 당선되는 것 또한 달갑지 않다는 생각에서 나온 결과였다. 국민의당 김철 후보를 뽑은 사람들은 기존 정치에 환멸을 느낀 사람들이다. 따라서 김성동 후보, 손혜원 후보 누가 되든 상관없으니 나는 기존 정치권이 싫다면서 던진 표들이다. 사표인 것을 알면서 찍은 사표, 즉 자살표라고 할 수 있다. 손혜원 후보가 이런 유권자들의 마음까지는 얻지 못한 것으로 보인다.

---

5. 여성 유권자, 서강동, 2016. 4 .12.

13. 치열한 재대결이 낳은 공약 인플레이션

[경기 시흥 갑]

심재림

함진규와 백원우의 3번째 대결

18·19대 총선에서 시흥 갑 지역은 여당과 야당의 접전지로서 18대에는 1266 표 차이로 더불어민주당의 백원우 후보가, 19대에는 202표 차이로 새누리당의 함진규 후보가 당선되어 1대 1의 승패를 기록했다. 이제까지 아주 적은 표 차이로 당락이 결정되었던 지역인 만큼 이번 20대 선거 결과를 예측하기 어려웠다. 20대 총선에서 함 후보와 백 후보가 다시 대결한 것이기 때문에 선거 결과가 더욱 관심의 대상이 되었다. 세 번째 대결에서 치열한 경쟁 때문에 공약 인플레이션 현상이 발생하여 많은 우려와 걱정을 불러일으켰다.

시흥의 특성과 배곧 신도시

시흥 갑의 선거를 이해하려면 먼저 시흥의 사회경제적 특성을 알아야 한다. 시흥시의 인구수는 2016년 5월 기준 397,885명으로 약 40만 명 정도로 추정됐다. 특히 시흥시 갑 지역의 인구가 56.19%로 과반수를 차지하고 있었으며, 20대 비율은 14.99%, 30대 비율은 15.12%, 40대 비율은 20.51%로 20~40대가 제일 큰 비중을 차지하고 있었고, 50대 비율은 15.34%, 60대는 5.93%를 기록했다.[1] 시흥시는 "자연과 더불어 살아가는 도시"라는 이미지를 만들기 위해 시흥 갯벌을 비롯해서 역사·생태학적 보전 가치가 있는 자연경관과 환경을 보호하기 위해 힘써 왔다.

대표적으로 시흥시 갑 지역에서 새롭게 떠오르는 곳은 배곧 신도시이다. 주거·환경도시로 알려져 있는 시흥은 배곧을 신도시로 선정하여 양호한 수변경관을 활용해 복합·정주기능이 어우러진 환경 친화적 도시를 체계적으로 개발하며, 서울대 시흥캠퍼스 및 글로벌 교육·의료 산학클러스터를 조성하는 것을 목표로 했다. 배곧 신도시는 자연과 인간이 조화를 이루는 대규모 생태교육신도시이며 공원녹지가 총 117만㎡(약 35만 평)로, 전체 도시공간의 24%를 차지한다. 또한 2018년 서울대 시흥캠퍼스 및 교육·의료 산학클러스터가 완공될 예정이다. 조성사업이 성공될 경우 5,280명의 고용 창출과 연간 5,651억 원의 소득 창출이 예상된다. 시화, 반월, 남동 스마트 허브 근로자 38만 명과 새롭게 조성되는 시화 MTV에 약 7만 명의 고용이 창출돼 풍부한 배후 수요가 강점이 될 수 있다. 따라서 배곧 신도시 안에는 분양됐거나 분양 예정인 아파트사업을 포함하면 수년 내 62만 명이 입주할 예정이다. 토취장 개발계획을 포함하면 70만 명의 대도시가 된다. 배곧 신도시의 상업용지 비율은 2.7%로, 송도신도시(6.3%), 논현2택지지구(5.5%) 등 타 신도시보다 낮다. 추후 기반시설 조성 시에 상업용지의 가치 증대, 과다 경쟁 회피 등 장점이 생긴다.[2] 20대 총선에서는 배곧 신도시의 개발을 어느 방향으로 진행하여 일자리 창출 문제와 어떻게 연결시킬까 하는 문제와 서울대 시흥캠퍼스 유치를 확정시킬 수 있는가에 많은 관심들이 집중되었다.

또한 시흥은 수도권 중에서 교통 불모지라고 평가받던 과거의 이미지에서 벗어나 교통 중심지로 탈바꿈해 나가고 있다. 복합환승센터부터 시작하여 시청을 중심으로 소사-원시선, 월곶-판교선, 신안산선 등 세 개의 전철이 지나가며

---

1. 시흥시청 홈페이지 참고
2. "[성공창업, 상권을 보라] 시흥 배곧신도시 상권", 서울경제, 2016. 3. 13.

2016년 상반기 개통 예정인 광명수원고속도로 및 강남순환도로가 개통된다면 원래의 교통으로 할애되던 시간보다 3분의 1정도 단축될 수 있다. 전철의 설치로 인해 교통인프라 구축, 서울대 시흥캠퍼스 확정으로 인해 교육 부분에 대한 기대가 커지고 있는 가운데 후보들이 이러한 유권자의 관심을 충족시켜 주는 것이 매우 중요하였다.

표절 시비에 시달린 새누리의 함진규 후보

함진규 후보는 시흥 토박이로서 시흥을 제일 잘 아는 후보라는 타이틀을 가지고 유세를 했다. 현역의원이라는 점을 이용하여 여론조사에서 우위를 차지하며 국회의원 성실도평가에서 5위, 입법평가에서 7위, 임기 중 법안발의 3위에 빛나는 실적을 내세웠다. 또한 시흥 갑 당원협의회 위원, 전 국회 여성가족위원회 위원, 전 새누리당 대변인, 새누리당 원내부대표, 국회 국토교통위원회 위원 등을 지냈다. 함 대표는 박근혜 대통령의 측근으로, 18대 총선 때 선거사무소 개소식에도 직접 방문하여 격려해 줄 만큼 박 대통령의 각별한 정치적 동반자로 알려져 있다. 정치색이 아주 뚜렷한 후보로서 중앙당 수석부 대변인, 경기도 공천심사위원 등을 맡아 당내에서 탄탄한 인맥을 형성한 결과, 정치적 능력을 인정받아 왔다. 함 후보는 인하대학교 사범대학 부속고등학교를 졸업하여 고려대학교 법학 학사과정을 마치고 고려대학교 대학원에서 정치학과 법학의 석사과정을 마쳤다. 고려대학교 교육대학원 겸임교수를 역임하여 교육현장에 발을 담그기도 했다. 함 후보를 인터뷰한 결과, 그는 "지역을 살리기 위한 정책과 운동도 중요하지만, 실제적으로 정책이 실현되기 위해서는 나라의 도움과 국회활동이 또한 중요하다."라고 말했다. 국회활동을 하면서 발의한 법안의 개수는 총 116개였으며, 국토교통위원회, 법제사법위원회 등 다양한 분야에서 법안을 발의하였다.

범죄사실을 살펴보면 함 후보는 전과기록을 가지고 있지 않았다. 하지만 2004년 「국제거래에 있어서의 불가항력에 대한 연구」에서 14곳에 표절 의심 사례가 발견되었다. 이 논문은 고려대학교 법무대학원에 제출한 석사학위 논문으로 목차와 참고문헌을 포함한 103쪽 분량의 상당 부분이 표절 의심을 받았다. 함 후보의 논문 표절 의혹 시비는 처음이 아니었다. 지난 2001년에 작성한 석사학위논문「모택동의 경제발전 전략에 관한 연구」또한 표절 논란에 휩싸인 적이 있다. 이논문은 고려대학교 정책대학원에 제출된 논문으로 전체 64쪽 중에서 31쪽 분량이 논문보다 7년 먼저 발행된「중국의 정치와 경제」의 내용과 똑같았다. 당시 함후보는 "중국에 관한 자료가 많지 않았기 때문에 많이 인용했을 건데, 내 기억으로는 그대로 인용한 것도 많을 것"이라며 "정치할 줄 알았으면 내가 그렇게 안 썼을 것"이라고 해명한 바 있다. 경력에 이 논문으로 받은 석사학위는 기재하지 않았다고 밝혔지만, 18대 총선에 출마할 당시 선거홍보물에 '고려대학교 대학원 졸업(법학 석사, 정치학 석사)' 이력이 포함되어 있어 거짓 해명 논란이 일었다.

이에 대해 더불어민주당 유송화 부대변인은 "함진규 의원이 작성한 2개의 논문은 표절 투성이고 국민에게 해명한 내용까지도 거짓말로 드러나면서 정치인으로서의 신뢰는 모두 사라졌다. 남은 것은 '국민께 진심으로 사과하고, 의원직을 사퇴하는 책임 있는 행동' 밖에 없을 것"이라며 잘못을 꼬집었다. 이에 대해 함후보는 언론중재위원회에 제소하고, 허위사실 유포로 검찰에 고발하였다고 밝혔다. 특히 "야간 정책 대학원 정치학과 석사논문에서 인용한 관련 서적들은 논문 후미에 참고문헌으로 모두 기재했다. 19대 총선 선거홍보물에 사용하지도 않았다."라고 해명했다. 그러나 본문 내용 인용 부분에서는 "각 주를 더 자세히 달아 설명했어야 했는데 그렇지 못한 것은 불찰이었고, 선거를 이길 목적으로 불법을 저지른 적은 없다."라고 반박했다.

친노의 핵심인 더불어민주당의 백원우 후보

더불어민주당의 백원우 후보는 동국대학교 사범대학 부속고등학교를 졸업한후 고려대학교 신문방송학 학사를 취득했다. 2002년에는 노무현 전 대통령 후보 비서실 정무비서를 2003년에는 대통령 비서실 민정수석실 행정관을 지냈다. 2012년 대선 때는 문재인 캠프에서 활동한 바 있으며, 문 전 대표는 "백 후보는 노무현 대통령을 만드는 일을 함께 했고, 청와대에서 저와 함께 일했다."라고 말하며 백 후보의 선거운동을 지원하였다. 이어서 문 전 대표는 시흥 삼미시장 안으로 들어가 본격적인 지지 호소를 하며, 백 후보의 참여정부와의 연관성을 언급했다. "기초노령연금도 참여정부 때 노무현 정부가 만든 것이며, 재래시장시설 현대화도 참여정부 때 이뤄진 것"이라고 강조했다. 이를 통해 백 후보가 친노 세력과 깊은 연관을 맺고 있는 것을 알 수 있다.

백 후보는 민주화운동으로 인한 감옥 수형으로 군 면제가 되었으며, 전과기록은 18대 국회의원 재임 당시, 고 노무현 전 대통령 영결식에서 이명박 전 대통령에게 소리치다 경호원에게 제지를 받고 장례식을 방해한 혐의로 벌금 300만 원에 약식기소되었던 것이다. 이 사건은 야당이 국가원수를 비난해 지역발전이 더뎌지고 있다는 논리로 여당에게는 좋은 공격 빌미를 마련했다고 볼 수 있다. 두

표 1. 함진규 후보와 백원우 후보의 프로필

	소속	이름·나이	학력	경력
	새누리당	함진규·56	고려대 대학원 법학과	(전)새누리당 대변인 (현)19대 국회의원
	재산 신고액	병역	납세	전과
	4억 6,293만 원	필	3,413만 원	없음
	공약	전철 4개 노선 연결 추진/EBS 방송미디어센터 및 교육특구 추진/ 종합예술학관과 복합체육공원 건립/산후조리원 유치 및 경로당 주치의 제도 실시/염전부지의 친환경 관광단지 개발		
	소속	이름·나이	학력	경력
	더불어민주당	백원우·49	고려대 정경대학 신문방송학과	(전)17·18대 국회의원 (전)노무현대통령 비서실장 행정관
	재산 신고액	병역	납세	전과
	2억 6,649만 원	미필	1,249만 원	3건
	공약	현대자동차 계열 대기업 유치/인천지하철 2호선과 신천역 연결, 광역KTX역 연장 추진/서울대 시흥캠퍼스 개교/포동 폐염전부지 친환경 개발/신혁 역세권 개발		

후보의 차이점은 이들이 내놓은 공약에서도 드러난다.

두 후보의 공약 비교

함진규 후보는 일 잘하는 일꾼이라는 프레임을 내걸고, 여러 수상 경력과 업적·성실도평가 등 19대 국회의원 재임기간 동안에 이룬 여러 업적들을 강조하며 유권자들에게 어필했다. 백원우 후보는 19대 총선에서 202표로 패한 후, 당선 실패의 이유를 당시에 지역정치가 아닌 중앙정치에 치중을 둬 민생을 살피지 못했던 것이라고 생각하여 20대 총선에서는 민중을 중심으로 생각하며 서민경제를 살리겠다는 다짐을 내놓았다. 19대 총선에서 낙선된 후 반성을 많이 했다며 "당시엔 민주, 인권 등 정치적 가치 실현을 중심에 뒀다."며 "국민이 무엇을 먹고 어떻게 살 것인지 답을 찾는 게 우선이라는 걸 뒤늦게 배웠다."라고 말했다.

갈수록 경제가 어려워지고 민생이 흉흉해지는 상황에서 두 후보 모두 경제 부분에 치중하여 공약을 내세웠다. 함 후보는 전통시장 활성화와 일자리 규제 및 갑을관계 개선, 즉 파트타임과 비정규직 문제를 해결하기 위해 노력한다고 공약을 냈으며, 백 후보는 경제민주화를 통해 빈부격차를 해소하고 노인에게 차별없이 기초연금 30만 원을 지급하겠다는 등 파격적인 공약을 내세웠다. 또한 사회적 경제기본법을 제정해서, 사회적기업과 협동조합에 대한 지원을 강화하여 경제를 활성화시키고 일자리 창출하며 삼미전통시장 상인회, 문화의거리 상가번영회 등 중소상인을 지원하여 상권을 활성화시키겠다고 약속했다. 더 나아가 '소상공인 특화지원센터'를 활성화시켜 소상공인들에게 경영교육, 마케팅, 컨설팅, 작업환경 개선 등 여러 지원을 약속하였다. 기업과 상권의 활성화를 위해서 함 후보는 산업·유통·연구단지 추진을 약속한 반면에 백 후보는 현대자동차 계열 대기업 유치를 통해 경제를 활성화하겠다는 계획을 내놓았다.

선거의 주요 쟁점

쟁점 1: 교통 문제

시흥시에서 제일 뜨거운 감자는 바로 교통 문제이다. 도심과 농지가 혼재돼 있는 시흥시 특성상 교통 문제는 매번 선거 때마다 큰 이슈였다. 시흥에 지하철 유치 문제를 두고 각 후보 간에 강력하고 날카로운 충돌이 있었다. 백원우 후보가 본인이 임기 중 10조 규모의 유치를 내세워 시작한 시흥전철사업이 함진규 후보에게로 넘어가면, 2년이 지체되어 시민들의 불편을 해소시키지 못할 것이라며 함 후보를 비난했다. 이에 대해 함 후보는 시흥전철 유치사업은 문제가 없으며 오히려 신안산선에는 매화역 추진을 확정시켰고, 월곶 판교선에는 장곡역, 인천 지하철 2호선에는 은행역의 설치를 추진할 것이라고 받아쳤다. 이에 대해 백 후보는 함 후보가 국토해양 의원, 철도 담당 의원이었는데도 불구하고, 성과가 지지부진하며, 장곡역은 누락된 것이 확인되었다고 비판했다.

전철에 이어 버스에 관해서도 두 후보가 차별화된 정책을 내놓았다. 함 후보는 3300번 버스를 신설하여 배곧 신도시부터 서울을 잇는 버스노선으로 출근길 혼잡을 줄이겠다고 주장했다. 이외에, 유일한 서울 직행 버스인 3200번과 그 외 버스들을 증차할 것이라고 주장하며, 경기광역버스 구축과 시흥시내 내부순환버스를 약속했다. 백 후보 또한 전철역 중심의 버스순환체계를 완성하여 전철완공에 대비한 버스 증차 및 노선 확충을 약속했다.

쟁점 2: 교육 문제

제2의 뜨거운 감자인 교육 부분에서 백원우 후보는 서울대학교 사범대학 교육협력사업으로 원도심권 학교 교육의 질을 높이고, 수준 높은 교육서비스를 제공하여 시흥시 학부모와 학생의 교육 욕구를 충족시키겠다고 주장했다. 더 나아가 부모 소득과 상관없이 국가가 고등학교까지 책임질 수 있도록 고등학교 무상교육을 단계적으로 실시하고, 친환경 단체급식을 확대하겠다고 단언하였다. 이에 맞서 함진규 후보는 학교와 학생들의 교육 질 향상을 위해 예산을 지원할 것이며, 향토역사 문화계승 및 생태문화체험을 개발하여 학생들의 질 높은 교육을 완성시킬 뿐만 아니라 청년 및 중년층 고용 창출과 연관 지을 것이라고 주장했다. 이어서 진로진학 콘텐츠개발, 학교 특화교육육성 운영, 청소년상담 및 치유 인프라 구축을 내놓았다.

제일 눈에 띄는 공약은 시흥에 EBS(한국교육방송)를 유치한다는 것이었다. 체험테마파크와 야외공연장, 인성·직업체험 교육장 건설을 목표로 하여 교육문화·관광의 인프라를 구축할 것이라고 주장하였다. 또한 교육 부분에서 끝나는 게 아니라, EBS 유치를 통해 일자리 창출 또한 노렸다. 함 후보가 교육과 연계된 일자리 창출을 계획한 반면에 백 후보는 제도적 측면에서, 공기업과 공공기관에만 적용 중인 3% 청년고용할당제를 300명 이상인 민간 기업에도 추진하며, 장애인 근로자 의무고용 대상 사업장을 확대하고 중증장애인 우선구매제도를 확대하여 장애인의 소득을 향상하고 일자리를 창출할 것이라고 약속했다.

쟁점 3: 문화와 복지 분야

문화와 복지 부분에서 함진규 후보는 종합예술회관과 복합체육공원을 건립하고 국공립 산후조리원을 유치할 것이라고 주장했다. 국공립 산후조리원에 대해서는, 공공기관 연계를 통한 통합형 산후조리서비스와 출산·보육돌봄서비스를 제공하며, 엄마도우미를 양성하는 마더센터를 운영할 것이라는 공약을 내세워 저출산 문제를 해결하고자 하였다. 또한 노령화 시대에 맞게 노후생활 안정을 위한 경로당 주치의제도를 실시할 것을 약속하였다. 치매관리체계를 구축하고 노인의 실명 예방사업 즉, 백내장과 망막 무료수술을 추진하는 공약을 내세웠으며, 경로당의 냉난방비와 양곡비 지원을 확대할 것이라고 했다. 복지 부분에서는 장애인 자립장의 확대를 통해 일자리를 창출하고 장애인의 쉼터 및 체육공간을 신설하며, 저소득층의 생활필수품을 지원하고 소외계층과 지역 초등학교에 환경교재를 보급할 것을 주장했다. 새터민에 대해서는 교육과 문화 분야 지원을 확대하는 공약을 내세웠다.

　그에 맞서는 백원우 후보는 대야동 실내체육관, 하중동 국민체육센터 수영장 등 노후 체육시설 개보수 및 포동 잔디운동장의 잔디 교체와 바람막이 설치를 공약으로 내세웠다. 이어서 소래산 ABC행복학습타운과 문화의 거리, 삼미시장으로 이어지는 문화관광 벨트와 갯골 생태공원, 연꽃테마파크를 연결하는 생태관광벨트도 조성하여 외국인 관광객 50만 명을 유치하는 것을 목표로 했다. 복지부분에서는 요양 보호사의 처우 개선과 급여 현실화를 우선적으로 추진하고, 시흥시민의 저렴한 장례절차를 위해 화성시에 광역 화장장 설치를 주장했다. 보건의료에 관하여는 능곡, 신천 행복건강증진센터 기능 활성화와 신현, 과림, 연성의 보건소와 진료소,그리고 실버스쿨 등에 특화된 건강지원 프로그램을 운영하며 모든 병원에서 간병 서비스를 제공하도록 의무화하고 간병에 대한 건강보험 적용을 확대하여 '보호자가 필요없는 병원'의 실현을 목표로 했다.

중앙당의 선거지원 경쟁

　시흥 갑 후보들이 본인이 속한 정당의 색깔을 아주 짙게 가지고 있었기 때문에 당내에서의 인지도 또한 높았다. 두 후보 모두 당에서 맡고 있는 직책과 무게감이 상당했다. 김무성 전 새누리당 대표와 문재인 전 더불어민주당 대표가 모두 시흥시의 전통시장인 삼미시장을 찾아 선거유세에 동참하였다. 김종인 대표 또한 "시흥에는 깨끗하고 청렴할 뿐만 아니라, 진짜 일 잘하는 국회의원이 필요하며 그 적임자는 백원우"라며, "시흥시민이 유능한 백원우 후보를 국회의원으로 만들어 주신다면 3선 의원으로서 국회 상임위원장이 될 수 있도록 최선을 다하여 지원하겠다." 며 백원우 후보의 승리를 통한 시흥시의 발전을 약속하였다.

선거 결과 분석

20대 총선에서 시흥 갑 당선자는 1번 새누리당 함진규 후보였다. 접전지역이라는 예상이 무색할 만큼 5057표의 차이로, 이전 선거와 비교하여 큰 표 차이로 당선되었다. 함진규 당선인은 당선 직후, "약속드린 공약을 모두 완수해서 시흥시민 여러분의 주름살을 활짝 펴 드리겠습니다."라고 말했다. 함 당선인은 "4년 전 시민 여러분께서 시흥의 변화와 발전을 기대하며 최선을 다해 달라고 저 함진규를 선택해 주셨습니다. 이번에도 재선의 영광을 안겨 주신 시흥시민 여러분께 진심으로 감사드린다."며 "이번 승리는 온갖 흑색선전과 비방에도 불구하고 진정한 일꾼이 누구인지 현명한 판단을 내려주신 위대한 시흥시민 여러분의 승리"라고 강조했다. 함 당선자는 또 "앞으로 임기 4년 동안 시흥시 미래 100년의 기반을 다지겠다."며 "약속 드린대로 민생을 최우선으로, 서민을 섬기고 구도심 활성화를 비롯해 일자리 창출 등 지역경제 활성화를 위해 노력하겠다."라고 밝혔다.

선거기간에 필자가 인터뷰할 당시 함진규 의원은 20대 총선에서만큼은 '접전지'라는 타이틀을 벗어날 수 있을 것이라고 단언했었고, "일 잘하는 일꾼과 그동안 시흥의 발전이 눈으로 확인할 수 있었던 만큼 시흥시민의 선택을 믿을 수 있다."라고 주장하였다. 또한 함 당선자는 선거에 참여할 것이라고 밝힌 청년층의 비율이 높아진 만큼 큰 변수로 작용할 것을 예상하긴 했지만, 지지 기반인 50~60대 이상의 유권자 수를 확신하고 있었으며, 20~30대의 청년층들이 새누리당에 대한 선입견을 가지지 않고 후보와 공약을 비교하여 투표를 해야 한다고 강조하였다. 함 후보를 인터뷰한 내용을 정리해 보았다.[3]

함진규 후보와 인터뷰

Q. 시흥의 제일 시급한 문제는 무엇이라고 생각하시나요?

---

3. 함진규 후보 선거사무소, 2016. 3. 18.

A. 시흥은 저의 고향입니다. 40년 전 제가 시흥에서 나고 자랄 때 아쉬웠던 문제들이 아직까지도 명확하게 해결이 나지 않은 점을 생각하여, 교통여건을 발전시키고 42만의 국민이 살고 있는 만큼 그에 걸맞게 전철사업을 발전시킬 계획입니다. 또한, 교육에 투자할 필요를 절실하게 느끼고 있습니다. 서울에 있는 대학에 많이 보내는 것이 아니라, 교육의 질을 넓혀 학생이 원하는 공부를 할 수 있도록 지원해 줄 수 있는 학교를 만들어야 한다고 생각합니다.

Q. 28일, 29일 중앙일보와 리얼미터에서 실시된 여론조사에서 20대와 40대를 제외한 30대, 50대 특히 60대, 즉 노인층에게 열렬한 지지를 받고 계신데, 이런 여론조사에 대해 의원님의 생각은 어떠신지요? 또한 노인층을 공략하기위한 방법이 있으시다면?

A. 저는 당을 떠나서 진보 성향을 가지고 있습니다. 보수란 있는 것을 소중하게 지키자라는 뜻이며, 진보란 탈피하자는 뜻인데 진보란 보수를 무시하고는 있을 수 없습니다. 노인층의 지지 이유는 노인층이 이론과 경험 중 경험이 풍부하여 대북 정책 등 겪어보신 일에 대해 보수화되가시기 때문입니다. 그렇기에 보수 성향을 가진 새누리당을 지지하는 것이며, 20대는 저조한 취업률로 인해 현실의 불만이 생기고, 그것이 집권당에 대한 저항과 불만으로 표출되는 것이라고 생각합니다. 20대와 40대의 여당에 대한 지지가 낮은 이유는 서로 다른 문제라고 생각합니다. 20대의 경우 현실에 대한 안타까움을 표출한다면, 40대는 가족의 부양 문제와 노후준비 문제에 시달리는 현실을 바꿔보고자 하는 마음이 야당지지로 표출된다고 생각합니다.

Q. 20대 즉, 청년들이 20대 총선에 참여한다고 밝힌 비율이 72%나 되어 작년과 비교해 높은 비율을 차지합니다. 이번 선거의 큰 변수로 작용 될 거라 예상되는데요. 청년층을 공략하기 위한 방법이 있으신가요?

A. 20대는 취업률에 상당히 많은 관심이 있을 수밖에 없습니다. 진보와 보수 차원의 문제가 아니라고 생각합니다. 새누리당은 청년취업을 위해 열심히 노력하고 있습니다. 취업을 위한 법률이 통과되어야 예산을 받을 수 있고 예산이 나와야

실행할 수 있는데, 2012년 만들어진 선진화법으로 인해 국회의원의 2/3이 찬성해야 법률안이 통과됩니다. 국익을 위해 여야가 힘을 합쳐야 하며 구분이 없어져야 한다고 생각합니다. 또한 새누리당에서는 청년층을 공략하기 위해 당내의 젊은 인사들을 영입하며 직접적으로 귀를 기울여 의견을 듣기 위해 노력하고 있습니다. 청년층 또한 편견없이 국익만 보고 중립적 입장에서 100% 투표해야 하며, 설득이 안 된다면 주입식으로 얘기하여야 한다고 보고, 40대 유권자들에겐 고민에 동조하고 동감하며 다가가야 한다고 생각합니다.

Q. 다른 지역에 비해 여당과 야당의 지지비율이 엇비슷하며, 선거 때마다 아주 근소한 차이로 당락이 결정되고 있는데요. 19대에 이어 20대 총선에서 '굳히기 작전'으로 생각하신 공약이 있으신가요?

A. 지역밀착형 공약을 실행할 것입니다. 국가의 일은 곧 지방의 일입니다. 왜 18대에 이어 19대까지 격전지였는가에 대해 생각해 보면 젊은이들의 현실불만, 정부를 향한 불만이 표로 표출되었다고 생각합니다. 저는 고향을 위해 일하는 사람인 만큼 최선을 다해서 선거에 임하는 것밖에는 방법이 없다고 생각합니다. 이번 선거의 목표는 일하는 의원이라는 모습을 최선을 다해 보여드려서 격전지라는 말을 없애고 큰 표 차이로 이기는 것입니다.

Q. 세대별로 직접 살과 살로 접촉하여 다가가는 것이 중요하며, 연령별로 차별을 두어 다가가게 될 텐데요. 청년층을 공략하기 위해, 살로 맞닿기 위해 따로 찾거나 방문하시려는 계획이 있으신가요?

A. 청년층과 만날 곳이 있다면 우선적으로 찾아가고자 합니다. 실제 그들의 고민을 듣고, 20대와의 약속 하나하나를 소중히 생각하고 있습니다. 일자리 창출이 제일 중요한 문제라고 생각하며 고용 창출을 위해 항상 고민하고 노인층을 위한 복지에도 아쉬움이 있습니다. 출산에만 치중을 둔 편향적 복지 정책이 아닌 균등한 정책을 위해 노력하고자 합니다.

함진규 당선자는 참여관찰 내내 당에 호불호가 갈리는 청년층에게 더욱 다가

가려고 노력하고 있고, 직접 살로 닿아야 한다는 말을 강조했으며 청년층 중에 명함을 받고 버리는 모습을 보면 국회의원이라도 상처를 받는다며 멋쩍게 웃는 모습을 보였다. 백원우 후보가 20~30대 공략을 위해 출·퇴근길을 노린 반면에 함 후보는 전통삼미시장을 주로 찾아 50~60대 유권자들을 굳히기 위한 작전을 썼다. 삼미시장의 현대화를 몸소 체험한 상인들은 함 후보를 웃는 모습으로 맞으며, 후보의 손을 꽉 잡고 하나라도 더 챙겨주려는 모습을 보였다.

유권자의 반응

참여관찰을 하는 동안에도 함진구 후보 쪽으로 관세가 기울어져 있다는 것을 유권자들의 반응을 통해 예상할 수 있었다.

"백원우 후보의 공약은 너무 뜬구름잡기식이며, 백 후보가 재임할 당시에 시흥시에는 변화된 것이 없었다. 반면에 함 후보가 재임할 당시에는 지하철 공사도 시작했고 많은 변화가 시작했다고 느껴졌다. 나는 함 후보를 지지한다."[4]

"전통시장을 활성화시켜 삼미시장의 현대화를 이룬 주역은 함 후보라고 생각한다. 재임하고부터 삼미시장이 훨씬 보기좋고 깔끔해진 상태를 유지하고 있는 것 같다."[5]

"새누리당이 당선이 되어야 마음이 편하다. 나와 나라와 지역의 안보를 위해서는 새누리당을 뽑아야 한다."[6]

---

4. 50대 유권자, 신청동, 2016. 3. 27.
5. 50대 유권자, 대야동, 2016. 3. 27.
6. 30대 유권자, 매화동, 2016. 3. 28.

반면에 함 후보가 논문 표절로 인해 신뢰감을 잃은 것은 확실했다. 여론을 통해서도 명확히 들어났으며 논문표절로 인해 상당한 이미지 타격을 입었다.

"국회의원으로서 제일 중요한 덕목은 성실과 정직이다. 함 후보는 논문 표절 건에 대하여 확실한 해명을 하지 않았으며, 해명한 것 또한 거짓이었다. 그런 후보를 무엇을 믿고 4년 동안 우리 지역을 맡겨야 하는지 모르겠다."[7]

반대로 백원우 후보에 대한 의견으로는

"백원우 후보에 대한 자세한 공약과 내용은 모르지만, 여소야대를 위해 꼭 백원우 후보를 지지하고 싶다."[8]

"백원우 후보는 시흥시를 위해 노력한 게 눈에 보인다. 비록 4년 전에는 낙선되어 아쉽게도 대표로 시흥을 위해 일하지는 못했지만, 지금 함 후보의 업적으로 내놓아지는 것들이 모두 백 후보의 밑거름을 통해 발전되어진 것이라는 것을 나는 안다."[9]

"새누리당은 집권되고 나서 한게 민생을 어렵게 만든 것 말고는 없다. 지금 우리의 상황은 IMF때보다도 살기가 어려워졌으며, 이 사태의 원인은 모두 새누리당 때문이다. 경제를 위해서, 그리고 우리 지역을 위해서는 새누리당이 아닌 더불어민주당이 뽑혀야 한다고 생각한다."[10]

7. 50대 유권자, 신현동, 2016. 4. 3.
8. 20대 유권자, 은행동, 2016. 4. 8.
9. 20대 유권자, 신천동, 2016. 4. 8.
10. 택시기사인 60대 유권자, 대야동, 2016. 4. 8.

이렇게 후보들에 대한 평가와 생각이 확연히 달랐으며 함 후보에게는 논문표절이, 백 후보에게는 지난 임기에서의 나쁜 이미지가 상당한 영향을 끼친 것으로 보였다. 또한 참여관찰에서도 함진규 당선인에 대한 지지율이 높은 걸 느낄 수 있었다.

함진규 후보가 승리한 요인

접전지역으로 평가받았던 시흥 갑에서 함진규 후보가 5,000표 이상의 차이로 승리하는 바람에 접전지역이라는 평가가 무색해졌다. 지난 선거에 비하여 큰 표 차이로 함 후보가 당선된 비결은 무엇인가? 첫 번째로 함진규 의원의 업적을 유권자들이 눈으로 확인 할 수 있었다. 백원우 후보가 토대를 만들어 놓은 공약들이 함진규 후보가 당선된 후 눈에 띄는 발전을 해 나갔으며, 유권자들은 큰 만족감을 느꼈고, 변해가는 시흥을 직접적으로 경험할 수 있었다. 예를 들면 시흥시의 핵심인 삼미전통시장의 현대화이다. 매 선거마다 전통시장에 대한 공약이 나왔지만 실제적으로 시민들이 변화를 느낀 것은 함 후보의 당선 이후였다. 삼미시장 시설현대화사업은 함 의원이 국비 9억 4000만 원을 확보해 2015년 8월부터 진행된 사업으로 캐노피 설치, 진입로·공동화장실·고객휴게실 개선 등이 이뤄졌다. 이로 인해 전통시장 상인들은 "겨울에 춥지 않고 시장이 깔끔해져서 사람들도 더 많이 찾는 것 같다."면서 "함진규 의원이 지역상권 살리기에 많은 관심과 노력을 쏟고 있다."라고 칭찬을 아끼지 않았다. 이러한 눈에 보이는 전통시장의 활성화와 현대화가 유권자들의 마음을 움직인 것으로 보인다.

둘째로 함 후보의 공약 중 하나인 교육·복지와 연계된 일자리 창출이다. 교육과 복지를 통해 중년여성 표를 확보했고, 노인복지 정책으로 노장년층의 지지를 얻었으며, 또 일자리 창출 방안을 통해 청년층의 지지를 얻어 모든 세대로부터 지지를 확보함으로써 당선될 수 있었다. 함 후보가 당선되고 공약이 실현되었을 때, 시흥시에 미치는 영향 또한 클 것이기 때문에 유권자들의 지지를 이끌어 낼 수 있었다고 본다. 반면에 백 후보의 전략은 제도적 측면의 공약이 많아 실천 가능성이 낮아 보일 수 있었다. 유권자들이 현대자동차계열 등 대기업 유치를 다소 비현실적으로 받아들였을 수 있고, 월곶 신도시에서 벌어들인 수입으로 구도시의 성장을 돕겠다는 주먹구구식의 발언이 유권자들의 마음을 얻기에는 부족했던 것으로 보인다.

셋째로 함 후보가 현직의원이라는 점이 유권자들에게 영향을 끼친 것으로 보이며 당선에도 한몫한 것으로 보인다. 후보등록 후 인터뷰에서 당선예측에 조심스러웠던 백 후보와는 달리 함 후보는 자신 있게 재선을 확신했으며, 접전지라는 타이틀 또한 깨버리겠다는 자신감을 가지고 있었다. 4년 임기 동안 시흥에 일어난 변화를 이야기하며 일 잘하는 국회의원이라는 이미지를 창출함으로써 승리할 수 있었다.

하지만 아쉬운 점은 두 후보가 치열하게 경쟁을 하면서 공약이 모두 크게 늘어나고 과장되었다는 것이다. 2번의 치열한 접전 동안 두 후보의 공약은 방만해질 대로 방만해졌으며, 이 점은 시민들의 조세 부담을 늘렸다. 실천 가능한 것인지, 가능성 여부에 대한 의문을 가지게 되는 공약들이 주를 이뤘다. 우선 함 후보는 경로당 주치의제도를 비롯해 노년층을 위한 공약을 내세웠다. 이 공약을 실천하기 위해서는 의료보험 문제와 병원과의 연계 등 부차적인 문제가 따른다. 또한 저출산 문제 해결을 위해 국가와 연계된 공공 산후조리원 설립을 내세웠다. 공약들 모두 시흥시가 시작하고 끝맺을수 있는 문제가 아니고 국가 차원에서 시작하여야 하는 문제였으며 4년 임기 동안에 실천이 가능한지도 확실하지 않았다. EBS 유치 또한 실천 가능성이 높은 공약이라고 주장했지만 유권자들은 실현 가능성을 의심했다.

이에 맞서 백 후보는 청년실업 해소를 위한 시스템 구축을 비롯해 청년층을 위한 공약에 중점을 두고 있다는 점에서 함 후보와 약간의 차이가 있었지만 방만한 공약을 내걸고 있다는 공통점이 있었다. 대표적으로 내놓은 대기업 유치 공약은 시흥 시민에게 불신으로 가득 찬 의심을 받았다. 폐염전 부지 환경개발, 신현역

역세권 개발 등도 임기 내에 실천이 가능한지에 대해 뚜렷한 전망을 보이지 못했다. 또한 노인들에게 차별없이 30만 원의 기초연금을 지원한다는 내용은 방만함과 현실성이 부족한 대표적인 공약이었다. 유권자들은 "두 후보가 공약사업을 모두 실천하려면 수십조 원이 필요한데, 이런 엄청난 재원을 어떻게 조달하나? 국민들의 세금만 늘어나지 않을까" 라며 걱정을 표시했다. 접전지였던 만큼 흥미를 끌고 눈길이 가는 공약들이 필요했지만, 커질대로 커져 감당할 수 없는 공약들이 과연 약속대로 실현될지 의문이다.

14. 국민의당 후보가 새누리당의 표를 빼앗아 갔다

[경기 안산 상록 갑]

백진영

제3당 후보는 누구의 표를 빼앗아 갈 것인가?

경기도 안산 상록 갑 선거구는 새누리당 이화수 후보와 더불어민주당 전해철 후보의 탈환전으로 관심을 모았다. 이 후보는 18대 총선에서 전 후보에게 승리하였고, 전 후보는 19대 총선에서 승리하였다. 19대 총선 당시에는 이 후보가 전략공천에 밀려 출마하지 못했다. 하지만 20대 총선에서 두 후보가 다시 대결하게 되었다. 그런데 국민의당 박주원 후보가 출마하는 바람에 일여다야 경쟁구도가 형성되었다. 언론과 전문가들은 대부분 야권분열이 여당 후보에게 유리하게 작용할 것으로 보았다. 과연 경기 안산 상록 갑에도 이런 예상이 그대로 맞아들어 갈 것인지가 주목의 대상이었다. 다시 말해, 국민의당 후보의 출마가 야당 후보가 아니라 여당 후보에게 불리한 경우는 없을까? 이 후보와 전 후보의 8년 만의 탈환전에 새롭게 등장한 제3당, 국민의당 후보가 두 후보의 표 중에서 어떤 후보의 표를 갉아 먹을 것인지를 중심으로 선거과정과 결과를 분석해 볼 것이다.

안산 상록 갑의 사회경제적 특성

먼저 상록구의 사회, 경제적 배경을 통해 상록구 선거구의 특징을 살펴보았다. 경기도 안산시는 경기도 31개 시·군 중에서 인구가 6번째로 많다. 또 연도별 인구추이를 보면 매년 인구가 상승하고 있다. 2000년도에 약 57만 명이었던 안산의 인구는 2016년에는 약 75만 명이다. 그중 상록구의 인구는 안산시의 약 51.5%이다. 상록구의 면적은 안산시의 약 38%로 상록구의 인구밀집도가 다소 높은 것으로 볼 수 있다.

〈그림 1〉을 보면 안산시에서는 2000년부터 꾸준히 인구가 증가한 것을 알 수 있다. 안산시는 이러한 인구증가로 대규모 개발사업이 불가피해져, '사동 90블럭 복합개발사업'을 추진하였는데, 이것은 상록 갑 선거구의 큰 쟁점 중 하나였다. 먼저, 더불어민주당 전해철 후보는 "기본적으로 사동 90블럭사업은 차질 없이 진행되어야 한다."라고 주장하였다. 또한, 안산의 향후 발전을 위해 가장 중차대한 문제인 만큼, 수익성과 공익성이 조화를 이룰 수 있도록 개발 방향을 수립하고 90블럭 일대 전체에 대해 단계적이고, 체계적인 종합 마스터플랜을 만들어야 한다고 강조하였다. "다만, 90블럭 개발 과정에서 지역 주민들과 지역사회의

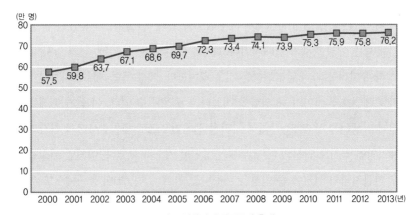

그림 1. 안산시의 인구증가 추세
출처: 안산시청 통계(http://www.iansan.net)

의견 수렴을 확대하고 개발에 따른 공공성 측면 강화하는 등 일부 보완이 필요하다."라고 지적하였다.[1] 이와 대조적으로 국민의당 박주원 후보는 "90블록사업은 오래된 사업으로, 다시 시작한다면 전면 재검토가 필요하다."며 "시대가 변하고 주변 여건이 변했으므로 시민 의견을 물어 현 상황에 맞게 사업을 추진해야 할 것"이라고 반대 입장을 표명했다. 후보들의 발언이 이 사업을 지지하거나 반대하는 유권자들의 표에 영향을 미쳤을 것이다.

안산 상록 갑의 정치적 특성

다음으로 이 지역의 정치적 특성을 살펴보기 위해 역대 선거 관련 자료를 살펴보자. 가장 최근에 있었던 2014년 제6회 지방선거에서는 새누리당 남경필 후보가 도지사에 당선됐지만, 이 지역구에서는 새정치민주연합 김진표 후보가 앞섰다. 또한, 안산시장 선거에서는 새정치민주연합 제종길 후보가 당선되었다. 2012년 19대 총선에서도 지역구, 비례대표 모두 야당인 새정치민주연합에 더 많은 표가 몰렸다. 2012년 18대 대선에서도 문재인 후보가 더 높은 지지를 받았다. 이처럼 이 선거구는 전통적으로 야권 강세지역이다. 그 이유 중 대표적인 것은 바로 호남 출신 유권자가 많다는 것이다. 하지만, 17대 대선에서 이명박 후보의 득표율이 더 높았던 점, 18대 총선에서 새누리당 후보의 득표율이 더 높았던 점 등을 고려해 보면 야권 강세가 절대적이라고는 볼 수 없다. 다시 말해, 선거 당시의 정치 상황에 따라 결과가 달라진다는 것을 의미한다. 예를 들면, 제6회 지방선거의 결과는 세월호의 여파가 큰 영향을 끼쳤다고 평가할 수 있다. 이 선거는 세월호 사건이 발생하고 두 달도 안돼서 치러진 선거였으므로 세월호사건의 직접적인 피해지역인 경기도 안산의 야당 우세는 당연한 것으로 보였다. 이처럼 세월호사건은 안산지역의 선거에 큰 영향을 끼쳤다고 할 수 있다. 20대 총선에서도 세월

---

1. 전해철 후보, 상록수역 연설 현장, 2016. 4. 8.

호사건을 둘러싼 논쟁이 선거의 쟁점으로 부상하였다. 또한, 20대 총선이 일여다야의 경쟁구도라는 점에서 야당 후보가 당선될 것이라고 확신할 수는 없었다. 그렇다면 20대 총선에서 경기 안산 상록 갑의 선거 결과에 영향을 끼친 선거 과정과 쟁점은 어떤 것이 있었는지 살펴보자.

새누리의 공천 파동

20대 총선에서 공천 과정은 잡음이 심했다. 특히 새누리당에서는 유승민 의원의 공천 문제에 이어 탈당, 비박친박 갈등, 김무성 대표의 옥새투쟁, 자갈치회동 등 수많은 논란이 있었고, 이는 실제로 선거에도 영향을 끼쳤다는 분석이 지배적이었다. 유일한 보수 정당인 새누리당의 공천 논란은 국민들에게 계파 갈등만 적나라하게 보여 줬다. 실제로 선거 이후 실행된 여론조사에서 새누리당 지지층이 16년 만의 여소야대의 이유로 '새누리당의 공천 잡음에 대한 심판'을 꼽은 답변이 64.3%로 가장 높았다.[2] 이러한 문제점이 경기 안산 상록 갑 선거구에서도 발생했다. 19대 총선에 이어 새누리당의 공천에서는 박선희 후보와 이화수 후보가 다시 경선하였다. 18대 총선에서는 이 후보가 출마하여 당선되었고, 19대 총선에서는 박 후보가 출마했지만 낙선하였다.

우여곡절 끝에 이 후보가 공천을 받았지만 박 후보는 허위사실 유포 혐의로 이 후보를 고발했다. 박 후보는 고발장을 통해 "이화수 후보 선거사무소 자원봉사자인 A 씨는 안산 상록 갑 공천 1차 경선 여론조사 결과 발표일인 15일 오후 5시 26분께, 당원 148명이 참여한 SNS 단체 대화창에 출처가 불명확한 경선(여론조사) 결과 등 허위사실을 유포해 유권자들을 현혹했다."라고 주장했다. 이에 대해 이 후보는 "이번 일에 관여하지 않았다. SNS에 해당 글이 게재된 것도 뒤늦게 알았다. 이 사건에서 나를 거론하는 것은 정치적인 모함이다."라고 말했다.[3] 이 사건

---

2. "새누리 지지층 '여소야대는 정권심판 아닌 공천심판'", 데일리안, 2016. 4. 20.
3. "안산상록갑 새누리 박선희 예비후보, 이화수 예비후보 고발", 뉴시스, 2016. 3. 22.

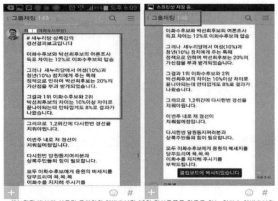

▲새누리당 박선희 상록갑 국회의원 예비후보가 16일 결선투표를 앞두고 있는 이화수 예비후보와 캠프 관계자를 공직선거법 위반으로 검찰에 고발하며 공개한 카톡 메시지. '새누리당 상록갑 경선 결과 보고입니다'는 제목이 보인다. ⓒ 박선희 예비후보 사무실

그림 2. 박선희 예비 후보가 고발한 카톡내용
출처: 박선희 예비 후보 사무실

은 새누리의 공천 과정이 얼마나 치열했는지를 보여 주었다.

반면에, 더불어민주당 전 후보는 특별한 경쟁자 없이 단수공천되었다. 그러나 새로운 변수가 등장했는데 바로 국민의당 박주원 후보의 출마였다. 박 후보는 민선4기 안산시장 출신으로서 당시 시장직을 훌륭하게 해냈다는 평가가 많았다. 그런데 박 후보가 선거에 어떤 영향을 미칠 것인지에 대해서는 의견이 분분했다. 박 후보가 일여다야의 경쟁구도를 만들어 야권을 분열시킬 것이라는 주장이 많았다. 18대 총선에서 전 후보가 이 후보에게 패배하였을 당시 한나라당의 이 후보는 약 38%로 약 30%의 전 후보를 근소한 차이로 꺾었다. 그 이면에는 당시 무소속 김영환 후보가 약 24%라는 높은 지지를 받은 사실이 있다.[4] 김영환 후보는 야권 인물로 전해철 후보와 야당 지지자들의 표를 가져간 것이다.

그러나 20대 총선은 18대 총선과 다소 양상이 달랐다. 국민의당의 정체성이 확실히 진보라고 평가하기는 어려운 부분이 있었다. 또 새누리당 박선희 예비 후보와 그 지지 세력들은 경선 결과를 인정하지 않았고, 오히려 국민의당의 박 후

---

4. 중앙선거관리위원회, 선거통계시스템, 역대선거 개표현황(http://info.nec.go.kr/)

보를 지지하였다. 박선희 캠프 관계자들은 "시장직을 훌륭하게 수행해내는 것을 보면 지난 민선4기 안산시장을 역임한 박주원 후보야말로 국회의원으로서도 충분한 자격이 있다고 보고 미래에 투자하게 됐다."라고 강조하면서 지지를 선언했다. 새누리당 박선희 후보 캠프가 새누리당의 이화수 후보 대신 국민의당 박주원 후보를 지지하는 상황에서 박주원 후보의 출마가 상록 갑의 선거 결과에 어떤 영향을 끼칠것인가에 귀추가 주목됐다. 한편 경기 안산 상록 갑 선거구의 유권자들에 대한 흥미로운 설문조사가 있었는데 그 설문조사와 각 후보의 경력을 살펴보고 그것이 선거에 어떤 영향을 끼치게 되었는지 살펴보자.

각 후보의 경력 및 전과기록

이화수 후보는 이 지역에서 18대 국회의원을 지냈고 현재 이 지역의 새누리당 당원협의회 운영위원장을 맡고 있다. 또 한국노동조합총연맹 경기지역본부 의장, 수원지방법원 노동전문 조정위원, 한나라당 중앙노동위원회 수석부위원장을 거쳤는데, 이는 이 후보가 노동자의 이익을 위한 활동을 활발히 해 왔다는 것을 의미한다. 또 남성으로서 여성위원회에 활동한 점이 특이했다. 이 후보는 여성위에서 '남성'이기 때문에 여성이 경험하고 느끼는 부당한 일을 직접 체감할 수 없다는 점에서는 일정 부분 한계가 있지만 그것이 여성 문제들을 해결하고 양성평등제도들을 마련하는 데 문제가 되지는 않는다고 말했다. 이 후보는 "여성 문제는 '남성들과 관계없는 여성들만의 문제'가 아니다."라며 "그 자체로 사회 문제이기 때문에 여성 문제도 다른 사회 문제와 마찬가지로 '문제인식'이 가장 중요하다."라고 강조했다.[5]

한편 전해철 후보의 가장 주목할 만한 경력은 노무현 정부의 청와대 민정수석을 역임했던 것이다. 또 변호사 출신으로서 19대 국회 법제사법위원회 위원과 간

---

5. "국회 여성위 남성 의원 릴레이 인터뷰", 여성신문, 2009. 6. 26.

사를 역임했다.[6] 전 후보의 선거사무소에서 일하는 같은 당 김영근 의원은 인터뷰에서 "전 후보만큼 일을 잘하는 후보는 없다. 상록구 최대 교통의 요지인 상록수역의 출구를 확정하는 과정에서 전 후보가 큰 역할을 했다. 법에도 없는 예산을 확보하여 이뤄낸 업적이다."라고 전 후보를 칭찬했다. 또 전 후보는 '국회의원 공약대상'의 수상자로 선정되었는데, 이것은 법률소비자연맹이 주최하여 총선 당시의 공약을 분석하고 이를 충실히 이행한 상위 15% 국회의원에게 주는 상이다.[7]

국민의당 박주원 후보의 경력 중 2006년 민선4기로 안산시장을 역임했다는 점이 주목할 만하다. 왜냐하면 박 후보는 당시 한나라당 소속으로 안산시장에 출마했기 때문이다. 박 후보는 2010년 새누리당을 탈당한 후 최근 국민의당에 입당하였다. 박 후보는 안산시장을 역임하던 2007년 서울의 모 음식점에서 1억 3000만 원의 금품을 수수한 혐의로 2010년 재판을 받았다. 사동 복합개발사업에서 우선협상대상자 선정과 관련하여 건설업체로부터 돈을 받았다는 혐의였다. 그러나 449일만에 파기환송심에서 결국 무죄를 선고받았다.

후보의 책자형 홍보물의 맨 앞쪽에는 이처럼 후보의 경력과 전과가 기록되어 있었다. 후보 간의 전과기록에는 차이가 있었는데, 전해철 후보와 박주원 후보는 전과기록이 전무하였고, 이화수 후보는 건축법 위반으로 1500만 원의 벌금을 납부한 기록이 있었다. 비록 건축법 위반이 중대한 범죄는 아니지만 이것은 후보의 청렴도를 평가하는 잣대가 될 수 있어, 선거 결과에 영향을 미칠 수도 있었다. 이에 대한 흥미로운 설문조사가 있다. 경기신문·㈜리얼미터가

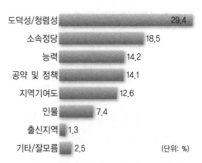

도덕성/청렴성 29.4
소속정당 18.5
능력 14.2
공약 및 정책 14.1
지역기여도 12.6
인물 7.4
출신지역 1.3
기타/잘모름 2.5
(단위: %)

그림 3. 안산 상록 갑 유권자의 후보 선택 기준
출처: 경기신문·㈜리얼미터 여론조사, 2016. 4. 2~3.

6. 중앙선거관리위원회, 선거통계시스템, 최근선거 후보명부(http://info.nec.go.kr/)
7. 전해철 후보 블로그, http://haec-jeon.tistory.com/199

실시한 여론조사 결과, 경기 안산 상록 갑 유권자들이 후보를 선택하는 기준에서 응답자의 약 30%가 도덕성/청렴성을 1위로 선정했다.[8] 이것으로 미루어 보았을 때, 후보 간의 전과기록 차이를 단순히 치부해 버릴 수 없다. 이 점은 분명 유권자의 투표에 영향을 끼쳤을 것이다.

후보들의 공약 비교

후보들의 선거홍보물을 보고 이화수 후보는 정당을, 전해철 후보는 공약 및 실천을 강조하였다는 것을 알 수 있었다. 이 후보는 힘 있는 집권여당의 후보가 당선되어야 4년간 침체되었던 안산경제가 살아날 수 있다고 강조하였다. 반면에 전 후보는 20대 총선의 선전구호를 '일 잘하는 국회의원, 실천하는 전해철'로 선정하여 현 국회의원이라는 점과 공약의 실천을 강조하였다.

두 후보의 공통적인 공약에는 사동 90블럭 개발사업 조기 추진, 소상공인 보호, 반월동 그린벨트 해제 등이 있다. 앞서 선거구 특성에서도 언급했듯이 이 지역은 인구 문제를 해결하기 위해 사동 90블럭 개발을 추진하고 있다. 이 사업은 2007년부터 추진되었지만 안산시와 GS 컨소시엄과 채권단 간의 첨예한 대립으로 표류 중이었다. 개발에 대한 시민의 염원이 큰 만큼 두 후보 모두 이 사업에 대한 공약을 내걸었다. 반월동 그린벨트 해제 공약을 통해, 반월동의 표심을 잡겠다는 두 후보의 의지를 볼 수 있었다. 소상공인에 대한 공약은 "전체 대비 소상공인의 사업체 및 종사자 비중은 정체 상태이며, 이는 자영업 창업과 함께 경쟁 격화로 인한 퇴출이 동시에 진행되면서, 소상공인 분야에서의 고용 창출 및 흡수를 위한 추가 여력이 부족함을 암시한다. 소상공인의 자생력 확보를 통한 서민경제 안정을 위해서는 준비된 창업을 유도하는 소상공인의 경쟁력 확보 시책의 지속

---

8. 경기신문·㈜리얼미터 여론조사는 지난 2016년 4월 2~3일 동안 안산 상록 갑 거주 성인 남녀 515명을 대상으로 진행됐다.(그림 2. 부록참고)

적인 추진이 필요하다"⁹는 전국적인 추세에 편승한 것으로 보였다.

이제 두 후보의 공약의 차이점을 살펴보자. 먼저, 전 후보는 가장 주요한 공약으로 '신안산선의 원활한 개통 추진'을 꼽았다. 전 후보의 주장을 옮겨보자.

"안산은 반월·시화 국가산업단지가 위치한 중추 산업도시로서의 위상을 가지고 있고 인구 76만의 거대 도시임에도 서울과의 교통 접근성이 떨어져, 수도권 서남부지역에서 서울로 출퇴근하는 직장인들을 포함하여 지역 주민들의 불편을 초래해 왔습니다. 지난 9월 신안산선(연장선 포함)의 사업 추진이 확정되면서 안산과 서울 간 접근성이 대폭 개선되어 안산 주민들의 교통 편의는 물론 지역경제 발전에도 큰 도움이 될 것으로 기대하고 있습니다. 특히, 안산(중앙역)~호수역(문화광장)~한양대역(사리사거리) 2.8㎞ 신안산선 연장노선은 애초 정부의 안에는 포함되어 있지 않았는데, 국토교통부의 연구 용역 결과 포함되었습니다. 앞으로 연장선을 포함하여 신안산선이 개통될 때까지 지속적으로 진행사항을 점검함은 물론 주무 부처인 국토교통부와 기획재정부에 협조 요청으로 원활히 추진될 수 있도록 할 것입니다."¹⁰

또 전 후보는 KTX와 수인선의 착공으로 안산을 경기 서남부의 교통의 요지로 만들겠다고 주장하였다. 반면에 이 후보는 상록구에 대학병원을 유치하여 경제를 활성화시키겠다고 하였다. 이처럼 이 후보는 경제일꾼을 자처하면서 주로 경제에 대한 공약을 내걸어 지지를 호소했다. 이 후보의 출정식에는 원유철 원내대표와 조훈현 비례대표가 지원 사격을 하였고, 김동만 한국노동조합총연맹위원장이 이 후보를 노동개혁의 적임자라고 추켜세우며 지원을 약속했다. 또 이 후보는 안산시 소상공인연합회와 택시노조를 비롯하여 다양한 직능단체를 끌어들였다.

한편 박주원 후보는 '박주원의 희망드림 5대공약'을 내세우면서 주요 공약으로 첫 번째, 본오뜰 개발로 신안산 새경제시대를 열겠다고 했다. 두 번째, 365일 민

9. 통계청, 지표상세 소상공인 현황, http://index.go.kr
10. 전해철 후보, 상록수역 연설 현장, 2016. 4. 8.

원서비스를 확대실시하겠다고 공약했다. 세 번째, 행복공동주택 상록을 위하여 아파트 관리비 투명성을 강회하기 위한 입법을 추진할 것이며, 네 번째, 일거리 창출로 취약계층, 청년일자리 및 창업을 지원하겠다고 약속했다. 다섯 번째, 녹색성장을 위한 신성장산업 기반을 조성하겠다고 말했다. 박주원 후보는 이러한 공약 중 '본오뜰 개발'을 가장 중시하면서 선거운동을 했다. 선거포스터에도 본오뜰개발이라는 단어가 빠지지 않고 등장했다. 안산에서 쌀이 가장 많이 생산되는 본오뜰을 개발하여 역귀촌을 만들어 내고 농촌테마파크를 건설하겠다는 것이다.

단일화와 세월호

이번 선거에 있어서 야당의 최대 전략은 야권의 단일화였다. 단일화의 중요성은 앞선 18대, 19대 선거에서도 확인할 수 있다. 18대 총선에서는 야권 후보들의 단일화가 이뤄지지 않아서 결국 여당의 이화수 후보가 당선되었고, 19대 총선에서는 전해철 후보로 야당의 단일화가 이루어져서 결국 전 후보가 당선되었다. 한편 세월호 참사 유가족인 유경근 4·16가족협의회 집행위원장은 4월 6일에 열린 '세월호 진상규명 협약식'에서 "이 자리에 참석한 야권 후보 11명이 단일화에 대한 결정을 내리기를 부탁한다."라고 밝혔다. 그는 "우리의 목적은 협약식이 아니라 안산 4개 선거구에서 야권 후보 11명 가운데 4명이 반드시 국회에 들어가는 것"이라며 "일여다야 구도에서 야권의 승리는 불가능하다."라고 말하며 단일화의 중요성을 피력했다. 하지만 각 야당의 후보들은 이견을 좁히지 못하였고 결국 단일화는 이뤄지지 못했다. 이것은 분명 전 후보에게 불리한 것처럼 보였다. 이에 대해 전 후보는 선거유세현장에서 "야권단일화를 이뤄내지 못한 것에 대해 시민들에게 죄송한 마음뿐입니다. 하지만 천 명의 야당 후보가 나오더라도 당선 가능성이 있는 사람에게 표를 몰아준다면 야당의 승리가 가능합니다. 당선 가능성이 높은 저에게 표를 몰아주셔서 야당의 승리를 이끌어 냅시다."[11]라며 유권자들의 현명한 선택을 촉구했다. 야권후보단일화 실패는 역대 선거를 봤을 때 야권 후보들에게 불리한 결과였다. 하지만 이번 선거에서는 그 양상이 달랐다. 물론 단일화가 이루어졌다고 해도 어떤 후보가 승리할 것이라고 감히 예측할 수 없지만, 단일화가 이루어지지 않은 상황에서 야권분열이 여권의 승리로 연결되지 않은 20대 총선의 결과는 분명히 의미가 있다.

또 전 후보는 세월호사건에 대한 의견을 적극 피력했다. 유세현장에서 전 후보는 4월 6일 합동분향소에서 열린 '세월호 진상규명 협의회'에 새누리당 후보가 전원 불참한 것을 비판하였다. 전 후보는 세월호 유가족에 대한 애도를 표하면서 "세월호를 이용해서는 안 되지만 잊어서도 안 된다."라고 말하며 안산시민들에게 세월호사건에 대한 징벌적 투표를 촉구했다. 전 후보는 SNS를 통해 안산시민회의 성명서를 인용하였다. 그 성명서의 내용은 이렇다. "세월호 심판을 위한 야권후보단일화에는 실패했지만, 시민들이 심판할 것이다." 또 전 후보는 이번 선거의 프레임을 정책선거로 잡았다. 전 후보는 "이번 선거가 정책선거가 되기를 바라며, 제가 해 온 일과 앞으로의 공약에 대해 말씀드리고 평가받으려 합니다. 정책 중심의 선거활동을 하겠습니다."라고 말했다. 이처럼 전 후보는 이 후보와의 맞대결에 대한 질문에 "19대 현역 국회의원으로서 그동안 정책 중심의 민생정치, 생활정치를 해 왔다고 생각합니다. 이러한 성과와 해 온 일에 대해 주민들이 평가해 주실 것이라 생각합니다."라고 인터뷰에서 말하며 현역 국회의원으로서 이뤄낸 성과, 공약의 실천을 강조하였다.

선거 결과 분석

20대 총선 결과, 안산 상록 갑의 당선자는 여론조사에서 저조한 지지율을 획득했던 더불어민주당 전해철 후보였다. 여론조사에는 오류가 존재한다는 것을 선거 결과가 증명했다. 여론조사만 보면 이화수 후보의 당선이 확실해 보였다. 〈그

---

11. 전해철 후보 선거유세, 상록수역, 2016. 4. 10.

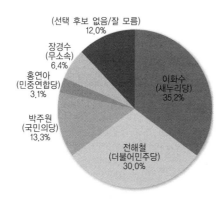

**그림 4. 경기 안산 상록 갑 유권자를 대상으로 한
후보의 당선 가능성에 대한 설문조사**
출처: 경기신문·㈜리얼미터 여론조사, 2016. 4. 2~3.

림 4)는 경기 안산 상록 갑의 유권자를 대상으로 후보의 당선 가능성을 물은 것이다. 당선 가능성은 이 후보가 35%, 전 후보가 30%를 기록하면서 이 후보가 앞섰고, 지지도에서도 이 후보가 33%, 전 후보가 25%로 이 후보가 8%나 앞섰다. 실제 개표 결과를 봤을 때, 이 결과가 얼마나 허구인지 잘 알 수 있다. 물론 이 여론조사가 틀렸다고 해서 여론조사 자체를 부정하는 것은 아니지만, 대체로 20대 총선에서는 여론조사 결과와 다른 경우가 심심찮게 발견되었다. 전해철 후보의 선거사무소 관계자는 이 결과는 허구라면서 승리를 자신했다. 선거운동 관계자들은 이미 여론조사 결과를 믿지 않는 것을 깨달았다. 앞으로 여론조사가 좀 더 정확성을 가지려면 유선전화를 이용하는 것뿐만 아니라 무선전화와 인터넷을 이용해야 하며, 선거 직전에 여론조사 결과 공표를 금지하는 선거법의 규제를 완화하여 선거 직전에도 여론조사 공표가 가능하게 해야 한다. 여론조사 결과가 유권자의 투표에 많은 도움이 되는 지표이며, 선거판도에 대한 좋은 잣대가 되므로 여론조사 공표 시기를 어느 정도 완화할 필요가 있다고 생각한다.

이 여론조사와 실제 선거 결과가 차이를 보이는 이유는 먼저, 20대 유권자의 높은 투표율이 한몫했다. 여론조사에서 20대 유권자들의 33.7%는 아직 후보를 고르지 못했다고 하였다.[12] 따라서 20대 유권자들의 표심 잡기가 중요했는데, 전해철 후보가 이 점에서 좋은 전략을 펼쳤다고 할 수 있다. 20대 유권자의 표심을 잡기 위한 전략에 대해 묻자 전 후보는, "안산 내 한양대, 신안산대, 안산대 등의

---

12. 경기신문·㈜리얼미터 여론조사, 2016. 4. 2~3.

대학생을 비롯해 20대 청년층과 소통하기 위해 온·오프라인의 노력을 진행 중입니다. 현재 온라인상에서 안산의 20대들과 소통하기 위한 적당한 플랫폼과 장소 마련을 위해 논의 중이고 또 얼마 전에는 안산청년네트워크가 주관하는 후보토론회에 참석해 청년일자리 70만 개 창출 등 청년 정책과 공약에 대해 설명했습니다."라고 말하였다.[13]

두 번째로 적극 투표층의 지지다. 여론조사에서 '투표하겠다'고 답한 적극 투표층에서는 전 후보가 이 후보를 약 3%로 앞섰다. 비록 3%의 근소한 차이지만 이 부분이 선거 결과에 큰 영향을 미쳤다. 또 공약이 전 후보의 승리에 영향을 미쳤다고 생각한다. 전 후보는 앞서도 언급했듯이 선거홍보와 선거유세를 통해 본인이 현 국회의원으로서 공약을 잘 실천하였고, 앞으로도 그러할 것이라고 매우 강조하였다. 일부 언론보도에 따르면 유권자가 후보를 선택하는 기준에서 공약이 18%를 차지한다. 후보는 이번 선거가 정책선거가 되기를 소망했고, 그 부분에서 이 후보에 앞선 것이 유효했다고 생각한다.

이외에도 전해철 후보가 당선되었던 이유는 다양하지만, 그중에서 가장 큰 이유는 바로 새누리당의 공천 파동과 국민의당 박주원 후보의 출마로 인한 새누리당 지지층의 분열이라고 생각한다. 18대 총선과 20대 총선의 경쟁구도는 일여다야로 유사했다. 이런 구도에서 치러진 18대 총선에서는 여당 후보가 승리했다. 그러므로 20대 총선에서도 야권후보단일화가 되지 않는다면, 새누리당의 이화수 후보가 승리할 것이라는 예측이 지배적이었다. 그런데 국민의당 박주원 후보가 변수로 작용했다. 20대 총선에서는 당선자인 전 후보가 38.8%, 이 후보가 28.8%, 박 후보가 약 24%의 득표율을 기록했다. 당초 박 후보가 전 후보의 표를 빼어갈 것이라는 예측이 많았지만, 새누리당의 콘크리트 지지층이 약 35% 정도라는 것을 감안하면 박 후보가 이 후보의 표를 상당수 빼앗아 갔다고 추정할 수 있다. 물론 이것을 수치로만 단정짓는 것은 위험하다. 하지만 국민의당이라는 당

---

13. 전해철 후보, 상록수역 연설 현장, 2016. 4. 8.

의 특수성과 박주원 후보의 보수적 성향이 18대와는 다른 결과를 만들어 낸 듯했다. 박 후보는 앞에서도 언급했듯이 2006년 안산시장에 당선되었을 때 당시 한나라당 소속으로 출마하였다. 안산시민의 관점에서 박 후보는 비록 국민의당으로 출마하였지만 보수적 인물이라는 인식이 상당했을 것이고 보수적인 후보를 선호하는 유권자들이 이화수 후보와 박주원 후보 사이에서 투표를 고민했을 가능성이 높다.

이와 더불어, 앞서도 이야기했지만 새누리당 경선에서 탈락한 박선희 예비 후보가 박주원 후보를 공개 지지하였다. 선거운동 과정에서 같은 당 후보의 지지를 철회하는 정도는 흔하지만, 이렇게 다른 당의 후보를 지지한다고 선언하는 경우는 매우 드문 현상이라고 생각한다. 박선희 예비 후보를 지지했던 100명의 유권자가 이동한 것은 단순히 100개의 표가 이동한 것이 아니라, 새누리당 지지자들이 '보수'로서 국민의당을 지지한 것으로 매우 중대한 사건이라고 생각한다. 새누리당 지지자들이 박주원 후보를 지지한 것은 박 후보의 정치적 성향과 국민의당이 가지는 중도적 성격 때문이었다고 판단된다.

한편 후보 개인에 대한 유권자의 선호도도 선거 결과에 영향을 미쳤다. 이 선거구에 거주하는 50대 여성 유권자는 "이 지역에서 좀 더 능력 있는 후보가 출마했으면 새누리당이 무조건 승리할 것이다."라고 말했다. 안산시 단원구의 선거

표 1. 18대, 20대 총선 경기 안산 상록 갑 개표 결과

	선거인수	투표수	후보별 득표수(득표율)					
			통합민주당 전해철	한나라당 이화수	민주노동당 임종영	구국참사람연합 윤정홍	평화통일가정당 염상록	무소속 김영환
18대	152,564	60,451	18,054 (30.08)	23,104 (38.50)	3,163 (5.27)	513 (0.85)	819 (1.36)	14,355 (23.92)
			새누리당 이화수	더불어민주당 전해철	국민의당 박주원	민중연합당 홍연아	무소속 장경수	
20대	170,819	92,420	26,329 (28.79)	35,481 (38.80)	21,975 (24.03)	1,836 (2.01)	5,801 (6.34)	

출처: 중앙선거관리위원회, 선거통계시스템, 역대선거 개표현황(http://info.nec.go.kr/)

결과가 이 주장을 뒷받침했다. 안산 단원의 두 선거구에서는 새누리당이 의석을 모두 차지했다. 단원구의 경우 전통적인 야당의 텃밭, 세월호사건의 직접적인 피해지역이라는 단원구 특성에도 불구하고, 당선을 차지한 경기 안산 단원 을의 박순자 후보가 이 지역의 18대 국회의원 출신으로 시민들에게 좋은 평가를 받았기 때문이다.

15. 녹색당, 그들만의 목소리가 되지 않으려면

[경기 의왕·과천]

이회창

군소정당 후보가 선거에 나온 목적은?

20대 총선에서 국회 진출에 성공한 정당은 더불어민주당, 새누리당, 국민의당, 정의당을 포함하여 모두 4개 정당이다. 하지만 20대 총선에 참여한 정당은 총 21개로, 국회 진출에 성공한 4개 정당 외에 기독자유당, 민주당, 코리아당, 일제위안부인권정당 등이 지역구 또는 비례대표 후보를 공천하였다. 이처럼 20대 총선에서도 많은 정당과 후보가 출사표를 던졌다. 국회 진출에 성공하지 못한 17개 정당에서 출마한 지역구 후보만 해도 무려 97명이며, 이는 전체 지역구 후보 934명의 10.4%에 해당한다. 무소속 후보를 제외할 경우 12%에 육박하며, 비례대표의 경우 그 비율은 더욱 커진다. 전체 비례대표 후보 158명의 30%에 해당하는 48명의 후보가 국회 진출에 실패한 17개의 정당에서 출마했다.

통계상으로 이른바 '군소정당'들은 비록 의석수를 확보하진 못하였지만, 이번 선거의 엄연한 참가자였다. 그럼에도 불구하고 이들이 비례대표를 선출하는 정당 투표에서조차 3%이상의 득표를 확보하지 못한 채, 다음 선거를 기약하게 된 이유는 무엇일까? 이들은 왜 유권자들의 주목을 이끌어 내지 못했을까? 유권자들의 사표 방지 심리, 낮은 비례대표 의석 비율, 금전적 한계, 제도적 제약 등을 비롯하여 많은 이유가 있을 것이다.

하지만 이러한 이유 중에서 군소정당의 특이성에 주목했다. 매 선거마다 선거의 이슈와 쟁점은 달라진다. 20대 총선에서는 언제나 거론되는 경제 문제 외에 박근혜 정부에 대한 중간평가의 의미가 있었으며, 정치적 쟁점으로 위안부에 대한 한일 간의 합의, 세월호사건 처리, 국사교과서 문제, 새누리당의 공천 갈등 등이 유권자의 관심을 끌었다. 국회 진출에 성공한 후보는 모두 선거구 발전을 약속했고, 국회에 의석을 차지한 정당들이 서로 상대방을 비판하는 공방을 벌였다. 반면 의석 확보에 실패한 군소정당의 일부는 '그들만의 목소리'를 높였다. 그들은 본인만의 독특한 선거운동을 통해 어쩌면 대다수의 국민들이 무관심한 주제에 대해 문제를 제기하며, 다른 정당의 대세에 따르지 않고 그들만의 정치적 정체성을 내세웠다.

이번에 참여관찰을 실시한 녹색당의 홍지숙 후보 또한 이러한 후보 중 하나이다. 홍 후보가 소속된 녹색당은 그 이름에 걸맞게 창당 이래 환경과 생태, 공존에 관한 문제를 계속 제기해 왔다. 이는 지금껏 정치권에서 적극적으로 다뤄진 적이 없으며, 일부 시민단체 차원에서만 이야기되던 문제였다. 녹색당의 홍지숙 후보를 중심으로 일부 군소정당들이 그들만의 목소리를 높이는 이유가 무엇인지, 많은 야권 지지자들이 바라는 야권연대를 외면하는 이유는 무엇인지를 알아보았다. 또한 그들의 독특한 정책과 선거운동을 관찰하면서, 그에 대한 유권자들의 반응을 다뤄 보았으며, 마지막으로 이들의 목소리는 총선 결과에 어떤 영향을 미쳤는지에 대해 조사해 보았다.

의왕·과천 선거구의 특성

〈표 1〉에서 볼 수 있듯이, 의왕·과천 선거구에서는 새누리당소속 안상수 후보가 제15~18대 총선에서 내리 4선에 성공하였다. 17대 총선을 제외하면 모두 10% 이상의 커다란 표 차이다. 이는 그간 의왕·과천 선거구의 정치적 성향이 보

표 1. 제15~19대 의왕·과천 선거구 총선 결과

시기	선거인수	투표자수	유효투표수							계
			후보별 득표수							
15대	121,767 (2,054)	77,323 (1,902)	신한국당 안상수	새정치국민회의 이동진	통합민주당 김부겸	자유민주연합 박제상	무당파국민연합 신하철	무소속 이희숙		
			25,844 (33.80)	17,327 (22.66)	13,780 (18.02)	13,274 (17.36)	3,110 (4.06)	3,118 (4.07)		76453
16대	127,658 (2,479)	76,970 (2,339)	한나라당 안상수	새천년민주당 이철	자유민주연합 박제상	무소속 현경병				
			37,491 (49.12)	28,329 (37.11)	4,420 (5.79)	6,079 (7.96)				76,319
17대	150,792 (3,510)	99,902 (3,223)	한나라당 안상수	새천년민주당 김원봉	열린우리당 신창현	민주노동당 김형탁				
			48,194 (48.56)	3,779 (3.80)	40,833 (41.14)	6,440 (6.48)				99,246
18대	147,962 (3,081)	71,351 (2,882)	한나라당 안상수	통합민주당 이승채	진보신당 김형탁	평화통일가정당 최창국				
			42,580 (60.40)	19,920 (28.25)	6,882 (9.76)	1,113 (1.57)				70,495
19대	173,300 (3,378)	104,350 (3,086)	새누리당 박요찬	민주통합당 송호창						
			46,550 (44.90)	57,120 (55.09)						103,670

출처: 중앙선거관리위원회

표 2. 제3~6회 과천시 동시지방선거 결과

시기	선거인수	투표자수	유효투표수						계
			후보별 득표수						
3회	48,892 (934)	27,753 (851)	한나라당 여인국	새천년민주당 여광혁	자민련 김원섭	무소속 김인범	무소속 김진숙		
			13,655 (49.70)	8,874 (32.30)	429 (1.56)	1,769 (6.43)	2,745 (9.99)		27,472

(계속)

4회	43,524 (957)	25,804 (878)	한나라당 여인국	열린우 리당 김진숙					
			17,753 (69.80)	7,680 (30.19)					25,433
5회	54,323 (1,248)	35,676 (1,117)	한나라당 여인국	민주당 홍순권	민주노 동당 류강용	진보신 당 김형탁	평화민 주당 홍채식	무소속 임기원	
			14,292 (40.35)	6,760 (19.08)	880 (2.48)	4,702 (13.27)	182 (0.51)	8,600 (24.28)	35,416
6회	55,781 (90) 55,781 (90)	37,347 (82) 37,347 (82)	새누리당 신계용	새정치민 주연합 김종천	녹색당 서형원	무소속 이경수			
			12,222 (33.05)	10,728 (29.01)	7,121 (19.25)	6,906 (18.67)			36,977

출처: 중앙선거관리위원회

표 3. 제3~6회 의왕시 동시지방선거 결과

시기	선거인수	투표자수	유효투표수						
			후보별 득표수						계
3회	86,014 (1,856)	41,989 (1,743)	한나라당 이형구	새천년 민주당 강상섭	민국당 고수복	무소속 박천복	무소속 이형진		
			20,531 (49.45)	14,472 (34.86)	1,588 (3.82)	2,420 (5.82)	2,500 (6.02)		41,511
4회	105,917 (2,446)	53,809 (2,229)	한나라당 이형구	열린우 리당 이수영	민주당 김원봉	국민중 심당 신하철			
			34,087 (64.14)	13,276 (24.98)	3,799 (7.14)	1,978 (3.72)			53,140
5회	112,243 (2,349)	64,137 (2,139)	한나라당 강철원	민주당 김성제	무소속 강상섭				
			25,691 (40.54)	30,269 (47.76)	7,411 (11.69)				63,371
6회	127,246 (197)	76,052 (194)	새누리당 권오규	새정치민 주연합 김성제					
			31,290 (41.61)	43,898 (58.38)					75,188

출처: 중앙선거관리위원회

수에 가까웠음을 알려준다. 과천만을 대상으로 보면 그 성향은 더욱 두드러진다. 〈표 2〉를 보면, 제3회 동시지방선거부터 과천에서는 새누리당 소속의 후보만이 시장으로 당선되었다. 이는 강남권과 인접한 지리적 특성, 정부과천종합청사 공무원들의 투표 성향, 비교적 높은 연령대의 인구분포 등을 그 이유로 꼽을 수 있다.

하지만 이러한 상황은 19대 총선에 들어서 바뀌었다. 〈표 3〉에서 볼 수 있듯이 젊은 층과 중산층이 의왕으로 유입되면서 그 정치적 성향이 바뀌었고, 과천의 정부부처가 대거 세종시로 옮겨가면서 인구구성이 크게 뒤바뀐 것이다. 정부청사 이전에 따른 과천의 정치적 성향 변화는 〈표 2〉의 제6회 지방선거를 보면 알 수 있다. 그간 20% 내외의 큰 표 차를 내며 당선되던 새누리당 후보가 4%의 표차로 간신히 2등을 따돌렸으며, 창당한지 2년 밖에 되지 않았던 녹색당의 서형원 후보가 20%에 가까운 표를 얻었다. 이러한 두 도시의 변화로 인해, 2012년 19대 총선에서 두 거대 정당이 전략공천으로 맞붙었던 의왕·과천선거구에서 의석은 민주통합당의 송호창 후보에게로 넘어가게 되었다. 과거 새누리당의 텃밭이라고 볼 수 있었던 이 선거구가 중도에 가까운 모습을 띄게 된 것이다.

녹색당의 환경친화적 선거운동

녹색당은 2012년 초에 창당한 정당으로, 그들의 슬로건은 지난 4년간 한결같았다.

정치도 하나의 생태계와 같아서, 여러 관점이 공존할 수 있어야 합니다. 그리고 한국에도 '생태'와 '공존'을 지향하는 정당이 있어야 합니다.[1]

---

1. 녹색당 공식 사이트 소개 글 중에서 인용

사진 1. 녹색당의 선거운동

　녹색당은 동식물과의 공존과 환경보호를 외쳤고, 시민들의 정치적 참여를 독려하는 풀뿌리 민주주의를 추구했다. 이러한 정당의 정체성 때문인지 홍지숙 후보는 선거운동 과정에서 상당히 독특한 모습을 보였는데, 다른 후보와 차별화된 선거운동을 통해 유권자들에게 접근하는 모습을 볼 수 있었다. 홍 후보의 선거운동이 다른 후보와 어떤 차이를 보이고, 어떤 의미를 가지는지 알아보았다. 맨 처음 홍 후보의 선거운동을 관찰했을 때 가장 눈에 띄었던 점은, 선거유세에 자동차를 사용하지 않는다는 것이었다. 이동 시에는 도보로 움직이거나 대중교통을 이용했으며 매연을 내뿜는 일체의 이동수단을 사용하지 않았다. 하지만 홍 후보에게 선거유세 차량은 있었다.

　〈사진 1〉에서 볼 수 있듯이 홍 후보의 선거유세 차량은 자전거였다.[2] 사실 자전거로는 여러 명의 인원들이 움직일 수 없으므로, 이동수단으로서의 의미가 거의 없었다. 그럼에도 군이 이들이 자전거를 사용하는 이유는 등록된 선거유세 차량이 없을 경우, 확성기를 사용할 수 없다는 관련법 때문이었다.[3] 녹색당의 장예정 대변인은 "확성기의 남용을 막기 위한 의도를 가진 법규로 보이지만, 환경오

2. 자전거 가운데 부분을 보면 선거유세 차량임을 나타내는 표지가 부착되어 있다.

3. 「공직선거법」 제79조 제4항

염을 부추기는 자동차 사용을 일정 부분 강제한다는 점에서 개정이 필요한 법규"
라고 말했다.

청소년에게 선거권을 주자

녹색당은 '만 16세 이상 투표권 부여'라는 공약을 내세웠다. 선거 때마다 소외
되는 계층인 청소년들에게 국민으로서 당연한 권리인 투표권이 주어져야 한다
는 주장이었다.

> "청소년들이 미성숙해서 선거권을 줄 수 없다는 주장이 있습니다만, 오히려 청소
> 년들이 성숙할 수 있도록, 사유하고 판단할 기회를 제공하고 어린 시절부터 민주
> 시민교육을 강화해야 한다고 생각합니다."[4]

현재 우리나라는 만 19세부터 투표권이 주어진다. 이러한 나이 제한은 OECD
국가 중 가장 높다. 또한 만 18세부터 입영, 결혼, 공무원시험 응시, 청소년 관람
불가 영화 시청이 가능함에도 불구하고, 성숙하지 못하다는 이유만으로 투표권
을 제한하는 것은 이치에 맞지 않다는 것이 홍 후보와 녹색당의 주장이었다. 이
러한 견해는 이들의 선거운동 과정에서도 잘 드러났다. 녹색당의 선거운동원들
과 홍 후보는 교복을 입은 학생들에게도 후보의 명함을 배포하고 대화를 시도하
는 모습을 보였다. 비록 대다수의 학생들이 선거권이 없다며 당황해 했지만, 그
시도 자체는 굉장히 인상 깊었으며 공약에 대한 후보의 진정성을 엿볼 수 있었
다. 연령대가 낮은 선거운동원들이 많은 점 또한 눈에 띄었다. 홍지숙 후보의 대
변인이었던 장예정 씨는 올해 23세로 휴학 중인 대학생이었다. 심지어 나이가 가
장 어렸던 당원은 갓 투표권이 생긴 만 19세의 학생이었음에도 불구하고 선거유

---

4. 홍지숙 후보 인터뷰

세 때 직접 마이크를 잡고 연설하였다.

풀뿌리 민주주의를 외치다

녹색당이 그리는 '풀뿌리 민주주의'란 풀뿌리(사회 구성원)로부터 시작되는 민주주의를 말한다. 국회의원이나 공직자와 같은 사회적 지도계층이 아닌 사회의 일반 구성원들이 정보공유와 토론, 합의를 거쳐 정치적 결과를 이끌어 내는 민주주의라고 볼 수 있다. 어떻게 보면 현재와 같은 간접민주주의가 아닌 직접민주주의를 표방한다고 볼 수 있다. 이러한 녹색당의 정치적 주장은 홍 후보의 공약 속에서도 볼 수 있었지만, 선거운동 과정에서 특히 눈에 띄었다.[5] 대다수의 타 후보들이 본인 위주의 연설을 통해 유세를 진행한 반면에, 홍 후보 진영은 당원들의 연설에 큰 비중을 두어 연설의 비중이 후보 본인과 당원 간에 큰 차이가 없었다. 의왕과 과천의 시민인 당원은 본인이 직접 체감한 후보의 장점과 녹색당의 필요성에 대해 직접 역설하면서, 정치란 그들만의 리그가 아님을 보여 주었다.

득표보다 신념 위주의 선거운동

결과적으로 홍지숙 후보와 녹색당원들은 본인들의 신념과 일치하는 독특한 선거운동을 펼치는 데 성공했다. 이는 유권자들의 후보에 대한 정치적 신뢰도와 공약의 진정성을 높이는 데 상당한 기여를 했다고 볼 수 있다. 하지만 인지도를 높이는 것이 최우선 과제인 군소정당의 입장에서, 홍지숙 후보의 선거운동이 이러한 과제를 해결하는 데 효과적이었는지는 의문이다. 자동차를 사용하지 않는다는 것은 선거운동의 기동력을 일정 부분 포기하는 것과 같다. 기동력을 포기하게 되면 선거운동은 느려지게 되고, 많은 곳에서 유세를 하기가 힘들어진다. 고

---

5. 시민의 공론장, 시민의회 적극 지원 등

등학생들과 접촉하는 것 또한, 이들은 아직 유권자가 아니므로 당장에 어떤 효과를 보기는 힘들다. 당원의 연설 역시, 유권자에게 직접적으로 와 닿는다는 점에서 긍정적인 반응을 보인 유권자도 있었지만, 부정적인 반응을 보이는 유권자도 있었다. 녹색당원의 연설을 듣던 한 시민은 "왜 저렇게 말을 못하지?"라는 말을 하며 지나갔다. 물론 이는 연설한 사람이 본인과 같은 일반 시민이라는 생각을 못했기 때문에 나온 말이다. 하지만 당원들의 연설이, 직접 선거에 대비하고 공부하는 후보의 연설에 비해 전문성이 떨어진다는 것은 부정할 수 없다. 홍지숙 후보는 이러한 문제점들을 극복하고 더 많은 색다른 시도를 하지 못했음을 아쉬워했는데, 제도적·금전적 한계 등으로 인해 현실과 어느 정도 타협할 수밖에 없었던 것으로 보였다. 만일 녹색당이 언젠가 이러한 현실적 한계를 극복하는 데 성공한다면, 어떤 새로운 시도를 선보일지 궁금하게 만드는 대목이었다.

"녹색당은 '반정당의 정당'이라고 스스로를 표방하고 나섰습니다. 유세 차량 말고도 대형 외벽 현수막, 큰 돈 들여 구해야 하는 선거사무소, 후보 명함 돌리기 등 '정치'와는 아무 관련이 없는 것들이 선거운동방식으로 늘 활용되고 있습니다. "왜 그렇게 해야 하는가?" 근본적인 질문을 던지고 전환을 시도하려고 합니다. 하지만 자전거 유세뿐 아니라 색다른 시도를 많이 하고 싶었는데, 그러지 못해 아쉽습니다. 대형 현수막을 걸 것인지 여부에 대해서는 끝까지 의견이 분분했지만, 결국 타협하고 말았습니다. 이 사회의 관행을 거스른다는 것은 더 큰 용기와 비용, 역량이 필요한 것 같습니다."[6]

녹색당의 실패 요인

다른 지역에 비해 의왕·과천의 시민들은 이러한 녹색당의 정체성에 많은 관

---

6. 홍지숙 후보 서면 인터뷰

심을 보였다. 6회 지방선거에서 녹색당 서형원 후보의 득표율과 19대 총선에서 녹색당의 정당 득표율이 이를 증명했다. 의왕·과천의 높은 녹지 비율을 좋아하는 시민이 많고, 또 교육면에서 풀뿌리 운동을 실시해 본 경험이 그 원인으로 보인다.[7] 그래서인지 녹색당은 경기도 지역 중 유일하게 의왕·과천 선거구에서 지역구 후보를 공천했다. 하지만 홍지숙 후보는 유권자들의 충분한 지지를 이끌어내지 못하고 낙선했다. 관찰 결과에 따르면 그 이유는 크게 두 가지로 볼 수 있다. 첫 번째 이유는 의왕·과천 선거구의 유권자들이 현 정권에 커다란 실망을 했고, 그 무엇보다 정권교체를 바라게 됐다는 점이다. 그 때문에 국민의당, 정의당, 녹색당을 지지하는 유권자까지 야권 후보 중 가장 당선 가능성이 높은 더불어민주당의 신창현 후보에게 지역구 표를 몰아주었다.

총선 직후 4월 3주차에 실시된 여론조사에 따르면 박근혜 대통령의 지지율은 역대 최저치까지 떨어졌다.[8] 이 여론조사에 따르면 박 대통령의 국정수행에 대해 답변자의 31.5%가 긍정적 의견을, 62.3%가 부정적 의견을 표시했다. 총선 직전 새누리당의 공천 갈등 또한 유권자들의 표심에 부정적 영향을 끼쳤다. 새누리당은 '유승민 고사작전'에 이어 유 의원의 탈당 후 무소속 출마 선언, 김무성 대표의 '옥새투쟁' 등 친박·비박 간의 공천 갈등이 최고조에 이르면서 3월 말에 실시한 여론조사보다 3.2% 내려간 38.3%로, 2주 연속 하락하며 결국 30%대로 내려앉았다.[9] 이에 더해 새누리당 김무성 대표가 현재 과천시에 있는 미래창조과학부·감사원의 세종시 이전 발언을 하여 과천시의 시민들은 "새누리당만 아니면 된다."는 생각을 하게 되었다. 이런 이유들로 의왕·과천 선거구의 유권자 중에서 현 정부에 대해 비판적인 유권자들이 늘어났다. 하지만 20대 총선에서 이 선거구에는 1여4야의 구도가 형성되면서, 야권 지지자들의 표가 분산될 가능성이 높아지게 되었다. 이에 따라 의왕·과천의 여러 시민단체와 더불어민주당 소속 시·도

---

7. 의왕과 과천의 개발제한구역(그린벨트) 비율은 각각 85%를 넘는다.
8. 리얼미터 여론조사, 2016. 4. 14~4. 15.
9. 리얼미터 여론조사, 2016. 3. 21~3. 25.

의원들은 야권 후보들의 단일화를 촉구했다.[10] 하지만 결국 단일화는 이루어지지 못했고 1여4야의 구도 그대로 선거가 진행되면서, 야권의 승리를 위해서는 유권자들의 교차 투표가 필요한 상황에 이르렀다. 야권후보단일화가 이루어지지 못한 이유로는 여러 가지가 있겠지만, 가장 큰 이유는 일부 야권 후보들이 단일화에 대해 부정적이었다는 것이다. 녹색당의 홍지숙 후보 또한 단일화에 대해 부정적인 견해를 가지고 있었다.

Q. 1여4야의 구도로 선거가 진행되고 있는데, 이런 식이라면 여당에게 굉장히 유리한 형국이 될 것 같다는 여론이 있습니다. 야권연대에 대한 생각은 없으셨나요?

A. '야권'이 무엇일까요? 집권하지 못했다는 이유에서 연대의 근거를 찾기는 어려워 보였습니다. 눈앞의 당선을 위해 또다시 우리 정책을 양보할 수는 없습니다. 녹색당만이 목 놓아 이야기하는, 성소수자, 탈핵, 에너지 정의, 생명권, 탈성장 등에 관한 정책에 물을 타서 희석시킬 수는 없습니다. 필요한 것은 선거제도의 개혁이라고 생각합니다. 최악을 면하고자 울며 겨자 먹기로 차악을 선택해야 하는 지금과 같은 선거제도를 뜯어고칠 생각을 하지 않는 국회의원들이 오히려 놀랍습니다. 국민들이 국민의 뜻이 반영되지 못하니, 정치에 대해 분노와 무기력함을 느끼고 있습니다.[11]

위 인터뷰에 따르면 홍지숙 후보는 야권연대를 '최악을 면하고자 차악을 선택하는 행위'로 보았다. 또 야권연대를 실시할 수밖에 없는 상황으로 내모는 선거제도를 비판했다. 무엇보다 단일화를 위해 '녹색당만이 목 놓아 이야기하는' 여러 정책들을 포기할 수는 없다고 강조했다. 하지만 의왕·과천의 유권자들은 야권후보단일화가 이루어지지 못한 것에 대해 아쉬워하는 모습을 많이 보였다.

---

10. 포커스뉴스, 2016. 4. 1, 2016. 4. 4.
11. 홍지숙 후보와의 서면 인터뷰

"신창현 후보로 힘을 모아야 녹색과천, 미래창조과학부 등을 지킬 수 있을 것 같네요."[12]

"녹색당이요? 좋죠, 녹색당. 제 와이프가 당원이기도 하고, 저도 환경을 생각하는 이런 정당 하나쯤 원내에 있어야 한다고 생각은 해요. 야권 후보가 많은 현 상황에서, 야권 지지자들 입장에서는 비례대표는 소신껏 가더라도, 지역구 투표는 더민주당의 신창현 후보에게 몰아주는 게 좋지 않을까 싶네요. 후보단일화가 됐으면 좀 더 편해지지 않았을까."[13]

다른 유권자들의 의견도 크게 다르지 않았다. 녹색당이 마음에 든다고 말하는 시민들조차 일단은 당선 가능성이 높은 신창현 후보에게 표를 줘야 한다는 의견이 지배적이었다. 녹색당과 홍지숙 후보의 공약이 필요하다는 데에는 이견이 없었지만, 야당 후보를 당선시키기 위해선 크게 마음에 들지는 않더라도 더불어민주당 후보에게 표를 몰아야 한다는 것이었다. 홍지숙 후보의 관점에서 보면, 이역시 최악을 면하고자 차악을 선택하는 행위라고 볼 수 있다.

가치 지향의 선거 캠페인

녹색당이 실패한 두 번째 이유는 홍지숙 후보의 공약이 다른 후보들의 공약과는 확연히 다른, 가치지향적인 공약이었다는 데 있다. 위에서 언급했듯이 녹색당은 생태, 공존을 추구하며 소수자의 대변인이 되기를 자처한다. 하지만 선거구내 다른 누구보다 독특한 정책을 내세웠음에도 불구하고, 유권자들의 관심을 이끌어 내지 못했다. 그 이유를 살펴보기 위해 40%가 넘는 득표율로 당선된 더불어민주당 신창현 후보와 녹색당 홍지숙 후보의 정책을 비교해 보았다.

〈표 4〉는 신창현 후보와 홍지숙 후보의 공약 중 일부이다. 〈표 4〉에서 볼 수 있

---

12. 인터넷카페 '과천사랑' 댓글
13. 30대 남성 유권자, 의왕역 2번 출구

표 4. 더불어민주당 신창현 후보와 녹색당 홍지숙 후보의 공약 비교

	더불어민주당 신창현		녹색당 홍지숙
의왕	–고천행복타운 조기 조성 –의왕산업단지 조기 조성 –뉴스테이(중산층 임대주택) 3600세대 조기 건설 –장안도시개발 1100세대 조기 완공 –도시재개발 조기 추진 –농어촌공사 부지 조기 개발 –백운호수 전원도시 조기 개발 –왕곡 스마트신도시 조성 –오전스포츠센터 건립	생태	–가정용 태양광 발전 지원, 지역 에너지 자립 연구 지원 –양재천, 갈현천, 청계천, 오전천을 생태 하천으로 –유기동물 보호활동 지원, 길고양이 급식소 설치 **–녹지훼손 중단, 대규모 택지개발 대신 주민참여형 도시재생사업 추진 지원**
과천	–단독주택 건축규제 완화 –정부청사 유휴지 매각, 대기업 본사 유치 **–과천동 그린벨트 해제** –뉴스테이(중산층 임대주택) 5200세대 조기 건설 –동서연결도로 신설 –체류형 관광타운 조성	청년·청소년	–의왕·과천 청년 기본소득 우선 실시 –청년, 신혼부부 주거 지원 –만 16세 이상 교육감 투표권 부여, 학교 운영위 학생 참여 법제화
		풀뿌리 민주주의	–탈학교 청소년 지원 정책 마련 –국회의원 및 지역 정당 주최 시민정치토론 정례화 –자영업자와 시민들을 위한 업종별 창업 지원센터 신설

출처: 신창현과 홍지숙 후보의 홍보물

듯이 두 후보의 공약은 큰 차이를 보인다. 신 후보가 지역개발을 통해 의왕과 과천의 경제적·문화적 발전을 약속한 반면, 홍 후보는 오히려 지역개발을 지양했다. 가치지향적 공약을 통해 '어쩌면' 유권자들이 관심을 가지지 않는, 혹은 가지지 못하는 영역에 대해 언급했다. 생태는 물론이고, 정치·경제적 약자라고 볼 수 있는 청년·청소년에 관련된 공약과 상향식 의사결정을 위한 풀뿌리 민주주의를 약속하는 공약 또한 볼 수 있었다. 이렇듯 홍 후보는 신 후보와 공약 면에서 많은 차이를 보였으며, 이는 선거구 내 다른 후보와 비교해도 크게 다르지 않았다. 참여관찰을 진행하면서, 홍지숙 후보가 내놓은 정책의 이러한 '특이성'이 과연 유권자들에게 어필이 될 수 있을지가 의문이었다. 그래서 지역 유권자들에게 홍지숙 후보의 공약에 대한 의견을 물어보았다. 또한 후보에게 직접, 본인 공약의 중요성에 대해 질문했다.

Q. 요즘 경기불황과 그에 따른 청년실업, 복지 등의 문제로, 선거의 쟁점이 환경, 생태 등과는 거리가 멀어 보입니다. 녹색당의 정책이 당장 힘들어하고 있는 유권자들에게 크게 어필이 될지 의문입니다. 녹색당이 추구하는 정책이 아직 정치·경제적으로 선진국이 되지 못한 대한민국에서는 이르다고 생각하지 않으신가요?

A. 글쎄요, 제게는 너무도 시급한 문제입니다. 밥상 위에 오르는 유전자조작 식품, 방사능 오염 수산물, 모든 가치 위에 군림하는 돈, 공장에서 찍어내듯 길러지는 생명 '상품'들, 1급 발암물질 미세먼지에 숨 쉬는 공기마저도 내놓고 우리 삶에 어떤 대안이 시급한 것인지 궁금합니다. 성소수자, 장애인, 어린이, 청소년, 미래세대, 이주민 등 우리 사회의 분명한 구성원들인데도 불구하고 이들의 목소리는 정치에 얼마나 반영되고 있습니까? 초고압 송전탑, 핵발전소, 수출 의존 경제, 내가 누리는 이 삶 아래에 누군가의 희생이 담보되어 있고, 지속가능하지 않은 토대 위에 우리 사회가 위태로운 성을 쌓아올리고 있습니다. 더 이상 미룰 수 없습니다. 당장에 대전환이 필요합니다.[14]

위 인터뷰에서 볼 수 있듯이 홍지숙 후보는 사회적 소수자와 약자들을 대변하려고 노력하는 모습을 보였다. 또한 즉각적·단발적인 발전 효과가 있는 지역개발이 아닌, "지속가능한 장기적 발전을 위한 토대를 다지는 것이 필요하다."라고 주장했다. 하지만 녹색당을 처음 접한 다수의 유권자들은 이러한 홍 후보의 견해에 대해 큰 공감을 하지 못했다.

"환경 중요한 거 누가 모르나, 요즘 시대에. 그거에 신경 쓸 겨를이 없는 거지."[15]
"생태도시 뭐 그런 거는, 녹지 많은 게 과천 자랑이니까 좋은데, 홍보물 보니까 저랑은 좀 동떨어진 공약이 많더라고요. 청년정책이나 시민의회 같은 거. 물론 필요

14. 홍지숙 후보와의 서면 인터뷰
15. 40대 여성 유권자. 의왕역 2번 출구

한 거라고 생각은 하죠, 하는데."[16]

생태를 생각하고 소수자를 생각하는 정책이 필요하다는 것에는 이견이 없었지만, 유권자들은 지금 당장 지역개발을 통해 시민들의 경제·문화적 삶의 질을 높여주겠다고 말하는 다른 후보의 공약에 비해, 돌아오는 이익이 적다고 판단한 것이다. 민주주의 선거에서 유권자들은, 본인에게 어떤 식으로든 이익이 된다고 판단되는 후보에게 투표권을 행사하기 마련이다. 홍 후보는 본인의 공약이 유권자들의 장기적인 이익으로 이어질 것이라고 설득하는 데 성공하지 못했다.

선거 결과의 정치적 의미

결과적으로 홍지숙 후보는 득표율 3.23%라는 기대 이하의 성적을 거두며 낙선했다. 하지만 녹색당과 홍지숙 후보는 선거운동과 공약 면에서, 다른 후보와 확연히 차별화된 모습을 보이는 데에는 성공했다. 특히 개발 공약이 없는 정당·후보를 자처하는 점은 타 후보와의 가장 큰 차이점이었다. 참여관찰을 진행해 본 결과, 이러한 차별화된 '특이성'이 저조한 성적의 원인 중 하나로 보였지만, 이는 근본적으로 녹색당과 홍지숙 후보의 문제라고 보기 어렵다. 녹색당의 정치적 모토에 따라 개발 공약이 없는 정책을 내세우고, 그에 걸맞는 선거운동 전략을 세운 것이기 때문이다. 오히려 문제는 정당의 정치적 성향이나 노선과는 아무런 관련이 없는, 지역개발 공약을 남발하는 후보들이다. 지금까지 각종 선거에서는 수많은 후보들이 감당 못할 양의 공약을 들고 선거에 출마했다. 이번 20대 총선도 예외가 아니었다. 대부분의 후보들은 벅찰 만큼, 많은 지역구 개발 공약을 내걸고 당선됐다. 당선인들은 국회에 입성하면 어떻게 본인의 공약을 이행할 것인지를 고심할 것이다. 또 직접 영향을 미칠 수 있는 상임위원회에 가려고 노력할 것

---

16. 30대 남성 유권자, 과천시 중앙공원 분수대

이다. 하지만 이 같은 당선인들의 개발 공약은 국회의원으로서 심각한 방향착오이다. 국회의원이 나라 전체를 생각해서 직무를 수행해야지 본인 지역구의 개발에 필요한 예산을 확보하고, 이를 업적으로 내세우는 것은 바람직하지 않다. 그럼에도 불구하고 대부분의 국회의원 후보들은 선거에서 지역구 개발 공약을 내건다. 한국의 대다수 정당과 후보들이 이러한 모습을 보이며, 유권자로 하여금 그저 최악을 면하기 위해 차악을 선택하는 행위를 강요한다. 앞으로 각 정당과 후보들이 국회의원 본연의 임무에 충실해지면 유권자들은 차선책이 아닌, 진정으로 지지하는 후보를 선택함으로써, 녹색당과 같은 특이성을 지닌 정당의 목소리가 '그들만의 목소리'가 되지 않을 수 있을 것이다.

16. 원혜영 후보는 어떻게 5선에 성공했나?

[경기 부천 오정]

명희승

새누리당의 안병도 후보의 네거티브 선거전략

새누리당의 안병도 후보는 정책전문가다. 연세대학교 정치학 대학원을 졸업한 정치학 박사다. 일본 게이오대학교에서 후학을 양성했고, 경기개발연구원 수석연구위원이었으며, 연세대 겸임교수를 지냈다. 또 정책에 관한 여러 저서를 남긴 것으로 알려져 있다. 안 후보는 이론에만 머무는 것이 아니라, 실천가라는 이미지를 보여 주려고 노력했다. 19대 총선 이전부터 자전거를 타고 부천 곳곳을 다니며 시민의 목소리를 들었다. 소사 대곡철이 광역철도에서 일반철도로 바뀌는 과정에서 그는 6만 시민의 서명을 발로 뛰면서 받아 냈고, 관련 장관들과도 직접 만나서 광역철도를 국가가 재정을 부담하는 일반철도로 바꾸었으며 그것을 크게 홍보했다.[1] 안 후보는 부천시 소사구 국회의원이었던 김문수의 추천으로 정계에 들어와 새누리당 부천 오정 당원협의회 운영위원장을 맡았다. 20대 총선 당시 중앙당 수석부 대변인으로 활동하고 있었다. 전과기록에 음주운전 기록이 있으나 선거에 크게 영향을 미칠 것으로 보이지는 않았다.

---

1. "김무성, 안병도·차명진 당선시켜 달라", 우리들 뉴스, 2016. 4. 9.

안병도 후보의 선거전략은 네거티브 전략이라고 해도 과언이 아니었다. 선거운동 기간 동안 안 후보는 4선 의원 원혜영 후보와의 선거에서 이기기 위해 원 후보의 약점을 비집고 들어갔다. 선거홍보물에는 원혜영 후보의 특권행위, 탈세행위, 부진한 공약 진행 등을 비판하는 것으로 가득 차 있었다. 물론 근거도 잘 갖추어 놓았다. 사전 선거운동 혐의로 벌금형을 받았던 원후보가 그 조항을 국회에서 개정하여 유죄를 무죄로 만든 사례를 고발했다. 또 "원조 기부정치인"이라는 이미지에 타격을 주기 위해 관련 영상까지 마련해서 선거차량에 틀고 오정구를 돌았다. 네거티브 전략과 그에 대한 원혜영 후보의 대응은 뒤에 더 자세히 살펴볼 것이다.

안 후보는 국회의원 면소 특권 폐지, 국회의원 임기 중 타 선출직 출마 제한, 국회선진화법 개정, 거짓 공약 원샷 아웃제 실시, 국회의원 동일 선거구 연임 3회 제한 등의 공약을 내세웠다. 이는 모두 원혜영 후보를 겨냥한 것이었다. 우선 국회의원 면소 특권 폐지의 경우, 원 후보가 선거법을 바꾸어 벌금을 면했다는 혐의를 받은 것을 노린 것이었다.[2] 두 번째, 국회의원 임기 중 타 선출직 출마제한의 경우는 원혜영 후보가 부천시장 당시, 총선에 출마하기 위해 임기를 마치지 않고 사임한 것을 조준한 것으로 볼 수 있다. 물론 원 후보는 국회의원 재직 중 다른 선출직에 출마한 것이 아니고 기초단체장 시절에 국회의원에 출마했지만 원 후보가 선출직의 임기 만료까지 책임을 다하지 않았다는 것에는 비판의 여지가 있었다. 세 번째, 국회선진화법 개정은 19대 식물 국회와 함께, 법안이 통과되지 못하게 하는 야당에 대한 비판으로 볼 수 있다. 또 필리버스터와 국회의장 직권상정 요건 강화를 골자로 한 국회선진화법을 추진한 것이 원혜영 후보란 것을 고려하면, 이것 역시 원 후보를 겨냥한 것으로 볼 수 있다. 네 번째, 거짓 공약 원샷 아웃제도 원혜영 후보의 지하철 공약을 비판한 것이다. 부천시장 선거에 나갈 때부터

---

2. "원혜영 의원, 국회·더불어민주당 고위직 자격 있나", 유리들 뉴스, 2016. 4. 18.
　기사상에서 기자는 확정적으로 이야기했으나 선거구 내에서 이에 대한 논쟁이 있었으므로, 혐의를 받은 것으로 서술했다. 이에 대해서는 뒤에 구체적으로 논할 것이다.

4선 의원으로 5선에 도전할 때까지, 지하철 공약은 20년 가까이 나왔지만 7호선 연장 말고는 큰 소득이 없었다. 반면 안병도 후보는 소사 대곡철을 일반철도로 전환시킨 사례를 들며, 국토교통위원회에서 활동할 것을 약속했다. 마지막으로 국회의원 동일 선거구 3선 연임 제한은 마찬가지로 4선 원혜영 후보를 겨냥한 것이었다. 안 후보는 원 후보를 "군림하는 왕"으로 규정하고, 본인은 머슴으로서 지역에 봉사하겠다는 포부를 밝혔다.[3]

4선 현역의원인 더불어민주당의 원혜영 후보

원혜영 후보는 정치인으로서 경력이 화려하다. 대학시절 학생운동 지도자로 구속된 민주투사다. 민주투쟁 경력은 정치인으로서 자랑스러운 업적에 해당한다. 이후 원 의원은 풀무원식품을 창업하여 성공을 거두었고, 대부분의 지분을 장학재단을 통해서 사회에 환원했다. 이를 통해 "원조 기부정치인"이라는 타이틀도 가지게 되었다. 이후 부천 시장 2선, 부천시 오정구 토박이로서 부천시 오정구 국회의원 4선에 성공했다. 더불어민주당 내에서 원내대표 경험도 있는 중진 의원이다. 언론에서는 "거목"이라는 단어로 원 후보를 표현하기도 한다. 하지만 4선에 대한 유권자의 피로감을 안병도 후보가 잘 공략했고, 야권이 분열되어 일여다야 구도가 형성되었기 때문에, 20대 총선이 원혜영 후보에겐 어려운 타이틀 방어전이 될 것으로 예상했다.

업적 과시 전략: '누가 해냈습니까?'

원혜영 후보가 부천에서 6번이나 선출직에 당선된 것은 엄청난 메리트였다. 원 후보는 "부천이 키운 큰 인물 원혜영, 오정구의 힘 있는 변화를 이끌 유일한 사람"으로 본인을 소개했다. 그는 유세 때마다 질문을 던졌다. "문화도시 부천 창

---

3. "안병도는 진정한 머슴입니다.", 다음뉴스, 2016. 4. 8.

조, 지하철 7호선 부천 연장 개통, 소사~오정구~일산 지하철 착공, 고도제한 완화, 오정경찰서 유치 등 오정구의 이 모든 변화를 누가 해냈습니까?" 원혜영 후보는 오정구의 아들로서 본인의 업적을 강조했다. 원 후보는 유세 때마다 "원미산의 진달래꽃, 도당산 벚꽃"이라는 말로 시작했다. 부천에서 문화도시화의 일환으로 진행했던 꽃축제들과 그때 당시 조성한 산림 공원들을 언급하며, 부천 내 지리와 축제에도 관심이 있음을 어필하기 위한 것이었다. 지하철 7호선 부천종합운동장역에서는 버스 정류장에서 만나는 시민마다 악수하며 어디가는지 물었다. 이후 그 지역에서 본인이 해 온 업적과 공약을 설명하고, 어떤 버스를 타면 된다고 말해 주기도 했다. 또한, 본인이 부천에 들여온 버스안내시스템을 어필하는 것도 잊지 않았다.[4]

원 후보의 핵심 공약은 지하철 유치였는데, 그는 부천을 지하철도시로 만들겠다고 공약하였다. 인천 계양에서 부천을 거쳐 홍대로 가는 지하철, 소사에서 원종을 거쳐 일산으로 가는 지하철을 완성하여 오정구를 지하철도시로 만들려는 계획이었다. 물론 이 공약은 매 선거 때마다 나온 공약이었다. 그렇기 때문에 이미 90%가 완료되었다는 말로 유권자들을 설득하였다.

소통 및 지역 친밀감 전략: '원혜영 아저씨예요~'

원혜영 후보는 부천시 오정구 출신인 것과 20대 총선 당시에도 부천에 거주하고 있다는 장점을 잘 활용했다. 아이들을 만나면 '국회의원 아저씨'라고 본인을 설명했다. 그러면서 아이들의 나이와 학교를 물어보고 본인에 대한 이야기를 했다. 원 후보는 이처럼 투표권이 없는 어린이들도 선거에서 중요한 역할을 한다는 것을 알고 있었다. 어린이들이 부모에게 '원혜영 국회의원 아저씨' 얘기를 하면 귀를 기울일 것이기 때문이다. 이런 전략은 원 후보가 부천시 오정구에서 4선을 하면서 많은 선거를 치루어 본 경험에서 나온것으로 보였다. 또 원 후보는 지역

---

4. 부천 종합운동장역 5번 출구 앞에서 원혜영 후보의 유세활동을 관찰한 내용을 기반으로 작성했다.

내 이슈와 관련된 정보를 잘 알고 있기 때문에 지역밀착형 선거전략을 사용하였다. 앞서도 이야기했지만 유세 서두에 항상 원미산의 진달래꽃축제와 도당산 벚꽃축제를 언급하며 지역적 관심과 친밀감을 어필했다. 버스 정류장에서는 어디로 가려면 어느 버스를 타야 하는지 모두 알고 있었다. 이것은 유권자들에게 안도감을 줄 수 있는 전략이었다. '우리 지역을 아는 사람에게, 우리 지역에 익숙한 사람에게 다시 한 번 더 맡겨도 되겠구나'라는 안도감을 주는 전략이었다. 원 후보는 다른 후보와 달리 그 지역에서 가장 잘 어필되는 자리로 선거현수막 위치를 선점했고, 그 지역 유권자들이 매력적으로 느낄 수 있는 공약을 강조했다. 이는 원 후보가 부천 오정구에 대해서 잘 알고 있기에 가능한 전략이었다.

세분화된 동별 맞춤형 공약

세분화 전략은 선거구 내 유권자에게 가장 매력적으로 다가갈 수 있는 전략이었다. 다른 후보들의 경우 부천 오정구 전체에 관한 공약이 주를 이루었고, 현수막의 경우도 본인의 가장 큰 공약이나 전략에 관한 특정 주제만 다루고 있었다. 그러나 원혜영 후보는 달랐다. 부천시 오정구를 동별로 나누어 공략했다. 원종동, 고강동, 성곡동, 신흥동, 오정동으로 나누어 그 동 주민이 가장 매력적으로 느낄 만한 공약을 다 내세웠다. 그 동에서 가장 유동인구가 많은 곳에 동별로 세분화된 공약을 현수막으로 걸어 놓았다. 선거구 내 유권자들이 보기에 다른 후보들에 비해 정성이 느껴질 수 있는 전략이었다. 원종동의 경우는 원종~홍대 지하철 확정, 삼덕진주아파트 건너편 300대 규모 주차공원 조성, 경마장 이전 후 문화센터 전환 등 세세한 아파트명과 위치까지 언급하면서 공약을 만들었다. 오정동은 군부대 조기 이전과 미니신도시 개발, 경인고속도로 지하화 등이 맞춤 공략이었다. 또한, 오정동에서 경인고속도로와 관련한 공약을 언급하면서 경인고속도로 지하화 관련 재정을 끌어낸 서영석 시의원의 지지 연설을 더했다. 이처럼 원혜영 후보는 공약이 실현될 수 있다는 신뢰감을 주기 위해 노력했다.[5]

더불어민주당 출신의 서영석 국민의당 후보

서영석 후보는 연세대학교 행정대학원 행정학 석사를 취득한 국민의당 후보다. 서 후보의 특이한 점은 민주당 출신의 국민의당 후보라는 것이다. 제5대 새천년민주당 경기도의회 의원이었고, 제6대 새천년민주당 경기도의회 부의장이었다. 이후에는 민주당 부천시 오정구 지역위원장까지 맡으면서 오정구에서는 중요한 직책을 지냈다. 어느 정도 지지 세력을 확보하자, 서영석 후보는 19대 총선에서 무소속으로 국회의원에 도전했다. 민주당의 공천을 받기에는 원혜영이라는 거목이 그 길을 막고 있었기 때문이다. 하지만 원혜영 후보와 안병도 후보에 밀려 많은 표를 얻지 못하고 낙선했다. 하지만 서 후보는 20대 총선에서는 무소속이 아니라 국민의당 후보로 나섰다. 국민의당 중앙당 창당 발기인으로 합류하면서 안철수를 등에 업고, 오정구로 돌아왔다. 분명 서영석 후보가 당선이 될 확률은 크지 않았으나 일여다야 구도에서 더불어민주당 원혜영 후보의 득표에 어떠한 영향을 줄지, 국민의당이 더불어민주당의 텃밭에서 어떤 돌풍을 일으킬지가 핵심이었다.

서영석의 선거전략: '안철수와 함께하는 깨끗한 개혁'

서영석 후보의 선거전략은 '안철수와 함께', 그리고 '깨끗한'으로 요약할 수 있다. 서 후보는 사무실 바로 위에 본인의 공약이 아닌 안철수와 함께 찍은 사진을 걸어 놓았다. 이것만 보아도 안철수라는 존재가 서영석 후보의 선거전략에 얼마나 큰 영향을 미치는지 알 수 있었다. 더불어민주당이라는 야당에 실망한 유권자들을 안철수라는 이름으로 결집시키려는 것이었다. 이후 서 후보는 국민의당의 정당 지지도가 더불어민주당의 지지도보다 높다는 통계가 나왔을 때, 바로 현수막을 교체했다. 현수막에는 안철수가 서영석 지지유세를 하러 오늘 날짜와 시

---

5. "서영석 도의원, 경인고속도로 지상공간 활용 기본계획 예산 확보", 미디어인천신문, 2015. 12. 14.

간까지 적혀 있었다.[6] 서 후보는 안철수와 국민의당에 의지하는 전략이 주된 전략이었다. 또 하나 강조한 것은 '깨끗함'이다. 도의원 시절 청렴했던 본인의 행적을 강조했다. 지방의원 임기 동안 세금을 낭비하는 해외연수를 가지 않았고, 임기 동안 무보수로 지역사회를 섬겼다는 것을 강조했다. 또 오정대로를 개통했고, 고리울 초등학교를 건립했으며, 은데미 공원을 건립하는 등 본인이 오정구를 위해 했던 업적을 과시하는 것을 잊지 않았다. 사실 공약적 측면에서는 원혜영 후보, 안병도 후보와 큰 차이는 없었다. 주민기피시설 백지화, 지하철 개통 등의 공약이 대부분이었다. 공약에서 다른 후보와 차별점이 하나 있었다면, 소상공인 카드수수료 인하였다. 유세장에서도 공약을 강조하기보다는 안철수와 함께, 정치를 개혁하고 오정구에 큰 변화를 이루겠다는 내용이 대부분을 차지했다.

운동권 출신의 구자호 정의당 후보

구자호 후보는 진보정당인 정의당에 맞는 약력을 가졌다. 학교 민주화 투쟁을 주도하느라 고등학교를 검정고시로 졸업했다. 이후 경희사이버대학을 거쳐 성공회대학교 문화대학원에 재학 중이다. 구자호는 인천청소년인권복지센터, 내일의 기획정책실장을 맡았고, 월간 『노동세상』의 기자로 활동하기도 했다. 부천의 의료 관련 사회적협동조합의 기획위원장을 맡기도 했으며, 노회찬의 정책특보를 맡기도 했었다. 정의당 부천시오정구위원회 위원장으로서 정의당 후보로 선거에 나왔다. 구자호 후보의 경우는 본인의 선거승리 대신 정의당의 정당투표를 우선했다. 선거유세라든지 홍보활동이 거의 이루어지지 않았다. 가끔 사무실 앞에 피켓을 든 정당 활동원들이 있었는데 피켓에 적힌 구호는 '정당 투표는 정의당!'이었다. 공약에 있어서도 부천에 대한 공약은 구체적이지 못했다. '문화재생도시로 지속성과 역사성을 이루겠습니다.'라는 모호한 말로 공약을 대신했

---

6. 경기도 부천시 오정구 원종동 사거리에 설치되어 있던 현수막 기준

다. 현수막의 경우도 '정당 투표는 정의당!'이라는 구호가 적혀 있었고, 정당적 차원의 공약인 '권역별 비례대표제'라는 말과 노동자와 비정규직을 위한 대책 관련 이야기들이 많았다. 즉, 구 후보에게 20대 총선은 정의당의 정당 투표를 장려하기 위함이었다. 아직 젊기 때문에 얼굴을 알리고 정당 지지를 호소하는 것에 목표를 둔 것으로 보였다.

안병도 후보의 네거티브에 대한 원혜영 후보의 맞대응

부천시 오정구 20대 총선의 하이라이트는 안병도 후보의 네거티브와 그에 대한 원혜영 후보의 대응 전략이 아니었나 생각한다. 안 후보는 이번 선거전략으로 네거티브 전략을 선택했다. 일여다야 구도에서 서영석 국민의당 후보가 원혜영 후보의 표를 가져가고, 네거티브를 통해 원혜영 후보에 대한 지지를 무너뜨리면 승리할 수 있다는 생각이었다. 안 후보가 그렇게 생각할 수 있었던 이유는 이전 선거에서 안 후보가 약 30%라는 의미있는 득표율을 기록했고, 네거티브 전략을 위한 증거자료들을 잘 준비했기 때문이다.

원혜영 후보는 이에 대해 초기에는 '관용과 무시'로 대응했다. 안병도 의원의 엄청난 네거티브에도 불구하고, 새누리당 활동원들을 만나면 그들에게 먼저 인사를 건네고 독려했다. 또 본인의 유세에서도 안병도 후보의 네거티브는 크게 언급하지 않고 본인의 공약을 전개해 나갔다. 안 후보는 이미 준비해 둔 근거자료들을 배포하기 시작했다. 세금 비리 관련 동영상과 원 후보의 치부를 입증할 수 있는 자료들을 선거유세 차량에 틀어 오정구를 누볐다. 이에 국민의당 서영석 후보도 가세하여 같이 원혜영 후보를 비판했다.[7]

이후 원혜영 후보의 네거티브에 대한 대응은 맞대응으로 바뀌었다. 그 시작은 원 후보의 아내인 안정숙 사모의 한 에세이에서 비롯되었다. 안 사모는 안병도의

---

7. "원혜영 동영상 '선거 쟁점화', 서영석 反원혜영 전선 구축 하나", 부천신문, 2016. 4. 6.

네거티브에 대한 슬픈 마음을 인터넷에 올렸다. 한계레신문 『씨네 21』 편집장 출신의 안정숙 사모는 유권자에게 의미있는 울림을 주었다. 이후 원혜영 후보는 선거법 위반으로 안병도 후보를 고소했고, 유세에서도 적극적으로 안 후보를 언급하면서 맞대응 전략을 사용했다. 후보 토론회 이후에는 원 후보 측도 동영상 자료를 마련하여 안 후보에 대한 네거티브 전략을 사용했다. 다음은 핵심 쟁점들이다.

선거의 핵심 쟁점 1: 원혜영 후보의 선거법 위반

안병도 후보는 본인의 공약 간행물에 원혜영 후보의 선거법 위반 행위에 대한 자료를 포함했다. 원 후보가 사전선거운동 혐의로 벌금 500만 원을 선고받았었는데, 민주당 측은 원 후보가 위반한 선거법을 국회에서 개정하는 작업을 벌였고 결국 관련법이 개정되어 유죄가 무죄가 되었다는 내용이었다. 그리고 국회의원 면소 특권을 폐지하고 특권정치를 타파하겠다고 유세했다.[8] 원혜영 후보는 이에 대해 강경하게 대응했다. 원 후보 선거대책위원회가 안병도 후보를 공직선거법상 허위사실 공표와 후보 비방 등의 혐의로 검찰에 고발한 것이다. 선거대책위원회의 주장은 다음과 같다. 우리나라 헌법에는 '무죄추정의 원칙'이 명시되어 있는데, 이에 따르면 유죄판결이 확정될 때까지는 무죄로 본다는 내용이다. 원혜영 후보는 2, 3심에서는 무죄판결을 받았고, 무죄추정의 원칙에 따라 한번도 유죄인 적이 없다는 주장이었다. 선거대책위원회는 안병도 후보의 주장을 타 후보를 비방할 의도를 가지고 사실 관계를 왜곡한 것으로 보았다.

선거의 핵심 쟁점 2: 원혜영 후보의 기부정치

원혜영 후보는 "원조 기부정치인"으로 불렸고, 더불어민주당 시의원의 지지유세에서도 항상 나오는 말이 기부 정치인이라는 말이었다. 풀무원 창업주였던 원

---

8. "안병도 위원장, 국회의원 왕특권 면소특권은 입법권 악용", 우리들 뉴스, 2014. 10. 7.
   2016년 총선에서도 유세, 공고문 등을 통해 원혜영 후보를 공개적으로 비판했다.

후보는 보유하고 있던 풀무원 지분 전체를 사회에 환원하여 장학재단인 부천육영재단을 설립했다. 이를 통해서 지난 20년간 3,000여 명의 학생들에게 총 17억 원 규모의 장학금을 지급했다고 알려져 있다. 또 재산 증가율도 적고, 검소하게 생활하는 정치인 이미지를 보여 주었다.

그런데 안병도 후보는 원혜영 후보의 장학재단 설립이 세금 절약을 위한 것이라고 주장했다. 원 후보가 사석에서 한 말을 동영상 자료를 통해 근거로 들면서 그러한 주장을 뒷받침했다. 그 영상에서 나오는 원혜영 후보의 말의 핵심을 간추리면 이렇다. "나는 원래 장사꾼 출신이다. 장학재단 설립에 들어간 20억 원을 내가 다 가질 수 있었다면 미쳤다고 내가 그렇게 했겠느냐? 증여세 10억이나 되는 세금 내기 싫어서 재벌들이 흔히 하는 대로 장학재단을 만들었다." 안병도 후보는 이 영상을 유세 차량에 틀면서 원혜영 후보를 비판했다. 원 후보 측은 그 동영상을 틀고 있는 유세현장에서도 묵묵히 명함을 나누어 주며 지지를 호소했다. 이와 함께 원혜영 후보 측은 특정 부분만을 강조한 악의적 편집이라고 반박했고, SNS에 해명하는 글을 올리는 등의 조치를 취했다.

선거의 핵심 쟁점 3: 오정 지하철 공약

안병도 후보는 원혜영 후보의 오정 지하철 공약을 강력하게 비판했다. 안 후보에 따르면, 원 의원은 20년 가까이 오정 지하철 공약을 반복하고 있고, 그의 공약대로였으면 2016년 오정 지하철 시대가 이미 열렸어야 한다는 것이었다. 안 후보는 후보 토론회에서 구체적인 수치까지 제시하며 비판했다. "매우 어렵다고 말했다. 왜냐하면 한국개발원에서 기획재정부의 의뢰를 받아서 한다면 지하철의 예비타당성 지수가 0.75~0.85이기 때문이다. 사업성이 없다고 생각한다."라고 말했다. 또한, 원혜영 후보가 부천시장일 당시 개통한 7호선이 원혜영 후보가 한 것이 맞는지 논란의 소지가 있다는 주장이 있었는데[9] 이에 안병도 후보는 "또 속으

---

9. "원혜영 의원, 국회·더불어민주당 고위직 자격 있나", 우리들 뉴스, 2016. 4. 18.

시겠습니까?"라며 오정구 유권자에게 물었다. 원혜영 후보는 후보 토론회 이후 토론회 영상을 편집하여 이 주장에 대응했다. 안병도 후보는 원종~홍대 지하철을 반대했지만, 원혜영 후보는 본인은 오정 지하철을 90% 정도 완료했다는 내용의 영상이었다. 원 후보도 안 후보처럼 그 영상을 유세장마다 틀어 놓았다.

선거의 핵심 쟁점 4: 고도제한 완화에 관한 법

안병도 후보는 원혜영 후보의 업적 중 하나인 고도제한 완화에 관한 법안에 대해서도 물음을 표했다. 국토교통부에 문의한 결과, 2015년 항공법 개정안은 선거용으로 급조된 불량한 항공법이라는 것이었다. 안병도 후보는 국토교통부의 답변서를 증거자료로 제시했다. 답변서의 내용을 요약하면 다음과 같다. "공항 주변 고도제한은 국제민간항공기구(ICAO) 국제기준을 국내법에 반영한 것으로 지금은 ICAO 차원에서 논의가 진행 중에 있고, 완료시까지는 상당한 시간이 소요될 것이다." 원혜영 후보는 이 주장에 대해서 크게 반박하지는 않았다. 심지어 마지막 유세였던 고강사거리유세에서는 본인이 고도제한이라는 유리천장을 걷어낸 것을 강조했다. 새누리당 측은 이에 대해 주민설명회방식을 통한 해명을 요구하기도 했다.[10]

선거의 핵심 쟁점 5: 신정동 차량기지 유치 공약

신정동 차량기지 관련 논쟁은 안병도 후보가 주도하고 원혜영 후보가 해명하던 구도와는 반대였다. 원혜영 후보 측 더불어민주당 시·도의원 5인은 부천시청사에서 기자회견을 열고 신정동 차량기지를 주민기피시설로 규정하고 반대하는 목소리를 높였다. 이에 대해 안병도 후보 측은 차량기지만 유치하는 것이 아니라, 차량기지가 서울 2호선 까치산역을 오정까지 연장하는 계획에 포함된 것이라고 주장했다. 또한 주민 1,000명을 대상으로 차량기지가 혐오시설임을 알렸으

10. "안병도, 원혜영 의원 불량항공법으로 주민기만하고 있다.", 부천신문, 2015. 10. 13.

며, 2호선을 오정까지 연장하는 공약에 대한 설문조사에서 과반 이상의 동의를 얻었다는 것을 덧붙였다.[11]

선거 결과 분석

선거 결과, 기호 1번 새누리당 안병도 후보는 31.1%(24,710표), 기호 2번 더불어민주당 원혜영 후보는 44.8%(35,559표), 기호 3번 서영석 후보는 21.8%(17,310표), 기호 4번 구자호 후보는 1,818표로 2.3%를 기록했다. 결과는 원혜영 후보의 5선 성공이었다. 물론 이번 20대 총선은 원혜영 후보에게 위기였다. 야당분열로 지역구는 일여다야 구도였다. 서영석 후보가 원혜영 후보의 표를 많이 가져갈 수 있어, 원혜영 후보의 5선은 불투명해 보였다. 선거 이전 여론 조사에서도 새누리당의 안병도 후보가 이겼기 때문에 불안감은 컸다. 결과적으로 38,350표로 53.4% 득표율을 기록했던 지난 선거에 비해서는 득표율이 많이 하락하긴 했지만, 당선에 영향을 받지는 않았다. 안병도 후보는 지난 선거 결과인 23,328표, 32.5% 득표율에 비해 득표수는 약간 상승했고, 득표율은 약간 하락했다. 총투표수가 지난 선거에 비해 늘었다는 것을 감안하면 큰 변화가 없는 것으로 판단된다. 원혜영 후보의 5선 만큼 눈에 띄는 결과는 서영석 후보의 득표율이었다. 지난 19대 선거에서 5,674표, 7.9% 득표율로 저조했던 성적이 17,310표, 21.8%의 득표율로 2, 3배 가까이 늘어난 것이다.

이는 분명 국민의당의 괄목할 만한 승리에서 기인한 것이었다. 부천시 오정구의 경우도, 전국적인 분위기 영향으로 인한 분할 투표(split voting)와 청년층의 변화가 이러한 결과를 초래한 것으로 보였다. 20대 총선에서는 청년층의 투표가 많이 증가했고, 청년층은 국민의당에 투표하는 경향이 강했다. 더불어민주당과 원혜영 후보를 지지하던 세력 중 다수의 청년층이 서영석 후보쪽으로 옮겨간 듯했

---

11. "부천 시·도의원 '신정동 2호선 차량기지 유치 반대'", 연합뉴스, 2016. 4. 11.

다. 하지만 호남, 충청 출신들과 노조 등의 유권자층의 계속적인 지지로 원혜영 후보가 20대 총선에서도 승리할 수 있었던 것 같다. 이는 부천시내 호남·충청향 우회 위원장 등의 오피니언 리더들이 공개 지지를 표명한 것에서 유추할 수 있었다.

원혜영 후보는 20대 총선이 마지막임을 밝혔다. 오정구의 거목이 없어지고 난 이후의 선거판도는 급변할 것이다. 다음 총선에서는 정당구도뿐만 아니라 원혜영을 잇는 민주당 후보가 누구일지, 호남, 충청 출신 유권자들의 표심 행방이 어떠할지, 네거티브 대상을 잃은 안병도 후보의 전략은 어떻게 변할 것인지 등이 주요한 이슈가 될 것이다.

원혜영 후보의 승리 요인

승리 요인 1: 더불어민주당의 경제심판론

우선 큰 관점에서 보자면 경제심판론에 대한 국민적 공감을 원혜영 후보의 승리 요인 중 하나로 볼 수 있다. 하지만 이것은 대안이었을 뿐, 더불어민주당과 원혜영의 승리라기보다는 새누리당의 패배라고 보는 편이 더 맞다. 분명 새누리당의 안병도 후보는 사전 여론조사에서는 원혜영 후보를 앞섰다. 하지만 새누리당이 공천 문제로 국민의 지지를 잃고, 야당은 경제심판론을 내세워 새누리당을 공격했다. 부천시 오정구 역시도 이와 같은 맥락에서 살펴볼 수 있다. 새누리당이 계파갈등으로 국민적 지지를 얻지 못한 상태에서, 네거티브 전략으로 일관한 안병도 후보는 유권자들에게 긍정적으로 비춰지지 않았다. 19대 총선과 비교해 거의 바뀌지 않은 투표수와 투표율이 그것을 증명했다. 이러한 상황에서 국민의당은 괄목할만한 결과를 내보였고, 국민의당 서영석 후보 역시 지난 선거에 비해 엄청난 득표수를 얻어 냈다. 하지만 서영석 후보를 대안으로 보기에는 서영석 후보의 맨파워가 부족했다. 부천 토박이 출신이고 부천에서만 선출직에 6번 당선된 원혜영을 대체하기에는 아직 부족했다. 이에 따라 원혜영 후보의 기존 지지

세력이 크게 이탈하지 않아, 원혜영 후보가 안정적인 표 차이로 5선에 성공한 듯했다.

승리 요인 2: 부천의 강한 야당 성향

부천은 야당 특히 더불어민주당의 텃밭이다. 20대 총선 당시, 부천에 있는 4개 선거구의 현직의원들은 모두 더불어민주당 소속 의원이었다. 17대 총선 때는 부천시 소사구의 김문수 의원 외에 원혜영 후보를 포함하여 전부 열린우리당 의원이었다. 하지만 18대 총선에서는 김문수 의원의 부천시 소사구를 이어간 차명진 의원을 중심으로 부천 4개의 선거구 중 3개의 선거구를 한나라당이 가져갔다. 그러한 상황에서도 부천시 오정구는 거목 원혜영 후보가 3선에 성공했다. 이어진 19대 총선은 민주통합당의 대승이었다. 4선 원혜영 후보를 중심으로 부천의 4개 선거구 모두 민주통합당이 가져갔다. 부천시장 역시 같은 당의 김만수 후보가 가져가면서 부천은 완전히 야당의 텃밭이 되었다. 20대 총선 당시 시의회를 보면 더불어민주당 의원이 16명, 새누리당 의원이 10명이었다. 국회의원 숫자에 비하면 놀랄 만한 차이는 아니지만 원혜영 후보가 출마한 부천시 오정구를 지역구로 가진 시의원들은 모두 더불어민주당 소속이다.

선거운동 과정에서 시의원들의 활약은 괄목할 만했다. 유세장에서 지지 선언을 했을 뿐 아니라 수행 과정에서도 함께하며 유권자들을 독려했다. 서헌성 시의원의 경우는 매일 자전거로 돌면서 선거운동을 도왔다. 경기도의회 서영석 도의원의 경우는 원혜영 후보의 공약을 실현하기 위해 도의회 차원에서 예산을 마련했다. 원혜영 후보는 경인고속도로 지하화를 공약으로 했는데, 경인고속도로 지상부 친환경 공간활용 기본계획 수립을 위한 4억 5000만 원의 예산 확보를 서영석 도의원이 앞장서 해냈다. 이후 유세현장에서도, 특히 경인고속도로와 인접한 지역유세현장에서는 서영석 의원이 지지 선언을 하며 공약의 실현 가능성에 신뢰감을 주었다.

승리 요인 3: 공약의 동별 세분화 전략

선거구 내 공약도 큰 역할을 했다. 경쟁자였던 안병도 후보는 네거티브 전략으로 선거를 치루었고, 서영석 후보도 안철수에 의지하여 선거운동을 하였다. 하지만 원혜영 후보는 노련했다. 오정구민의 정치적 요구를 잘 파악하고 있다는 느낌을 받았다. 동별로 세분화된 공약과 현수막은 다른 후보들의 전략에 비해 세련되었고, 그 동에 사는 주민에게 쉽게 다가갔다. 안병도는 신흥동, 원종동, 고강동 등 어디서든지 특권정치를 몰아내자고만 했고, 서영석은 안철수를 외쳤다. 세분화된 동별 전략은 이러한 면에서 다른 후보들과 차별점을 만들어 냈다고 볼 수 있다.

승리 요인 4: 오피니언 리더 포섭

20대 총선 승리의 숨은 공신들은 유명인들과 오피니언 리더들이 아닌가 한다. 여기서의 유명인은 주로 지역정치인에 한정된다. 위에서도 언급했지만 원혜영 호부는 부천시 내 더불어민주당 출신 시·도의원들의 공개 지지를 받았다. 심지어 1998년 민주당 부천시장 후보를 뽑는 당내 경선에서 승리하고도 중앙당의 결정으로 원혜영 후보에게 후보 자리를 양보해야 했던 김옥현 전 도의원의 공개 지지도 받아냈다.[12] 이뿐만 아니라 부천시 노조위원장 등 지역의 영향력 있는 인사의 공개 지지 또한 받았다.

또 지역 내 중요한 오피니언 리더들을 포섭하는 데 성공해 부동의 지지층을 만들어 낸 것도 유효했다. 조용익 부천시 호남향우회 총연합회장, 한재학 부천시 충청향우회 총연합회장, 신상순 전 부천시 충청향우회 총연합회장, 박인국 부천시 장애인파크골프협회장 등 지역 내 오피니언 리더 역할을 하는 인사들이 힘을 보태 주었다. 필자가 원혜영 후보 사무실에서 준비하고 있을 때도 지역버스 운수 노조위원장 등 오피니언 리더 역할을 하는 인사들이 사무실을 찾아와 도와줄 것

---

12. "김옥현 전 도의원(전 부천시 호남향우회 총연합회장), 더불어민주당 원혜영 국회의원 후보 공개 지지선언", 앰아이앤뉴스, 2016. 4. 10.

이 없냐고 물어봤다. 이러한 인사들의 굳건한 지지를 계속해서 얻어낸 것이 20년이 넘는 부천에서의 정치생활에서 얻어낸 재산 중 가장 큰 듯했다.

승리 요인 5: 부인 안정숙 사모

마지막으로는 부인 안정숙 사모의 존재를 승리 요인으로 들고 싶다. 안병도 후보의 경우는 파트너로 본인의 아들을 선택했다. 안병도 후보의 아들은 180도에 가까운 인사를 하면서 지지를 호소했다. 열정이 가득한 모습이었다. 하지만 안정숙 사모는 침착했다. 안병도 후보의 네거티브 전략에 대해 진실성 있는 글로 대항하며 힘을 보탰고, 사무실 내 직원들을 부드러운 리더십으로 이끌었다. 외적으로는 드러나지 않았지만 시계의 톱니바퀴들이 잘 굴러가도록 하는 윤활유같은 역할을 한 안정숙 사모가 총선 승리의 숨은 일등 공신이었다.

17. 미래창조과학부 이전 발언이 선거에 미친 영향은?

[경기 의왕·과천]

신민호

정치 성향이 다른 두 도시의 선거

　의왕·과천 선거구는 대조되는 두 도시가 하나의 선거구로 형성되어 흥미로운 선거구이다. 두 도시는 청계산 자락을 사이에 두고 맞닿아 있지만 생활수준이나 정치색은 뚜렷한 대조를 이룬다. 통계청에 따르면 2012년 기준 과천지역의 1인 당 지역내총생산(GRDP)은 3,970만 원으로 경기도 31개 시·군 중 4위를 차지했다. 반면 의왕지역은 1533만 원으로 하위 7번째를 기록했다.[1] 의왕에 비해 과천이 두 배 이상 잘 산다고 볼 수 있다. 그러나 인구는 그 반대다. 과천은 약 7만 명이 살고 있고 선거인 수는 55,845명인데 반해, 의왕은 과천의 두 배가 넘는 약 15만 명이 살고 있으며 선거인 수는 117, 823명이다. 두 도시의 정치 성향은 대조적인 바, 과천은 보수색이 짙은 편이며 의왕은 야권 지지세가 강한 편이다.

---

1. 지역내총생산은 일정 기간 각 시, 도에서 생산된 상품과 서비스의 산업별 부가가치를 나타내는 지표이다.

새누리당의 탈환은 가능할까?

경기도 의왕·과천은 안상수 전 의원이 내리 4선을 했던 보수텃밭이었다. 이러한 곳에서 19대 총선 때, '촛불 변호사' 송호창 민주통합당 의원이 박요찬 후보를 누르고 승리를 거두었다. 지난 선거에서 친이명박계인 안상수 전 의원이 공천에서 탈락하고, 때마침 불었던 '안철수 바람'이 송호창 후보를 승리로 이끈 것이다. 20대 총선에서 의왕·과천 선거구에 송호창 의원이 예비 후보로 나오면서 송호창 의원의 재선 도전기에 관심이 모아 졌다. 하지만 뜻밖의 일이 벌어졌다. 송호창 의원이 '컷오프'되면서 공천에서 탈락하게 된 것이다. 그 결과, 의왕·과천지역에서는 새누리당 박요찬 후보, 더불어민주당 신창현 후보, 국민의당 김도헌 후보, 정의당 김형탁 후보, 녹색당 홍지숙 후보가 최종 후보로 나오게 되었다. 이들은 모두 총선에서 승리한 적이 없는 '신인'들이라는 공통점을 가지고 있었다. 의왕·과천 선거구에 최종 후보가 결정되자 박요찬 후보와 신창현 후보의 대결에 자연스레 관심을 가지게 되었다. 박 후보는 19대 총선 때 송호창 의원에게 패하면서 절치부심으로 20대 총선에 다시 도전을 하게 되었다. 신 후보는 17대 총선 때 의왕·과천 선거구에서 패배의 쓴 맛을 보았으며, 의왕시장을 지낸 경험이 있었다.

과거에는 의왕·과천지역이 그저 여당의 텃밭으로만 여겨졌지만, 19대 총선을 기점으로 이제 그런 말은 옛말이 되었다. 실제로 19대 총선 때 송호창 민주통합당 후보는 57,120표를 얻어 46,550표를 얻은 박요찬 새누리당 후보를 10,000표 이상 차이로 크게 앞서며 당선되었다. 당시 송 후보는 과천에서도 18,225표를 득표해 박 후보를 앞선 것이다. 이 같은 결과는 정부부처가 대거 세종시로 옮겨가면서 과천의 인구구성이 크게 뒤바뀌고 있었기 때문으로 추측할 수 있다. 지난 2014년 지방선거에서 녹색당 소속으로 과천시장에 출마한 서형원 후보가 19.25%를 득표한 것이 이에 대한 방증이다. 이에 따라 19대 총선 때 패했던 새누리당이 20대 총선 때는 민심을 사로잡아 이 지역을 다시 여당 세력으로 만들 것인지, 그렇지 않으면 더불어민주당 신창현 후보가 19대 총선 때의 기세를 몰아 다시 한 번 더불어민주당에 승리를 안겨줄 수 있을지가 주요한 관심이었다.

예상치 못한 이슈 발생: '미래창조과학부 세종시 이전 발언'

20대 총선에서 승부에 영향을 미칠 핵심 요소로 두 가지를 꼽았다. 첫 번째는, 일여야다 구도에서 야권통합이 이루어질 것인가의 여부였다. 또 다른 요소는 전통적으로 야당세가 강한 의왕시와 여당세가 강한 과천시 간의 관계이다. 즉, 소지역주의가 나타날 것인가이다. 지금까지 6번의 시장선거에서 의왕시는 네 번을 야당에게, 과천시는 다섯 번을 여당에게 승리를 안겨 주었다. 또한 지난 대선에서 과천시는 박근혜 대통령의 손을, 의왕시는 문재인 후보의 손을 들어주었다. 이에 따라 새누리당 박요찬 후보는 과천시를 지켜내면서 의왕시에서 선전해야 했고, 더불어민주당 신창현 후보는 의왕시를 지켜내면서 과천시에서 성과를 내야 승리를 할 수 있었다.

의왕시의 최대 관심사는 법무타운이었다. 기획재정부는 2015년 6월 의왕 왕곡동에 '경기법무타운'을 조성하고, 안양교도소와 의왕 서울구치소를 이곳으로 이전하겠다고 밝힌 바 있다. 의왕시는 서울구치소 자리에 IT 벤처타운을 배치해 성장 동력으로 삼겠다는 계획도 세웠다. 그러나 찬성 주민과 반대 주민 간 갈등이 커지면서 조성사업 자체가 진행되지 못하는 듯했다.

또한 국립철도박물관 유치, 교통의 발전, 교육의 발전, 일자리 늘리기 등이 시민들의 관심사였다. 과천은 기존 정부청사의 세종시 이전에 따라 새로운 성장 동력이 필요한 상황이었다. 20대 초선 당시에는 미래창조과학부, 방송통신위원회, 방위사업청이 위치하고 있었다. 과천시는 레저문화공간으로 승마체험장과 캠핑장 건립사업을 추진했으나, 시의회가 건립비용 44억 원을 전액 삭감하면서 추진이 불투명해졌다. 공사가 중단된 채 20년 째 방치된 우정병원의 정상화사업도 관심을 모으는 사안이었다. 그런데 선거운동이 진행되면서 예상치 못하게 미래창

사진 1. 외식업 과천시 지부가 과천 시내에 내건 미래창조과학부 이전 반대에 관한 현수막

조과학부 이전 문제가 등장했고, 이것이 최대 화두로 떠올랐다. 야권통합, 법무타운 등을 밀어내고 미래창조과학부 이전 발언이 최대 이슈가 된 것이다. 이 선거구는 새로운 국면을 맞이하게 된다.

'미래창조과학부 세종시 이전 공약'이 논란이 된 것은 김무성 새누리당 대표가 4월 5일, 세종시 지원 유세 중 이 사실을 밝히면서부터였다. 김 대표가 세종시에서 새누리당 박종준 후보의 지원 유세에 나서면서 미래창조과학부를 세종시로 이전시키겠다고 발언했다. 이에 과천시민들의 항의가 쇄도하자 박요찬 새누리당 후보는 다음날인 6일 "과거 미래창조과학부 존치에 큰 힘을 보탠 바 있다. 김 대표 발언은 선거유세 중에 한 일회성 발언이라 구속력이 없다. 미래창조과학부를 반드시 지키겠다."라는 보도자료를 발표하며 진화에 나섰다. 하지만 이미 번지기 시작한 불을 끄기에는 역부족이었다. 과천 시내 곳곳에는 미래창조과학부 세종시 이전을 반대하는 현수막이 붙었고, '미래창조과학부 이전 운운하는 김무성 대표에게는 밥을 팔지 않겠다.'는 글을 게시해 놓은 식당도 있었다.

새누리당 박요찬 후보: '소리 없이 강한 일꾼'

지난 총선에서 송호창 의원에 패한 박요찬 새누리당 후보는 지역 당협위원장을 지내며 지난 4년 동안 지역구를 다져 왔다. 박요찬 후보는 국무총리실 조세심

관원 비상임 심판관과 KB 국민은행·현대증권 사외이사, 7·30 재보궐선거 중앙당 공직후보 추천관리위원회 위원 등을 지냈다. 또 지난 2007년 이명박 대통령 후보의 당내 경선캠프에서 정책자문위원으로 정계에 발을 들여놓은 뒤, 이완구 전 국무총리의 원내대표 시절 비서실장까지 지냈다. 그는 이력에서 보이듯 '친이'로 시작해 '신박' 대열에 합류했다.

박요찬 후보는 의왕을 철도관광특구도시로 만들겠다고 강조하였다. 선거공보에 나와 있는 의왕 공약 페이지에 바탕마저 철길로 해놓은 것이 눈에 띄었다. 구체적으로 국립철도박물관 유치로 철도문화관광도시 조성, 인덕원-수원 간 전철 조기개통 추진, 관교-월곶 복선전철 조기개통 추진 등이다. 또한 의왕을 일자리가 풍부한 첨단산업도시로 만들겠다는 공약을 제시했다. 구체적으로는 의왕시 여러 지역을 재건축하고, 재개발을 적극 지원하며 첨단산업을 유치하겠다고 했다. 또한 박요찬 후보는 문화와 자연이 공존하는 자족도시를 외치며 유휴지개발로 경제를 활성화하고 문화 중심의 자족도시를 만들겠다고 공약했다. 이렇듯 박 후보는 의왕·과천의 도약과 발전에 중점을 두었다. 또한 발전 잠재력이 무궁무진한 지역에 뚜렷한 변화가 있어야 한다고 주장했다. 그러나 전체적인 공약 내용은 신창현 더불어민주당 후보와 큰 차이를 보이지 않았다.

박요찬 후보는 치열한 당내 경선을 거쳐 본선에 다시 한 번 진출한 것이었다. 19대 총선 때 낙선한 뒤, 다시 한 번 치열한 경선 끝에 올라온 후보이기 때문에 절치부심의 의지가 느껴졌다. 또한 의왕·과천지역이 '여1야4' 구도가 되면서 야권 후보 난립이 예상되어, 어부지리로 박요찬 후보가 당선되지 않을까 생각했다. 하지만 두 번째 도전을 하고 있는 그가 '미래창조과학부 이전 발언'이라는 새로운 국면을 맞이하게 되었고, 이에 표심이 급작스럽게 여권에서 멀어지고 있어, 투표일을 일주일정도 남긴 시점에서 현명한 해결책이 필요해 보였다.

박요찬 후보 선거사무소 방문기

이러한 사건이 터지기 전인 2016년 4월 2일, 박요찬 후보 선거사무소에 전화를 걸었다. 신분을 밝히며 참여관찰을 진행 중이라는 것을 알려준 뒤, 후보 인터뷰 및 현장스케치가 가능한지 여부를 물었다. "현장스케치는 언제나 가능하나, 후보 인터뷰의 경우 후보가 바쁜 스케줄 일정이 있어서 한 학생에게 집중을 하기 어렵다."며 다시 연락을 준다고 하였다. 후보 인터뷰가 가능한 시간에 다시 연락을 준다고 하여 번호를 선거사무소 담당 직원에게 알려준 뒤 연락을 기다렸다. 하지만 다시 연락이 오지 않았고, 미래창조과학부 이전 발언이 터졌다. 미래창조과학부 이전 발언이 터진 다음 날인 6일, 박 후보 선거사무소에 전화를 걸었지만 하루 종일 연락을 해도 선거사무소 직원의 목소리를 들을 수 없었다. 선거를 앞두고 바빠서인지 아니면 많은 항의전화로 인해 못 받는지 몰랐지만 다음 날도, 그다음 날도 전화를 받지 않았다.

그래서 선거를 이틀 앞둔 4월 11일에 의왕에 위치한 박요찬 선거사무소를 무작정 찾아갔다. 다른 야당 후보들의 선거사무소는 가까이 붙어 있었는데, 박요찬 후보의 선거사무소는 걸어서 15분 정도의 거리에 조금 떨어져 위치해 있었다. 외관상 박요찬 선거사무소의 건물은 그리 깔끔하지는 않았지만, 선거사무소를 들어갔을 때는 넓고 너무나도 깔끔하게 되어 있었다. 미래창조과학부 이전 사건이 터진 이후 연락이 되지 않은 채 무작정 방문한 것이기 때문에 조심스러웠다. 긴장하며 문을 열고 들어가니 중년의 선거사무소 직원들이 환대해 주었다. 미래창조과학부 발언 때문에 분위기가 안 좋을 것이라는 예상과 달리, 밝고 에너지 넘치는 분위기였다. 중년 직원들이 여러 명 있었다. 벽에는 박요찬 후보의 사진들로 도배되어 있었다. 한 직원이 음료수를 주며 맞이해 주었다. "필자와 같은 사람들이 혹시 온 적이 있냐"는 질문에 "대학생들뿐만 아니라 고등학생들도 많이 온다."라고 하였다. 그렇게 이야기가 시작되었고, 편안한 분위기에서 인터뷰를 할 수 있었다. 우선 박요찬 후보의 전반적인 홍보를 들을 수 있었다. 박 후보의 선거 홍보물에 나와 있듯이, 그의 선거참모는 '새로움', '변화', '도약'을 강조하였다.

박요찬 후보의 선거참모 인터뷰

미래창조과학부 이전 사건으로 굉장히 예민한 상태일 거라 예상하고 일부러 그것과 직접 관련된 질문은 하지 않을 생각이었다. 그리고 미리 준비한 질문들을 가지고 인터뷰를 진행하였다.

Q. 19대 총선을 기점으로 과천에서 예전과 같은 '여당의 텃밭' 추세가 바뀌고 있다. 이와 관련하여 선거운동을 할 때, 과천을 겨냥하여 특별히 중점 둔 전략이 있나?

A. 과천시를 지나가는 도로의 소음과 관련하여, 방음벽 대신 지하차도를 설치하고 공원화하는 것과 예술종합학교, 대기업 유치로 일자리 늘리기 등을 대표적인 과천의 선거공약으로 꼽을 수 있다. 특별히 중점을 두는 전략은 따로 없고, 여러 가지 정책을 통해 청년층과 중년층의 표심을 잡겠다.

Q. 의왕은 과천에 비해 야당적인 성향을 보이는데 과천과는 어떤 전략의 차이를 두고 있나?

A. 국립철도박물관 설립을 굉장히 강조하였고, 가장 중요하게 생각하고 있다. 이와 함께 기업체 유치를 통한 일자리 늘리기 등을 공약으로 내세우고 있다.

Q. 지난번 19대 총선과 비교해서 선거운동과 전략에 어떤 차이를 두고 있나?

A. 특별히 선거운동과 전략에 있어서 차이를 두진 않았고, 4년 동안 열심히 노력했다는 것을 피력하였다. 19대 총선 때 낙선된 이후 4년 동안 정말 열심히 노력한 만큼 20대 총선에는 꼭 박요찬 후보가 되어야 한다고 생각한다.

Q. 오프라인 선거운동 외에 중점을 두는 선거운동이 있나?

A. 온라인 선거운동의 중요성도 충분히 알고 있지만 지역현안이 더 중요하고 직접 발로 뛰어서 시민들을 만나 선거운동을 하는 것이 훨씬 효과가 있다고 생각한다. 오프라인과 온라인의 선거운동 비율을 7 : 3 정도로 두고 있다.

질문에 대한 답을 들으면 뭔가 색다른 선거운동이나 전략이 나오리라 기대했지만 그런 것은 없었으며, 박 후보의 선거참모는 질문을 마치고 미래창조과학부 이전 사건은 잘못 알려진 소문에 불과한 것이라며 꼭 그것이 잘못 알려진 소문이라는 것에 대해 많이 홍보해달라고 신신당부했다. 그 말을 듣고 김무성 새누리당 대표의 미래창조과학부 이전 발언이 굉장히 큰 타격으로 다가오긴 했다는 것을 새삼 느낄 수 있었다.

박 후보에 대한 유권자의 반응

의왕·과천시민들을 직접 인터뷰 할 때, 미래창조과학부 이전 발언이 걷잡을 수 없는 파문을 불러일으켰다는 것을 충분히 느낄 수 있었다. 총선이 시작되기 전까지 후보들이 선거유세를 했던 곳들을 위주로 의왕과 과천에서 필자의 신분과 인터뷰 이유를 말한 뒤, 인터뷰를 진행하였다. 택시를 탈 때는 택시 기사 아저씨와, 편의점을 갈 때는 편의점 알바생과, 식당을 갈 때는 식당 주인과 인터뷰를 하는 식으로 일상생활 속에서 만나는 사람들과도 틈틈이 인터뷰를 하여 여러 유권자의 이야기를 들을 수 있었다. 의왕에서 만난 시민 중에서 새누리당 박요찬 후보를 지지한다는 사람은 거의 없었다. 대다수의 사람들이 신창현 후보를 지지한다고 말하였다.

"20대 총선에서 누구를 지지하느냐"는 필자의 질문에 의왕시청 앞에서 만난 한 할아버지는, "신창현이가 의왕시장을 잘 해냈어. 그래서 난 이번에 신창현이를 뽑을거야."라고 하면서 신창현 후보를 지지하는 이유로 의왕시장 때 잘해낸 것을 들었다. 의왕에서 택시 기사를 하고 있는 40대 초반의 의왕시민 또한 "의왕은 전체적으로 교통이 불편해요. 그래서 우리 아이들 교육도 솔직히 조금 걱정이 되기도 하고. 교통이 좀 더 편리했으면 좋겠어요. 그리고 신창현 후보가 의왕시장 했었잖아요. 다른 후보는 모르는데 그래도 좀 친근해서 뽑으려고 생각하고 있어요."라고 말하며 신 후보를 지지하였다. 의왕지역에서는 나이에 상관없이 신 후보가 친근해서, 의왕시장을 한 적이 있어서 지지할 것이라는 사람이 많았다. 의왕에 대해 누구보다 잘 알고 있을 것이라는 생각이었다.

의왕보다는 여당 세력이 강한 과천시민은 어땠을까? 과천의 번화가에서 시민들을 인터뷰했을 때 빠지지 않고 나온 이야기는 미래창조과학부 이전 발언이었다. 번화가에서 만난 한 30대 여성은 "박요찬 후보가 미래창조과학부 이전 발언에 대해서 일회성이라고 말했는데 그게 솔직히 말이 돼요?"라고 말하며 더불어민주당을 지지할 것이라고 말했다. 또한 과천의 한 식당을 운영하는 50대 부부는 "미래창조과학부 이전한대잖아. 새누리당이 되는 것은 무조건 막아야지!"라고 살짝 흥분된 목소리로 말했다. 과천에서 철물점을 하고 있던 50대 여성도 미래창조과학부 이전을 이야기했는데, 박요찬 후보가 이에 대해 일회성이라고 발언한 사실조차 모르고 있었다. 미래창조과학부 이전 발언이 과천 상권에 종사하는 사람들에게 큰 영향을 미쳤다는 것을 실감할 수 있었다. 이미 걷잡을 수 없는 파문이 일게 된 것이다.

그럼에도 불구하고 과천시민들 중에는 새누리당 박요찬 후보를 지지할 것이라는 시민들이 꽤 있었다. 이들은 미래창조과학부 이전과 관련해 박요찬 후보가 말하였던 일회성 발언을 받아드린다는 견해였다. 과천의 한 전통시장에서 만난 50대 남성은 "자기가 미래창조과학부 이전 막는다잖아요. 그럼 막겠죠 뭐."라고 말하며 새누리당 박요찬 후보를 지지하였다. 어렵게 인터뷰를 하게 된, 새누리당을 지지하는 한 20대 남성은, "미래창조과학부 이전 발언 때문에 박요찬 후보가 안 뽑힐 것 같아요. 그래서 전 박요찬 후보를 지지하려고요. 자기가 미래창조과학부 이전을 막는다고 직접 말도 했고요."라고 말하며 새누리당을 지지하였다. 또 다른 새누리당을 지지한다던 20대 학생은, "저는 과천에 거주하고 있는데, 신창현 후보가 의왕시장을 했더라고요. 솔직히 선거 공략은 비슷비슷한데 의왕시장을 한 경험이 있으니까… 의왕을 더 챙길 것 같은 느낌이에요. 그래서 저는 박요찬 후보를 뽑을 생각입니다."라고 말했다. 이렇듯 선거사무소와 시민들의 인터뷰만으로도 김무성 새누리당 대표의 "미래창조과학부 이전" 발언이 굉장히 큰 사건이었음을 느낄 수 있었다. 가만히 있던 박요찬 후보가 큰 타격을 입은 것만은 분명해 보였다.

더불어민주당 신창현 후보: "오직, 민생!"

신창현 후보는 당 환경특별위원장이다. 그는 전북 익산 출생으로 1953년 6월 27일생으로 만 62세, 고려대 행정학과를 졸업하고 의왕시장, 환경부 중앙환경분쟁조정위원장, 청와대 환경비서관을 거치며 행정 경험을 쌓았다. 신 후보는 출마 기자회견에서 "의왕·과천을 자연과 인간이 함께 사는 전국 최고의 생태문화도시로 만들겠다."라고 강조했다. 또 "의왕은 법무타운 조성, 택지개발 프로젝트 등 다양한 사업들이 추진되고 있지만, 갈등과 대립 속에 제자리를 찾지 못하고 있고, 과천은 정부청사 이전 이후 새로운 성장 동력이 없어 '과천의 영광'이 잊혀져 가고 있다."며 지역현안을 해결할 뜻을 밝혔다.

신창현 후보의 선거공약: "강소도시 의왕 프로젝트"

신창현 후보는 "의왕은 발전 가능성이 풍부한 도시입니다. 각종 인프라를 확충하면 명품 자족도시로 발돋움할 수 있습니다."라고 강조했다. '인덕원–서동탄', '월곶–판교' 간 복선전철 조기 착공, 서울 직통 광역급행 M버스 운행, 국립철도박물관 유치, KTX 의왕 철도기지 건설 및 환승역 설치, 노인 셔틀버스 운행 및 골목길 CCTV 확충 등을 공약으로 내세웠다. 한편 신 후보는 "르네상스 과천 프로젝트"를 슬로건으로 "과천정부청사 이전 이후 인근 상권이 하락세이고, 특정기업의 세수 의존도가 높으며, 문화관광 인프라에 비해 재정기여도가 낮습니다. 따라서 문화관광예술, 행정 중심, 지식정보 중심의 도시개발을 통해 제2의 과천 르네상스를 실현해야 합니다."라고 주장했다. 이외에도 청계산축 레저 클러스터 구축, 대공원 나들길, 문화예술 테마거리 조성, 복합문화관광단지와 서울랜드를 체류형 문화타운으로 조성할 것을 약속하였다. 신 후보는 시민들과의 소통을 적극 피력했다. 이는 누구보다 서민들의 말에 귀 기울이고 실천할 수 있는 사람이 되겠다는 것을 강조하는 것이었다. 전체적인 공약 내용은 박요찬 후보와 큰 차이를 보이지 않았다.

신창현 후보 또한 박요찬 후보와 마찬가지로 치열한 경선 끝에 본선에 올라왔다. 송호창 의원의 공천 탈락으로 인해 본선에 올라오게 된 신창현 후보는 어찌보면 박요찬 후보와 마찬가지로 의왕·과천 선거구에서 두 번째 도전이었다. 17대 총선 이후 세월이 조금 흐른 12년 만의 도전인 것이다. 박요찬 후보가 어부지리로 이길지도 모른다는 예상을 할 때, 분명 신창현 후보의 미래는 밝기보다 어두웠다. 19대 총선과는 다르게 '여1야4' 구도로 신 후보에게는 절실하게 야권통합이 이루어져야만 했다. 선거운동을 하는 동안 야권통합을 강조하던 신창현 후보에게 한 가지 더 강조할 만한 미래창조과학부 이전 발언 사건이 터졌다. 사건이 터진 다음 날 이루어진 의왕·과천 후보 토론회에서 신창현 후보는 박요찬 후보에게 이와 관련해 맹공격을 가하였다.

신창현 후보 사무실 방문기

2016년 4월 2일, 박요찬 후보 선거사무소에 전화를 했을 때 신창현 후보 선거사무소에도 전화를 걸었다. 신분을 밝히고 참여관찰 중이라는 것을 말한 뒤, 후보 인터뷰와 선거사무소 현장스케치를 부탁했더니 박요찬 선거사무소와 비슷한 답변만이 돌아왔다. 후보가 바쁘니 시간이 나게 되면 다시 연락을 주겠다는 것이다. "정치에 관심을 가지고 있는 대학생들을 보면 뿌듯하고 적극적으로 도와주고 싶다."는 말과 함께, "현장스케치는 언제든지 가능하다."라고 말했다. 그렇게 필자의 번호를 알려주고 연락을 기다렸으나, 이들의 연락도 다시 오지 않았다. 4월 6일에 다시 한 번 전화를 걸었고, 이때도 "현장스케치는 언제든지 가능하지만 후보 인터뷰는 어려울 것 같다."는 답만 들을 수 있었다. 과천에서 선거운동을 하는 신창현 후보의 모습을 보았을 때 달려가서 인터뷰를 하고 싶은 마음이 굴뚝같았다.

박요찬 후보의 선거사무소를 갔다 온 다음날, 의왕에 위치한 신창현 후보 선거사무소를 방문했다. 야당 선거사무소들은 서로 가까운 곳에 같이 위치해 있었다. 신창현 선거사무소의 외관 건물은 박요찬 후보의 선거사무소 건물보다 더 허름

한 느낌이었고 건물이 크지도 않았다. 그렇지만 두 층을 모두 선거사무소로 쓰고 있었다. 조심스럽게 사무소로 들어가니 직원들이 조금 당황하길래 필자도 같이 당황했다. 그래서 저번에 전화를 한 학생이라며 신분을 밝히자 다행히 기억을 하고 계셨고, 선거사무소에서 일하고 있던 젊은 청년 세 명이 필자를 맞이했다. 하지만 여기서 일하고 있던 청년 세 명은 본인들이 아는 게 없다며 어리둥절해 하였고, 다른 직원이 대신 와 이야기를 시작했다. 신창현 후보의 선거사무소는 박요찬 후보의 선거사무소보다는 넓지 않았고, 깔끔한 느낌도 덜했다. 하지만 좀 더 가족적인 분위기가 느껴졌다.

신창현 후보의 선거참모 인터뷰

박요찬 후보와 마찬가지로 신창현 후보에 대한 전반적인 이야기로 인터뷰를 시작하였다.

Q. 의왕·과천 선거구에서 낙선을 한 경험이 있다. 그때 야권통합이 잘 되지 않아 많지 않은 차이로 낙선하였는데, 19대 총선의 경우 두 명의 후보가 나왔지만 이번 20대 총선에는 야당 후보만 4명이다. 이에 대해 내세우고 있는 전략이 있나?

A. 17대 총선은 이미 오래전 일이라 지금과는 상관이 없는 것 같다. 야권통합이 진심으로 이루어지기를 바랄 뿐이고, 의왕·과천 서민들과 중산층 시민들이 힘을 합쳐 힘써 줘야 할 때인 것 같다. 야권통합을 거듭 강조하고 있기 때문에 긴급 호소문을 써서 올린 것이고, 시민들이 현명한 선택을 하리라 믿고 간절히 바라고 있다.

Q. 의왕의 경우 야당 성향이 강하다고 생각하는데, 과천의 경우 여당의 세력도 무시하지 못한다. 이에 대비하여 과천 중장년층의 표심을 얻기 위해 어떤 노력을 하고 있나?

A. 과천은 여당의 성향이 강한 지역이라 선거운동과 방향에 있어서 의왕과 다르게 잡고 있다. 의왕은 야당 성향이 강하기 때문에 의왕시장의 경험과 함께 정당

론을 내세우고 있으며, 과천의 경우 미래창조과학부 이전을 언급하며 지역의 발전을 위해 노력하는 지역발전론을 내세우고 있다.[2]

Q. 오프라인 선거운동 이외에 중점을 두고 있는 선거운동이 있나?

A. 온라인으로도 선거운동을 하려 하지만 그게 쉽지가 않다. 그리고 오프라인 운동이 훨씬 효과가 좋고. 그래서 우리는 온라인 홍보보다는 오프라인 홍보에 훨씬 많이 투자하고 노력하고 있다. 신창현 후보의 경우 갈등 조정의 경험이 많고, 이해관계 부합에 있어서 최적화되어 있는 후보이다. 즉, 지역현황에 대해서 소통할 수 있고, 타협을 잘할 수 있다.[3]

질문이 끝나고 질문들에 대한 답변 이외에 여러 가지 정치적인 것에 대해 이야기를 나누었다. 마침 선거사무소를 방문한 시간이 직원들이 저녁을 먹으려 할 때였는데, 자꾸 저녁을 먹고 가라고 해서 겨우 뿌리치고 나올 수 있었다. 또한 박요찬 후보의 선거사무소와 달리 청년들이 있어서 조금 더 편하게 이야기 나눌 수 있었다.

유권자의 반응과 여론의 추이

인터뷰를 통해, 신창현 후보가 김무성 대표의 미래창조과학부 이전 발언을 기준으로, 의왕·과천지역에서 상승세를 타고 있는 것을 충분히 느낄 수 있었다. 의

---

2. 이 답변을 할 때 직원은 살짝 흥분한 목소리로 미래창조과학부 이전을 언급하였다. 또한 신창현 후보는 의왕에서 더 유리하기 때문에 과천보다는 의왕에 더 집중할 것이라고 피력했다. 신 후보는 의왕의 인구가 과천보다 두 배 더 많고, 과천의 경우 여당의 세력이 강한 편이라 의왕에 더 집중을 하고 있었는데, 미래창조과학부 이전 발언이 터지면서 이를 가지고 과천을 공략하기 시작했다.

3. 온라인 홍보에 적극적이지 못하다고 말했지만 박요찬 후보 진영보다는 더 적극적이었다고 생각한다. 과천 시민들의 의견을 관찰하기 위해 네이버 카페 〈과천사랑〉에 가입을 했다. '4·13총선이야기' 게시판에서 과천 시민들의 생각들을 관찰할 수 있었고, 여기서는 신창현 후보의 홍보 담당자가 활동하고 있었다. 사람들의 의견에 댓글도 달고, 글도 직접 쓰며 사람들과 소통하려는 모습이 보였다. 신창현 후보에 대해 비난하는 글까지 솔직하게 인정하며 사과하는 답글을 볼 수 있었다. 이러한 점에 신창현 후보에게 관심이 없던 사람들까지 신창현 후보에게 호의를 가지게 되는 모습을 볼 수 있었다. 하지만 박요찬 후보 진영에서는 이런 모습을 볼 수 없었다. 즉, 선거운동에 있어 이렇게 세세한 차이점을 발견할 수 있었다.

왕에서 만난 시민들은 "교육적인 면에서 좀 더 발전했으면 좋겠다.", "교통이 발달했으면 좋겠다. 더 편리하게 됐으면 좋겠다."라는 의견을 가장 많이 이야기했으며, 신창현 후보를 지지하는 유권자가 많았다. 과천에서도 신창현 후보를 지지하는 사람들을 비교적 많이 만나 볼 수 있었다. 이대로 선거 흐름이 흘러간다면, 19대 총선에 이어 다시 한 번 더불어민주당이 의왕·과천 선거구를 차지하는 것은 불가능해 보이지 않았다.

총선을 일주일도 안 남긴 2016년 4월 7일, 두 개의 여론조사 결과에서 박요찬 후보와 새누리당이 의왕·과천 지역에서 우위를 차지했다. 중부일보와 리얼미터가 지난 4~5일 의왕·과천 유권자를 대상으로 실시한 여론조사 결과, '누구에게 투표할 것인지' 묻는 질문에서 박요찬 후보가 39.5%의 지지를 받아 27.2%의 신창현 후보를 오차범위(±4.3%p) 밖인 12.3% 앞섰다. 김도헌 후보는 14.7%, 김형탁 후보는 6.3%, 홍지숙 후보는 3.7%였다. 당선 가능성에서는 박요찬 후보가 46.4%로, 신창현 후보(28.6%)를 17.8% 차이로 우위를 유지했다. 정당 지지도에서는 새누리당이 41.4%로 오차범위 밖에서 우세했다. 한편 YTN과 마이크로밀엠브레인이 지난 5~6일 의왕·과천 유권자를 대상으로 실시한 여론조사 또한 같은 결과를 보여 주었다. '누구에게 투표할 것인지' 묻는 질문에서 박요찬 후보가 34.5%의 지지를 받아 33.9%의 신창현 후보를 앞섰다.

'일여다야'의 상황에서 미래창조과학부 이전 발언이라는 큰 사건을 겪으며 '도약', '새로움'을 가지고 선거운동을 펼친 새누리당 박요찬 후보는 총선이 있기 전 많은 비난을 받아야만 했다. 하지만 과천에서의 강한 여당 지지세와 19대 총선 때의 낙선을 계기로, 절치부심 노력한 그는 20대 총선에서 실패를 반복하지 않기 위해 끝까지 노력하였다. 반면 신창현 후보는 '1여4야'의 불리한 상황 속에서 의왕에서 다진 인지도와 미래창조과학부 이전 발언을 틈 타, 과천에서의 세력 확장을 통해 반전을 노렸다. '경제 활성화'와 '미래창조과학부 존치', '야권통합'을 강조하며 선거운동을 펼친 그는 첫 금배지를 겨냥하고 있었다.

의왕·과천 선거구는 송호창 의원의 공천 탈락과 함께 야권통합, 의왕시의 법무타운 등이 최대 쟁점이었다. 이때 일여다야 선거구도 속에서 박요찬 새누리당 후보가 유리한 위치에 있던 것은 사실이었다. 총선을 일주일도 안 남긴 시점에서 이루어진 여론조사 결과가 이를 잘 말해 주었다. 하지만 이 모든 상황을 바꿀 미래창조과학부 발언 사건이 터지고, 남은 일주일 동안 이 사건이 얼마나 많은 영향을 주게 될지에 따라 총선 결과가 달라질 수 있었다. 총선 일주일 전에 실시된 두 개의 여론조사 결과를 보더라도 미래창조과학부 사건이 유권자들의 표심을 흔들었다는 것을 알 수 있었다. 미래창조과학부 사건이 일어나기 전에 중앙일보와 리얼미터가 실시한 여론조사의 경우, 박요찬 후보가 39.5%로 1위를 차지했다. 하루 지나 미래창조과학부 사건이 일어난 상황에서 실시한 YTN·마이크로밀엠브레인 주최 여론조사에서도 박요찬 후보가 1위를 차지하긴 했지만 지지율이 하락했다. 하루 사이에 5%의 지지율이 떨어진 것이다. 결국 총선을 일주일 정도 남겨둔 시점에서 의왕·과천 선거구 유권자들의 표심을 예측할 수 없는 상황이 됐다. 이러한 상황에서 의왕시는 야당, 과천시는 여당으로 쏠려 있는 소지역주의가 어떻게 나타날 것인가에 따라 선거 결과가 달라질 것이라고 예상했다.

선거 결과 분석: "김무성 대표에게 감사패를 주고 싶다"

대망의 4월 13일 총선, 뚜껑을 열어 보니 짧은 기간 안에 놀랍게도 전세가 역전되었다. 개표 결과 과천시에서는 굉장히 근소한 차이로 더불어민주당 신창현 후보가 이겼다. 새누리당 박요찬 후보는 39.19%(14,426표), 더불어민주당 신창현 후보는 39.57%(14,567표)로 141표 차이밖에 나지 않은 승리였다. 의왕에서의 결과가 결정적이었다. 새누리당 박요찬 후보는 37.49%(29,451표), 더불어민주당 신창현 후보는 42.19%(33,145) 득표율을 얻어, 약 4,000표 차이로 신창현 후보가 승리했다. 박요찬 후보는 과천의 표심도 아슬아슬하게 잡지 못하고, 의왕의 표심 또한 잡지 못하면서 허무하게 또 다시 낙선하고 말았다. 아무래도 김무성 대표의 미래창조과학부 이전 발언이 새누리당 박요찬 후보에게는 생각보다 큰 타격이었던 듯싶다. 미래창조과학부 사건의 영향 때문인지 과천에서도 야당이 승리해 19대 총선과 마찬가지로 의왕·과천 선거구에서의 소지역주의는 나타나지 않았다.

결국 19대 총선에 이어 20대 총선 또한 의왕·과천지역에서는 야당인 더불어민주당이 승리를 거두게 되었다. '미래창조과학부 이전 발언'이 많은 여당 유권자들의 등을 돌리게 한 것은 분명해 보였다. 신창현 후보는 당선이 확실시된 이후 기자들과의 인터뷰에서, "김무성 대표에게 감사패를 주고 싶다."라고 말했다. 새누리당의 미래창조과학부 이전 공약이 알려지지 않았다면 선거 결과는 달라졌을 수도 있다. 박요찬 후보가 흐지부지하게 일회성이라는 말만 남길 것이 아니라 명확하게 미래창조과학부 이전과 관련된 본인의 입장을 밝혔다면, 어느 정도 여당 지지자들이 등을 돌리는 것을 막을 수 있지 않았을까 생각했다.

18. 신설 선거구의 선거운동은 다른가?

[인천 연수 을]

남효정·조경호

인천 연수 을에서 새누리당의 민경욱 후보가 20대 국회의원으로 당선되었다. 민 후보의 득표율이 44.35%, 더불어민주당의 윤종기 후보가 37.05%, 국민의당의 한광원 후보는 18.58%를 기록했다. 민 후보가 신생 선거구에서 첫 번째 의석을 차지했다. 이러한 결과가 나오게 된 20대 총선의 선거 과정과 승패 요인 등을 분석하기 위해 연수 을의 특징을 먼저 알아보자.

연수 을의 특징

연수 을은 기존 연수구 인구의 급격한 증가로 분구된 신설 선거구이다. 연수 을 지역은 동춘1·2동, 옥련1동, 송도1·2·3동으로 구성되어 있다. 특히 연수 을의 인구유입의 주된 지역인 송도1·2·3동으로 구성된 송도신도시의 인구수와 인구비율, 경제적 특성 등이 선거에 어떤 영향을 미칠지에 관심이 집중됐다.

2014년 기준 연수 을의 연령대별 인구 비율은 50세 이상 인구가 28%, 30~40대 인구가 34%, 20대 14%, 0~19세 24%로 아이를 가진 청장년층의 비율이 높아, 50~60%에 달했다. 이에 따라 많은 인구가 자녀교육에 관심이 많았고 이 점은 후보들의 공약에도 영향을 미쳤다. 2016년 기준으로 신도심인 송도1·2·3

동의 인구수는 97,064명, 구도심인 동춘1·2동과 옥련1동의 인구수는 합해서 61,671명으로 신도심에 인구가 더 많이 분포했다. 송도신도시에 상대적으로 많은 인구가 분포되어 있고, 인구에 비해 아직 개발되지 않은 부분이 많다는 점이 후보들의 선거공약, 선거운동, 선거전략 등이 신도심에 집중되도록 만들었다. 그러나 신도심에 집중된 공약은 구도심을 소외시켰다. 기존의 신·구도심 간의 갈등이 더욱 깊어질 것이 불가피해 보였고, 이를 해결하기 위해 각 후보들이 어떻게 대처했는지 눈여겨 볼 필요가 있었다.

연수구의 2016년도 세입예산은 3914억 원으로, 전년 대비 505억이 증가했다. 재정자립도란 지방정부가 재정활동에 필요한 자금을 어느 정도나 자체적으로 조달하고 있는가를 나타내는 지표이다. 연수구의 재정자립도는 41.53%이며 이는 유사 자치구의 평균인 28.02%보다 훨씬 높은 수준이고 인천에서 두 번째로 높다. 2016년 당초 예산 기준 통합 재정수치는 9억 원이 흑자였는데, 연수구의 재정은 채무가 전혀 없이 건전하고 안정적으로 운영되고 있었다. 이는 연수구가 경제력 있는 도시임을 나타낸다. 특히 연수 을의 송도신도시는 대한민국 최초의 경제자유구역이며 전국의 8대 경제자유구역의 외자 유치금을 모두 합산하면, 약 95% 이상이 인천경제자유구역이 홀로 일궈 낸 투자성과이다. 후보들은 이러한 송도의 경제적 가치에 주목하여 이를 선거전략의 핵심으로 이용하고자 했다. 송도신도시는 방송에서 연예인들의 거주지로 자주 등장하는데, 특히 배우 송일국과 세쌍둥이의 TV출연이 이목을 끌었다. 이에 대해 최근 송도의 아파트 가격이 상승하고, 매물이 부쩍 줄어들고 있는 데 일조했다는 평이 있다.

다음 자료는 연수 을 지역인 옥련1동과 동춘1·2동, 송도1·2·3동 지역만을 비교한 자료이다. 보수 성향의 황우여 의원은 연수구에서 16대 총선부터 4번 연속 선출되었다. 진보 성향의 노무현 대통령 집권 당시에도 17대 총선에서 야당 후보였던 황우여 의원이 당선되었다. 특히 18·19대 총선의 경우 그의 득표수는 전체 득표수의 반 이상을 차지했다. 이는 연수 을 지역이 정치적으로 보수적 성향이 강한 지역이라는 것을 의미한다. 특히 송도신도시지역은 보수 성향이 진보 성향

표 1. 17대 총선 연수 을 투표 결과 (단위: 명)

구분	한나라당 황우여	열린우리당 고남석	자유민주연합 이정자	민주노동당 김성진
옥련1동	4,624	4,060	167	777
동춘1·2동	8,508	7,453	136	1,205
합계	13,132	11,513	303	1,982

참고: 당시 송도신도시가 없는 상태
출처: 중앙선거관리위원회, 선거통계시스템(http://info.nec.go.kr/)

표 2. 18대 총선 연수 을 투표 결과 (단위: 명)

구분	한나라당 황우여	통합민주당 문영철	자유선진당 김성중	평화통일가정당 이준도
옥련1동	4,160	1,861	705	171
동춘1·2동	7,551	3,830	1,485	198
송도동	5,317	2,055	596	82
합계	17,028	7,746	2,786	451

참고: 동춘동에서 송도동이 분리됨.
출처: 중앙선거관리위원회, 선거통계시스템(http://info.nec.go.kr/)

표 3. 19대 총선 연수 을 투표 결과 (단위: 명)

구분	새누리당 황우여	민주통합당 이철기	자유선진당 윤형모	진보신당 이근선
옥련1동	4,710	3,577	298	178
동춘1·2동	7,976	7,519	569	421
송도1·2동	13,778	7,991	647	278
합계	26,464	19,087	1,514	877

참고: 송도동이 1·2동으로 분리됨.
출처: 중앙선거관리위원회, 선거통계시스템(http://info.nec.go.kr/)

보다 거의 두 배 정도라고 볼 수 있다. 이는 2012년까지 송도국제도시에 유입된 주민들이 보수적인 정치 성향을 가졌음을 보여 준다. 제1야당을 제외한 나머지 당의 득표수는 적다. 즉 여당과 제1야당을 제외한 군소정당이 연수 을 지역에 미치는 정치적 영향력이 미미함을 알 수 있었다. 따라서 이번 선거에서도 보수당인 새누리당이 유리하다고 추측했다. 그러나 2012년 이후, 연수 을에 젊으면서 고소득인 계층이 유입되어 새로운 변수로 등장했다. 일반적으로 고소득 계층은 보수적인 성향을 보이고 젊은 계층은 진보적인 성향을 보인다. 상충될 수 있는 두 요소를 동시에 갖고 있는 이 계층이 20대 총선에서 어떠한 정치적 성향을 보여 줄 것인지 여부가 관심거리였다.

새누리당 민경욱 후보의 특징과 선거공약

민경욱 후보는 1963년생으로 정당인이며 송도고등학교를 졸업하고 연세대학교 국제학대학원 행정학을 전공하여 석사과정을 졸업했다. 민 후보는 전 청와대 대변인과 전 KBS 9시 뉴스 앵커로 인지도가 매우 높다. 재산은 20억 9700만 원, 수입은 1억 3668만 원이며 전과는 없다. 20대 총선 후보 공천 과정에서는 연수구가 수도권 중 대표적인 새누리당의 친박 대 비박 간의 계파 대결 지역으로 꼽혔다. 민 후보가 공천을 놓고 경쟁을 벌였던 후보가 비박계쪽 유승민 전 원내대표의 핵심 측근인 민현주 의원이었기 때문이다. 한편 민 후보는, 지난 3월 5일에 발표한 총선 출마 선언문이 유승민 전 원내대표의 교섭단체 연설문을 표절한 것이 아니냐는 의혹을 받아 시작부터 곤혹을 치렀다. 또한 윤종기 후보 측으로부터 지난 3월 30일 "지역신문에 광고를 게재해 불법 선거운동을 한 혐의가 있다."라고 비판받았다.

민 후보는 '민생의 들판에서 외치는 민경욱의 희망레터'라는 민들레 공약으로 창의적이고 독특한 모습을 보이며, 공약집을 친근하고 이해하기 쉽게 풀어서 블로그에 게시했다. 민 후보는 송도신도시에 국제기구유치지원협의체를 구성하여 국제기구를 적극 유치하고 송도신도시를 거점도시로 개발하여 일자리를 창출할 것이며 세계적인 도시로 도약할 수 있게 하겠다고 공약하였다. 또한, 송도관광단지를 조속히 추진하여 도심체류형 관광단지와 송도뷰티타운을 조성하고, 면세점을 유치하며 옥련1동 꽃게거리는 음식특화거리로 만들어 먹자골목을 활성화시키겠다고 약속했다. 마지막으로, 해외 유명대학 및 대학원을 지속적으로 유치하여 공동캠퍼스를 구성하고 교육국제화특구 지원 예산을 확보할 것이며 낙후된 구도심은 신도시로 재탄생시키겠다고 했다.

민 후보의 경우 트위터 팔로잉 수도 다른 후보에 비해 월등히 많았다. 그리고 최장수 청와대 대변인으로서 대통령과 연락하는 사이이기도 했다. 그는 인터뷰에서 본인이 여당이라는 점과 청와대 대변인을 하면서 구축해 온 인맥을 통한 정책 실행능력을 강조하였다. 그는 지역토박이로서 송도에 대한 애착으로 연수 을 지역에 왔으며, 이는 전략공천과는 전혀 관계가 없고 오직 고향에 돌아오는 것이 목표였음을 강조했다. 민 후보는 20~30대 유권자들의 표심을 얻기 위해 기존의 위엄 있는 이미지를 탈피하여 유행하는 노래를 개사해 노래에 맞추어 춤을 추는 등 재미있는 활동과 영상, 사진을 통해 보다 젊고 유쾌한 이미지를 추구했고 젊은 정치를 외치며 선거활동에 임했다. 또한 블로그, 트위터, 페이스북 등 SNS를 통해 본인을 홍보했다.

더불어민주당 윤종기 후보의 특징과 선거공약

윤종기 후보는 1959년생으로 정당인이며 고려대학교 정책대학원 공안행정학과를 졸업했으며 인천지방경찰청장과 충북지방경찰청장을 지냈다. 재산은 9억 3100만 원, 소득은 6546만 원이며 전과는 없지만 과거 제주도 재임 시절 과잉 탄압으로 비판을 받은 적이 있다. 윤 후보는 정의당 김상하 후보와 야권연대에 성공했지만, 국민의당 한광원 후보와의 야권연대는 실패해 야권단일 후보가 되지 못했다. 그는 한 후보가 야권단일화 경선 결과에 불복했으므로 선거운동을 중지해야 한다고 주장하며 가처분을 신청했다.

윤 후보의 핵심 공약은 고용 창출과 송도신도시를 세계적 도시로 만들기 위한 바이오산업 클러스터 조성, 그리고 인천 국립대학교 의과대학 설립 추진을 연계시키는 것이었다. 또 전직 인천지방경찰청장으로서 자존심을 걸고 바다를 끼고 있는 인천 송도에 해양경찰청을 부활시키겠다고 공약하였다. 인천 소재 해경본부 세종시 이전은 인천 경제정의실천시민연합에서 실시한 2015년 인천 10대 뉴스 1위에 꼽혔을 정도로 지역사회의 관심사였다. 또 인천 연수구 원로모임, 지역 시민단체, 특히 보수단체가 해경 이전을 적극 반대하였다. 해경을 세종시로 이전 완료할 경우, 인천의 유일한 공공기관이 사라져, 인천 시민의 자존심에 큰 상처를 입게 되기 때문에 이를 방지하려는 것이었다. 또한 여성·보육 관련 공약을 내걸었다. 그리고 송도신도시 자산 이관을 금지시켜 주민들의 재산 손상이 없도록 노력하겠다고 홍보했으며, 마지막으로 송도신도시가 인천의 강남에 머물지 않도록 특별구로 지정해 싱가포르나 두바이 같은 국제도시로 키우겠다고 강조했다. 이외에도 윤 후보는 공약집을 경제, 사회, 여성 보육, 교육문화로 깔끔하게 구분하고 일목요연하게 정리하여 블로그에서 홍보했다. 그는 전직 경찰청장으로서 정직하고 진실성 있는 이미지를 조성했으며, 본인의 행정 능력이 행정기관의 수장 시절 이미 검증 됐음을 강조했다. 하지만 윤 후보는 다른 후보에 비해 상대적으로 인지도가 떨어졌다. 이를 극복하기 위해 그는 시민들과 함께 찍은 사진들을 블로그에 게시해 친근한 이미지를 추구했다.

국민의당 한광원 후보의 특징과 선거운동 스타일

국민의당의 한광원 후보는 1957년생으로 공인회계사이며 서울대학교 대학원 경영학과를 졸업했다. 한광원은 17대 국회의원이었고 현재 국민의당 정책위부의장이며 전과는 없다. 그는 윤 후보와의 야권단일화 경선에서 졌지만 결과에 불복하였다. 2006년 최연희 의원 기자 성추행 사건 당시 성추행 의원을 두둔하면서, "꽃을 보면 만져보고 싶은 것이 자연의 순리"라고 말해 비난을 샀으며, 2012년 대선에서 누드사진이 담긴 투표 독려 메시지를 뿌려 문재인 캠프에서 사퇴하였다. 17대 총선 후보 경선 과정에서는 선거인단 661명에게 축전을 보내 선거법 위반으로 벌금형을 물었다. 그의 공약으로는 송도 경제청을 중앙정부로 이전시키기, 창조교육 강화, 24시간 보육시설 설립, 과밀학급 해소, 송도국제병원·유원지의 의료복합단지 조성, GTX의 조속한 개통, 대중교통 불편 해소, 승기천 하수처리장의 조속한 이전 등이 있었는데 핵심 공약은 인천경제자유구역청 중앙정부로 이관시키기 등으로 국제도시로서의 미션을 수행하는 것과 송도유원지에 의료복합단지를 조성한다는 것이었다.

또한 상가건물임대차보호법을 개정하여, 자영업자 및 건물주가 서로 상생하는 법안을 제안했고, 기업 간의 상생협력 촉진에 관한 법률을 개정하여 협력기업의 이익 및 연구 개발비 인상지원 등 동반성장 의무화와 공정거래이행 강화에 힘쓸 것이며, 청년실업률을 줄이기 위한 일환으로 창업사관생 육성, 창업 및 취업 수당을 특별 지원하는 법안 등을 만든다고 공약했다. 본인이 해양경찰청 유치에 적극적으로 기여한 국회의원이었음을 강조하며, 해양경찰청 이전 반대 및 존치에 열정적으로 대처할 것임을 강조했다.

그는 블로그에 핵심 공약을 먼저 제시하고 그 이후에 세부 공약들을 보여 주는 형식으로 공약을 설명했다. 미래 혁신 12대 목표로 본인이 지향하는 바를 전달하였고, 전 국회의원답게 구체적인 법안을 제시하면서 신뢰를 줬다. 또한 그는 공식 사이트를 개설하여 본인을 홍보하고, 메시지를 보낼 수 있는 시스템을 통해 유권자의 의견을 들을 수 있는 장치를 마련했다. 한 후보는 공인중계사로 활동하며, 본인이 경제전문가라는 것을 어필했고, 전직 17대 국회의원이었던 사실을 통해 의정활동에 대해 잘 알고 있음을 강조하였으며, 다른 두 후보는 정치신인임을 들어 본인과 비교했다. 또한 다른 후보에 비해 블로그, 트위터, 페이스북, 인스타그램 등 훨씬 다양한 연결망을 이용해 본인을 홍보했다. 선거 막판에는 합동유세로 선거유세 효과를 극대화하려고 했으며, 4월 11일에는 옥련동 시장에서 안철수 국민의당 대표가 지원 유세를 하였고, 4월 12일에는 국민의당 인천 후보들이 모두 모여서 서로 지원 유세를 하였다.

세 후보의 공약 중 겹치는 부분도 상당수 많았다. 경제 분야의 경우 국내외 기업 적극 유치를 통한 양질의 일자리 창출, 바이오산업 추진, 청년 일자리 창출, 지역인재 양성, 경제자유구역 활성화 등이 있으며, 교육 분야에서 과밀학급 문제 해결을 위한 중·고등학교 설립 추진(특히 중학교), 보육시설 증설, 교통 분야에서는 GTX 신설, KTX 조기개통, 버스노선 문제 해결, 문화산업의 증진, 송도국제병원을 설립하여 의료관광산업 추진, 워터프런트 조성산업, 승기하수처리장 시설이전 및 현대화, CCTV 설치로 치안 증진 등이 세 후보가 공통적으로 내세운 공약이다.

유권자의 반응

우리는 이번 20대 총선에 대한 유권자들의 관심을 알아보기 위해 질문지를 작성하고 인터뷰를 실시했다. 질문지 내용은 다음과 같다.

---

1. 관심 있는 정당이나 후보가 있으신가요?
2. 투표할 때 무엇을 보고 뽑으시나요?
3. 야권연대에 대해 아시나요? 안다면 이에 대해 어떻게 생각하시나요?
4. 연수구가 갑, 을로 분구된 사실을 아시나요? 정확한 지역을 아시나요?

총 32명의 유권자와 인터뷰를 했는데 이 중 남자는 20명이고 여자는 12명이었다. 첫 번째 질문에 정당이라고 대답한 사람은 7명이었고 후보라고 대답한 사람은 3명이었으며, 나머지 22명은 관심이 없다고 답했다. 32명 중 29명은 연수 을 후보에 대해 전혀 몰랐다. 그리고 관심 있는 후보가 있다고 대답한 3명마저도 민경욱 후보만을 알고 있었다. 두 번째 질문에서는 공약을 보고 투표한다는 사람이 9명으로 가장 높았고 당을 보고 투표한다는 사람이 6명이고 당 중에서도 4명이 새누리당을 뽑는다고 했으며 2명이 더불어민주당를 지지한다고 했다. 세 번째 질문에 대해서 10명이 야권연대에 대해 안다고 대답했으나, 정확한 상황까지 아는 사람은 5명뿐이었고 22명은 야권연대에 대해 전혀 알지 못했다. 네 번째 질문에서, 분구 사실에 대해 정확한 지역까지 아는 사람은 1명뿐이었고 나머지 31명은 정확히 알고 있지 못하거나 전혀 몰랐다.

유권자 인터뷰를 하면서 느낀 점은 유권자들의 정치적 무관심이 심각하다는 것이다. 극소수의 유권자만이 연수 을 분구에 대해 정확히 알고 있었다. 결국 연수 을이 신생 선거구로서 의미하는 바는 미미했으며 후보들이 이에 큰 의미를 두지 않는 이유를 알 수 있었다. 또 대부분의 유권자들은 후보들의 선거전략과 선거 결과에 결정적인 영향을 미칠 수 있는 야권연대에 대해 잘 알지 못했다. 이를 보고 유권자들은 정치에 대해 무관심하고, 투표할 때 후보들의 공약, 선거전략, 정치적 움직임 등에 좌우되지 않으며 다른 이유에서 투표한다는 것을 느꼈다.

참여관찰

송도의 대대적인 인구유입으로 인천 연수 을이 신설 선거구가 된 점을 눈여겨보았다. 따라서 20대 총선에서 송도가 연수 을의 선거판도를 좌우하는 핵심 쟁점이라고 생각하여 참여관찰 중 송도에 집중했다. 후보들도 공약은 송도에 집중됐다. 하지만 참여관찰 도중 인천 연수 을 지역에서 선거의 결과를 좌우하는 핵심 요소는 송도나 신생 선거구가 아니라 야권연대임을 알았다.

선거사무소 방문

필자는 참여관찰을 위해 우선 선거사무소에 전화 후 방문했고 선거유세현장에도 가 보았다. 각 후보의 사무실마다 분위기와 직원들의 태도가 모두 달랐고 직접 만나 본 후보들도 생각했던 이미지와 달랐다. 우선 민경욱 후보의 선거사무소에 전화를 해 보았는데 한 여성이 전화를 받았다. 신분을 밝힌 뒤 후보와 인터뷰를 하고 싶다고 했다. 여성은 민 후보의 바쁜 일정으로 직접적인 인터뷰는 어렵지만 민 후보 측 보좌관이나 사무소 직원들과의 면담을 승낙했고, 3월 22일 사무소 방문 약속을 잡았다. 윤종기 후보의 선거사무소에는 수차례 전화를 시도했지만 전화를 받을 수 없다는 자동응답기로 넘어갔으며 선거사무소 담당자들과도 연결되지 않았다. 한광원 후보는 특이하게 본인의 휴대폰 번호를 선거사무소

연락처로 등록해 두었다. 한 후보는 첫 번째 전화에서 필자에 대한 소개가 끝나기도 전에 전화를 끊어버렸다. 두 번째 시도에서는 필자의 소개와 함께 후보와 인터뷰를 하고 싶다는 의사를 밝힐 수 있었다. 그러나 한 후보의 대답은 "아, 안 돼. 나 바빠."라는 대답이었다. 김상하 후보(당시 정의당 예비 후보) 선거사무소에 전화를 했을 때는 여성이 전화를 받아 3월 마지막 주에 방문하라는 대답을 들었다. 그리고 필자는 3월 22일 모든 후보의 선거사무소가 있는 송도에 갔다.

3월 22일 4시경 송도에 도착하여 첫 번째로 민경욱 후보의 선거사무소를 방문했다. 생각과는 달리 업무를 보는 책상과 바삐 움직이는 직원은 없고 손님들을 맞이하는 테이블이 보였다. 테이블 위엔 건강음료와 떡, 그리고 사탕바구니가 놓여 있었다. 선거사무소 문으로 조심스레 들어가니 이강구 구의원과 여성이 반갑게 필자를 맞이해 주었다. 사전 연락 없이 찾아갔지만 질문을 흔쾌히 들어 주었고, 준비해 간 질문에 성심성의껏 친절하게 대답했다. 틈틈이 음료수와 떡을 권했고 화기애애한 분위기가 유지되었다. 질문이 거의 끝났을 때쯤 민 후보가 사무실로 들어오는 것을 보았다. 그래서 그곳에 있는 직원에게 민 후보를 잠시만이라도 만나볼 수 있는지 물어보았다. 잠시 후 민 후보는 다가와 신분을 물었다. 필자는 인하대 정치외교학과 학생임을 밝히며 총선에 관한 리포트를 쓰는데 민 후보와 인터뷰를 하고 싶다고 말했다. 대학생이라는 얘기를 듣자 살가웠던 민 후보의 분위기는 갑작스럽게 권위적이고 딱딱하게 변했다. 그리고 시계를 보더니 "10분 줄게, 따라와"라고 말하며 본인 방으로 들어갔다. 갑작스럽게 변화한 후보의 태도에 당황했지만, 후보와 직접 인터뷰를 할 수 있는 기회였기에 서둘러 후보를 따라갔다.

민 후보에게 새누리당이란 강력한 정당의 후보로서 얻는 혜택 같은 것이 있는지 물어보았는데, 이에 대해 본인은 관심이 없다고 매우 간결하고 단호하게 대답했다. LNG 발전소 문제와 구도심−신도심 간의 갈등 문제에 대한 질문에는 모호한 답변을 했다. 그러더니 갑자기 질문하고 싶은 것이 무엇이냐며 물었고 시계를 보더니 "2분 남았어."라고 말했다. 2분 후 필자는 쫓겨나다시피 나왔다. 민 후보 본인이 내세운 '우리 동네 대변인' 이미지와는 매우 상반된 태도였다. 오히려 매우 권위적이고 강압적인 태도를 보여 주었다.

그 후, 윤종기 후보 선거사무소를 방문했다. 그곳은 민 후보의 선거사무소와 다르게 사무적인 분위기였고, 직원도 적었으며 사람도 없었다. 윤종기 후보 사무소는 손님이 앉을 수 있는 테이블도 매우 작았고 다과는 보이지 않았으며 직원들이 일하는 곳도 단순히 칸막이로 분리해 두어, 민 후보 사무실과 매우 대조적이었다. 윤 후보 관계자들은 들어가자마자 위협적인 태도로 누구냐고 물었고 필자가 신분을 밝힌 뒤에도 의심스러운 눈빛으로 바라보았다. 그곳에 혼자 서 있던 직원에게 선거전략에 대해서 물어보았더니, 전략의 정의를 되묻고 전략은 알려주는 것이 아니라며 불친절한 말투로 대답했다. 필자가 당황하자 정책 관련 업무를 맡고 있는 김용태 씨가 다가와 "왜 미리 연락을 하고 오지 않았냐?"고 물었다. 이에 전화를 수차례 해 보았지만 모두 받지 않았다고 대답하자 민망한 표정을 지었다.

윤 후보 측과 추후 약속을 잡고, 이번에는 정의당 김상하 후보의 선거사무소로 갔다. 김 후보의 선거사무소는 윤 후보의 사무실보다 초라했다. 방도 매우 작았고 하나있는 테이블 위엔 아무것도 없었으며 여성 2명만이 책상에 앉아 바쁘게 일을 하고 있었다. 우리가 다가가 신분과 방문 의도를 밝히자 다음 주에 오기로 하지 않았느냐고 물었다. 필자가 "그럼 다음에 오겠다."라고 하자, 관계자는 지금 당장 얘기해 주지 못하는 것에 미안한 마음을 표현하면서 친절하게 정의당의 선거운동 일정도 뽑아주며 한 번 더 약속을 잡았다.

마지막으로 타 후보들 선거사무소와 조금 떨어져 있는 한광원 후보의 선거사무소에 갔다. 한 후보의 선거사무소 역시 사무적인 분위기였으며 손님을 위한 공간은 거의 없었다. 방문 목적을 말하자 알겠다고 대답한 다음 지금은 바쁘며, 현재 정책을 담당하는 사람이 없으므로 다음에 와달라고 했다. 그렇게 4개의 사무소를 들려본 결과 민 후보 선거사무소를 제외하고는 다들 딱딱하고 사무적인 분위기였다.

3월 25일 금요일, 민 후보 선거사무소가 가장 가까이 있고 부담이 덜 되기 때문에 그곳을 가장 먼저 방문했다. 이번에는 민 후보의 보좌관인 임원식(36) 씨가 민 후보의 공약에 대해서 자세한 설명을 해 주었다. 역시나 선거사무소의 분위기는 밝았고 모두 친절했다. 손님들도 꽤 보였다. 1시간가량 인터뷰를 하고, 윤종기 후보 캠프로 갔다.

윤 후보의 사무소는 새누리당 예비 후보 민현주 의원의 전 선거사무소로 이전한 이후 지난번과는 달리 매우 밝아진 분위기였고 고급스러워졌으며, 인력도 훨씬 늘어났다. 벽면 한 쪽엔 여전히 민현주 의원의 사진을 걸어 놓아 윤 후보와 민현주 의원 간의 우호적인 관계를 드러내며 민현주 의원의 공천 탈락을 안타까워했다. 윤종기 후보 측 관계자는 민경욱이 새누리당 후보로 공천되면서 축제의 장이 될 수 있었던 연수 을 선거가 오직 경쟁으로 치닫게 되었다고 탄식했다. 윤 후보 선거사무소 관계자 김용태 씨가 지난 22일 메일로 질문사항을 미리 보내달라고 해서 미리 질문사항을 보낸 후, 4시경에 카페에서 인터뷰를 시작했다. 그는 1층 카페에서 커피를 사주며 함께 대화를 나눴다. 투덜투덜거리는 태도였지만 막상 질문에는 친절하게 답변해 주는 것이 마치 친구와 대화하는 듯한 기분이 들었다. 인터뷰를 통해 선거구 획정 과정과 정의당 김상하 후보와의 야권연대의 성공을 알게 되었다. 국민의당과의 야권연대도 열린 마음으로 생각한다고 말했다. 또한 윤 후보 측은 네거티브 운동을 하지 않겠다고 했다. 송도신도시에는 본인의 이익이 될 때 투표하는 이익 투표자들이 많기 때문에 정당일체감 없는 사람들을 본인의 편으로 끌고 오는 것이 중요하고, 공약과 후보 개인의 역량을 강조하며 야권연대로 표심을 모으겠다고 했다. 처음 선거사무소를 방문했을 때 공격적이고 방어적이었던 것과 달리 선거사무소 이전 후 매우 친근하고 유쾌한 분위기를 보였다. 윤 후보 관계자와의 인터뷰가 끝나고 마지막으로 한광원 후보 캠프로 갔다.

캠프는 여전히 딱딱한 분위기였다. 하지만 다행히 정책 관계자 한 분이 손님 접견실에서 짧게나마 시간을 내주었다. 그는 매우 당당한 목소리로 본인들은 "국민의당이 군소정당이라 생각하지 않는다."라고 말했다. 그리고 선거관세에 대해서 야권연대가 없으면 새누리당이 당선되는 것은 거의 확실하다고 말했다. 또한 당일 신문기사에 나온 것처럼 야권연대를 할 의사가 있는데, 추후 상황을 보고 야권연대를 할 것임을 알렸다. 본인들이 경선에서 지지 않을 것이라는 자신만만한 태도도 보였다. 추가로 한 후보의 핵심 공약을 들었다.

4월 2일 토요일은 참여관찰의 핵심이었는데, 유권자를 만나 인터뷰를 하기 위하여 사람이 많은 주말로 선택했다. 아침 일찍부터 송도 센트럴 공원에 가서 산책하는 주민들을 대상으로 인터뷰했다. 인터뷰를 하면서 많은 사람들이 친절하게 대답해 줬으나, 몇몇 소수는 교회 홍보인줄 아는 사람도 있었고 적대적인 모습도 보이기도 했으며 송도주민이 아닌 사람도 많았다.

후보의 유세현장 방문

유권자 인터뷰를 마치고 먼저 민경욱 후보 선거사무소에 갔다. 다들 매우 바빠 보여 간단히 당일 선거유세 일정을 물어본 후 윤종기 후보 사무소로 갔다. 윤 후보 측 관계자들은 우리를 반갑게 맞이했고, 운 좋게 윤 후보를 만날 수 있었다. 그와 간단히 인사하고 대화를 한 뒤에 사진도 함께 찍었다. 윤 후보는 민 후보보다 친근하고 푸근한 인상을 주었다. 윤 후보의 유세 일정을 파악하고 있는 도중 김용태 씨는 커피를 사주겠다며 우리를 카페로 데려갔다. 그와 카페에서 대화를 나눈 후 필자는 남아서 민 후보의 유세 일정인 4시까지 유권자를 대상으로 인터뷰를 했다. 인터뷰 뒤 민 후보 사무소로 올라가려는 찰나 민 후보 측 사람들을 만나 차를 얻어 타고 민 후보 선거유세현장인 쇼핑센터, 커널워크로 갈 수 있었다.

그날은 김무성 대표가 지원 유세를 하는 날이었다. 유세현장엔 4개 방송국의 카메라가 설치되었고 많은 인파가 몰렸다. 민 후보는 약 20명의 젊은 선거운동 알바생들과 함께 최신 유행하는 노래에 맞추어 직접 춤을 추는 등 친근하고 재미있는 유세현장 분위기를 만들었다. 유세현장은 매우 신나는 분위기였고 사람들은 흥얼거리며 웃음을 터뜨렸다. 더욱더 많은 사람이 몰려들었다. 민 후보는 앵

커 출신인 만큼 카리스마 있고 또박또박, 강인한 말투로 연설을 했는데 그 연설은 지루하지 않았고 오히려 민 후보의 목소리가 머리에 새겨지는 느낌을 받아 매우 인상적이었다. 김무성은 "협조하지 않는 야당 때문에 정치가 발목이 잡혔다는 것이 안타깝다."라고 표현하며, 심판을 부탁하고, 새누리당의 공천 문제로 돌아선 표심을 새누리당으로 다시 돌릴 것을 호소했다.

선거유세가 끝난 후 해양경찰청 쪽에 가서 한광원 후보의 유세현장을 보았다. 민 후보와 달리 혼자였으며 선거유세 지원자도 많이 없었고, 연설도 귀에 들어오지 않았으며 시민들이 모이는 일은 없었다. 그렇게 한 후보의 유세현장을 관찰한 뒤 7시부터 시작되는 윤 후보의 유세를 보러 갔다. 윤 후보 또한 커낼워크에서 유세를 했다. 연설 전에 쇼핑가를 돌아다니며 주민들과 악수하고 사진도 찍으며 대화를 했다. 우리에게도 다가오더니 악수하며 같이 사진을 찍었다. 곧 윤 후보는 연설을 했다. 하지만 연설은 인상 깊지 않았으며 사람들의 주목도 받지 못했다. 이를 통해 세 후보의 선거유세 전략 중 민 후보의 전략이 가장 경쟁력이 있음을 느꼈다.

사진 1. 민경욱 후보 커낼워크 선거유세현장

사진 2. 윤종기 후보 커낼워크 선거유세현장

사진 3. 한광원 후보 선거유세현장

4월 9일 아침, 선거유세는 없었다. 송도신도시에 있는 카페에 가서 자료를 정리하며 유권자들의 반응을 살폈다. 지역 주민들의 의견을 물어본 뒤 민경욱 후보의 선거사무소에 갔다. 그곳에서 일하는 인하대학교 정치외교학과 10학번 선배를 만나 인터뷰했다. 민 후보의 선거전략에 대한 질문도 했다. 이에 그녀는 민경욱 후보가 젊은 세대를 집중적으로 공략하기 위해 직접 춤을 추었고 유권자의 호응이 긍정적이었다고 평가했다. 신설 선거구로서 전략을 세우는 데 어려운 점이 없었냐는 질문을 했다. 그러자 송도는 신도시라 데이터베이스가 없기 때문에 유권자의 마음을 파악하기 어려워 모든 후보에게 공통적으로 어려운 과제라고 말하며 유권자들의 마음을 파악하기 위해 인적 네트워크 조성이 필요하다고 강조했다. 민 후보의 선거유세 전략에 대한 질문에 선거유세는 본인들이 살아 있음을 알리는 행위라고 표현한 대답이 가장 인상 깊었다.

최종 야권연대 실패

인터뷰를 끝내고 윤종기 후보 사무실에 가서 선거유세 일정이 8시라는 것을 들었다. 또 야권연대 상황에 대해서 질문하였다. 민감한 질문일 수 있었음에도 불구하고 정책 담당자는 친절하게 상황에 대해 설명해 주었다. 그는 더불어민주당은 국민의당의 요구를 100% 들어주었으며 사전 합의를 모두 마치고 경선에 임했음에도 불구하고 국민의당의 한광원 후보가 결과에 불복했으며 지속적으로 한 후보 측에 연락을 하고 있으나 받지 않고 있다고 했다. 아직 늦지 않았으니 지금이라도 다시 야권연대를 하겠다는 열린 마음으로 연락을 기다리고 있다고 전했다.

그 후 한 후보 사무실로 가서 정책 담당자를 만났고 그에게 윤 후보 측 정책 담당자에게 했던 것과 같은 질문을 했다. 그런데 갑자기 선거부장이라는 여성 관계자가 이름과 학교를 적어 내라고 하고, 질문 도중 얼굴을 붉히면서 예의 없다며 우리를 비판했다. 그 여성 관계자는 야권연대에 대해 질문하자마자 매우 공격적이고 방어적인 태도를 보여 주었다. 화를 내다시피 필자를 공격했으며 신분을 모두 밝혔음에도 불구하고 우리를 다른 정당의 스파이로 의심했다. 이는 윤 후보 측 관계자와 매우 상반된 태도를 보였다. 윤 후보 측은 당황하긴 했지만 당당한 태도로 상황을 설명한 반면, 한 후보 측은 언성을 높이며 질문에 대답하기를 회피했다. 한 후보 정책 담당자인 한 남성은 여성 관계자를 제재하며 질문에 대해 친절하게 설명해 주었지만 당황한 기색이 보였다. 한 후보 측은 자세히 말할 수 없지만 야권연대 경선이 매우 불공정하게 이루어졌으며, 언론의 대다수를 새누리당이 장악하고 있고 그 다음으로 더불어민주당이 장악하고 있기 때문에 많은 사람들이 본인들의 결백함을 알 수 없다고 말했다. 그렇게 인터뷰를 마치고 8시쯤에 송영길과 합동유세를 하는 윤 후보의 유세현장을 갔다. 그곳에서 윤 후보 측 선거유세 지원자들에게서 재미있는 모습을 보았다. 국민의당과의 야권연대가 성공할 줄 알았던지 윤 후보 측은 '야권단일 후보'라는 문구가 적힌 유니폼을 입고 있었다. 그러나 야권연대는 실패로 돌아갔고 윤 후보 측은 청테이프를 이용해 유니폼의 '단일'이란 단어를 가렸다. 유세현장에는 방송국의 카메라 촬영도 있었으며 꽤 많은 사람들이 다니고 있었지만 큰 주목을 끌지는 못했다. 그곳에서 유권자를 대상으로 인터뷰를 한 뒤에 돌아왔다.

선거 결과 분석

　인천 연수 을 지역에서 후보들의 공약은 송도신도시에 집중돼 있었다. 그러나 선거에 결정적인 영향을 미친 쟁점은 송도신도시가 아니라 야권연대와 국내 정치적 분위기였다. 야당들은 야권연대를 선거에서 이기기 위한 필수적인 전략이라 했고 유권자들은 국내 정치 분위기에 따라 투표했기 때문이다.

　세 후보는 연수 을 지역 주민, 특히 송도신도시 주민을 위한 공약들을 통해 송도신도시의 표심을 얻기 위한 전략을 세웠다. 하지만 참여관찰을 한 결과, 후보들의 전략은 유권자들에게 효과적으로 전달되지 않았다. 인터뷰 결과, 대부분의 유권자는 각 후보들의 공약에 대해 알지 못했다. 또한 후보들의 차별성 없는 비슷한 공약은 유권자들이 후보들의 공약을 비교하여 투표하는 데 어려움을 준 것으로 보였다. 유세현장 분위기와 매스미디어를 통한 정책홍보도 유권자의 관심을 끌지 못했다.

더불어민주당와 정의당의 야권연대는 윤 후보가 야권연대 경선에서 승리하며 성공적으로 이루어졌다. 하지만 더민주와 국민의당의 경우는 한 후보의 경선 불복으로 마찰을 빚으며 실패했다. 더민주와 국민의당 측 정책 담당자들은 모두 인터뷰를 통해 야권연대 없이는 새누리당을 이길 수 없다는 입장을 보였음에도 야권연대는 실패했고 이 결과는 새누리당의 승리를 가져왔다. 과거에는 보수당이 과반수 투표율로 승리하면서 야권연대가 성공하더라도 진보당의 승리가 불가능

표 4. 20대 총선 연수 을 투표 결과

구분	새누리당 민경욱	더불어민주당 윤종기	국민의당 한광원
옥련1동	4,487	2,842	1,657
동춘1동	3,030	2,615	1,420
동춘2동	3,864	3,595	1,961
송도1동	7,387	5,677	2,905
송도2동	8,305	7,070	3,272
송도3동	3,486	3,312	1,495
합계	30,559	25,111	12,710

출처: 중앙선거관리위원회, 선거통계시스템(http://info.nec.go.kr/)

표 5. 20대 총선 연수 을 비례대표 선거 투표 결과

구분	새누리당	더불어민주당	국민의당
옥련1동	3,515	2,026	2,207
동춘1동	2,340	1,814	1,864
동춘2동	2,826	2,452	2,710
송도1동	5,265	3,783	4,722
송도2동	5,717	4,709	5,837
송도3동	2,375	2,169	2,599
합계	22,038	16,953	19,939

출처: 중앙선거관리위원회, 선거통계시스템(http://info.nec.go.kr/)

사진 4. 필자와 윤 후보

그림 1. 세 후보의 SNS 인지도 비교

해 보였다. 그러나 그 전의 선거가 보수당의 과반수 득표율로 승리했던 점과 다르게 이번 20대 총선에서 연수 을의 야당 득표율을 합치면 55.63%로 여당의 득표율인 44.35%보다 월등히 앞섰다. 이는 야권연대 성공 시 야당의 승리 가능성을 보여 준다.

20대 총선의 결과는 단순히 박근혜 정권과 여당에 내린 심판에서 비롯된 것이다. 이러한 여당 심판론은 연수 을에서도 나타났다. 연수 을 유권자의 보수적 성향과 민 후보의 인지도와 유쾌한 선거유세활동 등으로 민 후보의 압승을 예상하였으나 결과는 그렇지 않았다. 야권연대의 경선 결과에 불복해 언론에서 부정적인 이미지로 비춰지면서 한 후보의 득표율은 현저히 낮을 것으로 예상되었지만 생각보다 의외로 높은 결과가 나왔다. 또한 연수 을의 핵심 쟁점지역인 송도

1·2·3동에서 모두 야당 득표율이 높았다.

　이러한 결과는 모두 새로 유입된 인구의 진보적 성향 때문이 아니라 국내 정치적 분위기에서 비롯된 결과로 보였다. 왜냐하면 기존에 보수적 성향이라 여겨지던 구도심 지역에서도 같은 결과가 나왔기 때문이다. 그리고 한 후보의 예상치 못한 높은 득표율은 유권자의 정치에 관한 무관심이 반영된 결과로 보였다. 참여관찰 동안 보았던 유권자들은 한 후보나 그의 유세활동에 관심을 전혀 보이지 않았기 때문이다. 연수 을의 송도3동을 제외한 모든 지역에서도 전국 비례대표 득표율과 유사하게 새누리당, 국민의당, 더불어민주당 순으로 높은 득표율을 보였다. 송도3동의 경우는 국민의당의 득표율이 가장 높았다. 이처럼 20대 총선에서 국민의당은 이전의 양당 경쟁 구조를 깨며 새로운 3당 경쟁구도를 만들었다. 만약 더민주와 국민의당이 야권연대에 성공하여 선거 투표지에 민 후보와 윤 후보의 이름만 있었다면 국내 정치 분위기를 타고 야당이 승리할 수 있었을 것이다. 하지만 투표용지에 기입된 이름은 세 개였고 한곳으로 몰렸을 수도 있던 표가 두 군데로 분산되었다. 이 때문에 새누리당의 득표율이 과반수가 아님에도 불구하고 민경욱 후보가 당선되었다.

19. 4년 전 다윗, 새로운 골리앗이 되나

[인천 남동 갑]

이진수

남동 갑의 정치적 의미

인천에서 최대 격전지인 남동 갑은 구도심과 번화가가 혼합된 지역으로서 선거철마다 표심을 알기 어려운 곳이다. 대한민국의 심장인 서울의 정치 1번지가 종로구라면, 인천의 정치 1번지는 남동구이다. 이를 이해하기 위해서는 남동구를 먼저 파악하는 것이 중요하다. 남동구에는 간석동, 구월동, 남촌도림동, 논현동, 장수서창동, 만수동 등이 있는데, 그중 만수동은 과거의 동인천과 더불어 구도심 역할을 수행하던 동네이다. 또 수도권의 최대 산업단지인 남동공단이 있다. 특히 최근에 개발이 진행 되고 있는 청라, 송도 등을 제외하고는 가장 인구의 유입과 이동이 활발한 곳이다. 원래 남동구의 인구는 남동 을에 속하는 만수동에 밀집되어 있었으나, 최근 논현지구의 개발, 구월동의 재건축, 인천시청 이전 등으로 남동 갑 지역에 인구가 늘어났다. 또 남동공단으로 인하여, 많은 노동자들이 남동 갑 지역에 유입되었다. 그 결과, 20대 총선을 앞두고 선거구획정위원회에서 남동 갑은 간석3동, 구월2동을 남동 을에 넘겨주었고, 남동 갑은 간석1·4동, 구월1·3·4동, 논현고잔동, 남촌도림동으로 구성되었다.

남동 갑은 제15·16·17·18대 총선에서 한나라당의 이윤성 후보가 무려 4선을 하면서 1996년부터 2012년까지 국회의원을 지낸 곳이다. 하지만, 여당의 강세를 보였던 이 지역에서 제19대 총선 때 이변이 일어났는데, 당시 야당 후보였던 박남춘 후보가 이윤성 후보의 5선 도전의 아성을 무너뜨리고 국회의원에 당선 된 것이다. 당시 이러한 결과를 두고 사람들의 반응은, '여권분열로 인하여 박남춘 후보가 어부지리로 당선이 된 것이다.' 였다. 즉, 19대 총선 당시 공천을 받지 못한 이윤성 후보가 무소속으로 출마한 것으로 인해 새누리당의 윤태진 후보와 표를 나눠 가지게 되었고, 이로 인해 박남춘 후보가 당선 되었다는 것이 대부분 사람들의 판단이었다. 그 후 4년이 지났다. 박남춘 후보는 과연 어부지리 당선자였을까? 그는 지난 4년 동안 남동구 주민들에게 어떤 평가를 받았을까?

"남동의 일꾼"과 "남동의 아들" 간의 대결

이번 선거에서 남동 갑은 총 4명의 후보가 나왔다. 새누리당의 문대성 국회의원, 더불어민주당의 박남춘 국회의원, 국민의당의 김명수 후보, 그리고 민중연합당의 임동수 후보가 그들이다. 우선 새누리당의 문 후보는 본인이 남동구에서 태어나고 자랐음을 강조했다. "남동이 낳은 문대성, 다 컸으니 부려먹자."라는 슬로건을 들고 나온 그는, 태권도 국가대표와 IOC(국제올림픽위원회) 선수위원 경력을 통해 전문성을 내세우고, 남동구 출신임을 이용해 친근함을 강조하는 등 여러 감성을 동시에 공략하는 모습을 보여 주면서 사람들에게 슈퍼스타의 이미지와 상반되는 모습으로 다가갔다. 다음으론 재선에 도전하는 더불어민주당 박남춘 후보이다. "남동의 봄, 박남춘", "2번째엔 두 배 더 열심히 하겠습니다."라는 슬로건과 함께, 재선 후보 특유의 자신감을 볼 수 있었다. 또 남동의 일꾼을 자처하고 이를 통하여 긍정적인 평가를 이끌어 내고자 한 것으로 보였다. 다음으로는 국민의당 김명수 후보다. '낡은 정치를 바꾸는 국민의 힘', '남동구 경제 활명수' 라는 프레임을 통해 기존의 양당체제의 진부함을 비판하는 동시에, 경제불황을 언급하였다. 또 "꽉 막힌 경제를 뚫어주겠다."라고 주장하며, 본인의 전공인 경제 분야를 공략하고 더욱 발전시키겠다는 각오를 나타냈다. 마지막으로 민중연합당의 임동수 후보는 인기 웹툰인 송곳을 언급하며 '남동공단의 송곳 임동수'라는 프레임을 가지고 나왔다. 그는 비정규직 노동자들의 눈물을 대변하겠다는 주장과 함께 출사표를 던졌다. 그렇다면 우선 재선에 도전하는 박남춘 후보에 대해서 먼저 알아보자. 그가 4년전에 어떻게 여당의 거물들을 이기고 당선 되었을까? 당선 이후 그의 4년간의 활동은 어땠을까?

박남춘 후보: 골리앗을 이긴 다윗, 그 후 4년

남동 갑 지역 주민들에게 이 지역 국회의원이 누구냐고 물어보면, 오랜 시간 동안 길병원 사거리에 선거사무소를 두었던 이윤성 전 의원을 언급했다. 1996년부터 연속으로 4선을 했고, 이러한 경험을 바탕으로 국회 부의장을 지내기도 했던 인물이기 때문이다. 이윤성 전 의원은 여당 내에서도 강력한 영향력을 끼치는 국회의원이었으며, 인천지하철 1호선이 생길 때부터, 인천 아시안 게임 유치까지 남동구에 관련된 일을 많이 하였다. 하지만, 그가 장기집권을 함에 따라서 19대 총선에서 그에 대한 평가가 갈렸다. 인천 남동구에서 많은 일을 하였기 때문에 그를 적극적으로 지지해야 한다는 주장과, 4선이라는 성적표에 비해 이룬 것이 없기 때문에 다른 사람을 공천해야 한다는 주장이 대립한 것이다. 결국 그는 2012년 공천 과정에서 당시 새누리당 윤태진 후보에게 공천을 빼앗겼고, 이에 이윤성 후보는 무소속 출마를 강행하였다.

이윤성 후보와 윤태진 후보는 19대 선거대담회에서 각각 '이번 공천은 문제가 있다.' '새누리당 경선 결과에 이의를 달지 않겠다는 각서를 쓰고도 탈당한 이 후보의 행동은 자유롭지 않을 것이다.' 라는 말을 주고받으며 날선 공방을 펼쳤다.[1] 남동 갑의 골리앗이었던 이윤성 후보의 첫 위기가 19대 선거에서 찾아 온 것이

---

1. "[4.11 국민의 선택] 윤태진-이윤성 '탈당·공천문제' 날선 공방 박남춘 '노 전대통령 만나 원칙과 소신 배워'", 경기일보, 2012. 3. 23.

다. 이러한 상황에서 당시 박남춘 후보는 정치 경험이 많지 않았던 정치신인, 즉 다윗과 같은 존재였다. 참여정부 시절 인사수석(차관급)을 수행했을 뿐, 직접적으로 정계에 진출한 것은 처음이었다. 더군다나, 박남춘 후보의 상대는 4선에 빛나는 이윤성 후보와 남동구청장 3선에 성공한 윤태진 후보여서 그의 선전을 예상하는 사람들은 많지 않았다. 하지만, 의외로 박남춘 후보가 당선되었고, 이는 16년 동안 여당의 표밭이었던 남동 갑 지역에 큰 파장을 일으켰다. 그렇다면 이윤성 후보의 아성을 무너뜨리고 초선에 성공한 박남춘 후보는 당선이 되고 나서 어떤 일을 하였을까? 박남춘 후보의 지난 4년의 활동과 이윤성 전 의원의 활동을 비교해 볼 필요가 있다.

먼저 이윤성 후보는 첫 국회활동을 시작한 15대 국회 국정감사기간 때, NGO 모니터단이 선정한 우수 의원의 경력을 가지고 있다. 초선 국회의원의 열정이 긍정적인 평가를 받은 것이다. 하지만, 연이은 당선은 이전보다 정책 추진력이 떨어졌다는 비판을 받게 한 원인이 되었다. 특히 부의장을 지내던 18대 국회의원 시절에 야당은 물론, 원활하지 못한 의사 진행으로 당시 한나라당 일부 의원들로부터도 비판을 받았다. 미디어법으로 큰 논란이 있었던 2009년에는 미디어법 직권상정 처리 이후 개인 홈페이지가 다운될 정도로 큰 비난을 받기도 했었다.[2] 이러한 사실을 바탕으로 첫 시작에 비해 점점 안일해진 의원, 지지자들에게도 '이전에 비해 일을 많이 하지 않는 의원, 안주하는 의원'이란 평가를 받은 것이다. 이런 움직임은 2012년 공천파동으로 여당이 분열되었을 때 여당에 타격을 주었고, 때마침 나타난 박남춘 후보에게 자리를 내주는 계기가 되었다.

그렇다면 골리앗을 무너뜨린 박남춘 후보의 4년은 어땠을까? 우선 최근의 19대 국정감사 결과를 확인할 필요가 있다. 법률소비자연맹총본부의 19대 국회의정활동 평가에 따르면 박 후보는 300명 중 7등, 인천지역 국회의원 중 1위를 해 추진력이 있었음을 보여 줬다. 특히 지역구 내 작은 일이지만 불편을 겪고 있는

---

2. "미디어법 일괄상정", 파이낸셜뉴스, 2009. 7. 22., "파국으로 끝난 미디어법 대전", 연합뉴스, 2009. 7. 23.

버스정류장, 방음벽 설치 등 주민들이 직접 실감할 수 있는 일도 소홀히 하지 않았음을 국정감사 결과를 통해 알 수 있었다.[3]

"19대 선거에서 처음으로 투표를 한 이후 정치에 관심을 가지게 되었습니다. 지난 몇 년 동안 지역에 CCTV나 방음2벽이 설치되고 주민들의 불편함이 많이 해소되었는데, 이번 선거 책자를 구경해 보니 박남춘 의원이 직접 했었던 일이라 많이 놀랐습니다. 박남춘 의원이 생각보다 우리 지역에 한 일이 많았더라고요."[4]

"등교 하면서 간석역을 많이 이용하는 편인데, 간석역에 스크린도어를 설치했었던 것이 박남춘 후보가 했던 것을 알고 신기했습니다."[5]

간석동에 거주하고 있는 2~30대 유권자들을 대상으로 몇몇 인터뷰를 진행 해본 결과, 이번 선거기간 중 박남춘 후보이 홍보를 통해서, '박 후보가 지역을 위해 일을 했구나.'라는 인식을 가지게 되었다고 했다. 박 후보를 보는 젊은 유권자들의 시선이 16년 전의 이 후보를 보는 유권자 시선과 닮아 있었다. 일 열심히 하는 국회의원의 이미지를 심는 데 어느 정도 성과를 이룬 것이다.

후보들의 경력 싸움, 그 승자는?

이번 선거에 나온 후보들이 어떤 경력을 가지고 있을까? 먼저, 새누리당의 문대성 후보는 대한민국을 열광시켰던 태권도 황금발차기의 주인공이었고, 그의 경기는 온 국민을 열광시켰다. 은퇴 이후에는 국제올림픽위원회 위원으로 스포츠계에서 지속적인 활동을 하였고, 제19대 국회에서는 부산 사하지역에서 국회

---

3. "더불어민주당 박남춘 국회의원, 종합헌정대상 수상자로 선정", 아시아뉴스통신, 2016. 2. 16.
4. 30대 남성 유권자, 간석1동, 2016. 3. 23.
5. 20대 남성 유권자, 간석4동, 2016. 3. 23.

의원으로 활동했다. 후보 정보공개자료에 따르면, 재산상황은 9억 4000만 원, 학력은 동아대학교 체육학과를 졸업하였고 교수를 역임하기도 하였다. 병역의무 이행사항으론 육군병장 만기전역을 하였으며, 전과기록은 없었다.

다음으로는 박남춘 더불어민주당 현역의원이다. 박 후보는 고려대학교 행정학과를 졸업하였으며, 영국 웨일스대학교 국제운송 이학석사를 졸업하였다. 행정고시에 합격한 후 해양수산부에서 22년 근무했고, 이후에 정계에 진출하여 참여정부시절 청와대 인사수석 차관급 직무를 수행하였다. 제19대 남동 갑 국회의원으로 당선되었으며, 이번에 일찌감치 공천을 받았다. 재산상황은 23억 8000만 원, 병역사항은 공군 중위 전역, 전과기록은 없었다.

세 번째로는 김명수 국민의당 후보이다. 본인의 첫 직장과 어려운 시기를 인천 남동구의 반지하방에서 보냈다는 김 후보는 성균관대학교 대학원 법학과를 졸업하고 법학박사 학위를 취득하였다. 전 한국산업은행 노조위원장을 역임했고, 현 한국노동경영연구원 원장이다. 재산신고상황은 6억 9000만 원이며, 병역사항에서 특이한 점이 있었는데 육군일병 복무만료가 눈에 띄었다. 즉, 김 후보가 군 복무 중 의가사 제대를 한 것을 알 수 있었다. 이는 김 후보가 병역의무 이행사항에서 다른 후보들보다 페널티를 감수할 수밖에 없는 것이었다. 전과기록을 보면, 도로교통법 위반으로 2003년에 벌금 100만 원 형을 선고 받은 적이 있었다. 다른 두 후보와 달리 김 후보는 전과기록이 있어서 흠이 되었다.

세 후보의 기본 프레임을 보면 문대성 후보는 연고지에서 나고 자란 연고주의를 주장했고, 박남춘 후보는 지난 4년간의 남동 갑 지역활동을 강조하는 인물론을 표방하였다. 마지막으로 김명수 후보는 본인의 주 업무 분야인 경제 분야를 강조하며 남동의 경제를 살리겠다는 프레임을 들고 나왔다. 세 후보가 제시한 후보 정보공개자료만으론 프레임과 공약의 관계성을 파악하기는 어려웠지만, 김명수 후보의 전과기록 및 약간의 세금 미납 부분은 경제 전문가로서 어느 정도 타격이 되지 않나라는 생각이 들었다. 그에 비해 박남춘 후보나 문대성 후보 같은 경우는 각각 공군 중위 전역, 육군 병장 만기전역을 하였고, 세금 미납 부분에 대해서도 걸리는 부분이 없었다. 이를 통해 두 후보는 첫 이미지를 형성함에 있어서 김명수 후보 보다 우위를 점했다고 볼 수 있다. 하지만, 문대성 후보 같은 경우는 가장 논란이 되었던 논문 표절 의혹이 있다. 물론 문 후보가 표절하였다고 확실하게 말할 수는 없지만, 이러한 논란 자체가 문 후보에 대한 비난을 피하기 어려운 부분이라 생각된다. 이렇게 세 후보의 첫 이미지 싸움에서는 박남춘 후보가 근소하게 이겼다고 볼 수 있다.

현직자와 도전자의 공약 비교

총선에서 정책이라는 것은 그 후보가 무슨 일을 하고 지역에 대해 어떤 생각을 가지고 있는지를 파악할 수 있는 진단서이다. 또 지역에 어느 정도의 관심을 두고 있는지를 알 수 있는 바로미터이다. 문대성 후보의 주요 공약의 큰 특징 중 하나는 세대별로 공약을 나눈 것이었다. 첫 번째로는 60대 이상 유권자를 위한 공약이 눈에 띄었다. 노인문화 확대, 노인복지관 건립, 어르신 거리 조성, 찾아가는 체육 지도사 제도 등을 주장하면서, 100세 시대에 맞는 맞춤 전략을 내건 것이 특징이었다. 또 문 후보가 IOC(국제올림픽위원회) 위원을 역임한 경험을 바탕으로 체육 관련 공약을 낸 것을 확인 할 수 있었다. 다음으로는 교육 정책이다. 마을별 도서관 설립, 특화도서관, 공부모임이 가능한 환경 조성 등 지역구 중심의 교육을 활성화하고자 하였다. 다음으론 학교 내의 CCTV, 횡단보도 건설, 노후된 학교 건물 보수 등으로 교육환경을 재조성하고자 하는 공약이 있었다. 세 번째로는 교통 정책이다. 최근 인천지역의 가장 핫이슈로 떠오르고 있는 인천 2호선 정책을 비롯하여, 남동구 내 역 중심의 마을버스 노선 확충, 광역버스 도입을 통하여 상대적으로 수도권과 접근성이 떨어지는 남촌도림동 등을 공략한 것을 볼 수 있었다. 다음으로는 문화, 여가 부분이다. 개인적으로 문화, 여가 공약이 문 후보의 공략 중 가장 전문성을 갖춘 공약 부분이라 느꼈다. 공약에는 스포츠파크 건립, 다목적 문화센터 걸립, 레저산업 육성을 통한 스포츠레저 특화도시 건설 등이 있었다. 마지막으로는 남동산업단지 신성장 동력 지원이나, 경제 외교 등으로 여러 유권자들을 대상으로 한 공약이었다. 하지만, 상대적으로 20대 유권자에 대한 공약이 다소 적었으며, 타 후보들에 비해 경제적 측면에서 추상적이었던 모습은 아쉬웠다.

박남춘 후보는 본인의 공약을 '7대 의무' 라고 표현함으로써, 공약을 의무로 표기한 점이 눈에 띄었다. '본인이 내건 공약을 다 해낼 것이다.' 라는 느낌을 통해, 박 후보가 재선을 위해 일하는 이미지와, 공약이라는 두 마리 토끼를 잡으려는 모습이 느껴졌다. 첫째로 주장한 것은 경제 부분이다. 남동산업단지 리모델링, 여성새로일하기센터, 도시첨단산업을 남촌도림동에 설립한다는 주장을 통해, 박 후보의 공약이 산업을 통한 인천경제 활성화를 목표로 한다는 것을 알 수 있었다. 다음으론 안전 부분이다. 119 안전센터, 지구대 신설, 구도심 주거환경 개선산업 등을 통해 상대적으로 조용하고 낙후된 남촌 도림동 및 간석 구도심의 보완을 주장했다. 다음으론 복지 부분이다. 공공돌봄서비스, 기초 노령연금 30만원 인상, 장애인 연금 등을 통해 30대부터 60대를 아우르는 복지 정책을 내걸었다. 교육·생활환경 부분에서는 학교시설 개선, 공공학습 도서관 건립 등의 추상적인 공약만이 선거홍보물에 기재되어 있었다. 이 분야는 문대성 후보와 겹쳤다. 다음으로는 교통 부분이다. 문 후보와 다른 점이 있었다면 인천도시철도 3호선 건설 추진 및 간석역의 지하화를 통한 도심 활력을 제고한다는 것이었다. 하지만, 인천2호선이 예산 문제로 예정보다 늦게 개통되고 있는 상황에서 인천 3호선을 추진한다는 것은 조금 어렵지 않을까 생각됐다. 다음으론 문대성 후보에게 없는 공약인 인천의 랜드마크화가 있었다. 특히 낙후된 소래습지생태공원 국가정원 추진이나 국가어항 지정 등은 현재 논현동에 직접 거주하고 있는 박남춘 후보만의 독특한 공약으로 보여졌다. 마지막으로 문화 부분이다. 문화 부분은 상대적으로 체육시설단지 조성, 공원녹지 조성 등으로만 표기되어 있어서, 문화·체육부분에서 강세를 보이는 문대성 후보보다는 조금 빈약하다는 느낌이 들었다. 하지만, 전체적인 공약은 문대성 후보보다 더욱 포괄적이어서 세대별 유권자를 어우르는 느낌이 들었다.

마지막으로 살펴볼 후보는 김명수 후보이다. "소신과 원칙이 있는 사람, 전문성과 능력에서 검증된 사람, 김명수로 바꿔야 한다."라는 슬로건이 눈에 띄었다. 하지만 조금 아쉬웠던 점은 김 후보가 다른 두 후보와 비교해서 공약 부분에서 조금 약하다는 느낌이 들었다는 것이다. 이는 다른 두 후보가 국회의원 경험이 있었던 것에 비해 김 후보는 없어서, 경험의 차이로 보인다. 그렇다면 첫 총선에 임하는 김명수 후보의 공약을 살펴보도록 하자.

먼저 경제 부분이다. 다른 두 후보에 비해 김명수 후보가 강조했던 공약으로는, 노후된 남동공단의 경영지원시스템 가동, 공단 혁신재생단지 조성, 국제비즈니스센터 유치, 논현 역세권 삼표레미콘 등 슬럼화된 공장에 대한 공영개발 조속 추진 등이 있었다. 확실히 다른 후보에 비해 경제 관련 공약이 더 구체적인 점이 눈에 띄었다. 다음으론 일자리 창출 분야이다. 맞춤형 일자리 5만 개 창출, 전통시장 구조혁신, 향토산업 육성, 관광산업 육성 등 청년층 공약을 하나의 큰 주제로 제시한 것은 다른 두 후보와 비교되는 부분이었다. 다음은 교육 정책이다. 남동장학재단 설립, 100세 시대에 맞는 학습체제 구축, 학교폭력 방지대책 강구 등의 공약을 펼쳤는데, 이는 역시 다른 두 후보와 비슷한 공약이었고, 특히 학교폭력 방지대책 등은 박남춘 후보가 19대 후보 때 국회에서 상정한 적이 있는 법안이었다. 또 이 부분은 박 후보 블로그 내 19대 발의 법안목록에 있었다. 따라서 교육 분야에서는 다른 두 후보보다 약간 허술한 모습을 관찰할 수 있었다.

다음은 환경 공약으로 생태공원 활성화, 유소년체육시설, 레포츠단지 걸립 등을 주장했다. 교통·안전 부분에서는 인천 도시철도와 광명역 연결을 추진한다고 하여 타 후보와 비교되는 독특한 공약을 내세운 것이 눈에 띄었다. 하지만 실현 가능성이 크다고 느껴지지는 않았다. 마지막으론 복지 분야이다. 문화활동 공간 구축, 여성행복지원센터 건립, 소래포구 등 남동 대표 관광구역에서 연계상품 개발, 공공의료서비스 확충, 스쿨존 확충 등의 공약을 내세웠다.

김명수 후보는 특이한 문장을 공약집에 기재하였는데, '본 공약집을 4년간 꼭

간직해 주세요. 김명수가 얼마나 이행하였는지 아실 것입니다.' 라는 문구였다. 공약집 맨 아래 써져 있는 이 문장을 통해, 비록 김 후보가 타 후보들에 비해 지지율이 낮았지만 그의 자신감과 진정성을 볼 수 있는 문구였다. 하지만, 다른 두 후보에 비해서 공약의 양이 상대적으로 적었고, 경제 이외 분야 공약들이 상대적으로 추상적이었다는 것은 아쉬운 점으로 꼽혔다.

세 후보의 정책을 비교해 봤을 땐, 각각 본인의 강점 분야에서 더욱 구체적이고 타 후보들에 비해 두드러진 공약을 제시한 것을 확인 할 수 있었다. 문대성 후보는 IOC(국제올림픽위원회) 위원 활동경험을 바탕으로 제시한 문화·체육사업, 김명수 후보는 금융계에서 일했던 경험을 살린 경제 정책, 그리고 박남춘 후보는 남동지역의 19대 국회의원 활동을 통해, 지역 내에 부족한 것을 파악하고 이를 끄집어 낸 것을 볼 수 있었다. 문대성 후보의 2~30대 공약에 대한 부실함, 박남춘 후보는 문대성 후보에 비하여 문화 정책이 약하거나, 몇몇 공약에 있어서 확실하게 시행이 될 것 이라는 보장이 없는 점, 그리고 김명수 후보는 두 후보에 비해 공약의 두께가 얇은 것 등의 문제점을 확인 할 수 있었다. 하지만 공약에 있어서는 세 후보 모두 본인이 내걸은 프레임에 부합하는 공약을 제시했다는 점에서, 대체로 성공적이라는 평가를 내렸다.

직접 만난 후보들의 모습

본격적인 선거 시작에 앞서서 후보들의 사무실을 방문하고 인터뷰를 하였다. 먼저 만나 본 후보는 더불어민주당 후보이자, 현역 국회의원인 박남춘 후보였다. 박 후보의 사무실을 찾아 가는 데는 크게 어렵지 않았다. 그의 선거사무소는 인천에서 가장 큰 병원 중 하나인 길병원 근처에서 인천 남동소방서로 가는 길 가운데에 큰 현수막과 함께 자리하고 있었다. 박 후보의 사무실이 있는 건물을 들어가면서 느낀 점은 선거사무소를 찾아오는 사람들에게 아기자기한 기분을 느낄 수 있게 꾸몄다는 점이다. 사무실 앞에 빨랫줄 같은 긴 줄에 박 후보가 지난 4

년간 지역 주민들과 함께 했던 모습들을 사진으로 인화하여 걸어두었는데, 사진 속에서 주민들과 활짝 웃고 있는 박 후보의 모습을 통해 딱딱하다고 생각할 수 있는 선거사무소 분위기의 고정관념을 깨려고 시도한 느낌을 받았다. 사무실에 들어갔을 때는, 7대 주요 공약들을 하나하나 현수막으로 만들어서 선거사무소에 크게 걸어 놓은 것을 볼 수 있었다. 이외에도 벽면을 가득 채운 포스트잇 등은 밖에 걸어놓은 사진들과 마찬가지로, '주민들과 소통을 자주하는 일꾼'의 이미지를 강조하는 느낌을 주려 한 것 같았다.

선거사무소에서 잠시 기다리고 있을 때, 밖에서 굉장히 굵은 목소리가 들렸다. 박남춘 후보는 "바쁜 스케줄을 뒤로 하고 인하대 학생이 방문했다는 소식을 듣고 달려왔다."라고 했다. 실제로 본 박 후보는 블로그 등 매체에서 본 것과는 다른 이미지였다. 직접 만나기 전의 이미지가 굉장히 부드러웠다면, 실제로는 노련함과 카리스마가 느껴졌다. 예상했던 것과는 다른 박 후보를 보고 처음에는 굉장히 위축되어서 제대로 이야기도 나누지 못했지만, 이내 긴장을 풀고 박남춘 후보와 이야기를 나눌 수 있었다.

박 후보는 "청년들이 정치에 대해 관심을 가지고 본인을 찾아준 것에 대해 감사하다."는 인사를 한 뒤, "본인은 남동 갑 지역에서 재선이 될 수 있다고 확신한다."는 이야기와 함께 말을 시작했다. 그는 20대 총선에 이슈가 되었던 야권분열로 인한 "일여다야" 구조라던가, 새누리당 후보로 문대성 후보가 출현한 것에 대해 크게 동요하지 않는다는 입장이었다. 19대 총선에서 여당의 분열로 당선된 것이 아니냐는 주장에 대해 어떻게 생각하는가를 물어보았을 때, 그는 본인의 지난 4년간 업적을 보았을 때 전혀 낙선에 대한 두려움이 없다고 너무 당당하게 말해서, 오히려 물어본 입장에서 난감할 정도였다. 그 정도로 자신감이 넘쳤다. 박 후보와 단지 이야기를 나눈 것만으로도 굉장히 전문적이다는 느낌을 받았다.

다음으로 찾아간 후보는 국민의당 김명수 후보였다. 세 명의 선거사무소 중 가장 가기 쉬운 곳에 위치해 있었다. 버스에 내려서 김 후보 선거사무소로 가려고 할 때, 어떤 분이 "혹시 인하대 정치외교학과 학생들인가요?"라고 물어봤다. 맞다고 하니, 그분은 본인을 김 후보의 보좌관이라고 소개하면서 명함을 준 뒤, "학생들이 온다고 해서 시간 맞춰서 기다리고 있었어요."라고 하면서 직접 김명수 후보 선거사무소로 안내해 주었다. 인터뷰 시간에 맞춰서 후보의 보좌관이 직접 마중 나와 안내해 준 것이 인상 깊었다. 김 후보의 사무소는 처음에 들어갔을 때, 평범하다는 느낌을 받았다. 박남춘 후보가 방문자들의 동선을 파악하며 사진을 설치했다거나, 엘리베이터에 본인의 모습을 붙여 놓은 것과는 비교가 돼서 아쉬웠다.

국민의당 김명수 후보는 박남춘 후보와는 다르게 인터뷰 시작 전부터 기다리고 있었다. 김 후보는 상대적으로 박 후보보다 조금 부드러운 모습이었는데, 이는 성격의 차이가 아닌 경험의 차이가 아닐까 하는 생각이 들었다. 하지만 같이 이야기를 나눌 때 그는 진지해졌다. 김 후보는 우리 사회가 정치를 이야기할 때, '그 사람이 그 사람이다.'라는 매너리즘에 빠져 있다며 깊은 아쉬움을 나타내었다. 그는 주요 정당의 힘을 인정하면서도, "정치계에 새로운 바람이 분다면 제3당이 이길 수 있지 않을까 하는 바람을 가지고 출마했다."라고 했다. 그는 정치가 꼭두각시처럼 되는 것이 아쉽다고 먼저 말하고, 정당 및 구도보다 인물을 보고 투표를 하는 것이 중요하다고 하면서, 기존 정치체계에 대해 비판하였다. 그러고 나서 20대 총선은 조금 다르길 바란다고 했다. 개인적으로 김명수 후보는 만났던 3명의 후보 중에 가장 친근한 느낌이 들었다. 초선에 도전하는 그의 모습도 그러했으며, 다른 후보와는 다르게 가족들이 선거사무소에서 열심히 일하는 모습은 후보로서 흐뭇한 미소를 지을 수 있는 광경이었다.

문대성 후보는 선거사무소에서 바로 만날 수 없었다. 대신 문 후보의 보좌관과 인터뷰를 할 수 있었다. 문 후보의 선거사무소는 상대적으로 다른 후보보다 떨어져 있는 곳에 위치해 있었다. 가장 놀랐던 것은 여당 후보임에도 불구하고 굉장히 사무소 직원들이 젊었다는 것이다. 문 후보가 가지고 있는 젊은 이미지가 그대로 나타난다는 느낌이 들었다. 사무소는 문 후보의 유년시절 남동구 판자촌 사진부터, 아테네 올림픽, IOC(국제올림픽위원회) 위원까지 그의 약력을 쉽게 볼 수 있는 현수막이 자리 잡고 있었다. 아쉬웠던 점은 선거사무소 방문 당시는 정식 선거운동을 하기 전이었고, 문 후보는 정식 선거운동 기간 전까지 그의 공약을 비밀로 했다. 이로 인해, 방문했을 당시에 유권자로서 궁금한 것을 물어보지 못하였다. 이러한 점이 김명수, 박남춘 후보에 비해서, '폐쇄적이다'라는 느낌이 들게 했다. 뿐만 아니라, 공약을 비밀로 하다 보니, 인터뷰가 원활하게 이루어지지 못했다. 인터뷰를 대신 했던 문 후보의 보좌관 또한 선거공약의 비밀을 지키다 보니, 이야기를 나눌 때 난처한 모습을 많이 드러냈다. 그는 문 후보가 다른 후보에 비해 인지도가 높아서 이에 따른 고충이 있다는 이야기 이외는 대부분 남동구에서 태어나고 자란 것을 강조하거나 후보의 칭찬만 늘어놓았다. 문 후보의 선거사무소를 방문하고 느낀 점은, 아무래도 그가 인터뷰 당시, 부산 사하구에서 국회의원 활동을 하고 있는 중이었고, 임무 수행 중에 인천 남동 갑 후보 출마까지 겹치다 보니, 상대적으로 다른 후보들에 비해 준비 기간이 적었다고 판단되었다.

선거사무소에서 문대성 후보를 만나지 못해서 아쉽다는 생각이 들었던 중, 운 좋게 4월 5일 유권자 인터뷰 때 남동 갑의 신설 동네인 구월동 아시아드 선수촌에서 선거운동을 하는 문 후보를 보게 되었고, 그와 간단한 이야기를 나눌 수 있었다. 문 후보는 먼저 본인이 19대 국회의원으로 많은 노력을 기울였으나 정치의 암담한 현실을 보고 정계 불출마 선언을 했다고 말했다. 하지만, 그가 불출마 선언을 한 이후, '국회를 바꿔야 되는데, 불출마가 과연 옳은 선언이었나.' 라는 생각이 들었고, 문득 후회가 됐다고 했다. 그러던 와중에 주변 사람들 및 당에서 그에게 정치를 다시 바꿔 보라고 독려하였고, 이에 다시 마음을 굳게 먹고 인천 남동 갑 지역에 출마했음을 강조했다. 유세현장에서 본 문대성 후보는 굉장히 말끔한 외모와 부드러운 어조를 가지고 있었다. 그런데 워낙 유명한 사람이어서 그랬는지, 바로 앞에 있었지만 TV를 통해 이야기를 듣는다는 느낌을 받았다. 직접 이야기를 나눈 필자도 태권도 스타의 이미지가 먼저 떠올랐다. 남동 갑의 주민들 역시 정치인으로 보는 것이 아닌 스타를 보는 듯이 문 후보를 대했다. 남동의 아들이라고 프레임을 내걸었지만, 남동의 아들같은 친근함이 잘 느껴지지 않았다.

이러한 유명한 이미지가 오히려 주민들과의 친근한 이미지 형성에 방해가 되지 않았을까 하는 생각이 들었다.

후보들의 선거운동에 대한 유권자의 반응

그렇다면 20대 선거에 앞서서 각 후보들의 유세현장은 어땠을까? 우선 문대성 후보의 유세현장은 평일이었는데도 불구하고 반응이 굉장히 좋았다. 사람들이 먼저 알아보고 악수를 나누는 경우도 종종 볼 수 있었으며, 지나가는 시민들을 향해 하나하나 인사하는 모습을 볼 수 있었다. 실제로, 유권자 인터뷰 도중 문 후보가 타고 있는 트럭을 향해 손을 흔들었는데 문 후보가 꾸벅 인사하기도 했다. 이러한 반듯한 이미지와 문대성이라는 자체의 이미지는 굉장한 시너지 효과를 발휘하는 듯 보였다.

"사실 현역 후보가 누군지도 잘 몰라요. 근데 평소에 새누리당을 지지하기도 하고, 문대성 후보는 유명하기도 해서요. 국회의원에게 바라는 것은 없지만, 선호하는 정당에 힘을 실어주기 위해서 이번에 투표하려고요."[6]

"여당을 빼고 야당을 지지하는 편인데, 그래도 선거에선 가장 중요한 것이 그 지역에 나고 자랐다는 연고가 아닐까 생각되어서, 이번엔 여당이어도 문대성 후보를 지지하려고요."[7]

여당을 지지한다는 대부분의 유권자들을 통해 문 후보의 연고지에 대한 호소나 정당의 힘이 많은 영향을 끼친 것을 확인할 수 있었다. 특히, 선호하는 당에 힘을 실어주기를 위해 문 후보를 뽑는다는 의견은 꽤나 인상적이었는데, 그 이유를

6. 50대 여성 유권자, 구월1동, 2016. 4. 5.
7. 30대 여성 유권자, 구월1동, 2016. 4. 5.

물어보니 대북 정책이 큰 비중을 차지하였다. 즉, 많은 여당 지지자들은 넓게 보면 안보의 이유로, 좁은 의미로 보면 연고지에 호소하는 문대성 후보에게 끌렸다는 것을 알 수 있었다. 이에 비해서, 유권자 인터뷰를 하는 동안 박남춘 후보나 김명수 후보를 직접적으로 지지한다는 유권자를 만나기는 쉽지 않았다. 야당 성향이 강할 것 같은 20대 유권자들과 인터뷰를 했을 때, 대부분 유권자들의 반응은 박남춘 후보가 재선 후보인 것 정도만 알 뿐, 지지 정당은 없으며 선거에 별 관심이 없다는 이야기를 하였다. 어렵게 만난 더불어민주당 지지자는 현역 후보가 누구인지 물어보는 질문에 이렇게 답하였다.

"지금 현역 후보가 더불어민주당 사람인건 알고 있죠. 국회의원은 지역을 생각하면서 일하는 것이 제일 중요하다고 생각해요. 그것도 그렇고 경제를 살릴 수 있는 당이 뽑혔으면 좋겠어요. 그래서 이번에도 야당을 한번 찍어 보려고요."[8]

박남춘 후보를 지지하는 유권자들은 대부분 그가 일을 열심히 했음을 알고 있었고, 나아가서는 현 경제 상황을 크게 비판하였다. 그래서 여당이 아닌 야당에 희망을 거는 듯한 모습이었다. 즉, 박 후보의 인물론과 야당 전체의 주 프레임인 현 정권심판론이 합쳐져서 시너지 효과를 발휘하는 것을 확인할 수 있었다. 인천 논현역에서 유권자 인터뷰를 마친 후 내려왔을 때, 한 여성이 국민의당 김명수 후보의 명함을 나눠주는 것을 볼 수 있었다. 그 분은, "저번에 오셨던 인하대 학생들 맞으시죠?"라고 하면서, 반갑게 먼저 인사를 건넸다. 국민의당 김명수 후보의 아내였다.

"유권자분들이 대부분 좋은 반응이에요. 논현동 같은 경우는 젊은 분들이 많다보니 더 그런 것 같아요. 간석역 부근이나 다른 곳도 크게 화내거나 거부감을 보이신

---

8. 50대 여성 유권자, 논현동, 2016. 4. 5.

분은 없어서 괜찮았어요."9

비록 직접적으로 만날 수는 없었으나, 김 후보 아내와의 이야기를 통해 지지자들에 관한 이야기를 들을 수 있었다. 김 후보를 지지하는 후보들은 중도 및 중도보수 유권자들이 많은 듯 보였다. 실제로 이번 선거의 국민의당의 등장은 기존 양당에서 크게 고민하는 부동층 유권자들에게 새로운 선택지를 제시했으며, 국민의당은 신당 특유의 신선한 이미지를 전면에 내세웠다. 따라서, 이러한 선거판도가 20대 국회가 형성되는 데 새로운 바람을 불어 넣었다고 생각된다.

20대 총선 결과에 대한 평가

선거 당일 오후 10시 50분 기준으로 더불어민주당의 박남춘 후보의 당선이 확실시되었다. 자정을 채 넘기기 전에 선거 개표방송의 결과에서 박남춘 후보가 과반수를 넘기면서 당선이 되었다는 소식을 들을 수 있었다. 다윗이었던 4년 전의 박 후보가 4년이 지난 후, 본인에게 도전한 후보들을 여유롭게 물리치고 새로운 골리앗이 된 것이다. 남동 갑의 유권자들은 박 후보가 얼마나 지역을 위해서 일을 열심히 했는지를 알았고, 투표로 답하였다. 하지만 16년 전 이윤성 전의원도 재선에 성공했을 때, 주민들은 열심히 일하는 이 후보를 보고 그를 뽑았다. 어찌보면 16년 전, 16대 선거의 이윤성 후보와 20대 선거의 박남춘 후보는 같은 선상에 서 있는지도 모른다.

박남춘 후보는 19대 총선에서 당선된 직후, '여권의 분열로 야권 후보가 어부지리로 당선 된 것이다.' 라는 편견을 깨버리기 위해 노력하였다. 그는 4년 동안 본인을 둘러싼 비난을 지워내고, 인정을 받기 위해 부단히 움직였다. 그러한 그의 모습을 보고 유권자들은 지역이 조금씩 바뀌었음을 인지했고, 박 후보를 다

---

9. 김명수 후보의 아내, 50대 여성, 논현동 인천논현역, 2016. 4. 5.

시 한 번 믿어 준 것이다. 또 박 후보는 지난 총선 본인의 당선이 어부지리가 아님을 이번 선거를 통해 증명했다. 이와 더불어 박남춘 후보가 20대 총선에서 재선에 성공함에 따라, 남동 갑 지역은 지난 16년 동안의 전통적인 여당의 텃밭에서, 인천지역의 새로운 야당 중심지로 탈바꿈하였다. 인천의 정치 1번지의 중심부에 더불어민주당이 재선의 깃발을 꽂음으로써, 더불어민주당과 박남춘 후보는 다음 선거에서도 새누리당과 국민의당보다 유리한 위치에 서게 되었다. 하지만, 박남춘 후보가 다음 선거에서도 남동 갑의 국회의원에 되고자 한다면, 초선 의원 때의 열정을 잊지 않고 끊임없이 남동구의 일꾼으로 일해야 할 것이다. 골리앗을 이긴 것은 다윗이지만 그러한 다윗을 왕으로 추대한 것은 국민들이란 것을 잊으면 안 된다.

20. 부평 갑과 을의 선거 결과가 다른 이유

[인천 부평]

신동민

　20대 총선은 여권의 당내 계파 싸움으로 인한 분열과 야권의 대분열로 시작하였다. 이러한 과정을 거쳐 총선에 나서게 된 각 당의 지역 후보들은 어떠한 전략으로 선거에 임했는지 알아보려고 한다. 지역은 인천시 부평구로 지역구는 갑과 을로 나뉘어 있다. 부평의 역대 선거 결과를 살펴보면 직전 총선인 19대에서는 부평 갑, 을 모두 민주통합당의 승리였다. 반면 18대 총선에서는 두 곳 전부 한나라당이 승리했다. 이렇듯 인천 부평은 특정 정당의 텃밭이 아니라는 것을 알 수 있다. 아울러 부평은 청천농장에서 종사하는 농업종사자, 부평 도심에 근무하는 화이트컬러층, 청천동 인근에 위치한 공단에서 근무하는 블루컬러 등 다양한 직업군의 유권자가 거주한다. 또한 상대적으로 부유한 동네인 삼산동과 그렇지 않은 일신동 등과 같이 재개발이 필요한 지역이 모여 있다. 이렇듯 부평은 세대별, 계층별 인구가 고루 분포해 있는 지역이어서 보수나 진보 정당의 우세를 점칠 수 없기 때문에 선거 때마다 각 정당이나 후보들이 각축전을 벌이는 곳이다. 이번 선거의 특징을 잘 반영할 것으로 기대하였다.

부평구 유권자의 투표 의지와 충성도

먼저 후보와 관계없이 현 정국에 대한 주민들의 여론을 수렴하기 위해 인터뷰를 실시했다. 3월 20일부터 3월 22일까지 사흘간 진행했으며, 부평시장, 삼산동 롯데마트, 부평역, 문화의 거리 인근에서 실시했다. 부평 갑 지역구의 경우 20대 17명, 30대 12명, 40대 14명, 50대 이상은 17명으로 총 60명을 대상으로 인터뷰했다. 부평 을 지역구의 경우 20대 15명, 30대 13명, 40대 10명, 50대 이상 13명을 조사하여 총 51명의 표본을 확보했다. 두 지역 모두 20대의 경우 대부분이 대학생이었으며, 30~50대는 직장인, 60대 이상은 무직의 경우가 많았다.

가장 먼저 물어본 것은 20대 총선 투표에 대한 의지였다. 그 결과, 부평 갑과 을 총 111명의 표본 중 적극적 투표 의사를 밝힌 유권자는 총 75명인데 반해 36명은 투표할 의지가 없다고 밝혔다. 투표장에 가겠다고 답한 인원 중 20대가 많아서 꽤 놀라웠다. 이유를 들어보니, 이번에 처음 투표권을 갖게 된 대학생들이 많았다. 그들은 대부분 SNS에서 많은 영향을 받는 것으로 보였다. 특히 지지하는 정당이 없다고 답한 대학생 김태원 씨는 "지지하는 후보도 정당도 없다. 다만 국민의 한 사람으로 정치에 참여하기 위해 무효표를 던지려고 간다. 내 주위에 그런 친구들도 많다."라고 대답했다. 투표 의사가 없는 36명에 대해서는 왜 투표장에 가지 않으려고 하는지 물었다. 그 결과, "정치권에 대한 혐오 때문에 투표를 하지 않겠다."라고 밝힌 사람은 20명이었으며 "누구를 뽑아도 마찬가지기에 투표장에 가지 않겠다."라고 답한 사람은 11명이었고 "정치를 잘 알지 못한다."라고 응답한 사람은 총 5명이었다.

이어서 유권자의 지지 정당에 대해 조사하였다. 여기에는 적극적 투표층과 투표 의사가 없다고 대답한 유권자 모두의 의견을 담았다. 더불어 기존에 실시된 여론조사와 부평에서 진행한 설문조사를 비교해 보고자 했다. 먼저 한국갤럽이 3월 셋째 주에 실시하여 조선일보 3월 21일자에 실린 여론조사를 살펴보겠다. 그 결과, 여당은 약 41%, 야권은 약 35%의 지지를 얻어서 새누리당이 유리한 형국

표 1. 한국갤럽의 여론조사

2016년 3월 3주 (15~17일)		조사완료 사례수(명)	목표할당 사례수(명)	정당 지지도(%)					
				새누리당	더불어민주당	국민의당	정의당	기타	없음/의견유보
전체		1,002	1,002	41	20	8	7	0	24
지역별	서울	210	200	32	23	8	10	1	25
	인천/경기	265	295	42	18	7	10		24
	강원	33	31	–	–	–	–	–	–
	대전/세종/충청	98	104	39	25	6	4		25
	광주/전라	118	101	9	30	17	9		34
	대구/경북	110	102	70	13	7	2		7
	부산/울산/경남	159	158	51	14	4	3		27
	제주	9	12	–	–	–	–	–	–
성별	남성	545	497	41	19	9	10	0	21
	여성	457	505	40	20	7	5	0	27
연령별	19~29세	163	179	21	30	8	9		33
	30대	147	180	26	23	9	14		28
	40대	180	211	30	28	10	9	1	22
	50대	227	201	56	12	7	4	1	20
	60대 이상	285	231	64	8	7	1		20

출처: 조선일보·한국갤럽, 2016. 3. 21.

표 2. 부평 유권자의 지지 정당

	새누리당	더불어민주당	국민의당	정의당	기타(없음 포함)
20대	3	10	5	2	·
30대	3	10	4	1	·
40대	13	6	4	1	·
50대 이상	19	2	3	·	·
계	38	28	16	4	25

이었다.

하지만 필자가 직접 한 설문조사에서는 이와 다른 상황을 관찰할 수 있었다. 이를 살펴보면 총 111명의 유권자 중 38명이 여당인 새누리당을, 48명이 야권을 지지하는 것으로 나타났다. 기존의 여론조사 결과에서는 여당이 조금이나마 앞섰지만 부평지역에서 한 설문 결과 야권이 상대적으로 큰 차이로 새누리당보다 우위에 있었다. 이는 최근 선거 결과를 반영한 분위기라고 생각된다.

지난 2010년과 2014년 지방선거에서 부평 주민은 야당 출신인 홍미영 구청장을 선택했고 2012년 총선에서는 갑과 을에 각각 문병호 민주통합당 후보와 홍영표 민주통합당 후보가 당선되어 두 지역구 모두 당시 야권이 장악했다. 또한 2012년에 열린 대선에서도 부평 주민은 새누리당 박근혜 후보에게 48%의 지지를 보낸 반면, 민주통합당 문재인 후보에게 51%의 지지를 보냈다. 이는 인천 전체의 선거 결과와는 다른 양상이다. 인천 전체에서는 박근혜 후보가 51.6%, 문재인 후보가 48%를 받아 실제 대선 결과와 정확히 일치했었다. 하지만 부평은 지난 몇 차례의 전국 단위 선거에서 야권 성향을 강하게 보여 주었다. 또한 부평 유권자를 상대로 한 설문 결과, 노년층에서는 새누리당을, 젊은 유권자들은 야권을 지지하고 있었다. 이는 상대적으로 젊은 유권자가 진보적 성향을 보이고 나이가 들수록 보수적 성향을 보이는 것과 상통했다. 그러나 전체 유권자를 상대로 한 이 설문조사는 단순한 정당 지지에 불과하여 적극적 투표 의사를 밝힌 유권자들을 대상으로 정당 충성도를 알아보았다.

전체 부평 유권자를 상대로 한 설문에서는 새누리당에 대한 지지가 34.2%, 야권에 대한 지지가 43.2%를 보여 큰 차이가 있었다. 그러나 적극적 투표 의사를 밝힌 유권자를 상대로 한 정당 지지에서는 새누리당 40%, 야권이 42.6%를 보였

표 3. 적극투표 의사를 밝힌 사람들의 지지 정당

	새누리당	더불어민주당	국민의당	정의당	기타(없음 포함)
20대	2	6	2	2	·
30대	2	8	3	1	·
40대	11	3	2	1	·
50대 이상	15	2	2	·	·
계	30	19	9	4	13

다. 전체 유권자와 적극 유권자를 단순비교해 보면 새누리당은 약 6% 정도의 지지율 상승을 보이고 있는 반면, 야권에 대한 지지는 답보 상태임을 확인할 수 있었다. 즉, 정당에 대한 충성도를 비교해 보았을 때 새누리당이 더 높았다. 만약 일여다야의 구도가 계속해서 이어진다면 새누리당 후보가 당선될 확률이 컸으나 야권이 단일화하여 양자대결로 간다면 야권이 승리할 것으로 예상했다.

새누리당 적극 지지층의 생각

새누리당 지지를 밝힌 적극투표층 30명에 관해서는 또 다른 설문을 실시했다. 그 질문 내용은 다음과 같다.

> 1. 현재 새누리당은 친박과 비박의 내부 분열이 일어나고 있는데 이에 대한 생각은 어떠십니까?
> 2. 야권분열로 일여다야의 구도인데 이 점이 선거에 어떤 영향을 미칠 것이라고 생각하십니까?
> 3. 새누리당의 공천 과정에 대해 어떻게 생각하십니까?

1번 질문에 대해 종합적으로 정리해 보면, 30명 중 23명이 부정적 의견을 냈는데 대다수가 본인은 새누리당을 지지하지만 내부에서 합심하여 선거에서 승리해야 함에도 불구하고 새누리당이 소모적인 내부 갈등만 하고 있는 것 같다고 답했다. 20대 대학생 전민우 씨는 "20대가 새누리당에 대한 지지를 철회하였는데 자꾸 내부에서 다투기 때문에 그럴 것"이라는 이야기를 했고 50대 택시기사인 이충환 씨는 "이번 선거에서 야권의 분열만 믿고 있으면 안 돼. 새누리가 더 열심히 해야지."라고 대답했다. 부정적 의견을 낸 대다수의 시민은 더 많은 의석을 확보하여 새누리당이 안정적으로 국정을 이끌어 가기를 기대하지만 당내 분열이 그것을 방해할까 염려하는 모습이었다. 아무 의견이 없다는 유권자는 전체 30명 중 5명이었으며 나머지 2명은 친박의 입장을 이해한다며 "대통령이 뭘 하겠다 그러면 나서서 도와줘야 하는 게 여당인데 비박들은 자기정치만 한다."라는 생각을 내비쳤다. 여당을 지지하는 시민들은 거대 여당의 탄생으로 국정운영에 강한 추진력을 얻기를 바란다는 공통된 생각을 나타냈으나, 당내 갈등에 대해서는 대부분 선거승리에 도움이 안 된다는 의견을 보였다.

두 번째 질문에 대한 답은 30명 전원이 긍정적인 답을 내놓았다. 30대 직장인 강 모 씨는 "새누리당을 지지하는데 이번엔 크게 이길 것 같다. 야권이 분열했기 때문이다." 50대 건설업자 유진철 씨는 "야권이 스스로 새누리당을 돕는 격. 매우 기쁘다."라고 했다. 새누리당 지지층의 전반적인 의견은 야권이 분열함으로써 상당히 유리한 구도로 선거가 치러진다는 것이었다. 특히 1번 질문에서 당내 분열을 염려한 대다수의 시민들도 이번 야권분열로 인해 새누리당의 승리를 확신하는 듯했다. 비록 당내 갈등으로 중도층 이반의 가능성이 있으나 전국의 보수층이 결집하고 야권의 여러 후보가 나온다면 충분히 과반을 넘을 것이라는 생각을 갖고 있는 듯했다.

세 번째 질문에 대해서는 극과 극이었다. 새누리당 공천 과정에 문제가 있다고 생각하는 사람은 14명인 반면, 문제가 없다고 생각하는 사람은 15명이었고 의견이 없음은 1명이었다. 문제가 있다고 생각한 사람 중 9명은 '대통령의 사심 공천과 룰의 문제'를 꼽았으며 3명은 '인물의 문제'를, 2명은 '국민공천제가 실시되지 않은 점'을 꼽았다. 특히 이들은 새누리당에 대한 충성도가 상대적으로 낮은 것으로 보였다. 40대 자영업자인 유상원 씨는 "새누리당에 대한 투표를 하지 않을 수도 있다. 대통령이 선거에 너무 개입하려 하기 때문"이라고 밝히며 여당의 공천 과정에 큰 불신을 갖고 있는 것으로 보였다. 그래프로 정리하면 〈그림 1〉과 같다.

문제가 없다고 대답한 답변자 중 8명은 '여당은 대통령의 뜻과 맞아야 한다고 대답했다. 이 8명은 대통령과 정책이 다르면 공천을 받아선 안 된다는 의견을 보충했다. 2명은 '공천권은 그 당에 있기에 간섭해선 안 된다'라는 의견을 냈고, 5명은 '모르겠다'는 대답을 했다. 특히 이러한 답변을 보인 응답자들은 50대 이상이

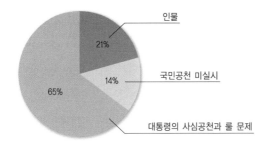

그림 1. 새누리당 공천 파동의 원인에 대한 부평구 유권자의 의견

많았으며 본인의 고향을 말하는 사람도 있었다. 60대 자영업자 이길춘 씨는 "대통령에 도움을 주고 국정운영이 원활이 되도록 뒷받침하는 게 여당의 원내대표인데 유승민은 그렇지 못했다. 난 경상도사람이기에 박근혜 대통령을 열렬히 지지한다."라고 말했다. 이들은 꼭 새누리당에 투표할 생각이라고 응답했다. 즉, 새누리당에 대한 적극 지지 의지를 보낸 30명 중 공천 과정에 문제가 없다고 응답한 유권자 대다수가 대통령을 지지했다. 반면 공천 과정에 문제를 제기한 유권자는 새누리당 내 정당 민주주의 확립을 중요시 여기는 것으로 보였다.

야권 적극 지지층의 생각

야권(새누리당을 제외한 정당) 지지자를 상대로는 다음과 같은 질문을 했다.

1. 여당의 공천 갈등과 친박 대 비박 논란에 관해 어떤 생각을 갖고 계십니까?
2. 야권분열에 대해서 어떤 생각을 갖고 계십니까?
3. 위의 질문들이 이번 선거에서 어떤 영향을 미칠 것이라고 생각하십니까?

첫 번째 질문에 대해선, 야권에 대해 적극 투표 의사를 밝힌 응답자들이 모두 부정적인 의견을 보였다. 이에 대한 대답은 대통령의 권한 남용 문제, 소신 없는 정치에 대한 비판이 주를 이루었다. 특히 일부에서는 "과거 노무현 대통령 탄핵이 선거개입 문제와 상당한 관련이 있었는데, 박 대통령이 요즘 보이는 행동들은 탄핵감 아니냐"며 얼굴을 붉혔다. 또한 친박 대 비박의 문제에서는 야권 지지층이 비박의 입장을 대변하며 새누리당의 주류를 비판했다. 40대 직장인 장명희 씨는 "유승민 의원이 안타깝다. 옳은 말을 해도 권력에 찍히다니 새누리당이 정상적인 것 같지 않다."라는 의견을 보였다. 심지어 일부 시민은 평소 새누리당 색채를 보였지만 여당 내 갈등으로 인해 지지하는 정당을 옮겼다는 의견을 내보였다.

두 번째 질문에 대해서 더불어민주당 지지자들은 국민의당을 맹렬히 비판한 반면, 국민의당 지지자들은 더민주를 비판하여 서로가 서로에게 책임을 묻는 상황이 연출되었다. 반면 정의당 지지자들은 국민의당과 더민주 양측 모두를 비판하며 야권분열로 인한 선거패배를 우려했다.

세 번째 질문에 대해서는 다음과 같은 입장을 보였다.

① 새누리당의 내부 갈등과 대통령 심판론으로 야권에 유리할 것: 15명(15)

② 야권분열로 야권에 손해가 될 것이다: 15명(15)

③ 더민주와 국민의당의 자존심 싸움으로 야권이 불리할 것이다: 2명(2)

즉, 야권 지지 응답자들은 자신감을 내비치면서도 분열에 대한 아쉬움과 걱정을 토로하고 있었다. ①의 응답자는 더민주 지지자가 8명, 국민의당 지지자가 7명이었다. 이 응답자 중 대다수가 대통령의 불통과 김종인 대표의 경제심판론이 선거에서 큰 역할을 할 것이라는 자신감을 내비쳤다. 특히 전통시장에서 만난 야권 성향의 시민들의 의견이 기억에 남는다. 익명을 요구한 40대 사업가는 "박근혜 정권이 경제 활성화를 말하며 부동산이니 뭐니 정책을 폈지만, 우리 서민들의 경기는 나아진 게 없다."며 "더민주가 경제민주화를 창시한 김종인 박사를 대표로 불러온 만큼 서민경제 활성화에 크게 기여할 것"이라며 현 정권에 대한 심판론이 확산될 것이라는 입장을 보였다. ②의 응답자는 더민주 지지자 10명, 국민의당 지지자 2명, 정의당 지지자 3명이었다. 주로 더민주를 지지하는 입장에서 격한 반응들이 나왔다. 안철수 국민의당 대표를 '배신자', '앞잡이'라고 부르며 만약 이번에도 새누리당이 거대 정당이 된다면 모든 책임은 국민의당에 있다는 의견이었다. 반면에 국민의당 지지자들은 양당정치의 모순을 지적하며 더민주를 강하게 비판했다. 정의당 지지자들은 양당을 모두 비판했다. 20대 아르바이트생

임정수 씨는 "야당들이 힘을 모아도 어려운 상황인데, 야권분열로 새누리당에 어부지리를 주면 어떡하자는 건가"라고 말했다. 야권 지지층은 새누리당 지지층에 비해 승리에 대한 확신이 부족해 보였다. 아무래도 일여다야의 구도 속에서 제3당인 국민의당의 지지율이 생각보다 많이 나오는 것을 보았기 때문인 듯했다. ③은 더민주와 정의당 지지자 각 1명씩이었다.

야권 지지자들에게 물어본 결과, 야권분열에 대해 걱정하는 분위기가 강했다. 그중 더민주를 지지하는 사람들의 어조는 주로 국민의당을 비판하는 것이었다면 국민의당 지지자들은 거대 양당을 모두 비판하며 본인들이 승리해야 정치혁신이 일어난다고 말했다.

후보의 특징 비교

주민들에 대한 설문조사를 마치고 각 후보 캠프의 전략과 선거운동 과정을 살펴보기 위해 캠프를 방문하고 선거유세를 직접 관찰하였다. 먼저 부평 갑과 을 지역의 후보들을 살펴보면 다음과 같다. 부평 갑의 경우 새누리당은 지난 총선에 이어 정유섭 후보를 단수추천했으며 더불어민주당은 시의원 출신인 이성만 후보를 공천했다. 그리고 더민주당에서 지난 19대 공천을 받고 야권단일 후보로 출마해 당선되었던 문병호 후보는 더민주당을 탈당하고, 국민의당 후보로 선거에 출마했다. 무소속 조진형 후보는 새누리당의 공천 결과에 반발해 탈당한 후, 무소속으로 출마했다. 부평 갑 선거구의 최대 관심사는 3당 후보 모두 고른 지지를 받는다는 점과 20대 총선이 새누리당 정유섭 후보와 국민의당 문병호 후보의 재대결이라는 점이었다. 지난 19대 선거에서는 새누리당 정유섭 후보가 44%의 지지를 받았고, 당시 민주통합당 문병호 후보가 50%의 지지를 받아 문병호 후보가 승리했다.

부평 을의 경우 새누리당에선 인천시의회 의원과 의장을 했었던 강창규 후보가 출마했으며 더민주당에서는 현역 재선 의원인 홍영표 의원이 출마했다. 국민

표 4. 부평 갑 지역 후보 약력

이름	정유섭(새누리당)	이성만(더불어민주당)	문병호(국민의당)	조진형(무소속)
나이	1954.12.6(만 61세)	1961.11.4(만 54세)	1959.12.27(만 56세)	1943.2.14(만 73세)
직업	정당인	정당인	국회의원	재단법인 부평장학 재단 이사장
학력	고려대학교 행정학과 졸업	연세대학교 물리학과 졸업	서울대학교 법과대학 법학과 졸업	건국대학교 경영경제 학과 졸업
경력	(전)인천지방해양수산 청장	(전)인천광역시 시의원 및 시의회의장	(현)변호사(민변)	(전)제14·15·18대 국회의원

표 5. 부평 을 지역 후보 약력

이름	강창규(새누리당)	홍영표(더불어민주당)	이현웅(국민의당)
나이	1955.1.16(만 61세)	1957. 4. 30(만 58세)	1970. 7. 4(만 45세)
직업	정당인	국회의원	변호사
학력	인천대학교 행정대학원 사회복지학과	동국대학교 대학원 행정학과 박사과정	연세대학교 법과대학 법학과 졸업
경력	(전)인천광역시의회 의장(제5대 2기)	(전)참여정부 국무총리실 시민사회비서관	(현)변호사

의당은 인권 변호사 출신인 이현웅 후보가 출마했다. 표로 정리하면 〈표 3, 4〉와
같다.

각 후보 진영의 선거 경쟁구도에 대한 평가

일단 새누리당 후보 캠프는 두 곳 모두 이번 선거구도에 대해 긍정적인 입장을

내놓았다. 일여다야인 상황에서 야권의 표가 분열되면 당연히 본인들이 선택받을 것이라는 생각을 하는 듯했다. 갑 선거구의 정유섭 후보 측은 일여다야의 구도를 더욱 반기는 듯했다. 자체 여론조사 결과, 다자구도에서 본인들의 지지율이 가장 높게 나왔기 때문이다. 게다가 야권의 단일화 가능성도 없어 더욱 승리를 자신하고 있었다. 더불어민주당의 현역의원이었다가 탈당한 문병호 국민의당 후보가 선거에 완주하겠다는 의지를 강하게 보이고 있었기 때문이다. 하지만 을 선거구의 강창규 새누리당 후보는 승리를 자신하고 있진 않았다. 강 후보의 캠프에서는 다자대결이지만 재선 의원이고 부평 지엠대우에서 근무했었으며 지명도가 높은 홍영표 후보에게 밀리고 있다는 대답을 했다.

　승리에 대한 자신감은 새누리당의 갑, 을 후보의 의견이 달랐지만 같은 의견을 내비친 것이 있다. 바로 박근혜 대통령에 대한 의견이었다. 박근혜 대통령 마케팅에 대해 양 캠프 모두 비관적인 입장을 내놓았다. 특히 과거 예비 후보 시절 박 대통령과의 친분을 과시하기 위해 후보 명함 뒷면에 함께한 사진을 실었던 정유섭 후보는 공식 후보가 된 후의 명함에서는 박 대통령의 사진을 지웠다. 아울러 선거홍보담당 비서관과 이야기를 해 본 결과, "새누리당 후보가 박근혜 마케팅을 하는 것은 더 이상 효력이 없다."라고 했다. 이유를 물어보니 최근 들어 국회심판론이나 공천 갈등을 겪으며 지역 유권자들의 분위기가 안 좋다는 것이었다. 특히 새누리 중앙당 차원에서 만들고 배포했던 홍보영상 '무성이 나르샤'는 당내 갈등을 너무 희화화했다는 평가를 받았다. 게다가 국민참여경선제(open primary)가 시행되지 않은 점에 대해서도 우려를 나타냈다. 즉, 새누리당 후보들은 선거구도 자체는 유리하지만 당내 갈등이나 박근혜 대통령에 대한 심판론 등의 전체적인 분위기를 살펴보면 크게 이득이 되지 않기에 선거유세와 지역활동에 온 힘을 다하겠다는 입장이었다.

　더불어민주당과 국민의당 역시 입장은 비슷했다. 특히 야권이 분열된 선거여서 불리한 것은 사실이라고 밝혔으나, 그 원인에 대해서는 서로 다른 의견을 보였다. 더민주 홍영표 후보 측 공보비서관은 "야권분열이 마치 우리 당에 있는 것처럼 지역 주민과 국민들이 믿고 있는데 이것은 완전한 거짓"이라며 국민의당 안철수 대표와 더민주 탈당파들의 문제로 돌렸다. 특히 홍 후보 캠프에서는 "새누리당과 박근혜 정권의 심판을 외치며 차기 정권교체를 힘써야 하는 야권에서 본인들의 권력 욕심만 채우기 위해 탈당한 것 아니냐. 만약 이번 선거에서 패배한다면 그 모든 책임은 안철수 대표를 비롯한 국민의당이 져야 한다."며 흥분한 모습을 보였다. 하지만 그와 동시에 홍 후보 측은 선거승리를 자신하고 있었다. 본인들의 승리는 자신하면서도 흥분하며 비판하는 모습을 보이는 게 궁금해서 이에 대한 질문을 했다. 그랬더니 돌아오는 답변은 하나였다. 다음 대선에서의 정권교체를 바라기 때문이라는 점이었다. 즉 중앙정치인의 모습을 지닌 홍영표 후보는 20대 총선 승리뿐 아니라 차기 대권구도까지 생각하고 있는 듯했다.

반면 국민의당 문병호 후보 측 보좌관은 "우리 당이 만들어진 이유는 양당제의 폐해가 나타났기 때문이고 그것을 바꾸기 위함"이라며 더민주와 새누리당 모두의 책임이 있다는 이야기를 했다. 그리고 "정치혁신이 일어나야 진정한 승리를 할 수 있으며, 현재의 더불어민주당의 힘만으로는 대선에서 안 된다."는 입장을 보였다. 하지만 더불어민주당과 국민의당 양측 모두 일여다야 구도인 이번 선거에 대해 상당히 어렵다는 입장을 내놓았다.

각 후보의 선거전략

선거구도에 대한 입장을 들은 후, 각 캠프의 선거전략을 살펴보았다. 먼저 부평 갑의 경우 일여다야가 아닌 다여다야의 구도였다. 무소속 조진형 후보가 여권 출신 인사이기 때문이다. 하지만 조진형 후보의 인지도는 낮았고 사실상 정유섭 후보가 선두를 달리고 문병호 후보와 이성만 후보가 뒤를 쫓는 형국이었다.

새누리당 정유섭 후보의 슬로건은 "정치 바꿀 새일꾼, 부평 발전 참일꾼!"이었다. 현실정치에 몸담지 않았던 신선함을 바탕으로 한 슬로건이라고 했다. 여기에 이어 (1) 젊은 나이에 행정고시에 합격하고 오랜 공직 기간 동안 부패나 비리가 없었다는 점, (2) 장교로 군복무 할 수 있었음에도 일반병으로 군 입대하여 평범한 군생활을 한 점, (3) 주미대사관, 지방해양수산청장 등을 지낸 경력, (4) 부평에서 초·중·고교를 다니고 계속해서 부평에 거주하여 부평 전문가라는 점 등을 내세워 부평을 발전시킬 유일한 인물이라는 것을 계속해서 부각시키고 있었다. 또한 정유섭 후보는 국회와 야당을 심판해 달라며 본인은 기존 정치권과 완전히 다르다는 것과 동시에 식물국회로 불린 19대 국회와 야당을 심판해달라는 구호로 '본인은 선(善), 기존 정치권의 대표 주자인 문병호 후보는 악'이라는 프레임을 만들었다.

정유섭 후보의 공약을 살펴보면 (1) 독도 해양조사 실시 결과를 초등교과서에 수록, (2) 수도권 규제, 산업 규제, 기업 규제를 완화하여 일자리 창출과 기업의 투자와 고용환경 조성, (3) 돈이 도는 부평, 잘사는 부평 건설, 부평 미군기지의 공원화, 특급호텔 유치, 산업단지 고도화, (4)지역하천인 굴포천의 자연생태하천화, 십정동 주거환경 개선, 통합예비군 훈련장 건설 저지, (5) 양육수당 인상 및 노인복지관 설립 등이 있었다. 지역구에 많은 관심을 가지고 고심하여 내놓은 듯한 공약들도 많았으나, 한 사람의 의원이 실현할 수 있을지에 대해 의심이 가는 공약들도 상당했다. 또 정 후보는 현 인천시장인 유정복 시장과의 친분을 과시했다. 앞에서 서술했던 박근혜 마케팅을 대신하여 다른 인맥정치를 하는 듯했다. 부평 테마의 거리유세현장에서는 "현 인천시장과 정 후보는 제물포고 동문이기에 지역발전을 위해 협력할 수 있는 상황이다."라며 지방정부와의 협력이 가능한 후보라는 점을 부각했다.

더불어민주당 이성만 후보의 슬로건은 "무능한 정치, 침체된 지역경제, 이성만이 확 바꿉니다!"로 정 후보와 마찬가지로 신선한 정치인의 모습을 보이는 동시에 경제를 챙기는 후보의 면모를 보이기 위한 전략인 것 같았다. 아울러 이성만 후보는 대규모의 선거유세보다 주로 시장이나 인구밀집지역을 다니며 유세했다. 실제로 이성만 후보를 만난 것은 부평 테마의 거리로 많은 사람들이 모이는 곳이었다. 그 곳에서 이성만 후보에게 물어보니 "새누리당은 심판받아야 될 사람들이고 국민의당 문병호 후보는 이번에 당선되면 3선인데 자기 정치에만 몰두해 부평의 경제와 삶을 살리지 못할 것이다. 그러므로 부평시민들은 2번을 선택할 것"이라며 강한 자신감을 드러냈다. 이성만 후보의 공약을 살펴보면 (1) 철길 따라 굴포천, 미군부대 연계 녹색관광도시 조성, (2) 미군부대부지 생태 융합 복합도시 조성, (3) 경찰대학 부지에 노인복지관 및 자활센터 건립 추진, (4) 굴포천 생태하천 복원 사업을 부평구청과 함께 적극 추진하여 경제+문화+생태도시 건설 등이었다. 특히 부평구 홍미영 구청장과 같은 당이라는 점을 부각해, 지방자치단체와의 긴밀한 협력을 강조하였다. 이성만 후보의 공약은 거시적인 것보다 지역적이고 미시적인 것에 초점을 맞춘 것 같았다.

국민의당 문병호 후보의 슬로건은 "인물과 포부가 다릅니다!"로 지역구에서 재선을 한 경험과 3선이 되면 할 수 있는 일들에 대한 자신감을 드러내, 정치 전문가로서의 면모를 보여 주기 위한 시도로 느껴졌다. 아울러 "새누리당과 더민주는 기득권 세력으로 밥그릇 싸움에만 몰두하고 있다."며 "국민을 무시하는 낡은 양당정치, 확 바꿔야 한다."라는 구호를 내걸었다. 특히 문병호 후보 측은 지역신문과 리얼미터가 한 여론조사 결과, 야권단일 후보 적합도에서 본인이 이성만 후보를 크게 이겨 능력 있는 야권 후보라는 점을 강조했다. 문 후보의 구체적인 공약은 (1) 국회의원 국민 파면제와 부당 재정환수법 추진으로 공정한 정치와 행정 만들기, (2) 미군기지의 문화, 체육, 복지 시설화, (3) 부평재래시장과 지하상가의 활성화, (4) 수도권광역급행철도 노선 추진 및 굴포천의 복합문화공간화 등이었다. 문 후보 역시 지역 주민들의 염원을 살피고 오랜 기간 고민한 공약들로 보였으나, 정 후보와 마찬가지로 한 명의 국회의원이 지킬 수 있을지 의심이 가는 공약들도 많이 보였다. 아울러 문 후보 역시 인맥정치를 적극 활용했다. 실제 문 후보에 대한 지원 유세를 위해 안철수 대표가 수차례 부평을 찾았고 이는 득표율 제고에 도움이 될 것이라는 생각 때문인 듯했다. 〈표 5〉는 부평 갑 지역구 세 후보의 구체적인 선거전략을 요약한 것이다.

부평 을 지역구는 일여다야의 구도였지만 현역인 홍영표 의원의 독주 속에서

표 6. 부평 갑 후보들의 선거전략

새누리당 정유섭		1. 공직경력 홍보하며 능력 있는 후보라는 점 부각 2. 정치신인으로서 현역인 문병호 의원 저격 3. 야권분열에 대한 지역 주민 여론 수렴 – 야권심판론
더불어 민주당 이성만		1. 주로 시장과 골목을 다니며 스킨십 유세 2. 새누리당에 대해선 정부심판론, 국민의당에 대해선 야권분열 책임론 설파 3. 홍미영 부평구청장과의 조화를 통한 부평 발전
국민의당 문병호		1. 재선으로서의 무게감 홍보 및 3선이 되면 할 수 있는 일 홍보 2. 양당정치의 문제점 지적 및 지역 주민 설득을 통한 표 확보 3. 아직 더불어민주당 소속인 줄 아는 지역 유권자에 대한 뚜렷 한 홍보

새누리당 강창규 후보가 뒤쫓아 가는 판세였다. 여론조사 결과 홍영표 후보가 43.8%, 강창규 후보가 31.4%를 얻어 홍 후보의 승리가 예상되었다. 먼저 새누리당 강창규 후보부터 살펴보자. 강 후보의 슬로건은 "부평의 큰 머슴! 강창규!"였으며 이어서 '꽉! 막힌 부평경제 확! 뚫겠습니다'로 본인을 매우 낮춘 뒤, 힘 있는 여당 후보로서의 모습을 보였다. 강창규 후보의 선거전략 중 네거티브 전략이 눈에 띄었다. 그것은 현역의원인 더민주 홍영표 후보의 조부가 친일 행적을 했고, 홍 후보가 사과했지만 진정성 있는 사과가 아니라는 점을 알리는 것이었다. 특히 "친일파의 후손을 국회의원으로 뽑아선 안 된다."라고 흑색선전을 했다. 그러나 일부 유권자들은 분명히 친일은 잘못된 행동이었고 벌 받아 마땅하지만, 조부의 행적에 대해 언론과 국민들 앞에 사죄한 홍영표 의원의 용감한 모습을 보고 가식적이라며 비판하는 것은 인간적인 도리에 어긋난다고 생각하며, 강 후보의 전략에 대해 비판적이었다. 이외에 강 후보의 공약을 살펴보면 (1) 지하철 7호선 연장, (2) 통합예비군훈련장 산곡동 이전 계획 반대 등이 있었다. 강 후보는 그저 상대 후보를 비방하고 본인의 시의원 경력만 지속적으로 말했다. 강 후보 캠프에서 인터뷰를 진행하며 그가 진심으로 지역을 위한 국회의원이 될 수 있을지에 대한

의문이 생겼다.

더불어민주당 홍영표 후보의 슬로건은 "오직 민생! 더 큰 부평! 부평을 바꿀 힘!"이었다. 이와 동시에 GM 대우 공장에서 일했던 과거의 모습, 노동 분야에서의 활약과 참여정부 시절 국무총리실 시민사회비서관 등의 경력을 내세우며 지지를 호소했다. 홍영표 후보는 주로 GM 대우 퇴근길에 서문에서 선거유세를 했다. 과거 2009년 재보선과 지난 19대 총선 당시에도 비슷한 전략으로 선거를 치러 승리한 경험이 있기 때문일 것이다. 아울러 노동자의 상당한 지지를 받는 홍 후보이기에 집토끼를 먼저 잡으려는 노력으로 보였다. 구체적인 공약을 살펴보면 (1) 7호선 연장에 국비 반영, (2) GM의 신차 생산물량 확보, 지분매각 대응, (3) 산곡동 통합예비군훈련장 신설 계획 백지화, (4) 중학교 무상급식 및 청년 교통비 지원 등이 있었다. 홍 후보는 본인의 전문 분야인 노동 분야에 대한 깊은 이해와 정확한 공약을 세워 지역구민들로부터 평가받으려는 모습이었다.

국민의당 이현웅 후보의 슬로건은 "헐뜯기 양당정치 이제 그만!"으로 국민의당의 목표와 정확히 일치하는 내용이었다. 그와 동시에 '부평의 새로운 힘! 이현웅!'이라는 구호를 사용하여 정치신인이며 신생 정당 소속인 본인의 신선함을 내세웠다. 게다가 부모님이 모두 부평에서 교편을 잡았다는 선거홍보물의 내용을 통해 부평에서 나고 자란 본인의 성장배경을 유권자들에게 인식시켜 긍정적인 방향으로 이끌려고 노력했다. 동시에 상대적으로 주목을 덜 받는 이현웅 후보는 강 후보와 홍 후보 간의 네거티브전을 비판하며, 정책 중심의 선거를 펼치자는 목소리를 냈다. 이 후보의 공약을 살펴보면 (1) 부평테크시티에 첨단·정보기술 산업 등 고부가가치 창출형 기업을 유치, 근로자 편의시설 증대, (2) 동일노동 동일임금 제도, 고령자 고용 확대, 마을변호사 제도 도입, (3) 동별 학부모 지원센터 건립을 통해 학부모가 교육에 참여하는 시스템 설립 등이 있었다. 이 후보는 본인의 공약을 민생 변호사로서 부평주민의 삶의 문제를 해결하는 국회의원이 되기 위한 것들이라고 했다.

부평 지역구 총선 결과

이번 선거에서 가장 적은 표차로 당락이 결정된 지역구가 바로 부평 갑이다. 새벽까지 손에 땀을 쥐는 승부가 펼쳐졌다. 새누리당 정유섭 후보는 42,271표(34.2%), 국민의당 문병호 후보는 42,245표를(34.2%) 얻어 단 26표 차이로 승부가 갈렸다. 지난 2012년 19대 선거 때는 정유섭 후보가 44%를 득표했고 당시, 야권 단일 후보였던 민주통합당 문병호 후보는 50.5%를 득표했다. 이번에는 결과가 뒤바뀐 것이다. 수도권에서는 유권자들이 분할 투표(split voting)와 전략적 투표(strategic voting)를 하여 더불어민주당이 승리를 거두었다. 새누리당은 야권분열로 인한 어부지리를 노렸지만 기대와 전혀 다른 결과가 나온 것이다. 그런 면에서 일여다야의 선거구도에서 여당이 유리할 것이라는 애초의 전망이 들어맞은 곳은 부평갑 지역구밖에 없었다.

하지만 정 후보는 과거 44%를 득표했으나 이번 선거에서는 34%를 득표하여 약 10%가량의 지지층이 이탈했다. 이는 야권분열뿐만 아니라 여당의 내홍과 박근혜대통령 심판론이 결합되어 나타난 결과라고 볼 수 있다. 다시 말해, 유권자들은 야권분열로 갈라졌지만 여권 지지층 상당수도 지지 정당을 옮긴 것으로 파악된다. 실제로 부평의 지역구 의원 당선자는 갑 지역의 경우 새누리당이었고, 을 지역구는 더민주당이었지만 비례대표 선출을 위한 정당 투표 결과는 새누리당이 30.23%, 더불어민주당이 25.37%, 국민의당이 30.63%로 국민의당이 선두였다. 이 선거 결과를 보면 분할 투표도 이루어지고 기존 정치권에 대한 불만도 표출된 선거라고 생각한다.

한편 정유섭 후보가 승리할 수 있었던 요인은 정 후보가 유권자들의 정치 혐오 현상을 잘 이용한 것이라고 생각한다. 정 후보는 일하는 국회를 만들고 식물국회와 무능한 야당을 심판해달라고 외쳤다. 여기에서 비록 새누리당이지만 기존 국회의원과 차별화된 신인으로서의 모습도 보이며, 야당은 식물국회의 장본인이기에 아무런 일도 안한다는 인상을 주도록 했다. 그 결과, 부평 갑 지역의 유권자들은 자연스레 정유섭은 깨끗한 선이고, 문병호는 낡은 정치인이라는 생각을 했고 그것이 투표로 이어졌다고 생각한다.

부평 을의 경우 더민주 홍영표 후보가 43.8%를 득표해 31.3%를 얻은 새누리당 강창규 후보를 크게 앞서며 승리를 거두었다. 부평 을은 아무래도 노동자가 밀집해 있는 지역이고 이곳에서 재선을 하고 언론 노출 빈도가 높은 홍 후보가 유리했다. 게다가 강 후보의 홍영표 의원 조부에 관한 네거티브 전략은 오히려 강 후보 측에 불리한 전략으로 바뀐 듯했다. 홍 후보가 공약했던 사안들이 잘 지켜지는지 관심 있게 지켜볼 것이다.

선거 결과, 부평 갑과 을에서 당선된 후보들의 정당은 달랐다. 갑에서는 새누리당 후보가 접전 끝에 승리했고, 을에서는 더불어민주당 후보가 승리했다. 이는 지역적 차이보다 인물과 구도의 차이 때문이라고 생각한다. 두 지역구 전부 사실상 새누리당과 더불어민주당, 그리고 국민의당 3파전이었다. 갑 지역구는 세 후보가 모두 동등한 상태에서 출발했다. 현역의원인 문병호 후보가 제1야당을 탈당해 국민의당 후보로 출마했지만 현역의원이었기 때문에 제3당 후보라는 모습보다 굉장히 유리한 조건에서 출발한 것이다. 그랬기에 마지막까지도 손에 땀을 쥐는 싸움을 했다. 그러나 을 지역구의 경우 현역인 홍영표 후보가 더민주당에 잔류한 상태에서 출마했고, 국민의당 후보의 인지도나 경력이 화려하지 않았기에 일여다야의 성격이 갑 지역구보다 옅었다. 즉, 부평 갑과 을의 선거 결과, 서로 다른 정당이 승리한 요인에는 국민의당이 어느 후보를 공천하여 일여다야의 구도를 더 확실하게 만들었는가의 차이인 것 같았다. 현역의원이며 지역적 인지도가 높은 갑의 문병호 후보는 2위를 하며 아쉽게 진 반면, 인지도와 경력이 전무한 을의 이현웅 후보는 큰 패배를 겪었다. 갑에서는 강한 국민의당 후보가 나와 일여다야의 구도가 심화되어 새누리당이 어부지리를 얻기 용이한 형국이었다면, 을에서는 상대적으로 일여다야의 현상이 덜 일어난 것이다.

III.
유권자의 반응과 투표행태는?

21. 국민의당 후보가 더불어민주당에 이긴 이야기

[서울 관악 갑]

이은진

신당의 위력은?

'국민의당' 창당은 20대 총선에서 어떤 의미를 가질까. 그들의 바람처럼 기존의 새누리당·더불어민주당 양당체제에서 벗어나 한국 정치사회에 건강한 변화의 바람을 몰고 올 수 있을까. 그들의 미래는 아무도 예측할 수 없었지만 확실한 것은 '국민의당'의 출현이 20대 총선에서 전국적인 일여다야 구도를 가시화시켰다는 것이다. 물론 그동안의 숱한 선거에서 개별 지역구마다 일여다야 구도가 나타났지만 전국 단위로 영향을 미칠 수 있는 제3세력이 이토록 뚜렷하게 나타난 것은 흔치 않은 일이어서 눈여겨 볼 만했다. 필자의 지역구인 서울 관악 갑 또한 국민의당 후보가 출마하여 이러한 일여다야 구도가 나타났다. 서울 관악 갑 지역은 서울의 대표적인 야권 강세지역이다. 따라서 20대 총선 참여관찰을 통해 일여다야 구도의 형성이 서울 관악 갑 선거구의 선거 결과에 얼마나 영향력을 미쳤는지에 대해 알아보고자 한다.

서울 관악 갑 선거구의 특징

필자는 지난 24년의 세월을 관악구에서 태어나고 자랐으며 신림동에서 봉천동으로 이사오게 된 초등학교 3학년 이후로 현재까지 서울 관악 갑 지역에 거주하고 있다. 관악구는 신림역을 기준으로 관악 갑과 관악 을로 나누어져 있다. 서울 관악 갑은 보라매동, 은천동, 성현동, 중앙동, 청림동, 행운동, 청룡동, 낙성대동, 인헌동, 남현동, 신림동을 묶은 지역구이다. 관악구 전체 인구는 약 50만 명이고 이 중 서울 관악 갑 지역구의 인구는 약 27만 명 수준[1]이다. 더불어민주당 후보인 유기홍 후보(재산 15억 2700만 원, 병역 미필, 납세 5573만 원, 전과 1건)는 제19대 서울 관악 갑 국회의원이었으며, 국민의당 후보인 김성식 후보(재산 2억 6400만 원, 병역 필, 전과 1건)는 제18대 국회에서 한나라당 소속으로 서울 관악 갑 지역구 국회의원 배지를 달았던 적이 있다. 새누리당 후보는 청년 후보로 새롭게 공천된 원영섭 후보(재산 8억 2500만 원, 병역 필, 납세 1억 1759만 원)이다. 관악에 꾸준히 모습을 보이는 정의당 이동영 후보(재산 1억 9700만 원, 병역 필, 전과 1건)와 민중연합당 연시영 후보(−1880만 원, 해당없음, 납세 0원) 등 진보 정당 후보도 다수 출마했다. 김성식 후보, 유기홍 후보, 이동영 후보의 전과기록은 민주화운동과 관련된 기록이며, 김성식 후보의 전과기록은 1988년 12월 21일 특별사면 복권되었다. 원영섭 후보의 전과기록은 음주운전 관련 건이다. 유기홍 후보의 병역 미필은 민주화운동으로 인한 수형 사유이다.

관악구의 특성 중 가장 이 지역을 잘 설명하는 것은 지역 유권자의 38%가 2~30대 청년 유권자라는 점[2]이다. 또한 관악구의 1인가구 비율은 40.6%로 서울에서 가장 높다. 1인가구 중에서도 남성 1인가구의 비율이 높다. 관악구에는 서울대학교뿐만 아니라 바로 옆 동작구에 위치한 중앙대와 숭실대 등 주변 대학

---

1. 관악구의 주민등록인구통계, 2015년 12월 통계
2. 4월 9일 유기홍 후보의 신림역 유세에서 "우리 관악구 인구의 38%가 2~30대 청년입니다. … 바꿀 수 있는 것은 바로 투표입니다."라고 하였다.

이 많이 자리 잡고 있다. 또 관악구는 2호선 교통이 편리해 자취 대학생이나 젊은 직장인들이 혼자 살기에 적합하다. 저렴한 다가구주택이 많기 때문이다.[3] 그리고 바로 옆 관악 을 지역구에 해당하는 대학동 일대에는 고시 준비생 주거단지인 '고시촌'이 크게 형성되어 있다. 물론 2008년 로스쿨제도 도입과 정부의 2017년 사법시험 폐지계획 발표 이후 '신림동 고시촌'의 위상이 하락한다는 평가가 있으나, 아직까지는 신림동이 서울 내 대표적인 고시 준비생 밀집지역이다. 이렇듯 70년대부터 이어져 온 고시촌과 근처 대학교의 영향으로 관악구는 서울 내 '젊은' 유권자의 메카로 통하며, 이러한 환경으로 서울 내 가장 높은 1인가구 비율을 기록하였다.

이러한 지역적 특성 때문인지 서울 관악 갑 출마 후보들도 청년 관련 공약을 주로 내세웠다. 19대 서울 관악 갑 국회의원인 유기홍 후보는 서울대학교 제2사대부고 설립, 관악청년특구 지정, 청년 임대주택 공급, 청년 취업활동비 지원, 청년 일자리 지원 등을 공약[4]했다. 김성식 후보와 원영섭 후보 또한 서울대 제2사대부고 신설을 공약으로 했다. 특히 원영섭 후보의 경우, 관악구가 청년지역이기 때문에 본인이 공천되었다고 말하면서 서울 관악 갑 후보 중 유일하게 사법시험 존치를 공약으로 내걸었다. 이는 당시 일어났던 사법고시 폐지−존치 이슈와 관련해 고시촌 인근 주민을 겨냥한 공약으로 보였다. 이에 발맞춰 김무성 당대표 또한 3월 31일 서울대입구역 앞 지원 유세에서 사법고시 존치를 한 번 더 약속했다. 정의당 이동영 후보는 관악구에 거주하는 1인 청년 가구와 1인 노인가구의 80%가 전·월세에 거주하고 있다는 점을 들어 세입자 안심법을 약속했고, 민중연합당 연시영 후보는 등록금 100만 원 상한제, 재벌세를 통한 청년취업복지재정 마련, 미취업자 졸업 즉시 실업 급여 마련, 청년국회의원 할당제 등을 공약으로 내걸었다. 진보 진영의 경우 당시 사회 문제로 떠오른 세입자 관련 법안이나 청년 취업 관련 지원에 관심을 갖고 공약으로 가시화시켰다.

---

3. "1인가구 많은 서울 관악구, 원룸 임대수익률 1위", 한국경제, 2016. 4. 6.
4. 유기홍 공약 총정리, 유기홍 후보 블로그, 2016. 4. 12.

관악구의 또 다른 특징은 관악구에 전체적으로 호남 출신 출향민들이 많다는 점이다.[5] 서울 관악 갑 지역은 서울 내 대표적인 야권 강세지역으로 현 국민의당 후보인 김성식 후보가 과거 한나라당 의원이던 시절 한 번을 제외하고, 내리 야당지역이었다. 이러한 관악구의 야권 성향은 지역 주민의 연령대뿐만 아니라 호남인구의 영향도 큰 것으로 보인다. 관악은 서울 속 '작은 전라도'라고 불릴 정도로 호남의 입김이 강한 지역이며 관악 호남향우회에 따르면 관악구 주민 중 호남에 본적을 두고 있는 인구는 약 20~23만 명가량[6]으로 추정되고 있다. 관악구의 호남인구가 많아진 까닭은 산업화 과정의 이주민 정책에 따른 것으로 보는 시각이 지배적이다. 1960년대 말 지방에서 올라와 서울 중심의 무허가 판자촌에서 살던 사람들이 서울시의 이주 정책에 따라 현재의 관악구 등으로 이주한 것이다. 이어서 서울로 상경한 호남인들도 고향사람들이 사는 곳 가까이에 함께 살기 위해 호남인 거주지역으로 몰렸고 밀집현상이 더욱 강해졌다. 관악구 주변 구로구나 영등포구, 금천구도 이러한 이유로 호남 인구비중이 높다.

관악구 전체에는 대략 100여 개의 소규모 호남향우회 모임이 있는 것으로 추정된다. 호남 출신 정치인 중 한광옥 대통합위원장이 관악에서 정치적으로 성장하여 현재도 봉천동에서 거주하고 있으며 민선 초대 관악구청장인 진진형 전 구청장, 관악구청장과 국회의원을 지낸 김희철 전 의원, 유종필 현 관악구청장 등이 호남 출신이다.[7] 7~80년 대 산업화 시기가 지나고 세월이 흐르면서 타 지역 유입이 많아지고 호남지역 색깔은 줄어들었지만, 아직까지도 관악구 내 호남 비중은 서울 내 상위권을 유지하고 있다.

---

5. "[4·13총선 격전지를 가다] 서울 관악갑, 유기홍−김성식 네번째 맞대결, '녹색바람' 서울 안착할까", 머니위크, 2016. 4. 13.
6. "관악구 통합 호남향우회 출범", 관악뉴스, 2015. 4. 27.
  '관악구 호남향우회, MOU 체결', 현대 HCN 관악방송, 2013. 2. 28.
7. "배고픈 상경… 가난 맞서 굳세었던 산동네 억척삶", 전남일보, 2015. 8. 17.

두 후보에 대한 지역구민들의 인식

이번 20대 총선은 더불어민주당 유기홍 후보와 국민의당 김성식 후보가 네 번째 맞붙는 리턴매치였다. 서울 관악 갑 지역은 2004년 17대 총선에서 열린우리당 유기홍 후보와 한나라당 김성식 후보가 처음으로 대결한 것을 시작으로 18대, 19대, 그리고 이번 20대 총선까지 경쟁했다. 두 후보 모두 지역정치인으로 활동한 시간이 길었던 만큼, 지역인지도가 매우 높은 것이 특징이다. 그동안 유기홍 의원이 2선, 김성식 후보가 1선으로 유기홍 의원이 앞섰다. 이전에는 여야구도로 대결했었지만 20대 총선 때는 조금 달랐다. 그동안의 여야 대결에서 벗어나 1여 2야의 삼파전이었는데, 결국 인지도가 높은 두 후보를 중심으로 한 '야대야' 양상으로 대결구도가 변화한 것이다. 물론 김성식 후보는 19대 총선에서 무소속으로 출마했었지만 당시 김성식 후보가 한나라당의 쇄신을 요구하며 탈당한 직후였고 한나라당에서도 김 후보에 대한 예우로 후보를 내지 않았다.

그렇다면 두 후보에 대한 지역구민들의 인식은 어떨까. 국민의당 김성식 후보에 대해 한 20대 여성 유권자는 18대 국회의원 시절 국회 종합평가 1위였던 그의 과거를 기억하고 있었다. 일 잘하는 인물이라는 이미지도 함께 덧붙였다.[8] 18대 국회에서 서울 관악 갑 국회의원이었던 그는 18대 국회의 의정활동[9] 최우수의원이었다. 그는 2010년, 2011년 '국회의원 보좌진들이 선정한 올해의 의원상'[10], 경제·금융 관련 정부 부처·공공기관 직원들이 선정한 경제 분야 의원평가 1위[11], 한국 매니페스토 실천본부에서 주최한 제2회 매니페스토 약속대상 최우수의원[12] 등으로 뽑히면서 국회의원으로서의 능력을 인정받았다. 뿐만 아니라 한나라당 소속이던 시절에는 '여당 속의 야당'이라는 이미지를 필두로 당내에서 소신 있

---

8. 20대 여성 유권자, 은천동 아파트단지 내, 2016. 4. 2.

9. "[표지이야기]의정활동 '신관이 명관'", 주간경향, 2012. 2. 14.

10. "[국회 보좌진 선정 올해의 의원] 폭풍의 정치권, 김성식 의원 2연패", 스포츠서울, 2011. 12. 15.

11. "'베스트' 김성식·박선숙 '이구동성'", 조선비즈, 2012. 3. 6.

12. "매니페스토 약속대상", 연합뉴스, 2010. 2. 4.

는 활동을 해 오던 것으로 알려져 있었다. 결국 그는 2011년 당내 쇄신을 요구하며 탈당하고 19대 총선에서 무소속으로 서울 관악 갑에 출마했지만 득표율 41%로 낙선하였다. 당시 한나라당에서는 정당 후보를 따로 공천하지 않았던 것을 고려하더라도 무소속 41% 득표는 지역 내 김성식 후보의 인지도가 매우 높고 이미지 또한 좋았다는 것을 의미한다.

그렇다면 여당 신분에서 제3야당으로 당적을 옮긴 후 그를 바라보는 지역 주민들의 인식은 어땠을까. 김성식 후보는 한나라당 탈당 이후 2012년 대선에서 안철수 캠프의 주요 인사로 활동하는 등 중앙정치에서 모습을 드러내 왔고, 안철수가 국민의당을 창당하면서 당에 합류했다. 새누리당 탈당 후 출마한 19대 총선에서 높은 득표율을 얻었다고 해도, 이후 새로운 정당에 입당하는 것은 다른 문제이다. 김성식의 탈당 후 국민의당 입당에 대해 어떻게 생각하는지 지역 주민들에게 물어보았다.

이러한 질문에 대해 본인을 새누리당 지지자로 밝힌 60대 남성 유권자는 "당을 옮기는 행동이 정치인의 이미지에 도움이 되는 행동은 아니지 않느냐[13]"며 김성식 후보의 한나라당 탈당에 대해 상당히 부정적으로 이야기했다. 김성식 후보가 한나라당 의원이던 시절 호감을 가지고 지켜봐 왔지만 탈당 후 또 다른 당으로 입당하는 바람에 그에 대한 신뢰를 잃었다는게 그의 설명이다. 반면, 본인을 '야권 성향'이라고 밝힌 20대 여성 유권자는 새누리당의 승리를 우려하는 측면에서 김성식의 국민의당 합류를 부정적으로 바라보았다. 그는 김성식의 국민의당 입당에 대해 "인물은 좋다고 들었지만 제2야당 입당이 좋은 선택이었는지는 지켜봐야 할 것 같다."라고 대답했다.[14] 야권분열로 인한 여권의 어부지리를 우려하는 분위기는 분명히 존재했다. 머니위크에서 진행한 4월 13일 총선 투표소 취재 기사에서도 한 30대 관악 갑 여성 유권자는 "그 당을 지지해서가 아니라 오로지 정권교체를 위해 인물이 아닌 '당'을 보고 투표했다."라고 말했다.[15] 김성식 후보

---

13. 60대 남성 유권자, 은천동 아파트단지 내, 2016. 4. 2.
14. 20대 여성 유권자, 봉천역 근처 까페, 2016. 4. 3.

의 당적 변경을 바라보는 유권자의 의견은 분분했다. 야권분열이라는 측면에서
는 부정적으로 보는 견해가 많았고, 반대로 김성식 후보의 정치 장래에 대해서는
'잘한 선택'이라고 평가하는 유권자도 있었다. 관악 갑의 20대 여성 유권자는 "요
즘 새누리당의 분위기를 봤을 때, 탈당은 잘한 선택이라고 생각한다."[16]라고 답하
였다. 특정 정당 지지자가 아니거나 지지 정당을 밝히지 않은 유권자들은 대체적
으로 김성식 후보의 당적 변동으로 인한 이미지 변화가 없다거나, '좀 더 두고 봐
야 할 것 같다.' 는 식의 조심스러운 입장을 보였다. 대부분 당적 변동에 대해 크
게 의식하지 않거나, 의식하더라도 인물 자체에 대한 인식은 변하지 않았다고 답
했다. 한 20대 여성 유권자는 "당을 바꾼 것은 그저 옷을 갈아입은 것일 뿐"[17]이라
고 평가하기도 했다.

김성식 후보는 지역 공약으로 위에서 언급한 서울대학교 제2사대부고 신설뿐
아니라 CCTV 확대 설치와 관악구청 종합상황실과의 CCTV 연계로 안전 문제를
해소할 것이라고 약속했다. 또한 각 급 학교 학부모 지원 상담센터 개설, 서울대
학교 연계 학습시스템, 야간 관공서 주차장 개방으로 주차난 해소, 생활 공원 확
대 등의 지역공약을 내세웠다.

그렇다면 유기홍 후보는 어떨까. 유기홍 후보는 19대 서울 관악 갑 국회의원
으로서 17대 국회에 첫 입성한 후, 18대 총선에서 김성식 후보에게 자리를 내줬
다가 지난 선거에서 재선에 성공한 의원이다. 초선 의원이던 17대 국회에서 구암
고등학교 개교를 추진, 성공시켰고[18] 19대 국회에서 신림선 경전철을 확정지었

---

15. "야권분열로 새누리당의 '어부지리'격 승리를 방지하려는 전략 투표도 있었다. 2013년 4·24 재보궐선거
    당시 서울 노원 병에 무소속으로 출마한 안철수 후보를 찍었다는 장 모 씨(34·여)는 "이곳(관악 갑 지역)에
    온 지 6개월 됐다."면서 "그 전에는 인물을 보고 찍었는데 이번에는 당을 보고 찍었다. 그 당을 지지해서가
    아니라 오로지 정권교체를 위해서다."라고 말했다. 비례대표에 대해서도 장 씨는 "원래 따로 지지하는 당이
    있는데 이번 만큼은 한 곳에 힘을 실어줘야 할 것 같았다."라고 말했다.", [4·13총선 격전지를 가다] 서울 관
    악갑, 유기홍-김성식 네 번째 맞대결, '녹색바람' 서울 안착할까", 머니위크, 2016. 4. 13.
16. 20대 여성 유권자, 봉천역 근처 까페, 2016. 4. 10.
17. 20대 여성 유권자, 봉천역 근처 까페, 2016. 4. 10.
18. 구암고등학교는 유기홍 후보가 17대 국회의원일 때, 부지를 확정 받아 공사를 시작하여 김성식 후보가 18
    대 국회의원일 때 개교하였다.

다. 관악구의 경우 재개발로 인해 대단지 아파트들이 다수 들어섰고 인구유입이 늘어났지만, 그에 따른 고등학교 확대가 이루어지지 않아 인문계 고등학교 수요가 높았다. 특히 봉천동 북부지역에는 고등학교가 거의 없었기 때문에 인문계 고등학교의 신설은 당시 중요한 지역이슈였다. 또 신림선 경전철은 인근에 지하철 2호선 1개 노선만 있어 대중교통 이용에 어려움이 있던 관악구의 숙원사업이었다. 신림선 경전철은 샛강역을 출발해 대방역-여의대방로-보라매역-보라매공원-신림역-서울대 앞까지 연결한다. 신림선 경전철을 통해 관악구 주민들은 9호선 샛강역, 국철 대방역, 7호선 보라매역, 2호선 신림역 등 4개 정거장을 환승을 통해 이용할 수 있게 되어 교통이 한결 편해질 것으로 예상된다.

　유기홍 후보는 박원순 서울시장, 조희연 서울시교육감과 긴밀한 공조가 가능하기 때문에 사업 추진에 강점이 있다고 평가된다. 김성식 후보 못지 않게 유기홍 후보도 지역 내 이미지가 좋은 편이었다. 특히 본인을 새누리당 지지자로 밝힌 60대 유권자는 유기홍 후보를 긍정적으로 바라보고 있었다. 그는 유기홍 후보에 대해 " 당에 대한 인식은 제외하고 인물만 봐서는 괜찮은 편이다."[19]라고 말했다. 이어 인터뷰한 또 다른 50대 여성 유권자도 "유기홍 후보는 관악구에서 그동안 일해 왔고, 잘해 왔다고 알고 있다."라고 덧붙였다.[20] 8년간 국회의원으로서 여러 가지 사업 추진에 열매를 맺은 점이 작용한 것으로 보였다. 유기홍 후보 역시 김성식 후보에게 자리를 내줬던 18대 국회를 제외하고 17대 국회, 19대 국회에서 매년 국정감사 NGO 모니터단이 선정하는 '국정감사 종합평가회 및 우수국회의원 시상식'에서 입상해 왔으며[21] 2013, 2015 대한민국 헌정 대상[22] 등 다양한 분야에서 활동을 인정받아 왔다.

　유기홍 후보는 지역공약으로 관악 경전철 조기완공, 서울대학교 제2사대부고

---

19. 60대 남성 유권자, 은천동 아파트단지, 2016. 4. 2.

20. 50대 여성 유권자, 은천동 아파트단지 내, 2016. 4. 2.

21. "유기홍 국회의원, 7년 연속 '국감 우수의원'", 대학신문, 2014. 12. 9.

22. "19대 국회의원 헌정대상 수상한 75명 의원들", 아시아투데이, 2015. 6. 30.

입니다! 진짜정치 진짜일꾼 **2 유기홍**

유기홍,
능력과 방법이 있습니다!

관악발전 공약이행률 92.9%
(출처 : 한겨레·리서치앤리서치여론조사 보고서)

우리동네를 바꾸는 22개 생활공약
계속 운영해온 '민원접견데스크'에서 50여진 동별 현안을 공약으로 만든 것입니다.

동명	우리동네 공약
신림동	신림역~신대방역 사이 방음벽 설치 수해방지를 위한 서울대 앞 저류조 추가건설
은천동	국회단지(~)백산아파트 도로 확장 및 주차장 건립 봉천역(은천동 방면) 노외주차 엘리베이터 신설
중앙동	주민 안전을 위한 중앙동 소방도로 신설 신봉초등학교 체육관 건립
성현동	봉천고개 육교를 봉현초등학교로 직접 연결 성현동 재개발지역 도시재생 지원
청림동	청림동 어울림길 공원화 사업 추진 옛 봉천시장 골목상권 활성화
행운동	낙성대역(행운동 방면) 에스컬레이터 설치 행운동 마을버스 노선 신설 추진
청룡동	관악초등학교 강당·체육관 및 지하 주차장 건립 관악산 도시자연공원(청룡산지구) 실내배드민턴장 등 체육시설 설치
보라매동	상도근린공원(국사봉) 체육시설 설치 주민 이동편의를 위한 보라매동 마을버스 노선 개선
인현동	까치고개 앞(개공원화 추진(행운동~인현동 연결) 학교 등하교길 방범용 CCTV 추가설치
낙성대동	국공립 어린이집 설립 강감찬 장군을 기념하기 위한 공약 추진
남현동	노인복지시설 건립 남현동 지상공원·지하공영주차장 건립

그림 1. 유기홍 후보의 동별 22개 생활 공약
출처: 유기홍 후보의 블로그

신설, 관악청년특구 조성, 봉천역 중심 상업·문화지구 개발, 낙성대 벤처밸리 확대 등을 내세웠다. 특히 유기홍 후보는 '우리 동네를 바꾸는 22개 생활 공약[23]을 내걸고 관악 갑 지역구의 11개 동마다 취약점을 진단하여 두 개씩 생활 공약을 내걸었다. 현역의원으로서 지역현안을 다루는 세밀함이 돋보였다. 이러한 꼼꼼하고 세밀한 현안 제시와 해결 방법 제안은 유기홍 후보가 전·현직 서울 관악 갑 국회의원이었기 때문에 가능했을 것이다. 지역구 문제에 대한 유기홍 의원의 높은 이해도가 눈에 띄는 대목이었다.

---

23. 유기홍 후보의 블로그, "[관악갑 유기홍] 유기홍의 20대 총선공약", 2016. 4. 2.

야권 후보 간의 경쟁을 바라보는 지역구민들의 태도

이번 20대 총선은 관악 갑 지역에서 처음으로 뚜렷하게 '야대야' 구도가 나타난 선거이다. 두 후보 모두 지역구 선거에 오랫동안 출마해 왔고[24] 한 후보가 당적을 변경한 것에 대해 크게 핸디캡을 가지지 않는다면 두 야당 후보가 비슷한 선상에서 대결을 펼친다고 볼 수 있었다. 지역구 인지도나 이미지면에서 한 후보가 크게 앞서거나 뒤처지지 않는 모습이었다. 이렇듯 팽팽한 두 야당 후보가 한 지역구에서 서로 맞붙게 되면 야권연대에 대한 논의가 빠질 수 없다. 더불어민주당 문재인 전 대표는 4월 9일 광주를 방문해 "국민의당의 접근 방법은 제1당에 어부지리를 줘 여당의 의석을 늘려주는 것"[25]이라고 말했다. 야권 성향이 강한 지역에 지역구 인지도가 높은 두 야당 후보가 함께 출마한다면 어떤 결과가 나타날까.

대부분의 유권자는 국민의당 후보인 김성식의 출현이 여당에 유리하게 작용하지는 못할 것이라고 보았다. 새누리당 후보가 서울 관악 갑 지역에서는 첫 선을 보이는 정치신인이자 새롭게 공천된 청년 후보였고, 두 야당 후보의 지역 내 입지가 워낙에 두터웠기 때문이다. 국민의당 출현이 여당에게 어부지리를 줄 것인지에 대한 질문에 한 60대 남성 유권자는 "전국적으로는 그럴 수 있지만 서울 관악 갑에서는 아니다. 새누리당 후보의 인지도가 너무 낮기 때문이다."[26] 라고 대답했다.

이러한 여론을 뒷받침하는 것이 중앙일보가 지난 3월 28일 발표한 관악 갑 가상대결 여론조사(3월 25일 만 19세 이상 지역구 유권자 600명, 유선 및 무선전화면접 조사, 응답률 12.3%, 표본오차 95% 신뢰수준에 ±4.0%p) 결과였다. 더불어민주당 유기

---

24. 김성식 후보는 16·17·18·19·20대 총선 관악 갑 출마, 유기홍 후보는 17·18·19·20대 총선 관악 갑 출마

25. "[총선 D-4]文 '국민의당 어부지리로 여당 의석 늘려' 전략적 투표 호소", 이데일리, 2016. 4. 9.

26. 60대 남성 유권자, 은천동 아파트단지 내, 2016. 4. 2.

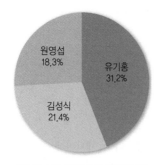

그림 2. 서울 관악 갑 가상대결 결과
출처: 중앙일보

홍 후보가 31.2%로 1위, 이어 국민의당 김성식 후보가 21.4%로 2위, 새누리당 원영섭 후보가 18.3%로 3위를 했다. 1위인 유기홍 후보가 2위 김성식 후보를 9.8%가량 앞섰다. 연령대별로는 20~40대 1위는 유기홍 후보, 50대 1위는 김성식 후보, 60대 이상 1위는 원영섭 후보로 조사됐다. 중앙일보 조사 이후 4월 7일에 진행된 국민의당 자체 여론조사에서도 유기홍 후보가 37.1%로 1위, 김성식 후보가 28.2%로 2위를 기록하였다. 이 여론조사는 선거 전 마지막 여론조사였다. 선거 전 진행된 모든 여론조사에서 1위 유기홍, 2위 김성식, 3위 원영섭으로 조사되었고 유기홍 후보가 약 10% 내외로 김성식 후보를 앞설 것으로 예상됐다. 일부 주민들이 우려한 '새누리당의 어부지리 1위'는 나타나지 않았다.

여론조사뿐만 아니라 대부분 유권자도 20대 총선에서 새누리당 후보가 승리할 가능성은 낮다고 말했다. 하지만 그것이 국민의당 출현 여부와는 무관하며, 단지 새누리당 후보 자체의 경쟁력 문제라고 보았다. 이는 서울 관악 을 지역의 19대 국회의원 보궐선거에서 새누리당 오신환 후보가 당선된 것을 통해 알 수 있었다. 20대 총선 결과, 새누리당은 패배했으나 오신환 후보는 재선에 성공한 점에서 알 수 있듯이 인물이 주요했다. 때문에 대부분의 유권자들은 좀 더 경쟁력 있거나 인지도 높은 새누리당 후보가 출마했을 경우, 야권분열이 새누리당 승리를 불러올 수 있다고 판단했다. 중앙일보 여론조사에서도 김성식 후보와 원영섭 후보 간 지지율 차이가 크지 않았던 것을 생각해 보면, 지역 내 새누리당의 입김이 어느 정도는 작용한다고 보는 것이다. 서울 관악 갑 20대 여성 유권자는 새누리당 원영섭 후보가 중앙일보 여론조사에서 20% 가까이 나왔다는 이야기를 듣고는 "좀 더 지역기반 있는 후보였으면 새누리당도 당선 가능성이 있었을 것이라고 본다. 관악 을 국회의원도 새누리당인데 우리 동네라고 해서 가능성 없지는 않았을 것이다."라고 대답했다.[27]

야당 지지표 분산 방지를 위한 후보들의 전략

국민의당은 시작부터 야권분열이라는 딜레마에 빠져 있었다. 새 정치를 펴겠다는 일념으로 새 당을 창당했지만 야당표의 분산으로 이어질 수밖에 없다는 문제점에 대해 분명히 인식하고 있었다. 안철수는 3월 29일 국민의당 공동대표 초청 관훈 토론회에서 후보단일화에 대해 "당대당 연대는 없다고 분명하게 얘기해 왔고, 이에 여러 가지 논란들이 있었지만 지금까지 계속 지켜왔음"을 다시 한 번 언급하며 "정당 차원의 단일화는 절대 없을 것"임을 확실히 했다. 또한 경향신문과의 인터뷰에서도 총선 결과에 대해 "국민들이 생각하는 정도로 책임 질 것"이라고 대답하기도 했다. 문재인 후보는 4월 2일 대전 유세 지원현장에서 "끝내 야당 후보들 간에 단일화가 되지 않는다면 당선될 후보, 더 경쟁력 있는 후보에게 표로서 단일화시켜 달라"고 말하기도 하였다. 투표지 인쇄를 목전에 앞둔 상황에서 단일화의 가능성이 거의 없었기 때문으로 보였다. 서울 지역에서는 은평구 갑만이 더불어민주당–국민의당 야권단일화를 했다. 끊임없이 불거졌던 야권단일화 논의에 대해 관악 갑의 야당 후보들은 어떤 입장을 취했을까.

김성식 후보는 국민의당 내부에서도 대표적인 야권단일화 반대론자이다. 김성식 후보는 2016년 3월 11일 국회 의원회관에서 열린 최고위원 회의에서 "지금부터라도 뚜렷한 대의대로 걸어가면 국민들은 반드시 제3정당 정치 혁명을 이뤄 줄 것이라 확신한다."라고 말했다. 야권연대는 비현실적이며 국민의당 이념과도 맞지 않는다고 표현한 것이다. 그는 본격적인 총선 분위기가 시작하기 전부터 야권연대는 없다고 못을 박아 왔다. 안철수 대선캠프의 중요 인사로 활동하다가도 안철수가 새정치민주연합에 입당하자 합류를 거부한 과거 행보를 보았을 때, 그가 더불어민주당과의 연대를 반대하는 것은 전혀 이상한 일이 아니었다. 20대 총선이 사실상 유기홍 후보와 김성식 후보 간의 대결로 좁혀진 것도 한몫했다. 유

27. 20대 여성 유권자, 봉천역 근처 까페, 2016. 4. 10.

기홍 후보는 지상토론에서 김성식 후보를 겨냥하여 "국민의당도 야권분열이 새누리당에 어부지리를 준다는 것을 인정하고 통합과 연대에 나서야 할 것"이라며 야권분열에 대한 우려를 나타냈다. 하지만 유기홍 후보 역시 "후보단일화 없이도 충분히 이길 수 있다."는 입장을 고수했다. 두 후보 모두 공식적으로 야권연대에 대한 뚜렷한 입장 표시 없이 묵묵히 임하는 분위기였으며, 개인의 경쟁력으로 승부하겠다는 입장이었다. 더불어민주당—정의당 간의 단일화 논의도 '당대당' 차원에서 결렬되었고 서울 관악 갑 정의당 후보인 이동영 후보는 지상토론에서 "서울 관악 갑 선거구에 대한 '당대당' 논의나 후보 간 논의는 공식적으로 진행된 바가 없다."라고 못 박았다.

주민들도 후보의 야권연대에 대해 부정적으로 보는 견해가 많았다. 관악 갑의 한 60대 남성 유권자는 "단일화를 하게 될 시에 국민의당이라는 이름 자체가 빛바래게 된다."[28]면서 단일화 가능성을 낮게 점쳤다. 비슷한 의견으로 몇몇 주민들은 더불어민주당과 국민의당이 야권연대를 이룰 경우, 국민의당에 실망감을 느낄 것이라고 대답했다. 특히 후보 차원보다는 당 차원에서 생각하는 경우가 많았는데 한 50대 여성 유권자는 안철수에 대해, "당장의 총선에서는 경력을 쌓는다는 생각으로 임하는 것 같다."라고 평했다. 만약 총선에서 국민의당이 패해 야권연대에 대한 책임을 진다고 하더라도 차기 권력구조나 이미지까지 생각했을 때 야권연대를 하지 않는 것이 현명하다고 생각하는 것이다. 또 다른 20대 여성 유권자는 정권교체라는 목적을 위해서라면 단일화가 맞을지도 모르지만 새누리당 지지층 중에서 김성식을 지지할 수 있기 때문에 야권연대는 필수적이지 않을 것이라고 말했다.[29] 이러한 주민들의 생각처럼 관악 갑에 출마한 모든 야권 후보들은 일체의 단일화 없이 각자의 경쟁력으로 선거 마지막 날까지 경쟁했다.

28. 60대 남성 유권자, 관악 갑 내 아파트 노인정 근처, 2016. 3. 31.
29. 20대 여성 유권자, 신림동 카페, 2016. 4. 2.

선거 결과 분석

　4월 13일, 결전의 날이 밝았다. 필자는 오전 10시쯤, 은천동 주민 센터에서 투표권을 행사했다. 은천동은 벽산아파트, 두산아파트 두 개의 큰 아파트단지가 들어서 있고, 근처에 은천초등학교와 서울 관광고등학교를 중심으로 한 주택가가 빼곡히 들어서 있는 주거지역이다. 오전 10시에서 11시쯤, 은천동 주민센터에는 아이와 함께 투표권을 행사하러 온 젊은 부부들이 눈에 띄게 많았다. 자신의 한 표를 행사하기 위해 오전부터 투표소를 방문하는 시민들의 발길은 끊이지 않았다. 서울 관악구 투표율은 59.9%(26만 7574명)로[30] 전국 평균 58%보다 조금 높았다.

　당일 6시 반 경 발표된 출구조사 결과, 유기홍 후보가 39.6%, 김성식 후보가 38.3%로 나와 유기홍 후보가 1.3%가량 앞서면서 두 후보의 경합이 예상됐다. 그러나 실제 승리자는 김성식 후보였다. 개표 내내 두 후보는 경합하며 앞서거니 뒤서거니 하다가 최종 개표 결과, 김성식 후보가 38.4%, 유기홍 후보가 37.6%로 약 0.8%, 1,239표차로 근소하게 김성식 후보가 승리했다. 이어 새누리당 원영섭 후보는 20.08%, 정의당 이동영 후보는 2.98%, 민중연합당 연시영 후보는 0.93%를 득표했다.

　김성식 후보는 18대 국회에 이어 20대 국회에 또다시 입성했다. 20대 총선 국민의당 지역구 국회의원 중 안철수와 김성식을 제외하면 모두 호남지역 국회의원이었다. 실제 호남지역에서 더불어민주당에 등을 돌리고 국민의당의 손을 들어준 만큼, 관악구 지역의 호남 출신 유권자들이 김성식 당선자에게 힘을 실어주었다는 평가도 있다.[31] '낡은 정치'를 타파한다는 이념으로 창당한 신생 정당이 지역주의의 틀에 갇히고 말았다. 그러나 한편으로 국민의당은 김성식을 통해 수도권에서 제3당의 가능성을 확인할 수 있었다. 김성식 당선자는 당선 직후, 한겨레

---

30. "첫째도, 둘째도 '정확'…긴장 감도는 서울 관악구개표소", 포커스뉴스, 2016. 4. 13.
31. "安 최측근 김성식, 서울 관악갑 재선 성공", 한국일보, 2016. 4. 14.

신문과의 인터뷰에서 "호남 이외 지역에서 지역구 의석을 다수 확보하지 못한 것은 신생 정당으로서 우리 역량이 부족했기 때문"이라고 말했다. 국민의당은 '호남 정당'이라는 비판에 대해 반성하며 미흡한 점을 개선할 것을 약속했다.[32]

그러나 김성식 당선자의 당선 배경이 온전히 호남 덕분이라고 할 수는 없다. 아무리 관악구에 호남인들이 많이 산다고 하더라도 시간이 흐름에 따라 점차 지역색이 옅어지는 추세여서, 계속 호남 입김이 작용한 것이라고 볼 수 없기 때문이다. 관악 을의 경우 호남을 본적, 원적으로 두는 주민이 60%가 넘는 상황[33]에서 새누리당 오신환 후보가 재선에 성공했다. 이런 점을 미루어 볼 때, 김성식 당선자의 당선 배경이 온전히 호남 유권자의 지지에 있지는 않을 것이다. 김성식 당선자가 직접 발로 뛰어가며 활발히 선거유세에 임한 것도 분명 중요한 요소로 작용하였다. 또 김성식 당선자가 과거 18대 의원이던 시절, 일 잘하는 의원으로서의 이미지가 강하였기 때문에 이러한 성실하고 강직한 이미지가 유권자들에게 긍정적으로 어필될 수 있었다. 정당 때문이 아닌 인물 자체에 대한 긍정적인 평가가 있었기에 가능한 당선이었다. 물론 유기홍 후보의 의정활동에 대한 긍정적인 평가도 상당했지만 유권자들은 김성식에 한 번 더 기회를 주었다. 20대 국회에 또다시 발을 디딘 김성식 당선자가 뉴시스와의 인터뷰에서 한 말처럼, 유권자가 준 기회를 발판삼아 '새로운 정치모델의 창조', ' 다원적인 국민 대표성을 바탕으로 경쟁과 협력을 하는 새로운 정치'를 할 수 있도록 힘써 주기를 바란다.

일각에서는 후보단일화에 대해 아쉬움이 남아 있었지만 결과적으로 야당이 선거에서 승리함으로써 이러한 아쉬움은 일축되었다. 여당의 어부지리격 승리는 현실화되지 못했다. 다만 실제 개표 결과, 원영섭 후보가 20% 득표를 했던 것을 미루어볼 때, 새누리당 후보의 영향력도 적지 않았다. 또한 중앙일보 여론조사에서 원영섭 후보가 약 18% 득표할 것이라고 예상했던 것처럼 실제 결과가 이와 비슷하게 나와 '새누리당 지지자가 국민의당으로 유입되는 효과'가 과연 나타

32. "양극화 등 복합갈등 풀려면 다당제·연합정치 불가피", 한겨레, 2016. 4. 21.
33. "'대안 부재론' 안주(安住) '승리 방정식' 안 보인다", 신동아일보, 2015년 6월호.

났는지에 대해 의문을 제기해 볼 수 있다. 중앙일보 여론조사 결과를 받아들인다면 관악 갑 지역에서 두 야당 후보가 출마한 것은 기존의 새누리당 지지층에는 영향을 미치지 못하고, 야당 지지자 간의 표 가르기에 지나지 않았다는 평가는 충분히 유효하다. 새누리당 청년 후보로 공천된 후보가 20%의 득표율을 얻었다는 것은, 더 영향력 있는 후보가 출마했을 때 야당의 승리가 반드시 보장되지 않는다는 것을 의미한다. 20대 총선에서 서울 관악 을 오신환 후보가 더불어민주당 정태호 후보를 불과 0.7%, 861표차로 근소하게 앞서서 당선된 것을 보아도 그렇다.

22. 5선의 이재오 후보가 패배한 이유

[서울 은평 을]

이인표

거물과 신예의 만남

서울 은평 을 선거구는 지난 15대부터 19대까지 5번 국회의원에 당선된 이재오 의원과 이 지역에 처음 출마한 더불어민주당 강병원 의원 간의 대결로 지역 주민은 물론 언론의 관심사였다. 은평구는 서울의 북서부에 위치한 주거지역으로서 도심까지 가깝고 주택지로서 좋은 조건을 갖추고 있다. 도심에서 경기도로 통하는 간선도로를 따라 상가가 형성되어 있고, 각종 기관도 다수 분포되어 있다. 인구수는 50만 5,000명 정도이고, 재정자립도는 20위 정도로 상대적으로 빈곤하다고 볼 수 있다. 은평구는 녹번동을 기준으로 갑, 을로 분구가 되어 있는데, 갑 지역은 녹번동, 응암제1·2·3동, 역촌동, 신사제1·2동, 증산동, 수색동으로 이루어져 있고, 을 지역은 불광제1·2동, 갈현제1·2동, 구산동, 대조동, 진관동으로 이루어져 있다. 한편 은평 을 선거구는 새누리당의 이재오 의원이 5선째 하고 있는 반면, 은평 갑 선거구는 더불어민주당의 이미경 의원이 5선째 하고 있는 바, 갑과 을의 정치적 성향이 매우 대조적이다. 즉 은평 갑은 야당 강세지역, 은평 을은 여당 강세지역이라고 볼 수 있다. 따라서 20대 총선에서 이재오 의원과 이미경 의원이 과연 6선에 성공할 수 있을 것인지가 최대 관심사였다.

무소속 이재오 후보에 대한 소개

20대 총선에서 이재오 의원은 새누리당의 공천을 받지 못해서 무소속으로 출마하였다. 그런데 김무성 대표가 은평 을의 새누리당 공천 내정자를 승인하지 않는 바람에 후보 등록을 하지 못한 결과, 결국 이 의원이 새누리당 후보의 역할을 맡게 되었다. 이재오 후보는 중앙대학교 경제학과와 고려대학교 교육대학원을 졸업하였다. 엠네스티 한국사무국장, 민중당 사무총장, 한국4H 총재 등을 역임하였다. 재산은 8억 원 정도이고, 운동권 출신으로 반공법과 국가보안법 위반 등의 전과기록이 있다. 20대 총선에서 이 후보는 많은 공약을 내걸었다. 실제로 이 후보 측은 4월 8일부터 4월 12일까지 공약을 담은 문자 메시지를 보내 주었다.

첫 번째 공약은 교통 부분이었다. "GTX-A신분당선 서북부 연장선, 통일로 우회도로, 은평새길 등 은평의 거대한 교통사업을 유치하고 추진해 온 저 이재오가 반드시 완성하겠습니다."라고 말했다.

두 번째 공약은 교육 분야였다. "저는 대성고등학교에서 교사를 했던 적이 있습니다. 이러한 경험을 바탕으로 지금까지 은평구 교육환경 개선을 위해 예산 약 1400억 원을 유치하였습니다. 우리 아이들이 쾌적한 환경에서 양질의 교육을 받는 것 만큼 중요한 것은 없습니다. 앞으로도 국립한국문학관 유치, 청소년 종합문화센터 건립, 국제교육원 신설 등으로 은평 교육의 질을 한 단계 더 높이겠습니다."라고 약속하였다.

세 번째 공약은 어르신 복지였다. "저는 치매이신 장인어른을 17년간 모셨습니다. 어르신 복지가 얼마나 중요한지 너무나 잘 알고 있습니다. 동네 간호요양시설 운영, 노인복지센터 건립, 어르신쉼터 설치, 경로당 신설 등으로 우리 어르신들을 잘 모실 수 있는 토대를 마련하겠습니다."라고 문자를 보내 왔다.

네 번째 공약은 문화 분야였다. "문화는 삶의 질을 결정하는 매우 중요한 요소입니다. 저는 그동안 주민 여러분들께서 보다 나은 문화생활을 누리실수 있도록 진관동 공공도서관, 구산동 도서관마을, 은평역사한옥박물관, 한문화 특구 지정 등의 사업을 완성하였습니다. 앞으로도 국립로봇박물관 유치, 청소년종합문화센터 건립, 헬스케어 휴양리조트 조성, 여성문화센터 신축 등으로 문화가 살아 숨쉬는 은평을 만들겠습니다."라고 약속했다. 이 후보로부터 공약에 대해 자세한 설명을 문자로 받은 유권자들은 아마 투표하기 전에 더욱 신중한 고민을 했을 것 같다.

더불어민주당 강병원 후보에 대한 소개

강병원 후보는 서울대학교 농경제학과를 졸업하였으며, 서울대학교 총학생회장, 노무현 대통령 수행비서, 16대 대통령직 인수위원회 행정관, 민주당 전략기획 부위원장 등을 역임했다. 재산은 5억 원 정도이며 전과기록은 없다. 강 후보의 공약은 민생 위주였다. 그는 첫 번째로 "같은 일을 하면 같은 임금을 받아야 한다."며 이 시대의 가장 큰 복지는 노동자가 정당한 월급을 받는 것이라고 주장했다. 이를 통해 동일노동─동일임금 실현을 위한 '차별금지법'을 만들겠다는 공약을 내걸었다. 두 번째 공약은 "열심히 일한다면 해고 걱정은 없어야 한다."며 "쉬운 해고제한을 강화하고, 부당한 해고를 방지하며 실업 급여 확대를 포함한 구직 촉진 급여 지원을 확대하겠다."라고 약속하였다. 세 번째 공약은 청년일자리 70만 개와 청년안전망 도입, 사병 월급 월 30만 원까지 인상 등을 추진하겠다는 것이었다. 네 번째 공약은 차등 없는 기초연금 지급으로, 소득 하위 70%에게 기초연금 30만 원을 차등 없이 지급하며 부모 학대나 부당 대우 시 부모 증여 재산을 환수하는 불효자 방지법을 추진하겠다고 하였다. 다섯 번째 공약은 육아 휴직 현실적 실행, 육아 휴직 급여 인상, 경력단절 여성 지원 확대 및 중년여성 일자리 창출, 고교 무상교육 실현 등 교육비 부담을 절감하는 것이었다. 마지막 여섯 번째 공약은 칼퇴근법 도입이다. 휴일 포함 1주 53시간 이내 근로시간 법정화, 근로시간 특례업종 축소 및 4인 이하 사업장 근로시간 한도를 적용하고 포괄임금제를 전면 금지하며, 출퇴근시간 기록 보전의무를 이루어 내겠다고 하였다. 이 공약들이 얼마나 실현 가능성이 있는지는 의문이 들었다.

또 강병원은 본인을, "서민의 아들, 연신내 행운식당의 둘째 아들로 은평에서 신도초, 대성중, 대성고를 졸업하였으며 어린 시절과 학창시절을 은평에서 보냈다."라고 소개했다. 강 후보는 "은평이 본인과 희노애락을 함께한 친구"라는 점을 어필했다. 또 노무현대통령에게 정치를 배웠으며 본인을 건설노동자였다고 말했고, 현장 속에서 새로운 정치와 올바른 정치가 무엇인지, 누구를 위한 정치를 해야 하는지를 깨달았다고 주장했다. 이렇게 은평구 토박이라는 점, 그리고 서민의 삶을 살아 왔다는 점 등이 지역 주민들에게 호감을 샀던 것이 아닐까라는 생각이 든다.

국민의당 고연호 후보에 대한 소개

20대 총선에서 은평 을 선거구에 출마한 국민의당 고연호 후보는 1963년 5월 23일생으로 52세이고, 은평구 진관4로에 거주하고 고려대학교 경영대학원 석사과정을 밟았으며 국제경영학을 전공했다. 더불어민주당 서울 은평구 을 지역위원장과 국민의당 창당발기인이었다. 지난 1월 더민주당 탈당을 선언하고, 국민의당의 후보로 출마했다. 고연호 후보는 아주 독특한 선거운동을 펼쳤다. 고 후보는 공식 선거운동이 시작된 3월 말, 불광역 사거리에서 포크레인에 올라 퇴근길 시민들에게 지지를 호소하는 선거운동을 했다. 고 후보는 "은평 발전을 위해 앞장서겠다. 정치를 혁신하고 일 열심히 하는 사람이 잘사는 나라를 만들겠다."라고 말했다.

여론조사의 오류

은평구 을의 여론조사 결과에 의하면 더불어민주당의 강병원 후보가 19.7%를 얻었고, 무소속 이재오 의원은 34.4%로 압도적인 차이가 있었다. 야권후보단일화가 이루어진다고 하더라도 강병원 후보는 28.9%, 이재오 의원은 35.2%로 여전히 이재오 의원이 우세했다. 그런데 이런 여론조사에 문제가 있었다. 중앙선거관리위원회 공정여론조사심의위원회의 자료에 따르면 여론조사 대상이 20대와 30대는 합쳐도 84명밖에 되지 않은 반면 60대 이상은 180명이나 되었다. 또 소득별로 응답자를 나눈다면 100만 원 이하 51명, 101만~200만 원 이하 65명, 201만~300만 원 이하 67명인 반면, 400만 원 이상의 고소득의 응답자는 155명으로 압도적으로 많았다. 결국 응답자 중 은퇴한 부유층 노인, 소득이 높은 자영업자 등 보수 성향을 지닌 유권자가 많아 이재오 의원 지지율이 높게 측정된 것이다.

그리고 여론조사는 3월 22일부터 24일까지 3일간 100% 유선전화를 통해서만 이루어졌다. 그러다 보니 응답자가 19세 이상 29세 이하는 9.1%, 30대는 9.1%, 40대는 10.9%였으나, 50대는 24.9%, 60세 이상은 47.9%로 50대 이상이 너무 많아서 전체 유권자의 응답을 고르게 반영하지 못했고, 결국 보수 성향의 나이 많은 유권자의 의견이 지나치게 많이 반영되었다. 주중에는 젊은 유권자들이 직장생활 등으로 바쁘기 때문에 여론조사에 쉽게 참여할 수 없으므로 50대 이상의 나이 많은 유권자의 비율이 너무 높게 측정된 것이다. 이러한 이유로 실제 선거 결과가 여론조사 결과와 다르게 나온 경우가 많았다. 은평 을 선거구에서도 이런 현상이 발생했다. 즉 여론조사에서 월등히 앞선 이재오 후보가 낙선하고 강병원 후보가 당선됐다.

강병원 후보와의 인터뷰

인터넷에 올라와 있는 강병원 후보의 인터뷰를 보면, 은평에 대한 연고를 매우 강조하여 유권자와 친근감을 표시하였다.[1] 또 정당 간 경쟁 대신 후보의 인물론으로 승부하는 전략을 구사하였다.

---

1. 강병원 후보 인터뷰, 네이버 스포츠뉴스

Q. 슬로건이었던 '연신내 행운식당 둘째 아들'에 대한 얘기가 빠질 수 없는데.

A. 선거를 준비하면서 고심을 많이 했다. 당대당 대결이 아닌 인물 중심 선거구도로 가야 승산이 있다고 생각했다. 그래서 정치적인 구호를 전면에 내세우기 보다는 인물이 부각될 수 있는 구호를 찾았고, 그 과정에서 제가 가지고 있는 스토리 중 '연신내 행운식당 둘째 아들'이 나왔다. 일단, '연신내'라는 말에서 우리 지역에 있는 유권자들이 편안하게 느낄 것 같았다. 우리 동네 아닌가. '식당 아들'이라는 점에선 우리와 '같은 사람'이라는 느낌을 가질 수 있지 않을까 생각했다. 사실 식당 아들이 거창한 경력은 아니잖나. 실제로도 처음엔 '연신내 행운식당 둘째 아들'이라고 소개할 때 웃으시는 분들도 있었다. 그런데 시간이 흐를수록 분위기가 달라졌다. 서울대 총학생회장 출신, 노무현 전 대통령의 재임기간 청와대에서 근무한 행정관이라는 사실들을 알게 되면서, 유권자들이 강병원 후보에 대한 호기심을 갖게 됐던 것 같다. 그래서 행운식당이 도대체 어디에 있는 식당이냐고 궁금해 하는 분들도 많았다.

Q. 은평 을은 지난 20년간 여당이 독주해 온 지역이다. 현황을 진단했을 때, 지역 내 가장 큰 문제점은 무엇인가.

A. 은평 을 지역은 주거와 교육이 중심인 곳이다. 하지만 정작 주민들의 주거여건이 나쁘다. 어린 시절에 봤던 단독주택이 빌라로 교체됐다. 그 과정에서 인구밀도가 높아졌으나, 길은 좁고 주차난이 심각해졌다. 물론 뉴타운이라고 해서 새롭게 변화된 곳도 있지만 뉴타운을 제외한 곳은 여전히 나쁜 상황이다. 만약에 정치와 행정을 하시는 분들이 미래를 내다보고 20년을 이끌어 왔다면 좀 더 쾌적한 모습이 아니었을까. 그런 부분에서 지역 주민들의 요구가 많이 있었다고 생각한다.

Q. 은평 을이 새로운 시작점을 맞았다. 구상하고 있는 은평 을의 청사진이 궁금하다.

A. 이제는 토건사업이라든지 개발사업이라는 게 불가능하다고 봐야 하지 않겠나. 물론 낙후된 지역에서 재개발을 위한 조합을 결성하고 추진하는 분들의 경우 제

가 할 수 있는 부분에서 다 도와드릴 것이다. 이와 달리 재개발이 힘든 지역도 있다. 그런 지역의 경우 도시재생의 관점에서 주거의 질, 삶의 질을 높이는 방향으로 접근해야 한다. 그런 연장선에서 녹지를 많이 확보하고 구와 시에서 추진하고 있는 프로젝트가 원활히 진행될 수 있도록 도울 것이다. 오늘도 서울혁신파크에서 개최되는 서울기록원 기공식을 다녀왔다. 혁신파크가 보다 새로운 모습으로 변모될 것 같다. 여기에 국립한국문학관이 유치되고, 어린이 복합문화공원과 청소년들을 위한 쉼터 등이 만들어진다면 주거와 교육의 중심으로 불리는 은평의 수식어에 훨씬 더 어울리지 않겠나. 주민들의 삶도 훨씬 더 행복해질 것이다."

후보에 대한 유권자의 반응

유권자들에게 "어떤 후보를 지지하는지, 그리고 지지하는 이유에 대해서 간략이 이야기해 주십시오"라는 질문을 던졌을때, 대개 이재오 후보를 지지하는 사람들은 "다른 후보들은 어려서 뭘 모를 것이다. 나이와 경력이 있는 이 후보를 찍을 것이다."라고 답하는 경향이 있었다. 반면 강병원 후보를 지지하는 유권자는 "이재오는 오랫동안 했지만 변한 게 없다. 젊은 사람들을 밀어줘야 한다."라는 의견과 함께 "이재오 의원이 너무 오래했다. 이제는 다른 사람을 찍고 싶다."라는 의견을 피력하였다. 또 "새누리당에 별로 좋은 감정이 있지 않다. 투표할 때 새누리당을 제외하고 선택할 것이다.", "강 후보가 이 지역에서 초중고를 나온 토박이라는데 그런 점에서 은평구의 지역사정을 더 잘 알 것 같아서 강 후보를 지지한다."라는 등 이재오 후보에 대한 피로감과 강병원 후보에 대한 기대감 등을 나타냈다. 또 다른 유권자는 "사실 정치에 관심이 없어서 이재오 후보와 강병원 후보가 어떤 인물인지는 잘 모르지만 저 같은 경우 평소 새누리당의 박근혜 대통령에 대한 깊은 불신이 있었기 때문에 단순히 당만을 보고 이 후보가 아닌 강 후보를 뽑을 예정입니다."라고 대답하였다. 실제로 후보들에 대한 자세한 정보나 간략한 정보가 없는 유권자는 흔히 후보의 당을 보고서 투표하기 쉽다. 유권자 중에는 "새누리당을 지지하지 않기 때문에 다른 후보를 찍겠다."라는 사람도 있었다. 그동안의 새누리당의 행보에 대해서 불만이 있는 경우, 당연히 기권하거나 다른 당의 후보에게 투표하게 되는데, 20대 총선에서 후자가 많았기 때문에 새누리당이 패배한 것 같다. 그러나 당을 기준으로 선택하지 않고 유권자가 후보를 보고 선택하는 경우도 많았다. 즉, 여러 가지 이유에서 강 후보를 지지하는 유권자가 많았다. 유권자와 인터뷰한 결과, 20대 총선 은평 을에서 이변이 일어날지 모른다는 예감이 들었다.

은평 을의 총선 결과

20대 총선에서 은평 을 지역은 선거인 수가 총 20만 6,494명이었고 투표수는 11만 9,902표였으며, 무효 투표수가 3,678표, 기권 수가 86,582표였고 더불어민주당의 강병원 후보가 42,704표로 36.74%의 지지를 받아 무소속 이재오 후보를 누르고 당선되었다. 이 후보는 34,318표로 29.52%의 지지를 받았고, 국민의당의 고연호 후보가 31,923표로 27.46%의 지지를 받았으며, 민주당 이강무 후보가 1,337표로 1.15%, 민중연합당 유지훈 후보가 670표로 0.57%, 무소속 최병호 후보가 5,282표로 4.53%의 지지를 받았다. 결과적으로 은평 을 지역의 신예인 강 후보가 5선의 거물 후보인 이 후보를 제치고 약 8,000표 차이, 즉 7% 이상의 차이로 당선되었다. 이런 결과는 이재오 후보에 대한 지역 주민들의 피로감이 그대로 반영된 것으로 볼 수 있고, 강 후보의 여러 장점 또한 승리 요인이 되었다.

〈표 1〉은 은평 을의 각 동네별 이재오 후보와 강병원 후보의 득표수이다. 모든 동네에서 더불어민주당의 강 후보가 새누리 이 후보를 앞선 것을 알 수 있다. 이것은 지난 총선에서 이재오 후보가 당선되었을 때의 결과와는 정반대이다. 본래 여당 강세였던 지역에서 반전이 일어난 것이다.

〈표 2〉는 19대 총선의 동네별 개표 결과이다. 갈현 제1동, 불광 제1동, 대조동,

표 1. 20대 총선, 은평 을 선거구의 양대 후보의 동네별 득표

	새누리당 이재오	더불어민주당 강병원
불광제1동	5,656	7,103
불광제2동	3,554	4,203
갈현제2동	3,690	4,480
구산동	4,257	4,668
대조동	3,855	4,909

출처: 중앙선거관리위원회, 선거통계시스템

표 2. 19대 총선, 은평 을 선거구에서 각 후보의 동네별 득표

	선거인수	투표수	새누리당 이재오	통합진보당 천호선	정통민주당 이문용	유효표	무효표	
합계	232,939	128,703	63,238	61,779	2,692	127,709	994	104,236
국외부재자투표	876	411	149	246	15	410	1	465
국내부재자투표	4,221	3,821	2,264	1,293	149	3,706	115	400
갈현제2동	22,210	12,022	6,120	5,596	236	11,952	70	10,188
구산동	26,754	13,993	7,315	6,225	312	13,852	141	12,761
갈현제1동	21,277	11,208	5,398	5,524	204	11,126	82	10,069
진관동	34,756	22,168	11,096	10,704	262	22,062	106	12,588
불광제1동	33,475	19,121	9,228	9,430	334	18,992	129	14,354
불광제2동	25,285	12,911	6,442	6,094	284	12,820	91	12,374
대조동	25,591	13,258	6,268	6,560	317	13,145	113	12,333
역촌동	38,494	19,790	8,958	10,107	579	19,644	146	18,704

출처: 중앙선거관리위원회, 선거통계시스템

역촌동을 제외하고는 새누리당의 이재오 후보가 앞섰다. 밀리고 있는 동네에서도 표 차이가 비교적 적었다. 여당 강세지역임을 다시 확인할 수 있는 자료이다. 그러나 앞서 말했듯이, 20대 총선에서 강병원 후보가 이변을 일으켰다.

후보단일화가 강병원 승리에 결정적 요인

더불어민주당 강병원 후보가 당선된 요인은 여러 가지이겠지만, 김제남 의원

과 후보단일화를 한 것이 가장 큰 요인 중의 하나라고 생각한다. 김제남 의원이 보낸 문자에서 이러한 점을 느낄 수 있었다.

> 김제남을 성원해 주신 은평 주민 여러분께 머리숙여 감사드립니다. 은평의 야권 승리를 위해 더불어민주당 강병원 후보와의 단일화로 비록 사퇴를 결정하게 되었지만, 20년 만에 은평을 바꾸었다고 기뻐하시는 주민 여러분의 환한 미소에 용기를 얻고 희망을 보았습니다. 오늘 아침 출근길에 낙선 인사를 드렸습니다. "김제남의 용기와 결단에 고맙다.", "당선된 것과 다름 없다." 손잡아주시고 어깨 두드려 주시는 한 분, 한 분의 따뜻한 격려를 잊지 않겠습니다. 은평에 뿌리내린 희망을 꽃피우기 위해 주민들 품에서 더 낮은 곳으로 임하며, 더 큰 정치를 배우겠습니다. 언제나 함께해 주시고 손잡아 주세요. 은평 사람 김제남, 은평 주민 곁에서 늘 함께하겠습니다. 다시 한 번 크나큰 사랑과 성원에 깊이 감사드립니다.
>
> —정의당 국회의원 김제남 올림—

이것은 4월 15일 금요일 오후 6시 22분경 필자가 받은 메시지이다. 강병원 후보와 김제남 후보는 4월 6일, 국회 정론관에서 공동기자회견을 열고 "은평 을에서 야권 승리의 불씨를 살리기 위해 사전 투표 전날인 7일 후보단일화를 마무리하기로 합의했다."라고 밝혔다. 김제남 후보는 "더불어민주당-정의당 단일 후보로 결정된 강병원 후보가 반드시 당선될 수 있도록 온 힘을 다하겠다."라며 강병원 후보의 당선을 도왔다. 이러한 후보단일화 선거전략이 강 후보의 승리에 결정적이었다고 볼 수 있다. 하지만 이런 단일화를 강 후보의 유일한 승리 요인으로 볼 수만은 없는 것이 19대 총선 때도 민주통합당과 통합진보당 간 야권후보단일화가 일어났음에도 불구하고 이재오 후보의 5선을 막진 못했었다. 따라서 야권 후보단일화가 유일한 승리 요인이 아니라는 결론이 나왔다.

강 후보의 다른 승리 요인으로는 은평 을 지역 주민들의 마음을 사로잡은 것을 꼽을 수 있다. 먼저 강 후보의 슬로건에서 그의 승리 요인을 찾아볼 수 있다. 먼저 강 후보는 "연신내 행운식당 둘째 아들"과 "행복할 권리"라는 슬로건을 사용했는데, 이러한 슬로건에서 서민들이 친근감을 느끼게 한 효과가 있었다고 생각한다. 또 강 후보는 은평구에서 초·중·고등학교를 졸업한 사람이며, 국회의원 후보이기 전에 은평구의 주민으로서 주민들의 민심을 사로잡았다고 생각된다. 앞서 언급했듯 강 후보를 지지하는 유권자들 대다수가 인터뷰에서, 강 후보가 은평 을 지역의 토박이기도 하고 그의 슬로건을 보면 서민과 더 많이 접촉하고 이해도 더 잘할 수 있을 것 같다고 했다. 이런 의견들을 종합해 본 결과, 아무런 부담감 없이 지역 주민들에게 친근하게 다가갈 수 있었던 그의 슬로건이나 행보들이 민심을 사로잡아서 승리하게 해 준 요인중 하나라고 생각한다.

승리는 본인이 잘했을 때도 따라오지만 반대로 상대편이 실수를 하거나 잘못을 했을 때도 따라온다. 이재오 후보의 경우 이 지역의 국회의원으로 5선째 당선되었지만, 유권자들은 체감적으로 느껴지는 뚜렷한 변화가 거의 없었다는 반응을 보였다. 이렇게 점점 이 후보에 대한 피로감이 쌓이고 있었던 것으로 보인다. 유권자들이 그 피로감을 실제로 20대 총선에서 투표로 표시한 결과, 결국 강 후보가 당선되었다.

23. 4선 의원의 재선 전략에 대한 유권자들의 평가

[서울 광진 을]

김의현

야권분열로 4선 의원이 낙선할 것인가?

광진 을은 전통적인 야권 강세지역이다. 1996년 15대 총선 때 선거구가 신설된 이후 15·16·18·19대 국회의원은 민주당에서, 17대 국회의원은 열린우리당에서 나왔다. 이러한 광진 을이 20대 총선 격전지로 떠올랐다. 여론조사에서 더불어민주당의 현역의원인 추미애 후보와 새누리당 정준길 후보의 지지율이 오차범위 안에서 엎치락뒤치락했기 때문이다.[1] 정 후보는 19대 총선에서 이미 추의원과 겨뤄본 적 있다. 정 후보는 패배 후 20대 총선을 위해 지역 호남향우회 등을 다니면서 지역기반을 다졌다. 호남에 기반을 둔 야당의 강세지역이므로 호남향우회와 같은 호남인 모임이 지역의 중심일 거라 생각한 것 같았다. 정 후보가 노력한 결과, 여론조사에서 강세를 보였다. 추미애 의원, 국민의당 황인철 후보와의 삼자구도 때는 물론, 추 의원과 일대일 구도일 때도 정 후보가 여론조사에서 앞선 적이 있었다. 여론조사 결과는 광진 을이 격전지라는 것을 뒷받침하기에 충분했다.

---

1. "정준길 35% 〉 추미애 32.7% 〉 황인철 10.8%", 시민일보, 2016. 3. 23., "서울 광진을, 정준길 33.5% vs 추미애 33.7%", YTN, 2016. 3. 31.

추 의원은 광진 을에서 4선에 성공한 국회의원이다. 하지만 당의 단독 공천을 받지 못했다. 더불어민주당 김상진 예비 후보와 경선을 통해 공천을 확정받았다. 중진의원치고 당내 입지가 약한 것처럼 보였다. 또한 야권이 분열된 상태로 20대 총선을 준비했다. 광진 을에 나온 야권 후보는 더불어민주당과 국민의당이다. 일여다야 구도 속에서 야권 유권자들의 표가 나뉘어 광진 을에 나온 두 야당 후보가 모두 질 가능성이 있었다. 추 의원은 야권통합을 호소하며 야권 유권자들의 표를 결집하려 했다. 국민의당 황 후보의 지지율이 더해진다면 새누리당 정 후보를 확실히 앞설 수 있었다. 공천 과정부터 후보 확정 전후의 여론조사를 볼 때 추 의원은 재선을 위한 확실한 전략을 짜야 할 것으로 보였다.

4선 여성 중진의원은 이제 무너지는 것인가? 원래는 광진 을에서 4선을 했기 때문에 추 의원의 입지는 굳건해 보였다. 그렇기에 여론조사에서 추 의원의 약한 모습은 더욱 흥미로웠다. 위기를 대처하는 중진의원의 모습과 유권자들의 반응을 보고 싶었다. 일여다야 구도 속에서 추 의원이 재선에 성공하기 위해 어떤 전략을 사용할 것인지, 유권자들은 추 의원의 전략에 대해 어떤 반응을 보일지 살펴보는 것이 참여관찰의 목적이다.

광진 을 선거구의 특성

광진 을은 구의1·3동, 자양1·2·3·4동, 화양동 총 7개 동으로 구성된 선거구로 1996년 15대 총선 때 신설됐다. 광진 을은 2호선 강변역, 구의역, 건대입구역을 포함하고 있다. 강변역에는 복합상가인 테크노마트와 동서울고속버스터미널이 있다. 상권은 테크노마트와 터미널 주변에 집중되어 있어 거리에는 포장마차들이 많다. 그래서 출퇴근시간대 직장인과 포장마차 상인들에게 선거운동을 하기 좋다. 구의역에는 서울동부지방법원 및 검찰청과 광진구청, 동서울우편집중국이 있고, 구의먹자골목이 있어 상권이 형성되어 있다. 공무원과 중소상인에게 선거운동을 하기 좋다. 구의먹자골목은 상인들 연대가 있어서 전략적 공략을 통해 큰 표심을 잡을 수 있을 것으로 보였다. 건대입구역에는 건국대학교와 롯데백화점을 중심으로 서울에서 손에 꼽히는 대규모 상권이 형성되어 있고, 고급아파트들도 많다. 직장인, 청년층과 상인은 물론 고소득자를 공략할 수 있는 지역이다. 건대입구역은 다양한 계층의 사람들이 많은 곳이므로 선거유세에 유리한 장소이자, 불리한 곳이 될 수 있다. 특정 계층에 치우친 선거유세는 표심을 잃을 수 있기 때문이다.

광진 을은 이렇게 인구가 집중될 수 있는 곳이 많아 선거운동이 활발하다. 또한 사회적, 행정적 주요 기반시설이 많아서 여당 성향의 투표자가 많을 것 같았다. 하지만 주거형태에 따른 투표 성향 분석과 역대 총선 결과를 미뤄봤을 때, 결코 여당 성향이라 할 수 없다. 광진 을 각 동 선거인의 주거형태에 따른 경제력으로 투표 성향을 예측해 봤다. 투표 성향은 경제력이 높은 아파트 비율이 높은 동이면 여당 성향, 경제력이 낮은 주택 비율이 높으면 야당 성향으로 예측했다. 흔히 경제력이 높을수록 보수 성향이 강하다고 보기 때문이다.

구의3동과 자양3동의 아파트 비율이 50%가 넘어서 여당을 찍을 가능성이 높다고 예측했다. 실제 19대 총선 결과를 보면 더불어민주당 추미애 의원이 모든 동에서 새누리당 정준길 후보를 앞섰지만, 구의3동과 자양3동에서는 다른 동보다 표 차이가 가장 적었다. 주거형태에 따른 경제력으로 본 투표 성향은 여당 2, 야당 5로 야당이 우세한 것으로 보였다.

표 1. 각 동 주거형태에 따른 투표 성향 예측

동	주거형태 비율	투표 성향 예측
구의1동	주택 93%	야당 성향
구의3동	아파트 72%	여당 성향
자양1동	주택 86%	야당 성향
자양2동	주택 52%	야당 성향
자양3동	아파트 87%	여당 성향
자양4동	주택 69%	야당 성향
화양동	주택 86%	야당 성향

출처: 광진구, 2010년 인구주택총조사 보고서 참조

표 2. 최근 5번의 총선 결과*

	추미애 후보 득표율(%)	상대 후보 득표율(%)	표 차수
15대	43.77	30.29(신한국당 김충근)	약 11,000
16대	57.35	38.09(한나라당 유준상)	약 14,000
17대	30.08	35.65(열린우리당 김형주)	약 5,000
18대	51.29	36.66(한나라당 박명환)	약 10,000
19대	55.19	38.95(새누리당 정준길)	약 13,000

*표는 득표율 1,2위자만 포함함. 광진 을은 15대 총선부터 신설됨.
출처: 중앙선거관리위원회, 선거통계시스템(http://info.nec.go.kr/)

역대 총선 결과를 보면 광진 을은 야당이 우세하다. 광진 을 선거구가 신설된 15대 총선 때부터 야당 후보만 당선됐다. 총 5번 총선에서 노무현 대통령 탄핵 사건이 있었던 17대 총선 때를 빼고는 추 의원이 4번 당선되었다. 따라서 광진 을에서 야당 후보인 더불어민주당 추미애 의원과 국민의당 황인철 후보의 싸움이 박빙일 것으로 예상했다.

"추미애"를 내세우는 추미애 의원의 재선 전략

더불어민주당 추미애 의원의 재선 전략을 추 의원이 내세우는 이미지, 공약, 선거운동 방식으로 살펴봤다. 결론부터 말하자면 19대 총선 때와 다를 게 없었다. 지역기반을 다진 새누리당 정준길 후보가 강세였고 야권인 국민의당 황인철 후보가 출마했었기 때문에, 보수 표심잡기와 분열된 야권 표심을 모으기 위한 특별한 전략을 기대했었다. 또 최초 여성 지역구 5선 국회의원을 위한 재선 전략으로 과거와 다른 점을 기대했지만 찾지 못했다. 추 의원의 재선 전략은 추미애 그 자체였다. 정 후보와 황 후보의 전략과 간략하게 비교하며 추 의원의 재선 전략을 살펴봤다.[2]

___
2. 각 후보 선거홍보물 참고

추미애 의원은 대구 출생이며, 1958년생으로 59세다. 광주 고등법원 판사를 지냈다. 15대 국회의원부터 지역구 4선을 지낸 여성 의원으로 광진 을에서 입지가 대단하다. 정준길 후보는 진주 출생이며, 1966년생으로 51세 변호사다. 대검찰청 중앙수사부 검사 출신이고, 후에 CJ그룹 임원을 지냈다. 검사시절 2002년 한나라당 차떼기 불법대선자금 수사를 한 경력이 있다. 새누리당의 전신인 한나라당을 수사하고 새누리당에 입당한 점이 신기했다. 황인철 후보는 대전 출생이고, 1961년생 56세로 국민의당 정책위원회 부의장이다. 경력으로 김대중 대통령 비서실 비서관을 지냈고, 추 의원의 공보특보를 한 적도 있다. 추 의원의 공보특보를 지낸 부분은 황 후보에게 불리하게 작용할 것 같았다. 이 부분은 역시 황 후보의 선거홍보물에서 찾을 수 없었다.

추 의원이 어필하는 이미지는 원칙과 소신을 지키는 국회의원, 청렴한 국회의원, 힘 있는 중진의원이었다. 정 후보가 내세운 불법대선자금 수사 경력과 추 의원의 청렴한 이미지가 겹치는 느낌이었다. 또한 정 후보는 힘 있는 집권여당 국회의원의 필요성을 내세웠다. 이것은 추 의원이 내세운 경력을 가진 중진의원 이미지와 상쇄되었다. 추 의원과 정 후보의 이미지 싸움은 막상막하였다. 황 후보는 대통령 비서실 비서관 출신으로 국정 경험과 대선 후보들의 정무특보 등 전략통으로 활약했던 것을 바탕으로 정치 경험이 풍부한 이미지를 내세웠다. 이 역시 4선 중진의원의 경험과 상쇄되는 것으로 보였다.

추 의원의 원칙과 소신을 지키는 이미지를 자세히 보면, 본인을 정통 야당 지킴이, 당리당략보다 국민을 우선하는 사람으로 표현했다. 20년간 정통 야당에 머물며 야권분열에 흔들리지 않은 모습을 내세웠다. 1995년 판사였던 추 의원은 당시 김대중 새정치국민회의 총재에게 발탁되어 새정치국민회의 부대변인으로 정치계에 입문했다. 그때부터 민주당을 지키고 있었다. 고향이 대구이고 판사였던 추 의원이 야당에 들어간 것은 당시에 파격적이었다. 그 후 김대중 총재의 비례대표 제의를 거절하고 1996년 15대 총선 때 광진 을에 출마하여 당선되었다. 1997년 김대중, 2002년 노무현 등 당시 대통령 후보들의 선거운동에 참여하며 항상 정통 야당을 위해서 힘쓴 모습도 표현했다. 17대 대선 정동영 후보, 18대 대선 문재인 후보의 선거사무소에서도 선대위원장급의 주요 직책을 맡았다. 15대 대선 김대중 후보의 선거운동때 여당 텃밭이자 고향인 대구에 가서 유세단을 이끌고 유세하면서 붙은 별명 '추다르크'를 적극 내세웠다. 20대 총선을 위한 4월 2일 유세에서 김대중 전 대통령 셋째 아들 김홍걸 박사가 "DJ 정신을 계승한 사람"이라며 추 의원에 대한 지원 유세를 펼쳤다.

DJ 정신계승 이미지는 야권에서 대표적으로 나올 수 있는 이미지다. 그래서인지 황인철 후보와 겹쳤다. 황 후보는 김대중 대통령시절 청와대 비서관을 지낸 경력을 바탕으로 DJ 정신을 계승한 사람이라 유세했다. 또한 김대중 대통령 시절, 대통령 비서실장을 지냈고, DJ 정신의 대표적 인물인 국민의당 박지원 의원의 지지를 받았다. 결정적으로 김대중 전 대통령의 부인 이희호 여사의 황 후보에 대한 추천글이 황 후보의 선거홍보물에 수록되어 있었다. 황 후보의 DJ 정신계승 이미지는 추 의원 못지않게 굳건했다. 야당 성향 투표자들이 어느 편의 DJ 정신에 손을 들어줄지 궁금해지는 대목이었다. 추 의원의 원칙과 소신을 지키는 이미지는 민주당이 새천년민주당과 열린우리당으로 분열된 시기에도 새천년민주당에 남아 있던 모습과 열린우리당 창당 후 노무현 전 대통령의 장관직 제안을 거절한 일로 나타난다. 개인의 이익을 위한 모습보다는 정통 야당을 위한 모습을 강조한 것이다. 18대 국회 환경노동위원회 위원장 시절에는 야당 의원들의 반대에도 불구하고, 비정규직법을 통과시켜 복수 노조 설립 등을 할 수 있게 했다. 이는 당리당략보다 국민을 우선하는 소신 있는 모습이다.

추 의원의 청렴한 이미지는 대기업의 로비에 굴하지 않는 모습에도 나타났다. 2007년 10월 삼성 비자금 사건이 터졌을 당시, 추 의원은 돈을 받지 않은 의원으로 알려졌다. 삼성이 비자금으로 검찰과 국회의원, 국세청 등을 관리한다는 사건이었다. 당시 삼성그룹 법무팀장 김용철 변호사가 폭로한 사건이다. 삼성은 16대 총선 기간인 2000년도에 골프채 가방에 돈을 넣어 추 의원에게 주려했지만, 추 의원은 받지 않았다는 것이다. 이어 이건희 삼성회장이 돈 대신 호텔할인권을 주라고 지시했지만, 이것 역시 받지 않았다는 이야기였다. 정경유착을 혐오하는 유권자들에게 좋은 유세 거리였다. 이것으로 깨끗한 정치인 이미지를 강조할 수 있었다.

추 의원의 공약과 정 후보, 황 후보의 공약은 비슷했다. 추 의원의 재선 전략이 평범하다는 것이 다시 드러난 부분이다. 추 의원의 대표 공약사업으로는 서울동부지방법원 이전장소 랜드마크화, 지상전철 구간 지하화, 동서울터미널 현대화 등이 있었다. 정 후보, 황 후보도 이름만 다를 뿐, 세 사업 모두 공약으로 내세웠다. 핵심은 서울동부지방법원 이전 장소개발에 있었다. 정 후보는 구의역 동부법원 부지와 잠실역 롯데월드 타워, 삼성역 한국전력공사 이전 부지를 꼭짓점으로 이어 "광진 트라이앵글"이라는 사업으로 표현했다. 롯데월드 타워를 국제쇼핑, 한전 부지를 국제업무지역으로 보고, 동부지방법원 부지를 복합문화숙박단지로 개발하겠다는 것이었다. 황 후보는 추 의원 같이 랜드마크로 개발하겠다고 했다. 추 의원은 세 공약처럼 막대한 예산이 들어가는 큰 사업들에는 경력이 바탕이 되는 중진의원이 필요하다고 내세웠다. 이어 사업 추진을 위해 박원순 서울시장이 적극 협조하기로 했다는 점도 유세했다.

지상전철 지하화는 지난 총선에도 나왔지만 진전된 사항이었다. 지난 총선에는 1단계 서울시 교통계획에 들어가는 것이 목표였는데, 그것을 넘어 2단계 사업 타당성과 재원조달 방안 연구용역이 추진 중이었다. 실천된 공약이 있는가 하면 뚜렷한 소식이 없는 동서울터미널 현대화와 같은 공약도 있었다. 동서울터미널 현대화 역시 지난 총선 때도 나온 공약으로 사업 추진 중이었지만 진행사항에 관한 공식적인 소식을 찾기는 힘들었다. 큰 사업 공약 이외에 엄마들의 취업과 육아를 위한 맘센터, 노년층 취업을 위한 일자리 종합지원센터, 청소년들을 위한 도서관, 체육관 건립 등과 같은 공약도 있다. 이 공약들 역시 정 후보와 황 후보도 내세운 것이었다.

선거운동 방식 역시 별다른 것이 없었다. 차량을 이용한 홍보, 선거운동원의 선거운동, 후보들의 악수 등 세 후보가 거의 같은 방식이었다. 오히려 현장 참여관찰 동안 추 의원 측의 선거운동원들을 많이 보지 못했다. 동네 구석구석 돌아다니면서 다른 후보의 선거운동원은 많이 봤지만 추 의원 측 선거운동원들은 보지 못했다. 추 의원이 다른 후보와 다른 점은 유일한 여성 후보라는 것이었다. 하지만 추 의원이 재선 전략으로 여성을 내세운 면은 없었다. 이미 4선 중진의원이기 때문에 여성의원인 것을 굳이 내세울 필요가 없어 보였다. 남성보다 약한 이미지 등을 유권자들에게 보일 경우 역효과가 자칫 생길 수 있기 때문이다. 추 의원은 힘 있는 중진의원의 모습으로 선거운동을 했다.

인터뷰로 알아본 추미애 의원의 재선 전략

더불어민주당 추미애 의원의 비서관, 선거사무소 사무국장과 인터뷰를 했다. 인터뷰를 통해서 본 재선 전략도 평범했다. 다른 후보들과 차별화된 선거운동방식을 찾기는 힘들었다. 추 의원과의 인터뷰를 위해 3월 중순부터 선거사무소에 전화를 했다. 선거사무소 직원은 인터뷰 요청을 전달하겠다며 연락을 기다려달라고 했지만 연락은 오지 않았다. 일주일에 한 번씩 전화만 두 번 했다. 계속 기다려 달라고만 해서 3월 25일 금요일 오후에 선거사무소를 찾아갔다. 김재형 선거사무소 사무국장을 만났지만, 바쁜 그와 제대로 된 대화를 할 수 없었다. 재선 전략을 물어보기 위해 상대 후보의 "인물을 바꿔야 한다."는 주장에 어떻게 생각하는지 물었다. "오래됐다고 사람을 바꾸는 건 모순된다고 생각해요. 경력이 있기에 안정적이고 판단을 잘할 수 있고, 광진구를 더 잘 안다고 생각합니다." 사무국장은 짧은 답변 후 바로 전화를 받았다. 이후 상대 후보와의 차별화, 선거운동할 때 특별히 중요하게 생각하는 것 등의 재선 전략을 물어보고 싶었지만, 그러기에는 사무국장이 너무 바빴다.

4월 2일 토요일 아침 7시 30분 다시 선거사무소로 찾아갔다. 추 의원과 잠깐이라도 인터뷰를 할 수 있을 것으로 기대했지만 악수만하고 인터뷰는 못했다. 추 의원은 선거사무소에 없었고, 선거운동원들은 이미 선거운동을 하러 나갔다고

사진 1. 산악회 버스에 탑승하려는 더불어민주당 추미애 의원(파란색 점퍼에 기호2번 띠를 두름)과
뒤에서 지켜보는 새누리당 정준길 후보(흰색 점퍼)

했다. 선거사무소에서 밤을 새운 사무국장이 필자를 맞이해 줬다. 사무국장은 나에게 추 의원이 선거사무소 앞으로 온다고 나가자고 했다. 추 의원은 아침 일찍 등산하기 위해 모인 산악회 회원들에게 인사하러 온 것이었다. 산악회 회원들과의 인사 자리에는 새누리당 정준길 후보도 왔다. 박빙의 경쟁을 벌이는 자들을 한 자리에서 만나 신기했다. 광진 을에 유력한 두 후보에게서 특별한 신경전은 보지 못했다. 인사만 잘 나누었다.

산악회 회원들에게 인사를 마친 추 의원에게 신분을 밝히고 인터뷰를 하려 하자, 사무국장은 말을 끊고 선거운동 과정을 보러온 학생이라고 추 의원에게 대신 말했다. 그 후 사무국장에게 잠깐의 시간만 협조를 부탁한다고 했지만 힘들다고 했다. 그래서 대신 사무국장에게 선거전략에 대해 물어봤다. 사무국장은 유권자를 찾아가고 가까이 하려 한다 했다. 가까이하는 노력의 일환으로 악수를 많이 한다고 했다. 그 정도는 후보들의 단골메뉴다.

추 의원을 그렇게 보낸 후, 같은 날 선거사무소에서 선학수 비서관을 만났다. 비서관에게 선거전략에 대해 질문했다. 비서관은 유권자 니즈에 맞추려 한다고 말했다. 유권자 인터뷰를 동시에 진행하던 때였는데, 광진 을 유권자가 아닌 유권자, 즉 외부지역 주민들의 방문이 잦은 것이 떠올라 외부 주민에 대비해 어떻게 효율적으로 선거운동을 하느냐고 질문했다. 구체적으로 시간대마다 다른 곳에서, 동마다, 위치마다 다른 메시지를 전달한다고 했다. 예를 들어, 광진 을에 있는 전철 2·7호선 건대입구역은 유동인구가 많아 외부 주민이 많을 수 있는 곳이다. 이곳에서는 출퇴근시간대에 주로 선거운동을 한다고 말했다. 광진 을 유권자가 가장 많을 시간대이기 때문이다. 그 외에도 시장에 전달하는 메시지, 아파트에 전달하는 메시지가 다 다르다고 했다. 마지막으로 비서관은 인터뷰에 협조할 수 있게 시간을 내어 보겠다고 했지만, 결국 추 의원과 인터뷰는 하지 못했다.

유권자는 중진의원의 업적을 보고 평가한다

더불어민주당 추미애 후보의 재선 전략에 대한 유권자의 평가는 이미 정해져 있었다. 재선 전략에서 다른 후보들과 다른 특별함이 없었다. 지원 유세 등을 특별한 재선 전략이라 보기에는 다른 후보들도 하는 것이었다. 새누리당 정준길 후보는 김무성 새누리당 대표가 지원 유세를 했다. 국민의당 황인철 후보 역시 안철수 국민의당 공동대표가 지원 유세를 했다. 자연스럽게 유권자들의 재선 전략에 대한 평가는 추 의원 자체에 맞춰져 있었다. 광진 을에서 4선을 한 추 의원은 그동안 활동한 것으로 이미 유권자들에게 평가되고 있었다.

2016년 3월 25일 금요일 인터뷰

인터뷰를 메모하기 위해 메모장을 사러 문구점에 들어갔다. 문구점에는 문구점 아주머니와 근처 식당에서 일하시는 아주머니가 있었고, 용기 내서 인터뷰를 요청했다. 두 분은 구의1동에 거주하며 40대 여성이었다. 추 의원에 대해 어떻게 생각하시냐는 질문에, "구의1동 상인들 사이에서는 추 의원이 그동안 한 것이 없다 해요. 그래서 국민의당을 뽑아주래요." 식당아주머니도 같은 의견이라 하셨다. 추 의원에 대한 상인들의 불만이 보였다. 인터뷰에 응해 주신 분들에게 작은 보답으로 초콜릿을 드리려고 문구점 앞 편의점으로 갔다. 초콜릿을 사며 구의1동에 거주하는 편의점 아르바이트생 20대 여성에게 인터뷰를 요청했다. 추 의원이 누군지 모른다고 했다. 그럼 투표는 어떻게 할 것인지, 어느 정당을 지지하는지 물어봤다. "필리버스터를 보고 테러방지법에 대한 야당의 주장이 이해됐어요. 그래서 야당을 지지할거에요. 본래 특정 정당이나 후보를 지지하던 것은 아니고, 후보의 공약을 보고 야권 후보 중에서 투표할거에요." 보답으로 방금 산 초콜릿을 나눠 줬다.

질문을 바꿀 필요성을 느꼈다. 추 의원에 대한 평가를 물어보기 위해 직접적으로 물어봤지만 인터뷰에 응해 준 유권자들이 질문을 듣고 부담스러워 했기 때문이다. 특정 의원에 대한 구체적 질문이라 편향적으로 보일 수 있었다. 편하게 답변을 끌어내기 위해 차근차근 질문하기로 했다. 질문은 나이와 거주하는 동을 물어본 후 다음과 같이 했다.

---

1. 지지하는 정당은 무엇입니까? 왜 지지하십니까?
2. 당신은 지지하는 정당과 같은 후보를 지지하십니까? 왜 지지하십니까?
3. 2번 외 번호를 지지한다면 본래 지지하셨습니까? 아니라면 왜 지지가 바뀌게 됐습니까?

질문을 수정한 후 구의역 역사 내로 들어갔다. 광진 을에는 2호선 강변역, 구의역, 건대입구역이 있다. 강변역은 동서울터미널에 위치하고 있어 타 지역 주민의 방문이 잦다. 건대입구역 역시 서울에서 유명한 번화가이고 한강과의 접근성이 좋아 타 지역 주민의 방문이 잦다. 구의역에는 광진구청과 서울동부지방 법원이 있다. 다른 두 곳보다는 외부 주민의 방문이 적을 수 있고, 지역 주민이 많이 들르는 곳이다. 구의역에서 1시간 넘게 있으면서 여러 사람들에게 인터뷰를 시도했지만, 단 한 명만 성공했다. 구의3동에 거주하는 20대 남성이었다. "이번이 처음 하는 투표입니다. 부모님께서 민주당을 지지해서 저도 민주당에 투표할 것입니

다." 부모님의 정치 성향에 영향을 받아 투표하는 경우였다. 부모님께서 민주당을 지지하는 이유에 대해서는 "예전부터 지지하셨다."라고만 했다. 이후 중장년층에 다시 인터뷰를 시도했으나, 반응은 냉담했다. 무시하고 지나가시는 분, 일이 바쁘다며 가시는 분, 기분 탓이지만 사이비종교에서 나온 사람으로 취급하는 것 같은 분도 계셨다. 인터뷰 요청에 대한 반응과 그에 알맞은 질문 수정만이 이날 얻은 수확이라 할 수 있다. 정치 질문을 많은 사람들이 기피한다는 것을 몸소 느꼈다. 정치혐오증을 느낀 것이다.

2016년 4월 1일 금요일 인터뷰

강변역에 위치한 광진구 자전거대여소에서 자전거를 빌려 탔다. 신분증만 있으면 오후 5시30분까지 무료로 빌릴 수 있다. 자전거를 타고 자양3동으로 갔다. 자양3동 경로당 벤치에 할아버지 일곱 분 정도 앉아 계셨다. 정중히 인터뷰를 요청하니 옆에 앉으라고 하셨다. 자양3동에 사시는 70대 이상 할아버지 일곱 분 사이에 앉아 인터뷰를 했다. "야당이 방해해서 경제 법안이 국회를 통과 못 하고 있어. 야당이 국가경제를 방해하고 망치고 있는거야. 그래서 여당을 찍을 거야. 후보도 마찬가지고." 기존에는 야당을 선호했으나, "야당이 여당 발목을 잡는다는 생각에 변심했다."라고 하셨다. 후보보다는 정당을 보고 투표하는 유권자였다.

자양3동 경로당을 지나 신양초등학교 사거리로 갔다. 뚝섬 한강지구 입구로 가는 길목이다. 타 지역 주민들도 많이 오지만 충분히 광진 을 주민들도 많이 오는 곳이다. 자양4동에 사시는 70대 이상의 할머니를 인터뷰 했다. "아직 마음의 결정을 못 해서, 정당과 후보가 어떻게 하는지 보고 투표 당일 결정할 거예요." 기존에 지지하는 정당이나 후보는 있었냐는 물음에 "있다."라고 하셨다. 하지만 말씀해 주시기는 어렵다고 하셨다. 노년층은 박근혜 대통령 때문에 여당을 지지할 거라는 생각이 깨졌다. 경로당 할아버지들은 여당을 지지하시지만 원래는 야당을 지지했으니 의외의 결과였다. 노년층도 충분히 마음이 바뀔 수 있고 유연한 사고를 할 수 있다는 것을 알았다.

2016년 4월 8일 금요일 사전 투표일

사전 투표일 첫날이었다. 광진 을에 포함된 각 동의 주민센터를 중심으로 인터뷰를 했다. 사람들이 많이 모일 것이고, 사전 투표를 한다는 것은 그만큼 지역 정치에 관심 많다는 증거라 생각했다. 광진구 자전거대여소에서 자전거를 빌려 타고 다녔다. 먼저 구의1동 주민센터로 갔다. 느닷없이 한 할머니께서 글자를 가르쳐 달라고 하셨다. 글자를 가르쳐 드리고, 구의1동에 사시는 70대인 그 할머니를 인터뷰했다. "박근혜 대통령 이후로 노인연금이 잘나와. 그래서 1번을 찍을거야. 그리고 1번 후보가 자기 좀 꼭 좀 찍어 달라고 했어." 노인복지와 여당 후보의 선거운동의 영향으로 1번을 찍으시겠다는 할머니였다. 다른 후보의 간곡한 부탁이 있으면 충분히 그 후보를 찍을 것처럼 보였다. 구의1동 주민센터 앞은 차가 많이 지나다녀서 정신이 없었다. 자리를 옮겼다.

자양1동 주민센터에서는 청년을 인터뷰해 보기로 했다. 자양1동에 거주하는 22살 남자 대학생 김정훈 씨를 인터뷰했다. 실명을 밝혀도 된다는 처음이자 마지막 사람이었다. "집안 영향을 받기도 하고, 여당이 장기집권했으니까 야당에도 기회를 줘야 할 것 같아요. 점점 취업할 나이가 되니까 청년 취업을 위한 공약 등을 많이 참고 해요." 지역적으로는 야당이 장기집권한 것은 사실이었지만 국회의석 비율이 여대야소가 장기적이었으니 야당의석 수를 늘려주고 싶다는 의견이었다. 많은 사람들이 사전 투표를 하러 왔다 갔다. 가족 단위로 오는 사람들이 많았다. 인터뷰를 시도했지만 거절당하고 말았다. 자양2동 주민센터로 자리를 옮겼다.

자양2동 주민센터는 광양고등학교 앞에 있다. 옆에는 지구대가 있고 벚꽃나무가 활짝 펴 있었다. 자양2동에 거주하는 40대 부부를 인터뷰했다. "처음에는 민주당을 지지했지만, 지금은 새누리당을 지지해요. 추 의원이 4선을 하는 동안 지역에 발전된 것이 별로 없습니다." 투표할 때 고려한 점을 물어봤다. "자녀들도 있으니까 교육 정책과 안보관 등을 봐요. 잘 키우고 안전한 미래를 물려줘야죠." 테러방지법을 반대한 필리버스터의 역효과인가 하는 생각이 들었다. 부부는 사실 인터뷰에 응했지만 답변에서 특정 정당을 말하는 것을 어려워 했다. 인터뷰 도중 남편 분이 필자의 고등학교의 먼 기수 선배라는 것을 알게 됐다. 그 후 편하게 답변을 했고 갈 때는 악수까지 해 줬다. 이어서 자양2동에 거주하는 20대 중반 남자 대학생을 인터뷰했다. "요즘은 여당이든 야당이든 실망이에요. 기권하고 싶었죠." 여당이든 야당이든 계파갈등이 난무하고 혼란스러운 정국을 비판했다. 그래도 분열하지 않은 여당을 지지했다. 본래 여당 지지자였다.

자양3동 주민센터로 갔다. 주민센터 중에서 제일 좋아 보였다. 자양3동 40대 남성은 본래 여당 지지자이지만 국회의원은 추 의원을 지지했다. 하지만 추 의원이 4선을 하는 동안 지역사회 발전에 기여한 것이 없고, 힘을 쓰지 못해, 20대 총선에서는 여당 후보에게 투표했다고 말했다. 자양3동 20대 남성 직장인 역시 추 의원이 지역발전에 기여한 것이 없다는 집안의 평가에 영향을 받아, 20대 총선에서는 여당 후보를 지지한다고 했다. 자양3동, 구의3동, 자양2동은 다른 동에 비해 아파트단지가 많고 잘 정비된 동네였다. 여당 지지자가 많을 수 있는 곳이다. 하지만 본래 야당을 지지했던 사람들도 많았다. 추 의원이 4선을 할 수 있었던 이유다. 야당 지지자들이 여당으로 변심한 것이 총선 결과에 영향을 끼칠 것 같았다. 구의1동, 자양4동, 화양동은 상권이 크게 발달한 곳이다. 구의1동은 먹자골목이 있고, 자양4동은 노룬산 시장, 화양동은 건대입구역 중심 번화가이다. 구의1동과 자양4동에서도 추 의원에 대한 긍정적 평가는 듣기 힘들었다. 상권 발달 후 유흥업소 등이 많이 생기고 치안이 불안해졌다는 이야기도 있었다. 여론조사에서도 추 의원이 밀리는 결과가 나오기도 했고, 인터뷰 인원이 21명 정도지만 추 의원을 지지하는 사람은 만나기 힘들었다. 광진 을에 새로운 바람이 부는가 싶었다.

재선 전략 평가와 선거 결과 분석

더불어민주당 추미애 의원의 비서관과 사무국장과의 인터뷰와 유권자 인터뷰를 정리해 보면 추 의원의 재선 전략은 특별한 것이 없었고, 유권자 평가는 다양했다. 중진의원 재선 전략은 그동안의 잘한 활동과 인지도, 그것이면 충분해 보였다. 그러나 무소속 의원이 아닌 이상 정당의 영향 또한 빼놓을 수가 없다. 17대 총선 때 낙선한 추 의원을 보면 알 수 있다. 추 의원은 당시 새천년민주당의 탄핵 사건에 대한 유권자의 심판으로 낙선했다. 결국 중진의원의 재선 전략에는 의원의 소속 정당, 활동, 인지도가 포함된다. 추 의원의 재선 전략의 큰 부분부터 구체적인 부분까지 선거운동 기간에 유권자들에게 새로이 인식된 것은 없었다. 잊고 있던 것을 생각나게 했을 수는 있다. 추 의원의 재선 전략은 쌓아온 결실이었다. 정통 야당인, 청렴한 국회의원, 4선 여성 국회의원이 그것이다. 추 의원 선거운동과 유권자 인터뷰로 볼 때, 여성이라는 것은 전혀 고려되지 않았다. 15대 총선 때 당선된 여성 국회의원 수가 2명, 16대 때 5명인 것을 고려하면, 여성은 국회의원이 되기 힘들다. 그러나 추 의원에게 여성이라는 불리한 점은 통하지 않았고 여성이라 얻을 수 있는 이익도 없어 보였다. 냉정하게 한 정치인으로서 평가받고 있었다.

유권자들은 대체로 현역의원이 해 온 것을 보고 재선 여부를 평가했다. 추 의원의 재선 전략이 그동안 해 온 것을 내세운 것이었기 때문에 자연스레 현역 활동에 대한 평가로 이어졌다. 인터뷰 내용을 보면 추 의원에게 실망했다는 의견들이 많았다. "지역발전에 기여한 것이 없다, 4선 의원이지만 힘을 못 쓰는 것 같다"는 등이었다. 반면, 추 의원에 대한 지지보다 야당을 지지한다는 유권자는 있었다. 광진 을에 나온 야당은 더불어민주당과 국민의당, 두 정당이다. 유권자들이 어느 정당을 더 지지하는지를 사전에 알아내기 힘들었다. 하지만 투표 결과는 말해줬다. 투표 결과 추 의원이 최초 여성 지역구 5선 국회의원이 되었다. 추 의원이 43,980표, 48.53% 득표율로 2위 새누리당 정준길 후보 33,701표, 37.18% 득표율을 제치고 10,281표차로 이겼다.[3] 과거와 같이 10,000표 이상으로 승리를 거뒀다. 결국 추 의원의 굳건한 입지를 증명한 것이다.

---

3. 중앙선거관리위원회 선거통계시스템 참고

추 의원은 야권 후보로서 일여다야 구도의 혼란 속에서 정통 야당의 힘을 과시했다. 20대 총선은 대부분 정권 심판 표심이 주를 이뤘다. 여당 출신 대통령의 집권 기간임에도 불구하고, 야당인 더불어민주당이 예상보다 많은 국회 의석수를 확보하며 제1정당이 된 것은 대통령과 여당에 대한 심판이라고 생각한다. 또 다른 야당인 국민의당 역시 예상보다 많은 의석수를 확보하고 교섭단체가 됐다. 국민의당이 3당체제를 만든 것이다. 만약 추 의원만 당선되고 더불어민주당이 선전하지 못했다면, 추 의원의 재선 전략이 선거승리에 크게 기여했다고 할 수 있다.

그러나 각 동별 투표 결과가 야당 후보를 넘어 야당 자체에 힘을 실어 주기 위한 투표라는 것을 알려 주었다. 과거 18·19대 총선 동별 투표 결과를 보면, 구의3동과 자양3동이 다른 동에 비해 1,000표 내외로 표 차이가 작았다. 하지만 20대 총선에서는 구의1동과 화양동에서만 1,500표 이상 차이가 났고, 나머지 동에서는 1,000표 내외였다. 20대 총선 광진 을에서는 전체적으로 10,000표 이상 차이 났지만, 19대 총선 때 약 13,000표 정도로 이겼던 것에 비하면 표 차이가 줄어든 것이고, 동별로도 격차가 많이 줄었다. 유권자 인터뷰에서 나타난 유권자들의 표심이 투표 결과에 드러난 것이다. 유권자들이 정권교체의 기대심을 가지지 않았다면, 표 차이는 더욱 줄어 추 의원이 낙선했을 수도 있다. 이것으로 20대 총선에서 추 의원의 개인 역량보다 정당의 힘이 컸다는 것을 알 수 있다.

본인을 내세우는 추 의원의 전략이 일여다야 구도에서 야권의 상대방 후보와 경쟁하는 데 유리했다. 국민의당 황인철 후보는 DJ 정신을 계승했다는 이미지가 추 의원과 겹쳤고, 공약에서도 추 의원과 차별화가 보이지 않았다. 거기다 신진 후보였다. 유권자는 기존 중진의원과 겹치는 이미지에 차별화가 없는 야권 신인 후보보다, 경험이 풍부하며 안정적이고 중진의원인 추 의원을 뽑은 것이다. 선거 홍보물에서는 알 수 없었지만 황 후보가 과거에 추 의원을 위해서 일했다는 점도 알 사람은 쉽게 알 수 있었다고 본다. 미디어에서 쉽게 찾을 수 있기 때문이다. 추 의원과 닮은 황 후보가 아닌, 추 의원과 차별화된 다른 국민의당 후보였다면 승부가 어떻게 됐을지 모르겠다.

　이번 광진 을 참여관찰 결과, 추 의원의 노력과 민심의 흐름이 합쳐져서 추 의원이 좋은 결과를 낸 것으로 본다. 국민은 정권교체의 열망이 있었지만, 야당은 분열했다. 일여다야 혼돈 속에서 추 의원의 당선 과정은 흥미로웠다. 야당을 밀어준 국민의 힘과 묵묵히 중진의원으로서 안정적인 모습을 보여 준 것이 추 의원 당선의 이유다. 하지만 추 의원은 긴장해야 한다. 여당 성향 유권자가 많을 것으로 예상한 동 이외의 다른 동에서도 추 의원의 득표수는 2위 정 후보와 크게 차이 나지 않았다. 유권자 인터뷰와 총선 결과는 추 의원에게 실망하여 변심한 유권자들이 있음을 명확히 보여 줬다. 추 의원은 같은 당의 새 인물, 국민의당 후보 또는 재출마 할 수도 있는 정 후보에게 자리를 뺏기지 않게 노력해야 할 것이다. 유권자들이 말하는 지역사회에 대한 기여, 중진의원으로서의 힘을 제대로 보여줘야 한다. 추 의원이 여성 1호 국회의장 후보나 더불어민주당 당대표 후보로 거론되는 만큼 유권자들은 앞으로의 행보를 기대할 것이다. 유권자 인터뷰에서 유권자의 유연한 마음을 많이 볼 수 있었다. 갈팡질팡하는 모습과는 다르다. 나이대에 따른 일반적 지지 성향도 크게 작용한 것은 아니라고 본다. 유권자는 후보가 노력하는 만큼 알아줄 수 있는 눈과 귀를 가지고 있었다.

24. 유권자는 무엇을 보고 투표하나

[경기 성남 분당 을]

김대원

주변 사람에게 '무엇을 보고 투표하는지' 물어보면 각기 다른 대답을 한다. 후보의 자질, 도덕성, 지역 기여도, 정당 등 중요하게 생각하는 요인도 다르고 그 요인을 선택한 이유도 다르다. 이러한 것을 보면서 두 가지가 궁금해졌다. 첫번째는 유권자가 중요하게 생각하는 후보 선택 요인은 무엇일까? 둘째는 그것들이 실제로 투표에 얼마나 많은 영향을 끼칠까? 하는 것이었다. 이러한 질문에 대한 조사 결과를 바탕으로 경기도 성남시 분당 을 지역선거에 승리하기 위해서는 후보들이 선거운동을 어떻게 해야 하는지를 제시해 보고자 한다.

후보와 선거구의 특징

분당 을에 출마한 후보는 새누리당 전하진 후보, 더불어민주당 김병욱 후보, 국민의당 윤은숙 후보, 그리고 무소속 임태희 후보였는데, 임 후보가 가장 인지도가 높았다. 전하진 후보는 인하대학교 출신이고 한글과컴퓨터 CEO 경력이 있다. 이 지역의 현역 국회의원이고 전과는 4건이 있다. 김병욱 후보는 한양대학교 출신이고 가천대학교 겸임교수 경력이 있다. 손학규 정책특보, 이재명 선대위원장을 맡은 경력 등 지역에서 정치활동을 했고 전과는 없다. 윤은숙 후보는 연세대학교 출신이고 경기도의회 의원을 2번 하였다. 호남향우회 회장을 맡는 등 주로 지방의회에서 정치를 했는데 전과는 없다. 임태희 후보는 서울대학교 출신이고 이 지역에서 제16대부터 제18대까지 3차례 국회의원을 지낸 후 고용노동부 장관, 이명박 전 대통령 비서실장 등을 역임하였고 전과는 없다.

분당 을은 여권 강세지역으로 2011년 4·27 재보궐선거에서 민주당 손학규가 당선된 것을 제외하고는 모두 여당 후보가 당선됐다. 학력 수준과 교육열이 높아서 학교 시설물이나 도서관 신규 건립 등 3~40대 주부들의 교육 관련 민원이 많다. 전 후보는 수내동 지역에 도서관 건립, 김 후보는 서울대학교 의과 대학 유치, 임 후보는 국제학교 건립을 교육 공약으로 내세웠다. 그리고 정자역-강남역 구간과 미금역-수지구 구간의 교통체증이 심각해 직장인들의 교통 민원이 많다. 전 후보는 E-버스(맞춤형 버스), 김 후보는 신분당선 연장, 임 후보는 2층 버스를 공약으로 내세웠다.

분당 을의 후보 공천 과정

이 지역에서 새누리당 공천 문제가 심각했다. 3선의 임태희 후보와 현역 국회의원 전하진 후보 간에 공천 싸움이 치열했다. 새누리당은 전화 여론조사를 통해 공천을 하겠다고 밝혔다. 여론조사에서는 임 후보가 평균 10% 정도 높게 나왔지만, 경선이 치러지기 전, 전하진 후보가 새누리당 단수 공천 후보로 발표됐다. 경선을 통해서 새누리당 공천을 받을 것으로 기대했던 임 후보는 "이번 새누리당 공천 과정은 원칙이 없는 독단적인 결정"이라며 맹비난하고 무소속 출마를 선언했다. 임 후보는 "당선 후에 다시 새누리당에 돌아가 새누리당을 바꾸겠다."라고 이야기했다. 이번 경기 분당 을 공천 문제에 대해 새누리당은 "분당 을 지역은 IT 기업이 많은 곳이며 전하진 후보는 IT 전문 국회의원으로 분당 을에 적합한 인물이다."라고 단수공천 이유를 설명했다. 전 후보는 "임 후보는 신뢰성이 떨어지는 여론조사로 본인이 분당 을 유권자에게 더 많은 지지를 받았다고 생각해서는 안

된다. 본인이 공천을 받은 이유는 새누리당이 잘 설명해 주고 있다."라고 했다. 결국 임태희 후보가 무소속으로 출마하고 국민의당 후보가 나오는 바람에 분당 을은 여권 후보 2명(새누리당의 전하진, 무소속 임태희)과 야권 후보 2명(더불어민주당 김병욱, 국민의당 윤은숙)이 출마해 다여다야 선거구도가 형성되었다. 역대 분당 을 선거 결과를 보면 대체로 5.5 대 4.5로 여당이 승리했다. 따라서 20대 분당 을 총선은 여권과 야권의 표가 얼마나 갈리느냐가 선거 결과에 미치는 최대 변수였다고 할 수 있다.

한편 공약 중에서 가장 이슈가 되었던 것은 전 후보의 '구미동 법조단지 유치'였다. 전 후보는 구미동에 법조단지를 유치하겠다는 공약을 했다. 문제는 법조단지에 보호관찰소가 포함되어 있는데, 보호관찰소는 2012년에 서현역 근처로 이전하려다 주민들의 반대로 이전하지 못한 적이 있는 소위 "혐오시설"이다. 무소속 임태희 후보와 더불어민주당 김병욱 후보는 "보호관찰소는 주민들이 반대하는 것이며 전하진 후보의 공약을 막겠다."라고 공약했다. 전 후보는 이에 대해서 "보호관찰소를 유치하겠다는 것이 아니라 법조단지를 유치하겠다는 것이다. 보호관찰소는 혐오할만한 시설이 아니지만 이에 대해서는 주민의견을 반영할 생각이었다. 주민들이 반대하는 것을 공약으로 내세우는 후보는 없다."라며 임 후보와 김 후보는 거짓 선동을 중지하라고 말했다.

유권자의 후보 선택 기준

유권자가 가장 중요하게 생각하는 후보 선택 요인은 후보의 소속 정당일 것으로 예상했다. 왜냐하면 국회의원 한 명이 할 수 있는 일에는 한계가 있기 때문에 국회의원은 각각 소속 정당의 힘을 빌어 입법을 추진하기 때문이다. 따라서 유권자가 지지하는 정당과 선택한 후보의 정당이 거의 동일한 비율이 될 것으로 가설을 세웠다. 따라서 후보는 선거운동을 할 때 본인이 소속한 정당을 내세우며, 동시에 공약, 경력 등을 알리는 것이 필요할 것이라고 생각했다. 또한 당의 정책이나 공약을 유권자에게 널리 알리는 다수홍보방식보다 후보가 유권자를 한 명, 한 명씩 만나서 설득하는 방식이 효과적일 것으로 생각했다.

분당 을 유권자 399명을 대상으로 3월 19일부터 4월 3일까지 설문조사를 하였다.[1] 표본의 연령과 지역은 가능한 고루 조사하였다.[2] 설문조사 장소는 20~50대의 경우 카페, 지하철, 영화관, 버스정류장, 백화점, 공원 등을 위주로 하였고, 60대 이상은 노인정, 공원, 지하철 등을 위주로 조사하였다.

〈그림 1〉은 '다음 중 무엇을 보고 후보를 선택하십니까?'에 대한 유권자의 대답을 정리한 것이다. 위 질문에 대해 자질과 능력을 보고 뽑는다는 대답이 30.4%로 가장 많았고, 도덕성 23.6%, 지역 기여도 18.6%, 공약 및 정책 12.5% 순이었다.[3] 이를 통해 대부분의 유권자가 후보 개인의 역량을 보고 투표하는 것으로 볼 수 있다. 후보 선택 요인에 있어 정당이 차지하는 비율은 높을 것으로 예상했으나, 예상과 다르게 11.2%로 5위에 해당하는 낮은 순위였다. 이외에 후보 선택 요인에는 싫어하는 특정 정당에 대한 반대표가 전체 기타 표, 11표 중 6표로 가장 많았으며, 지인의 추천이 4표, 개인적인 이유가 2표 순이었다.

분당 을 유권자의 후보 선택 요인 중 특이했던 점은 다른 선거구와 달리 지역, 출신을 이유로 후보를 선택한다고 답변한 비율이 매우 낮게 나타났다는 것이다.

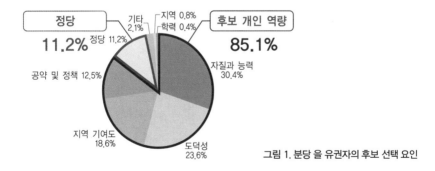

그림 1. 분당 을 유권자의 후보 선택 요인

1. 설문지는 〈부록 1〉에 첨부
2. 설문조사 대상의 연령과 지역 분포표는 〈부록 2〉에 첨부
3. 설문내용은 〈부록 1〉, 경기 분당 을 유권자의 후보 선택 요인 표는 〈부록 3〉에 첨부

그 이유는 우선 특정 지역이나 출신을 내세운 후보가 없었기 때문이다. 윤은숙 후보가 호남향우회 회장을 하고 있었지만 분당 을 내 조직이 튼튼하지 않았고 윤 후보 인지도 자체도 다른 후보에 비해서 낮았다. 또한 분당은 1기 계획 신도시로 젊은 층이 많이 유입되었다. 특히 지방 사람뿐 아니라 지역이나 출신끼리 뭉치지 않는 서울 외곽 지역의 인구도 많이 유입되면서, 후보를 지역, 출신으로 선택하는 성향이 별로 없는 것으로 생각됐다. 그리고 지역, 출신을 이유로 투표하는 것이 언론에서 부정적으로 보도되는 경우가 많아, 참여관찰 조사 특징상 필자와 얼굴을 마주보고 대답을 하는 상황에서 지역, 출신을 이유로 후보를 선택한다고 답변하지 않았을 가능성도 있다.

또 특이했던 점은 다른 지역과 다르게 궁내동에서 지역 기여도가 후보 선택 요인 중 1순위로 뽑혔는데 다른 동네에 비해 12.3% 높은 30.9%를 기록했다는 것이다. 궁내동 유권자가 지역 기여도를 후보 선택에 있어서 가장 중요하게 생각하는 이유는 궁내동의 지리적 특징, 거주형태, 그리고 궁내동 지역 유권자의 이야기를

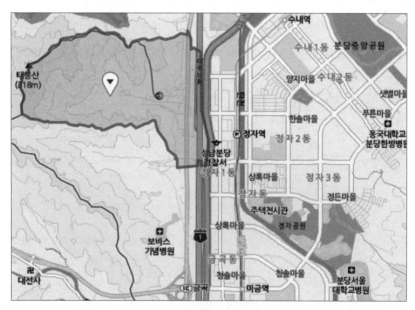

그림 2. 분당 을 궁내동의 위치

통해 알 수 있었다. 궁내동은 분당 을 지역 중 외곽에 있으며, 경부고속도로로 인해 분당 중심 지역과의 접근성이 떨어지는 곳이다. 궁내동 유권자는 이 점에 대해 민원을 제기하고 싶었으나 후보를 본 적이 없다고 불만을 토로했다. 후보들이 궁내동에 선거운동을 많이 하지 않은 이유는 궁내동의 유권자 수가 6,599명으로 타 지역에 비해 적고 주거의 형태도 아파트가 아닌 주택이라 유권자가 흩어져 있기 때문이다. 아파트의 경우 경로당, 주민 복지시설 등 유권자가 모이는 장소에 후보가 찾아가기 편하지만 주택 밀집지역은 이런 시설이 없다. 따라서 궁내동 유권자는 타 지역에 비해 후보의 지역 기여도를 가장 중요하게 생각한 것으로 보였다.

유권자는 후보 개인의 역량을 보고 투표할까?

〈그림 3〉은 "분당 을에 출마한 국회의원 후보에 대해 알고 계십니까?'에 대한 유권자의 대답을 표로 정리한 것이다.[4] 조사결과의 신뢰도를 높이기 위해 후보에 대한 최소한의 정보, 예를 들어 후보의 이름이나 이름을 기억하지 못할 경우 대략적인 이미지를 물어봤다. 조사 결과, 분당 을에 출마한 4명의 후보를 "모두 잘 모르겠다."가 33.1%로 가장 많았고, "3명의 후보를 알고 있다."(29.5%), "2명의 후보를 알고 있다."(24.6%), "1명 알고 있다."(12.7%), "모두 알고 있다."(0%)의 순이었

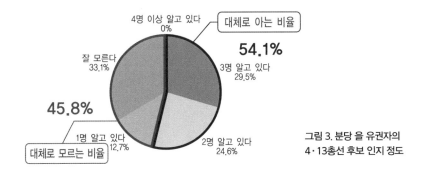

그림 3. 분당 을 유권자의
4·13총선 후보 인지 정도

---

4. 설문내용은 〈부록 1〉에 첨부, 경기 분당 을 유권자의 4·13총선 후보 인지 표

다. 2명 이상의 후보를 알고 있는 것을 "대체적으로 알고 있다"로, 1명 이하의 후보를 알고 있는 것을 "대체적으로 모르고 있다"로 보았을 때, 대체적으로 알고 있는 비율은 54.1%, 대체적으로 잘 모르는 비율은 45.8%이었다.

하지만 후보 개인의 역량인 자질과 능력, 도덕성, 지역 기여도를 기준으로 국회의원을 뽑은 유권자 중에서 후보를 3명 이상 알고 있는 유권자는 23.85%에 불과했다. 이는 선거에서 후보 개인의 역량을 고려하는 유권자 중 20.3%만이 실제로 3명 이상의 후보에 대한 정보를 바탕으로 투표할 수 있다는 것을 의미한다. 나머지 유권자는 2명 이하의 후보만을 알고 있었다. 따라서 분당 을 유권자는 실제로 후보 개인의 역량을 보고 투표한다고 보기 어렵거나 제대로 된 후보의 정보를 갖고 있지 않은 상태에서 후보 개인의 역량을 보고 투표하는 것이라고 볼 수 있다.

그렇다면 정당이 후보 선택에 가장 중요한 요인인가?

〈표 1〉은 '20대 총선에서 어떤 정당을 선택하시겠습니까?' 와 '20대 총선에서 어떤 후보를 선택하시겠습니까?'에 대한 유권자의 답을 정리한 표이다.[5] 즉, 지지 정당과 후보 선택의 관계를 알아보려는 것이다. 새누리당을 지지하는 유권자 중에서 전하진 후보를 선택한 유권자가 66.2%로 가장 많았으며, 임태희 후보는

표 1. 분당 을 유권자의 지지 정당과 후보 선택의 관계 (단위: 명, %)

정당＼후보	전하진	김병욱	윤은숙	임태희	다른 후보	아직 정하지 않음	합계
새누리당	98/(66.2)	1/(0.7)	1/(0.7)	33/(22.3)	2/(1.3)	13/(8.8)	148(100.0)
더불어민주당	2/(1.5)	81/(61.4)	20/(15.1)	4/(3)	8/(6.1)	17/(12.9)	132(100.0)
국민의당	0/(0)	11/(25.6)	27/(62.8)	0/(0)	0/(0)	5/(11.6)	43(100.0)
정의당	0/(0)	4/(30.7)	2/(15.4)	0/(0)	3/(23.1)	4/(30.7)	13(99.9)
기타 정당	0/(0)	0/(0)	0/(0)	0/(0)	2/(100)	0/(0)	2(100.0)
아직 정하지 않음	4/(6.5)	3/(4.9)	7/(11.5)	2/(3.3)	1/(1.6)	44/(72.1)	61(99.9)

---

5. 설문내용은 〈부록 1〉에 첨부

22.3%, 아직 후보를 정하지 않았다가 8.8%였다. 임 후보는 새누리당 공천에 탈락하여 무소속으로 출마하였고 당선 후 복당 의사를 나타내, 새누리당 지지자가 임태희 후보를 지지하는 것은 당연했지만 설문조사에서 지지율은 새누리당 지지자 중 22%에 불과했다. 새누리당 지지자 중에서 다른 정당 후보를 선택한 비율은 2.7%라고 분석된다. 임 후보를 지지한 33명 중 16명은 임 후보의 자질과 능력, 그리고 지역 기여도가 높다고 말했으며, 17명은 새누리당 후보인 전 후보의 도덕성(범죄경력)과 공약(보호관찰소 유치)에 문제가 있어 임 후보를 지지한다고 주장했다.

더불어민주당을 지지한 유권자 중에는 김병욱 후보를 선택한 유권자가 61.4%로 가장 많았으며, 윤은숙 후보가 15.1%, 아직 정하지 않았다는 응답이 12.9%였다. 그런데 더불어민주당을 지지하지만 국민의당 윤은숙 후보를 선택한다는 유권자가 20명이나 되었다. 이 중에서 12명은 "분당은 어차피 새누리당이 당선되기 때문에 새로운 야당 후보에게 한 번 투표해 보겠다."라고 응답했다. 5명은 김병욱 후보의 자질과 능력이 부족하기 때문에 윤 후보를 선택한다고 했다.

한편 국민의당을 지지한 유권자 중에서 윤 후보를 선택한 유권자가 62.8%로 가장 많았으며, 김병욱 후보가 25.6%, 아직 후보를 정하지 않은 유권자가 11.6%였다. 국민의당을 지지하지만 김병욱 후보를 선택한다는 유권자 11명 중에서 10명은 야권단일화를 위해서라고 답했으며, 1명은 무응답이었다. 마지막으로 지지 정당을 아직 정하지 않은 유권자 61명 중에서 43명은 정치에 관심이 없다고 답하였으며, 14명은 새누리당을 지지했으나 공천 문제로 인해 정당 지지를 철회하였다고 답하였고, 4명은 무응답이었다.

정의당을 선택한 유권자 13명 중 9명은 후보의 자질과 능력, 그리고 도덕성 등을 종합적으로 판단하여 정의당을 지지하고 있었으나, 사표가 되는 것이 확실하므로 제2, 제3야당으로 표가 분산되었다. 기타 정당을 선택한 유권자 2명 중 1명은 지인에 대한 투표라고 답했고, 1명은 무응답이었다. 요약컨대, 지지 정당과 선택한 후보의 정당이 일치하는 유권자가 새누리당의 경우 88.5%, 더불어민주당의 경우 61.4%, 국민의당의 경우 62.8%로 평균 62.8%(328명 중 206명)로 나타났다. 지지 정당이 없는 유권자 중 지지 후보가 없는 경우는 72.1%였다. 그런데 지지 정당이 있는 유권자 중에서 특정 후보를 지지하지 않는 비율이 11.8%(338명 중 39명)나 되었다. 지지 정당을 아직 정하지 않은 유권자 61명 중에서 43명이 정치에 대해 무관심한 것으로 나타났다. 따라서 분당 을 유권자의 지지 정당과 실제 후보 선택 정당이 일치하는 것이 평균 62.8%로 처음 예상과 달리 유권자들이 정당을 보고 투표하지 않는 경우가 많다는 것을 알게 되었다.

전하진 후보의 선거운동 분석

전하진 후보의 선거운동 일정계획을 분석한 결과, 거리확성기 유세[6]가 30.1%로 가장 많았고, 종교시설 방문 14.1%, 주민대면 10.6%, 선거차량 유세[7] 9.7%, 공원 유세 8.8%, 아침인사, 저녁인사와 상가 방문 7%, 유명인과 확성기 유세[8] 5.3%, 순이었다.[9] 전 후보의 일정에 대해 알 수 있었던 것은 운동원으로 일했기 때문이다. 그렇기 때문에 전하진 후보 외 다른 후보를 현실적으로 관찰할 수 없

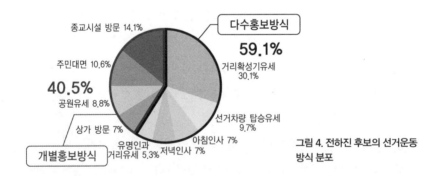

그림 4. 전하진 후보의 선거운동 방식 분포

6. 거리에 일정시간 동안 있으면서 유세하는 방식
7. 선거차량을 타고 다니면서 유세하는 방식
8. 거리 확성기 유세에 유명인이 가세한 방식
9. 전하진 후보 일일 일정표을 분석한 내용

었다는 한계도 있다. 전 후보는 상가 방문, 공원 유세, 주민대면, 종교시설 등과 같이 유권자와 직접 대면하여 홍보할 수 있는 개별홍보방식[10]을 40.5% 정도 사용하였고, 아침인사, 선거차량탑승 유세, 거리 방송홍보, 유명인과 확성기 유세와 같이 다수홍보방식[11]을 59.1% 사용한 것으로 분석됐다. 따라서 전하진 후보는 다수홍보방식을 약 19% 더 많이 사용한 것으로 분석되었다. 하지만 공원 유세나 종교시설 유세의 경우 유권자와 대면하여 많은 이야기를 하는 빈도수가 상당히 낮은 것으로 관찰되어, 실질적인 의미에서의 개별홍보방식은 상가 방문, 주민대면을 포함하여 17.6%로 볼 수 있다. 따라서 전하진 후보는 대략 40%를 다수홍보방식에 더 사용한 것으로 분석됐다.

거리확성기 유세와 같은 다수홍보방식은 효과적일까?

전하진 후보의 일정 중 가장 높은 비중을 차지한 거리확성기 유세의 경우 30.1%를 차지하였다. 그런데 유세현장에서 간략히 유권자 면담[12](10명씩 12회, 총 120명)을 실시한 결과, "지금 유세에 대해 관심이 있느냐"는 질문에 "별로 관심이 없다"가 35%(42명), "전혀 관심이 없다" 24.1%(29명), "어느 정도 관심이 있다"가 12.5%(15명), 짜증이 난다가 11.6%(14명), 무응답이 10%(12명), "매우 관심이 있

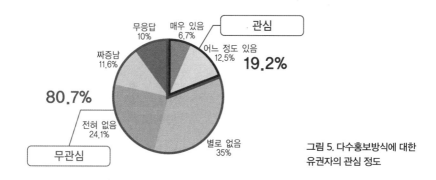

그림 5. 다수홍보방식에 대한
유권자의 관심 정도

---

10. 소수의 유권자와 직접 대면해서 이야기하는 방식
11. 다수의 유권자를 상대로 홍보하는 방식
12. 설문내용은 〈부록 6〉에 첨부

다"가 6.7%(8명) 순이었다. 관심을 보인 유권자가 겨우 23명으로 18.5%에 불과했다. 더욱이 "전 후보를 선택하고 싶어졌느냐"는 질문에 "별로 안 생겼다" 8명, "오히려 뽑고 싶지 않아졌다" 5명, "매우 생겼다" 4명, "어느 정도 생겼다" 3명, "전혀 안 생겼다" 2명으로 거리확성기 유세를 통해 전 후보를 선택하고 싶어진 비율은 전체 중 5.3%(7명)에 불과하였으며, 전 후보에 대한 부정적인 감정이 생긴 경우는 15.8%(19명), 무관심 78.9%로 대다수의 유권자는 확성기 유세에 무관심하며 오히려 마이너스 효과가 난 것으로 분석되었다. 모든 확성기 유세가 마이너스 효과가 나는 것은 아닐 것이다. 20대 총선 유세현장에서 전하진 후보와 임태희 후보 측근 간의 충돌이 3회나 있었기 때문에 부정적인 평가가 더 높게 나타난 것으로 보였다.

전하진 후보 보좌관 인터뷰

필자는 4월 10일, 전하진 후보 선거사무소에서 이종태 보좌관과 인터뷰를 하였다. 이 보좌관은 이번 총선에서 전 후보의 일정, 선거사무소 관리 등 대부분의 선거운동을 관리하였다.

Q. 기본적으로 후보 일정은 어떤 방식으로 정해지나요?

A. 후보의 일정은 보좌관들이 협의한 후에 가장 많은 주민들을 만날 수 있다고 예상되는 방향으로 일정을 결정합니다. 주말에는 E-마트나 종교시설 중심으로 일정을 갖는 것이 후보가 보다 많은 주민들을 만날 수 있습니다. 그리고 E-마트 격주 휴일을 확인하고 종교시설은 예배, 미사 시작 또는 끝나는 시간에 맞춰 후보 일정을 짜서, 후보가 많은 주민들을 효율적으로 만날 수 있도록 하고 있습니다. 또한 3~4시 사이에는 종교시설이나 E-마트보다 공원 유세 일정을 잡고 있는데, 그 이유는 E-마트, 종교시설보다 사람들을 만날 수 있는 빈도는 낮지만 공원에 산책 나오는 사람이 실제 분당 을 주민일 가능성이 높기 때문입니다.

평일은 아침인사와 저녁인사, 거리 확성기 유세, 공원, 상가 방문 등을 우선으로 일정에 잡습니다. 아침인사와 저녁인사를 하는 이유는 두 가지가 있습니다. 첫째로, 출퇴근 시간에는 거주지에서 오가는 사람들이 대부분이기 때문에 분당을 거주 주민일 가능성이 높습니다. 그래서 출퇴근인사는 30~50대 직장인들에게 후보를 알릴 수 있는 가장 핵심적인 일정입니다. 또한 두 번째 이유로는 출퇴근 인사는 선거 후보의 가장 기본적인 선거활동이기 때문입니다. 지역 주민들에게 가장 일찍 그리고 가장 늦게까지 일하겠다는 상징적인 의미가 담긴 선거일정이라고 볼 수 있습니다. 역이나 사람들이 많이 다니는 곳에서 확성기 유세를 하는 것도 보다 많은 주민들에게 후보를 알리기 위함입니다. 결론적으로 말하자면, 모든 후보 일정은 분당 을 지역 주민들에게 후보를 최대한 많이 노출시킬 수 있는 것이 무엇일지 생각하고 정한다고 생각하면 됩니다.

Q. 개별적으로 유권자를 설득하는 방식인 주민대면과 상가 방문이 일정에 낮게 배정되었는데, 이것에 대해 어떻게 생각하십니까?

A. 먼저 상가 방문부터 말하자면, 방문한 상가에 주인이나 손님들에게 불편을 끼쳐드려 오히려 선거에 역효과가 날 수 있고, 분당을 주민일 가능성을 확신하기 어렵습니다. 또한 상가 방문은 전하진 후보가 지난 4년 간 국회의원이었을 때, 지역 보좌관이 어느 정도 관리를 하고 있는 상황이었기 때문에, 한정된 일정 속에서 후보에게 따로 배분한다는 것이 효과적일 것인가에 대한 의문이 듭니다. 그리고 보다 많은 유권자를 만나기 위해서 선거차량을 이용한 유세 방식이 더 효과적이라고 생각되기 때문에 상가 방문은 돌고래 상가를 중심으로 하여 민생, 경제 관련된 후보의 관심도를 나타내기 위한 상징적인 수단에 가까운 일정으로 생각하고 있습니다.

주민대면은 가장 좋은 홍보 수단 중 하나이지만 일단 주민이 선거사무소로 와야 후보와 말을 할 수 있습니다. 적절한 장소가 없고 후보가 마냥 기다리고 있는 것도 현실적으로 불가능하지 않겠습니까? 또 많은 주민들이 와 주신다면 좋겠지만 한 명 한 명씩 오는 주민들을 후보가 일일이 이야기하는 것은 전체적인 선거운동에서 비효율적이며, 대부분 선거사무소까지 오시는 주민분들은 불만을 가지고 민원을 제기하는 경우가 많기 때문에 이것에 대해 후보가 일일이 해명하는 것은 선거운동 기간에 후보의 정신과 건강에 좋지 않은 영향을 끼칠 수도 있습니다. 따라서 주민 대면 홍보방식은 현실성이 떨어지는 홍보방식입니다.

Q. 선거운동에 있어서 가장 중요한 것은 무엇이라고 생각하십니까?

A. 사실 선거운동에 있어서 정도란 없습니다. 정도가 있다면 모두가 그 방법대로 하겠지요. 당선은 하늘이 정해 주는 것이라는 생각을 많이 했습니다. 그저 보좌진과 후보는 본인이 할 수 있는 모든 열정과 힘을 쏟고, 많은 주민들을 만날 수 있는 최선의 선택을 매 순간 할 뿐입니다. 결과는 오직 국민들의 선택에 달린 것이고 저희는 그저 인간이 할 수 있는 최대한의 노력을 할 뿐입니다.

어떤 선거운동이 효과적일까?

분당 을 유권자는 지지 정당의 후보를 선택하는 비율이 62.8%였고 새누리당 지지율이 더불어민주당에 비해 10.8%나 더 높았다. 따라서 새누리당 후보는 매우 유리한 조건에서 선거운동을 전개하였다. 하지만 20대 총선에서 임태희 후보가 20.2%를 득표하면서 새누리당 표가 많이 분산됐다. 결국 두 명의 여권 후보가 지지표를 나누어 가짐으로써 패배한 것이다. 한편 윤은숙 후보도 야권 표를 분산시켰으나, 9.4%에 그쳤고 결국 여권 강세지역으로 분류되던 분당 을에서 더불어민주당 김병욱 후보가 당선됐다.

전하진 후보의 선거운동을 보면 개별홍보방식보다 다수홍보방식을 더 많이 채택한 결과, 선거운동의 효과는 미비했으며 특히 거리확성기 유세에서는 오히려 역효과가 났다. 전 후보의 거리확성기 유세가 이토록 유권자로부터 부정적인 반응을 얻은 것은 거리확성기 유세 도중 임 후보 측근과 말싸움을 했기 때문이다. 지나가던 많은 유권자가 "똑같은 놈들"이라며 한숨을 쉬는 모습이 보였다. 일반 유세에 대해서는 유권자들이 별 반응을 보이지 않았지만, 이처럼 후보진영 간에 다툼이 있는 경우, 엄청난 부정적인 반응을 보였다. 따라서 다수홍보방식에 너무 의존하는 것은 좋지 못하고, 특히 선거운동 중 부정적인 상황이 왔을 때는 화가 나더라도 꼭 그 자리를 피해야 한다.

전하진 후보가 패배한 이유 중의 하나는 그가 네 건의 범죄경력을 가진 것이다. 필자는 전 후보의 선거운동원이었기 때문에 전 후보의 범죄경력이 악질적인 것이 아니라, 사업을 하던 중에 불가피하게 생긴 벌금형이라는 사실을 알았다. 하지만 일반 유권자는 이러한 사실에 대해 자세히 알지 못해, 선거관리위원회에서 나온 범죄경력 자료만 보고 후보를 판단하는 경우가 많다. 그리고 유권자가 후보의 범죄경력을 찾아보지 않는다고 하더라도 상대 후보가 이를 이용하는 경우가 많다. 전 후보는 20대 총선에서 이러한 범죄경력으로 인해 많은 심리적 압박을 받았다. 새누리당 지지자 중 10.4%가 전 후보의 범죄경력으로 인해 임 후보를 지지한다고 밝히기도 했다. 따라서 후보는 어떠한 이유에서도 범죄경력이 생기지 않도록 조심하여야 한다.

마지막으로 분당 을 유권자 중 후보 세 명 이상을 알고 있는 비율은 29.5%에 불과하였다. 따라서 유권자들이 후보의 자질, 도덕성, 지역 기여도 등 후보의 개인적인 역량을 보고 투표한다고 보기 어렵다. 또 지지 정당을 보고 후보를 선택하는 경우도 62.8%로 그리 높지 않았다. 이것은 분당 을 유권자들이 후보 개인의 자질이나 도덕성, 또는 소속 정당만을 기준으로 투표하는 것이 아니라는 것을 의미한다. 결국 유권자들은 후보의 자질, 도덕성, 지역 기여도, 소속 정당, 공약을 비롯한 다방면의 요소들을 고려하여 후보를 선택한다고 볼 수 있다. 따라서 후보는 어느 특정한 요소에 집중하는 것보다 모든 요소들을 골고루 고려해야 하며 특히 유권자에게 본인의 긍정적인 이미지를 심어주는 것보다 부정적인 이미지를 심어주지 않으려는 노력이 더 중요하다고 본다.

〈부록 1〉 설문지

안녕하십니까? 본 설문은 [인하대학교 정치외교학과 정당과 선거 수업] 보고서 작성에만 사용될 목적으로 한 설문지입니다. 다른 어떠한 용도로 사용되지 않으며, 익명성이 보장되며, 원하시지 않는 질문에는 답하지 않으셔도 됩니다.

1. 연령은 어떻게 되십니까?
- ☐ 20대
- ☐ 30대
- ☐ 40대
- ☐ 50대
- ☐ 60대
- ☐ 70대 이상

2. 현재 거주하시는 곳은 어디십니까?
- ☐ 구미동
- ☐ 정자동
- ☐ 수내동
- ☐ 금곡동
- ☐ 궁내동

3. 4·13총선 분당 을(정자1·2·3동, 구미1동, 구미동, 금곡동, 궁내동, 수내1·2·3동)의 국회의원 출마자를 알고 계십니까?
- ☐모두 알고 있다.
- ☐3명 정도 알고 있다.
- ☐2명 이하 알고 있다.
- ☐1명 알고 있다.
- ☐잘 모르겠다.

4. 다음 중 무엇을 보고 후보를 선택하십니까?
- ☐ 공약
- ☐ 경력
- ☐ 정당
- ☐ 지인의 추천
- ☐ 지역, 출신
- ☐ 학력
- ☐ 기타

5. 4·13총선에서 어떤 정당을 선택하시겠습니까?

□ 새누리당 □ 더불어민주당 □ 국민의당

□ 정의당 □ 기타

6. 4·13총선에서 어떤 후보를 선택하시겠습니까?

□ 전하진 □ 김병욱 □ 윤은숙

□ 임태희 □ 다른 후보

하고 싶은 말씀

_____

_____

_____

_____

〈부록 2〉 설문조사 대상자의 연령과 지역 분포(단위: 명)

설문장소 ＼ 연령	20대	30대	40대	50대	60대	70대～	총
정자1동 정자역	13	8	10	19	21	11	82
정자3동	16	8	7	15	17	12	75
수내역	22	7	8	14	15	11	77
구미동 미금역	18	13	11	11	19	14	86
금곡동	13	11	9	16	18	12	79
합계	82	47	45	75	90	60	399

〈부록 3〉 분당 을 유권자의 후보 선택 요인(단위: %)

선택요인 ＼ 거주지	구미동	정자동	수내동	금곡동	궁내동	평균
자질과 능력	36.9	34.2	29.2	26.1	25.4	30.4
지역 기여도	13	10.8	16.9	21.4	30.9	18.6

(계속)

정당	9.5	9.9	16.9	10.7	9	11.2
도덕성	25	21.6	23	25	23.6	23.6
공약 및 정책	10.7	18	12.3	14.2	7.2	12.5
지역, 출신	2.3	1.8	0	0	0	0.8
학력	0	0.09	0	0	1.8	0.4
기타	2.3	3	1.5	2.3	1.8	2.1

〈부록 4〉 분당 을 유권자의 후보 인지 표(단위: 명, %)

선택요인 \ 거주지	구미동	정자동	수내동	금곡동	궁내동	합계
4명 이상 알고 있다	0	0	0	0	0	0
3명 알고 있다	22	29	29	17	21	118 /(29.5)
2명 알고 있다	22	32	11	19	14	98 /(24.6)
1명 알고 있다	12	12	4	16	7	51 /(12.7)
잘 모른다	28	38	21	32	13	132 /(33.1)
합계	84	111	65	84	55	399 /(99.9)

〈부록 5〉 전하진 후보 일정 정리(단위: 횟수, %)

선거방식 \ 요일	4/1 (금)	2 (토)	3 (일)	4 (월)	5 (화)	6 (수)	7 (목)	8 (금)	9 (토)	10 (일)	11 (월)	12 (화)	총 횟수
아침인사	1	0	0	1	1	1	1	1	0	0	1	1	8 (7)
상가 방문	2	1	1	1	1	1	0	0	1	0	0	0	8 (7)
종교시설	0	4	4	0	0	0	0	0	4	4	0	0	16 (14.1)
공원 유세	2	2	2	1	0	1	0	1	0	0	1	0	10 (8.8)
선거차량 탑승 유세	0	0	1	1	1	1	1	1	1	1	1	2	11 (9.7)
거리 확성기 유세	0	1	2	2	4	3	3	4	4	4	3	4	34 (30.1)
유명인과 확성기 유세	0	1	1	0	0	0	1	0	1	1	1	0	6 (5.3)

(계속)

저녁인사	1	0	0	1	1	1	1	1	0	0	1	1	8 (7)
주민대면	1	1	1	1	1	1	1	1	1	1	1	1	12 (10.6)
총합	7	10	12	8	9	9	8	9	12	11	9	9	113 (99.8)

〈부록 6〉 유세현장에서 간략한 질문형 설문지

1. 지금 유세에 대해서 관심이 있으신가요?

☐ 매우 관심이 있다.   ☐ 어느 정도 관심이 있다.

☐ 별로 관심이 없다.   ☐ 전혀 관심이 없다.

☐ 짜증이 난다.   ☐ 무응답

2. 지금 유세하는 후보를 선택할 마음이 생기셨나요?

☐ 매우 생겼다.   ☐ 어느 정도 생겼다.

☐ 별로 안 생겼다.   ☐ 전혀 안 생겼다.

☐ 오히려 뽑고 싶지 않아졌다.   ☐ 무응답

25. 유권자들은 현 정부를 심판하였다

[경기 부천 소사]

김주원

2012년 여당에서 야당이 된 부천 소사

부천 소사는 다른 부천의 선거구와 다르게 여당 강세지역이다.[1] 2012년 총선에서 새누리당의 차명진 후보, 더불어민주당의 김상희 후보가 출마했다. 당시 소사는 김문수 경기지사가 지역구에서 15~17대(2006년 사퇴) 내리 3선을 한 뒤 재선에서 경기도 지사로 재직한 데다, 차명진 후보가 17·18대 연달아 국회에 입성한 여당 강세지역이었다. 이러한 곳에서 19대 총선 때, 지역적 연고도 없는 초선의 여성 의원이 출마했고 '낙하산 공천'이라는 오명까지 붙어 당선 가능성이 낮았다. 그러나 모두의 예상을 뒤엎고 16년 만에 야당 의원인 민주통합당의 김상희 의원이 51.6%으로 당선되었다. 2012년 당시 대한민국의 상황을 설명하자면, 이명박 정부의 재임 말기로, 4대강 논란으로 인해 국민들의 불만이 고조되었던 시기였다. 소사구에도 전국 추세가 반영되어 차명진 후보는 소사주민들의 회초리를 받고 낙선했고, 김 의원이 승리를 거머쥐었다.

20대 총선에 다시 도전장을 내민 차 후보는 지난 4년간 반성하며 한없이 낮은

---

1. 부천은 원미구의 설훈 의원, 오정구의 원혜영 의원 등 더불어민주당의 텃밭으로 알려져 있다.

자세로 주민들을 섬기고자 했다. 김 의원도 마찬가지로 의정활동을 활발히 하며 김문수 의원의 흔적을 지워 갔다. 옛 지역구를 되찾으려는 자와 지키려는 자 간의 경쟁은 치열했다. 20대 총선의 승패는 차 후보에게 정치적 승부수를 띄운 마지막 기회가 될 것인가, 김 후보는 3선 중진 반열에 올라설 것인가 등이 관심거리였다. 후보 인터뷰를 통해 이들이 소사주민의 표심을 잡을 수 있는 전략을 분석했고, 여론조사를 통해 2012년의 변화가 2016년에도 마찬가지로 유지될지 예측했다.

소사의 사회경제적 특징

소사구는 부천시의 모태로 전형적인 주거 중심의 위성도시형태를 띠고 있다. 2000년 이후 재개발이 활발히 진행되어 신도시로 건설되었다. 약 87,000에 달하는 세대수가 거주함에 따라 초,중,고등학교도 새로 지어졌다. 특히 종교 취락으로 유명한 신앙촌이 범박동에 자리 잡고 있었으나, 재개발 등으로 흔적만 남아 있을 뿐이었다. 부천 소사구의 면적은 12.83k㎡(부천시의 24%)이며, 개발제한구역은 4.04k㎡(구 전체의 31.5%)이다. 부천은 부산 다음으로 인구밀도가 가장 높은 지역인데, 22만 2,331명의 인구가 상주한다. 급작스러운 신도시로 등장하였기 때문에 도시기반시설에 대한 고려 없이 주택 중심으로만 개발되었는데, 김문수 경기도지사가 취임하고 도시기반시설을 확충하기 위해 뉴타운사업을 추진했다. 2009년부터 추진되어 왔지만 과도한 예산으로 인해 2013년 중단되었다. 이로 인해 소사는 '멈춰

그림 1. 수도권 행정구역도

버린 도시'가 되어 주민 간의 갈등과 반목만 고조된 상황이다. 한편, 소사구는 여러 도시와 접경지역이라는 지리적 이점이 있다.[2] 서울과 인천을 잇는 경인국도, 지하철 1호선, 서울외곽순환도로 접근성이 높아 출퇴근의 대동맥 역할을 하고 있다.

소사의 정치적 특성

이 지역의 정치적 특성을 살펴보기 위해 역대 선거 관련 자료를 살펴보았다. 1980년대, 부천 소사는 공장이 많아 노동자들이 많고 호남 출신 유권자가 많은 것으로 알려져 최기선, 박규식 등 진보 성향의 의원들이 당선되었다. 그러나 1996년 김문수 의원을 기점으로 여당 출신의 국회의원이 우세하기 시작했다. '유권자는 진보 성향인데 어떻게 보수 정당 소속의 김 의원이 당선될 수 있었을까?'라는 의문이 들 것이다. 김 의원은 서울대학교 재학 때부터 구로공단을 중심으로 노동운동을 주도한 노동운동권의 리더였다. 노동인권회관 소장을 맡으며 노동자의 마음을 얻었기 때문에 비슷한 직종의 종사자가 많은 소사구에서 당선 될 수 있었다. 이후, 소사구는 부천에서 유일하게 여당 의원이 선출되는 지역이 되었다. 김 의원은 내리 3선을 하면서 17대 총선의 경우, 김만수 후보를 12.9% 차로 따돌리며 압승을 거두었다. 그러나 17대 국회의원으로 당선된 김문수 의원은 경기도 지사로 출마하기 위해 의원직을 사퇴했고[3] 이를 넘겨받아 김문수와 25년간 동고동락한 보좌관, 차명진 의원이 보궐선거로 당선되었다.[4] 차 의원은 이후 18대에서도 국회에 입성하는 쾌거를 보였다.

그러나 19대 총선 무렵 소사에 정치적 분위기가 바뀌고 있었다. 2012년에는 총선과 대선이 치러진 해인데, 당시는 이명박 정부의 말기였으며, 4대강 실패,

2. 서울 구로구, 인천 남동구, 시흥시, 광명시
3. 2006. 4. 24.
4. 2006. 7. 26.

MBC파업 등으로 국민들의 불만이 상당하였다. 이는 총선에도 반영되어 야당은 한 목소리를 내기 위해 단일화를 실시하였고, 18대 총선에서 81개의 의석을 차지한 제1야당은, 19대에서 127석을 차지했다. 정부에 대한 유권자의 반감은 소사구에도 적용되었고 16년만에 야당이 승리했다. 그러나 소사구와 경기도의 상황을 보면 단순히 국민 불만의 표출이라고 볼 수 없다. 차명진 후보가 17대 재보궐선거에서 당시 경기도지사였던 김문수의 후광효과로 당선되었다고 해도 과언이 아니었기 때문이다. 18대 총선에서 차 의원이 홀로서기에 성공했으나, 19대 총선에서는 실패했다. 부천에서 소사구를 제외한 오정구, 원미구는 원혜영, 설훈 의원 등 오래전부터 야당 성향의 국회의원들이 선출되었다. 더불어민주당이 부천시장직을 차지하고 있는 점에서 알 수 있듯이, 소사구에 김문수 의원같이 막강한 인물이 등장하지 않으면 여당의 당선은 힘들 것으로 예상되었다.

후보의 개인적 특성

새누리당이 공천을 확정하기 전에 3명(차명진, 이재진, 강일원)의 예비 후보가 경쟁을 했다. 차명진 후보는 17·18대 국회의원으로 19대 총선에서 김상희 후보에게 실패한 경험이 있고, 강일원 후보는 시의원 출신으로 청와대 행정관을 지냈지만 지역에는 별로 알려진 인물이 아니었다. 부천 소사를 수년간 취재해 온 기자도 잘 모르는 인물로, 소사구민들은 강 후보를 얼마나 알고 있을지 미지수였다. 이재진 후보는 지역 토박이이자 부천의 명문고등학교인 부천고등학교와 고려대학교를 졸업한 후 청와대에서 근무한 경력이 있다. 이재진 후보는 부천의 "엄친아"이지만 두 차례의 국회의원 경력을 가진 차명진 후보와 힘겨운 싸움을 하였다. 강일원 후보의 사퇴로 인해 새누리당 공천을 놓고 이재진 후보와 차명진 후보가 경쟁하였는데, 결국 이 후보가 총선을 한 달 앞두고 경선에서 탈락하였다.

공천경쟁이 치열한 새누리당과 달리 더불어민주당은 일찍이 김상희 의원의 공천을 확정했다. 김 의원은 충남 공주 출신으로 18대 비례대표로 국회에 입성했

표 1. 부천 소사구의 후보 비교

후보	차명진	김상희	김정기	신현자
정당	. 새누리당	더불어민주당	국민의당	정의당
직업	정당인	19대 국회의원	정치인	정당인
연령	56세	61세	44세	49세
학력	서울대학교 대학원 정치학과 졸업	이화여자대학교 약학대학 제약학과 졸업	한양대학교 독어독문학과 졸업	경희대학교 영어영문학과 졸업
경력	(전)제17·18대 국회의원 (전)박근혜대통령 후보 청년일자리 특별본부장	(전)국회여성가족위원회 위원장 (현)국회의원 (제18·19대)	(전)한양대학교 총 학생회장 (전)제6·7대 부천시의회 의원	(전)부천교육희망네트워크 공동대표 (현)정의당 경기도당 부천시 소사구지역위원회 위원장
재산(천 원)	366,194	973,608	220,631	189,749
범죄 사실	1회	0회	2회	0회
득표수 (%)	39,303 (36.86)	46,650 (43.75)	18,121 (16.99)	2,545 (2.38)

다. 19대 총선에서 김 의원은 부천에 온 지 얼마 되지 않았으나, 부천시 뉴타운 논란 등으로 운 좋게 재선의 고지에 올랐다. "고 김대중 대통령의 남자"로 불리우는 박지원 후보마저 실패한 적이 있는 부천 소사에서 비례대표 출신 여성 후보가 과반의 득표로 당선 된 것은 놀라운 일이었다.[5] 한편, 정의당은 지역 내에서 잔뼈가 굵은 신현자 후보가 출마하였고, 김정기 의원은 무소속으로 처음에 후보 등록을 했으나, 최종적으로는 국민의당 후보로 총선에 출마했다.

먼저, 차 후보의 인터넷 연관검색어에는 김문수 전 경기도 지사의 이름이 빠지지 않는다. 1980년대 김문수 도지사가 사회·노동운동을 하던 시절, 차 의원이 그와 함께 이상과 목표를 설정했기 때문에 "김문수 경기도지사의 장남"이라는 별칭이 붙을 정도로 둘 사이는 각별했다. 오랜 시간을 함께 한 만큼 차 의원은 김 도지사를 정치적 스승으로 모셨다. 2010년 국회의원들이 최저생활비로 하루를 살아 보는 참여연대 캠페인에 차 의원도 참여하였다. 그는 "나는 왜 단돈 6,300원

---

5. 박지원 후보가 1996년 15대 총선에서 부천 소사구 후보로 출마해 김문수 후보에게 패배하였다.

으로 황제와 같은 생활을 할 수 있었을까, 밥 먹으라고 준 돈으로 사회기부도 하고 문화생활까지 즐겼을까"[6]라는 체험 수기를 SNS에 남겼는데 이 수기가, 6,300원으로 매일 살아가는 가난한 사람들을 배려하지 못한 발언으로 범국민적인 질타를 받았다. 이후 그는 '차명진 황제설'로 유명해졌다. 한편 차 후보에게 김문수 의원이 있다면 김상희 후보는 한명숙 의원이 있었다. 이 두 사람은 이화여자대학교 동문이기도 하며 한국 여성민우회의 공동 창립멤버이다. 김 후보는 30여 년간 한명숙 의원과 함께 여성·환경 운동에 주력해 온 시민운동가 출신이다. 19대 전반기 국회에서 여성가족위원회 위원장을 지내며 아동성폭력방지 특위를 만들어 활동하기도 했다.

후보의 공약

소사구에 출마한 국회의원 후보라면 빠질 수 없는 공약이 바로 교통과 뉴타운 건설이다. 뉴타운 건설은 16년 전 김문수 의원이 출마했을 당시부터 제시된 단골 공약이다. 19대 총선에서 여당 의원이 야당 의원으로 바뀌었으나, 별다른 진전이 없어서 소사구 유권자들의 실망이 큰 편이었다.

차명진 후보의 '국회의원 특권 내려 놓기'의 공약은 파격적이었지만 의구심이 드는 공약이었다. 실제로 4월 2일, 차명진 의원을 인터뷰해 본 바, 차 의원은 19대 총선 때 낙선한 이후로 "겸손함과 깨끗하게 살아야 함을 깨달았다."라고 했다. 그래서 지난 4년간 10년 된 프라이드를 타고 다니며 쓰레기 줍기, 연탄봉사, 김장 담그기 등 봉사를 했고, 미국에 가서 연구원으로 활동을 하며 마음을 버리고 "낮은 곳에서부터 20대 총선을 준비했다."라고 했다. 국회의원은 벼슬이 아니며 머슴임을 자처하면서 "소사구를 위해 희생하려는 마음의 준비가 되어 있다."라고 강하게 주장했다. 또한, 차 의원의 공약을 보면 '어르신들을 위한 공공목욕탕 설

---

6. "최저 생계비로 황제식사…차명진 체험기 네티즌 뭇매", 노컷뉴스, 2016. 7. 27.

표 2. 주요 후보의 선거공약 비교

	차명진	김상희
표지	낮은 곳에서 뜨겁게 깨끗하게 소사 머슴 차명진	잘하니깨 믿으니깨 소사댁 김상희
주요 공약	• 국회의원 특권 내려놓기 • 중동-소사-온수역 정차 급행노선 신설 　(송내-부천-역곡 노선 외 별도로 신설) • 소사로(시흥IC→소사방향) 일부 구간 확장 • 기숙고등학교 유치 • 어르신들을 위한 공공목욕탕 설치 • 청년벤처창업지원센터, 시니어 일자리 지 　원센터 설치	• 범안로 확장 문제 해결 • 소사-원시-대곡 2018년 개통 예정 • 소사역 출입구 확보 • 공원 및 체육단지 조성 • 학교시설 현대화 사업 • 청년 일자리 70만 개 확대
지역구 관련 핵심 표어	사통팔달 소사를 만들겠습니다! 행복 1번지 소사구! 365일 경제가 살아 있는 소사구! 집권당 3선의 힘으로 박근혜 정부의 성공을 책임지겠습니다!	오직 민생, 소사를 위해 뛰겠습니다!

치' 등 세대를 아우를 수 있는 공약을 제시하였다. 이는 김문수 의원을 기억하고 있는 노년층을 타겟으로 한 공약이 아닐까 싶다.

한편 김상희 의원은 '머슴'에 대항하여 '소사댁'이라는 명칭을 사용하였는데, 이는 며느리같이 싹싹한 이미지를 상기시켰다. 김상희 의원은, 김문수 의원과 차명진 의원 집권 시절 16년 동안 "소사구는 침체되었다."라고 주장하며, 소사는 뉴타운 논란으로 방치된 도시라고 안타까움을 표현했다. 그녀는 지난 4년간, 뉴타운 문제 해결과 주민을 위한 인프라를 구축하는 데 가장 공을 들였다. 20대 총선에서도 당선된다면 구축된 인프라를 기반으로 소사구 발전을 이루겠다고 약속했다. 오직 민생을 외치는 김 의원은 "보다 나은 삶을 제공하기 위해 지난 4년간 힘썼다."라고 주장했다. 예를 들면 김 의원은 관내 학교시설 현대화사업을 위해 소사 지역위원장이 된 지난 2010년 이후, 총 196억 원의 예산을 투입했고, 다목적체육관만 6곳이나 지었다. 주위에서 '학교사업은 표가 안 되니 너무 힘 빼지 말라'고 만류했지만, 원도심이 살려면 젊은 사람들이 안심하고 생활할 수 있는 환경이 필요하다고 역설했다. 그 첫걸음으로 좋은 교육환경 만들기를 한 것이다.

3월 23일, 전화통화로 김상희 의원을 인터뷰했을 때, 여성 국회의원으로서의 장단점에 대해 물어봤다. "여성 국회의원은 당내에서 공천 경쟁을 이기고 당선되기가 어렵고 남자들에 비해 집안 지원자, 주변인들의 네트워크의 부재로 어려운 점이 있다. 그러나 여성으로서 섬세하고 포근하게 다가가 소통할 수 있다."라고 말했다. 후보의 선거유세활동에서도 이러한 특징이 나타났다. 차 후보는 길거리유세를 자주 했고, 김 후보는 시장이나 노인정 방문에 주력했다. 두 후보는 공통적으로 교육 관련 공약을 제시하였다. 부천 소사는 면적에 비해 고등학교가 밀집된 지역이며, 뉴타운이다 보니 학부모들의 교육열이 높은 것을 간파한 공약으로 보였다.

소사구의 화두는 소사역과 안산시 단원구를 연결하는 소사─원시선 완공이었다. 이에 대한 두 후보의 신경전이 날카로웠다. 소사구민들은 김 후보의 가장 큰 업적을 소사─원시선 착공으로 보았다. 그러나 준비작업을 시작한 것은 제18대 차명진 의원 시절이었다. 지하철 노선을 개통하기 위해서는 천문학적인 금액의 예산 확보와 사계절 기후변화를 까다롭게 조사해야 함으로 4년 이상의 시간이 걸린다. 그는 임기 내에 완공하지 못했고, 김 후보는 모든 공로를 본인한테 돌린 점에서 차 후보와 마찰이 있었다. 그러나 소사구민들은 지하철 완공 시기가 지연된 사실만 접하고 있기 때문에 '누구' 보다 '언제'를 더 궁금해 했다. 20대 의원에게는 지하철 완공뿐 아니라 또 하나의 숙제가 있었는데, 바로 16년 동안 거론된 소사 뉴타운이다. 미국 금융위기 여파로 국내 부동산시장이 침체되어 뉴타운은 사업성을 확보하지 못하였고 결국 재정촉진지구에서 제외되었다. 후보들은 매 선거마다 재정비촉진지구 재지정을 공약으로 내걸었으나 지키지 못했다. 소사 뉴타운은 해결하지 못한 숙제가 되었고 구민들의 반발을 잠재워야 하는 20대 의원의 어깨가 무거울 것으로 예상되었다.

후보들의 선거전략 비교

이번 총선은 차명진 후보와 김상희 후보 간의 리턴매치이기 때문에 더욱 치열했다. 차 후보는 김 의원이 군대 내 동성애를 허용하는 법안을 발의했다고 주장했다. 그러나 김 의원은 이것이 흑색선전, 네거티브에 불과하다고 주장하며, 허위사실 공표로 차 의원을 선거관리위원회에 고발했다. 이외에도 양대 후보는 한 치의 양보도 없는 선거전략을 구사하기 위해 노력했다. 예를 들면 김 의원은 일자리 제공에 관한 공약을 강조하였고, 현 여당으로 인한 경제파탄, 빈부격차 증가를 부각했다. 여당의 잘못된 정책을 비판함으로써 주민들이 제대로 판단하고 평가할 수 있는 선거전략을 도입한 것이다. 김 의원은 2012년 총선에서도 여당이 16년 동안 뉴타운에 대해 잘못된 정책을 도입해서 소사구를 침체시켰다고 강조했다. 20대 총선에서 김 의원은 지난 4년간의 국회의원으로서 검증받는 날이기 때문에 그동안 본인이 얼마나 소사를 변화시켰는가를 보여 주기 위해 그동안의 의정활동을 홍보하는 전략을 펼쳤다. 김 의원의 공식 홈페이지에서 홍보 자료나 의정활동 내역을 볼 수 있었다. 김 의원은 차 의원과 달리 상대적으로 온라인 활동에는 미진했다. 젊은 유권자들이 자주 접할 수 있는 트위터나 블로그 포스팅보다는 모든 정보를 홈페이지에 업로드했다. 심지어 선거 한 달 전에는 블로그를 폐쇄하고 홈페이지 공략에 주력했다. 시민들과 접촉할 수 있는 별도의 채널이 없었던 게 아쉬웠다.

한편 차 후보의 선거전략은 유권자 분석과 경쟁구도 활용에 중점을 두었다. 소사구에 사는 유권자의 출신지역을 분석한 결과, 영남 출신 15%, 호남 출신 30%, 충청 출신 34%으로 구성되어 있었다. 상대적으로 지역감정이 뚜렷하지 않는 충청 출신이 많이 거주하고 있기 때문에, 이들이 거주하는 지역을 타겟으로 집중적인 유세활동을 했다. 다음은 경쟁구도로, 20대 총선에서 소사구는 1여3야의 경쟁구도여서 차 의원은 여당 후보의 이점을 살리고자 노력하였다. 또 2차례의 국회의원 경력을 바탕으로 예산 확보에 특히 강한 자신감을 보였다. 본인의 국회의원

임기 중에 전국 최고의 예산을 확보한 실적과 함께 18대 공약 이행 우수상 수상 경험을 내세웠다. 또한, 그는 SNS를 통해 시민들과 소통했다.[7] 그의 블로그는 이틀에 한 번씩 업데이트가 되었고 주로 선거유세를 하고 있는 사진을 포스팅했다. 그는 거리유세보다는 TV, SNS 같은 매체를 활용하는 것이 효과적이라고 했다. 인터뷰를 위해 선거사무소를 방문했을 때 차 후보는 KBS와 촬영 중이었다. 또한 인터넷 네이버 배너에 홍보 사진이 수차례 올라왔다. 이는 젊은 유권자들의 표심을 얻기위한 전략이었다.

김상희 후보는 20대는 너무 정치에 관심을 갖지 않는다며 안타까워했다. 하지만 젊은 사람들은 기본적으로 기득권에 대해 비판적인 시각과 안목을 갖고 있고 사회를 객관적으로 평가할 수 있는 능력이 있기 때문에 옳고 그름을 진단할 것이라고 보았다. 그녀는 20대를 공략할 전략으로, 그동안 논란이 되었던 국정원 감청, 테러방지법 같이 개인의 인권 문제에 위협이 되고 민주주의를 저해하는 요소를 차단해야 한다고 주장했다. 또 청년들의 고민거리인 등록금 문제, 일자리 문제 등을 개선한다는 공약을 추가하였다. 김 후보와 비슷하게 차명진 후보도 20대를 공략할 전략으로 일자리 문제 개선을 위한 창업지원센터 설립을 약속했다. 차 후보는 야당이 여당의 발목을 잡아 경제개혁을 할 수 없다고 강조하며 이번에 당선되면 집권여당 3선의 힘으로 소사의 경제발전을 이루겠다는 포부를 밝혔다.

유권자 설문조사 분석

소사구 유권자를 대상으로 여론조사를 실시했다. 설문지를 이용하여 4월 7일부터 4일 동안 98명의 표본을 수집하였다. 여론조사를 토대로 소사구의 정치 현황을 파악한 결과, 첫째, 소사구는 더 이상 여당 강세지역이 아니었다. 둘째, 정치인에 대한 실망감으로 정치에 관심 없는 사람이 많았다.

---

7. 블로그 포스팅, 트위터, 페이스북 등

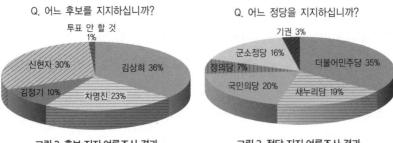

Q. 어느 후보를 지지하십니까?

투표 안 할 것
1%

신현자 30%
김정기 10%
김상희 36%
차명진 23%

그림 2. 후보 지지 여론조사 결과

Q. 어느 정당을 지지하십니까?

기권 3%
군소정당 16%
정의당 7%
국민의당 20%
더불어민주당 35%
새누리당 19%

그림 3. 정당 지지 여론조사 결과

〈그림 2〉에서 보듯이, 부천 소사는 일여다야 구도로 야당은 분열된 상황이었다. 그럼에도 불구하고 소사구에서 김상희 후보를 지지하는 유권자가 36%로 가장 많았고 차명진 후보는 23%에 그쳤다. 김정기 후보도 예상 외로 선전을 하였는데 그 이유는 다음과 같다. "1번은 그냥 싫고, 2번은 뭘 했나 싶고, 이번엔 3번 어떨까 싶네요."[8] 거대 양당들의 계파정치에 시달린 주민들은 이제 다른 후보에게 기회를 주고 싶다고 했다. 정의당의 신현자 후보를 지지하는 유권자는 거의 없었지만, 소사구 유권자들에게 정의당을 알리는 효과는 있었을 것이다. 다음으로 소사주민들의 투표 기준은 무엇인지를 알아보았다. 이념이 가장 압도적으로 56%를 차지하였고, 다음으로는 주변의 권유가 15%로 2위를 차지했다. 지역, 세대는 12%였으며 후보의 인지도는 3%로 가장 낮았다. 아마 소사구는 오정구나 원미구에 비해 고등학교가 많아서 점점 젊은 층의 비율이 늘어나는 바람에 보수적인 성향보다 진보적인 성향이 강해진 것으로 보였다. 마지막으로 정당 지지도를 파악했다. 〈그림 3〉에서 보듯이 정당 지지도 역시 더불어민주당을 지지하는 유권자가 많았다. 2번을 지지하는 35%의 유권자들의 공통적 대답은 "1번만 아니면 돼요."였다. 세대, 이념, 지역을 넘어서 현 정부에 대한 불만이 이런 결과를 초래한 것으로 보였다. 그런데 매우 흥미로운 점은 투표를 하지 않겠다는 유권자가 30%에 육박했다는 점이다. 그 이유에 대해 질문을 했고 답은 아래와 같았다.

---

8. "4·13총선 인터뷰, 부천소사 김정기 후보 "화난 민심, 3번에 기회…승리 자신"", 아주경제, 2016. 4. 9.

Q. 왜 투표를 하지 않으시나요?

A. 투표를 안 하는 것도 하나의 의사표현이다. 이번 국회에 대한 불만으로 투표를
안 하게 되는 것 같다. 국회의원들의 정책을 살펴보면 너무 터무니없는 게 많다.[9]

A. 조금 나은가 싶어 찍어 주면 다 똑같아져서.[10]

A. 정치인들의 일시적인 자기 홍보이고 당선되기 위한 가식적인 행동과 웃음이
다. 당선되고 난 후에 정치인들의 무관심이 심하므로 투표 안 한다.[11]

A. 정치에 관심 없고 정치인들은 다 똑같아서.[12]

이번에 투표를 하지 않겠다는 유권자가 많아진 이유는 총선을 앞두고 여당인
새누리당과 야당인 더불어민주당이 모두 공천 파동으로 국민의 신망을 잃었기
때문으로 풀이할 수 있다. 특히 공천 문제로 세간이 시끄러웠다. 새누리는 이재
오, 유승민 등 다수 중진들의 공천 탈락과 김무성 대표의 옥새파동으로 큰 소동
을 빚었다. 더불어민주당 역시 친노 그룹의 수장격인 이해찬과 정청래 등의 공천
탈락으로 당내 분란이 발생했다.

선거 결과 분석

총선 결과가 나오기 전에는 새누리당이 유리할 것으로 예상했으나, 예상과 달
리 여소야대의 국회가 탄생했다. '일여다야'의 구도에서 더불어민주당이 승리했
는데 소사구도 전국적인 추세와 비슷했다. 야당이 세 곳으로 분열돼, 차명진 의
원이 승리할 것으로 보였지만 김상희 의원이 당선되었다. 차명진 후보가 36.8%,
김상희 의원이 43.75%를 득표한 결과, 김 의원이 6.95%의 차이로 승리했다. 부

---

9. 20대 남성 유권자, 범박동
10. 60대 여성 유권자, 괴안동
11. 20대 여성 유권자, 소사본동
12. 30대 남성 유권자, 송내2동

천 소사에서 차명진 후보의 패배 요인은 자기 브랜드가 없었다는 것이다. 차명진 후보는 두 차례 국회의원을 역임할 정도로 유능한 의원이다. 그러나 그에게는 항상 김문수라는 이름이 따라 다녔다. 김 의원이 도지사로 출마하기 위해 지역구를 퇴임하면서 차 후보에게 물려준 상황이었다. 이는 구민들도 느끼고 있던 후광효과였기 때문에 차 의원은 본인을 내세울 수 있는 고유한 것이 필요했다. 그러나 부천은 예로부터 야당 강세의 구도였기 때문에 유일한 여당 의원의 홀로서기는 쉽지 않았다. 소사구는 심곡본1동, 심곡본동, 소사본동, 소사본3동, 범박동, 괴안동, 역곡3동, 송내1·2동으로 총 아홉 개로 구성되어 있다. 투표 수[13]를 동별로 분석해 보니, 심곡본동을 제외한 8개 동 모두 김상희 의원의 표 수가 많았다. 유일하게 차 의원의 손을 들어준 심곡본동은 믿기지 않게도 김 의원과 동점표였다.

또 다른 요인은 현 정부에 대한 유권자들의 불만과 함께 변화를 바라는 유권자들의 바람이 반영된 것이다. 20대 총선은 지역대표를 선출한다는 의미보다 중앙정치, 즉 국정에 대한 심판의 성격이 강했다. 야당이 1석 차로 16년 만에 제1당으로 올라섰다. 또 새누리당이나 더불어민주당이 과거 본인들이 독식하던 지역에서 의석을 잃었다. 여당의 텃밭인 대구에서 "소사의 영웅" 김문수 의원이 더불어민주당 후보 김부겸 의원에게 참패를 당했다. 또 호남에서 더불어민주당 대신 국민의당이 20여석을 확보하면서 녹색돌풍을 일으켰다. 20대 총선은 변화를 꿈꾸는 국민들의 바람이 나타난 선거였다.

---

13. 차명진: 39,303, 김상희: 46,650

26. 현역의원의 재선 전략에 대한 유권자의 반응

[인천 서구 갑]

김도희

인천 서구 갑의 특징

인천 서구 갑은 청라동, 가정동, 신현 원창동, 석남동, 가좌동 등으로 구성되어 있다. 이 지역은 주로 구도심이 자리하고 있어서 낙후된 지역이라는 사회적 인식이 존재하고, 특히 SK석유화학단지가 있어 주변 대기환경에 대한 인식이 좋지 않다. 그러나 약 10년 전부터 청라지구를 국제금융도시로 건설하기 위한 인천 지하철 2호선 건설과 함께 서울 지하철 9호선 연장 추진으로 많은 자본이 유입될 가능성이 있다. 현재 가정동 오거리 일대는 국내 최초의 입체복합도시인 루원시티가 개발 중이다. 구도심을 헐어 내고 루원시티 타워 건설을 통해 일자리와 이익 창출 가능성을 엿볼 수 있었다. 그러나 청라와 가정 개발계획의 발표 이후, 기대되었던 주변 지역상권의 활성화와 일자리 창

그림 1. 인천 서구 갑의 행정 구역과 인구수

서구갑
262,545
*2015년 10월 인구조사

출의 효과는 미미했고, 구도심의 침체로 주민들의 불만이 많은 상태였다. 이러한 특징은 후보들의 선거전략에도 영향을 미쳤다. 서구 갑의 정치적 특징은 13·14대 총선(민주정의당, 민주자유당) 이후 17대 총선까지 야당(새정치국민회의, 새천년민주당, 열린우리당)이 강세를 보였다는 것이다. 하지만 18대 총선에서 이학재 후보의 당선 이후 여당인 새누리당(구 한나라당)의 독주체제가 유지되었다. 결국 인천 서구 유권자들은 야당 성향이 있지만, 이학재 후보처럼 비교적 중도적 인물을 선택하는 경향도 있다고 볼 수 있다.

이학재 후보의 특징

서구 갑에 출마한 이학재 후보의 가장 큰 특징은 인천 서구의 토박이라는 점이다. 어린 시절부터 이 후보는 인천 서구에 거주해 왔으며 인천 서구의 검단 초등학교, 검단 중학교를 졸업했다. 이런 점에서 이 후보는 연고주의(緣故主義) 전략을 활용할 수 있었다. 그동안 이 후보가 꾸준히 정치 커리어를 인천광역시 서구에서 이뤄 왔다는 점도 주목할 만했다. 2002년 7월 인천 서구청장(한나라당)에 취임했으며, 4년 뒤 2006년에 서구청장 선거에서 인천지역 단체장 중 최고 득표율로 당선되었다. 2008년에는 서구청장을 사임하고 제18대 국회의원에 도전하여 서구 갑의 국회의원이 된 후, 2012년에는 제19대 국회의원에 재선되었다.[1] 정치 커리어를 꾸준하게 서구에서 쌓아 온 만큼, 이학재 후보는 서구 갑에서 높은 인지도를 보유하고 있어 20대 총선에서도 당선 가능성이 높았다.

그의 또 다른 특징은 정치인으로서 경력이 화려하다는 것이다. 2009년에는 한나라당 원내부대표를 지냈으며, 2012년에는 새누리당 박근혜 대통령 후보 비서실장을 역임하였다. 52세라는 비교적 젊은 나이지만 20대 총선에서 승리하면 3

---

1. 이학재후보는 2008년 18대, 2012년 19대 총선에서 각각 한나라당, 새누리당 후보로 출마하였다. 당시 선거구가 인천 서구·강화군 갑으로 되어 있었는데 20대 총선을 앞두고 선거구 개편이 서구 갑과 을로 분구되었다.

선의 중진의원이 된다. 유권자들은 힘 있는 국회의원이 있어야 선거구의 현안을 해결할 수 있을 것으로 믿기 때문에 이 후보는 "힘 있는 국회의원"이라는 이미지를 유권자들에게 어필했다. 그러나 정치인으로서 좋은 이미지를 가진 이학재 후보의 이력을 살펴보니 전과기록이 한 건 존재했다. 1995년 선거운동원에게 금품을 제공해, 선거법 위반으로 징역 10월에 집행유예 2년을 선고받은 전과였다. 유권자들은 이러한 전과기록에 대해 후보의 청렴성에 관한 의문을 가질 수밖에 없다. 또한 그는 2006년 지방선거에서 유권자에게 구청장 사퇴를 하지 않겠다는 약속을 저버리고 구청장을 사퇴한 전례가 있다. 이로 인해 보궐선거 비용 16억 3000여 만 원을 구민의 혈세로 지출함으로써 인천 서구 재정을 어렵게 했다는 비난 여론이 일기도 했다.[2]

이학재 후보의 선거전략

서구 갑의 주요 이슈와 공약으로는 주로 환경과 신도시에 관한 것이 대다수였다. 첫 번째 이슈는 구도심을 관통하는 경인고속도로이다. 경인고속도로는 소음을 야기할 뿐 아니라 교통 또한 불편하며 구도심의 상권을 사장시키는 등 여러 문제점들을 가지고 있었다. 이에 대해서 이 후보는 경인고속도로의 일반도로화를 공약으로 내세웠다. 가정동에서 신월동까지의 지하도로화를 추진하면 민자 사업구조를 갖게 되는데, 이에 대해 유권자들의 우려가 많았다. 그러나 이 후보는 건설될 지하도로 요금이 민자 사업구조 때문에 상승할 가능성이 있지만 중앙정부의 국고 보조를 받아서라도 요금을 동결할 것임을 시사했다. 그는 경인고속도로의 일반도로화는 이전부터 추진되고 있었으나 2010년 당시 송영길 인천시장의 중단으로 멈춰졌을 뿐이라고 말했다. 이후 2012년 대통령 공약으로 경인고속도로의 일반화를 이미 확정했다고 말했다.[3] 이전에 본인이 추진하던 공약에 대

---

2. "인천연대, 이학재 후보 낙선대상자 선정 파문", 기호일보, 2008. 4. 1.
3. "한다면 한다! 이학재! – 경인고속도로 일반도로화", http://blog.naver.com/hjv6465/2206172368 30

한 재이행을 다시 공약으로 내세운 것이다.

두 번째 이슈는 구도심 지역 활성화를 위한 대책 마련이 시급하다는 것이었다. 구도심 활성화를 위해 인천시는 루원시티를 건설하는 계획을 가지고 있었다. 루원시티는 국내 최초의 입체복합도시로서 프랑스 파리의 입체복합도시 라데팡스를 모티브로 건설 예정 중에 있었다.[4] 이 후보는 이전부터 구도심을 활성화하겠다는 공약을 내걸고 루원시티 건설을 위해 노력했다. 그러나 토지 매입 등을 위한 주민과의 원활한 합의가 이루어지지 못해 루원시티 건설 자체가 10년째 표류하고 있는 실정이었다. 이에 대해서 이학재 후보는 다시 인천시청 루원시티 정상화를 공약으로 내걸었다. 인천시청을 현 청사 부지에 재건축할 필요 없이, 루원시티로 이전하겠다는 것이 주 내용이다. 인천시가 인천 전 지역을 새로운 시청 신축 부지 후보에 포함시킨 만큼, 루원시티에 시청을 유치하겠다는 것이다. 가정동 오거리는 인천의 교통과 지리의 중심지인데다가 여의도와의 접근성이 뛰어나므로 유치에 유리하다. 이 후보는 시청은 한 번 유치되면 50년 정도 그 기능을 수행하기 때문에 저절로 구도심을 활성화시킬 수 있을 것이라고 기대했다.

세 번째는 청라 국제도시 활성화의 필요성이다. 20대 총선 당시, 청라 국제지구는 입주가 완료된 상태였는데, 당초의 기대와는 달리 활성화가 미미한 추세였다. 이 후보는 이러한 청라의 문제를 해결하기 위해서 청라 시티타워 건립을 정상화하겠다고 선언했다. 시티타워는 인천 청라국제도시의 구심축이 될 453m 높이의 빌딩으로 건설이 하반기에 시작될 예정이었다. 또한 이 후보는 청라 국제도시 활성화의 걸림돌이었던 교통 사정도 개선할 것을 약속했다. 이미 공항철도 청라국제도시역과 '청라–화곡역' BRT버스가 개통, 운행 중이었다. 2016년 12월, 신방화역까지 BRT버스가 추가로 개통될 예정이었다. 2017년에는 제2외곽순환도로 연결 및 지하철 9호선이 공항철도와 연계돼 운행될 예정이다. 지하철 7호선 연장구간도 예비타당성 조사가 진행 중에 있어 빠르면 9월 이전에 결과가 발표

---

4. 도심을 입체화하여 토지의 효용성을 높이는 한편, 주거·업무·문화생활이 한곳에서 이루어지는 도시

될 것으로 보였다. 지하철 노선이 신설되고 제2외곽순환도로가 개통되면 강남과의 이동시간 단축으로 강남권 직장인 수요도 대거 몰릴 것으로 예상되었다. 초역세권 교통과 커넬웨이 덕에 외부수요의 유입도 상당할 것으로 기대되었다.

서구 갑의 또 다른 이슈는 수년간 표류 중인 제3연륙교 건설이다. 제3연륙교는 국토부 산하 공기업인 토지주택공사(LH)가 영종·청라지역을 개발·분양하면서 공표되었다. 그러나 제3연륙교는 구상 단계에만 머물러 있었다. 그 이유는 2004년 당시 공항 진입대로인 영종·인천대교를 건설하면서 민간 사업자의 손실 보전 차원에서 체결한 경쟁방지 조항 때문이었다. 국토부는 당시 민간사업자와 최소운영수입보장제(MRG)[5] 기간이 끝나더라도 운영 기간이 종료되기 전 새로운 대교가 건설될 경우, 지원금을 주도록 하는 경쟁방지 조항을 체결했다. 이 조항 때문에 영종대교와 인천대교의 최소운영수입보장 기간이 종료되더라도 제3연륙교 건설이 쉽지 않다. 영종대교는 2020년, 인천대교는 2024년까지 최소운영수입보장 기간이고 운영 기간은 영종대교가 2030년, 인천대교가 2039년이다. 최소운영수입보장 기간이 끝나도 별도 부담 없이 제3연륙교를 건설하려면 2040년이 돼야 가능하고 그 이전까지는 막대한 지원금을 양 대교의 민간사업자에게 지불해야 하는 실정이다. 이 후보는 이에 대해서 국토교통부 책임론을 내세웠다. 이 사태를 만든 국토교통부가 책임을 져야 한다는 것이다. 이 후보는 인천 국제공항 측에서 양 다리를 매입하는 해법을 통해 비용 손실 문제를 근본적으로 해결할 수 있다고 주장했다. 또한 표류 중인 제3연륙교 건설을 재추진하겠다는 공약을 내세웠다. 제3연륙교는 청라국제도시와 영종 하늘도시를 성공시키는 열쇠다. 특히 청라의 국제업무타운 성공에 반드시 필요하다. 이미 제3연륙교 건설 사업은 사업비 5000억 원이 확보돼 있다. 그러므로 그는 양 대교의 최소운영수입보장 기간

---

5. 민간자본으로 건설되는 도로, 교량, 터널, 경전철 등 사회기반시설을 만들 때 실제 수익이 예상 수익에 못 미칠 경우 손실 일부를 보전해 주는 제도. 예컨대 민간 투자로 터널을 개통한 후 통행량이 건설 당시 예측보다 적을 경우 통행료 일부를 지방자치단체가 민간 사업자에 지급하는 것이다. 그러나 이 제도는 정부나 지자체의 과다 예측 수요의 폐해로 인한 보전 금액이 늘어나 재정손실이 커지면서 2009년 폐지됐다.

이 종료되는 것을 전제로 실시설계와 행정절차 등 준비기간을 거쳐 착공에 들어가면 최소 4~5년 내에 부담 없이 제3연륙교를 건설할 수 있을 것으로 보고 '선착공, 후협상' 방식으로 추진하는 방안을 내세웠다.

인천 서구 갑의 다섯 번째 이슈는 수도권 매립지 연장과 악취 해결이다. 수도권 매립지는 수도권의 세 개 광역자치단체에서 배출되는 쓰레기를 처리할 목적으로 1992년 2월 10일에 개장되었다. 난지도 쓰레기매립장이 수용 한계에 도달함에 따라 서울특별시와 환경부가 공동 투자하여 김포시 양촌읍 학운리와 인천광역시 서구 검단5동에 속한 해안간척지 627만 6837평(2074만 9874㎡)에 건설하였다. 수도권에서 나오는 모든 쓰레기를 매립하며, 예상 매립기한은 2016년, 예상 총 매립용량은 2억 5273만t(2억 8081만㎡)이다. 이 중 제1매립장은 1992년 2월부터 2000년 10월까지 6400만t의 폐기물에 대한 매립이 완료되었다. 현재 매립 진행 중인 제2매립장은 371만m² 부지 면적으로 2016년 12월까지 활용되며, 사업 기간 종료 후에는 전체 부지를 공원화할 예정이었다. 또한 매립지 건설 이후 꾸준히 제기되는 악취 문제가 여전히 남아 있었다. 이 후보는 매립지에 테마파크를 조성해 주민들의 편의시설을 확충하고, 악취 문제 또한 관련 법령을 강화하겠다는 공약을 발표했다. 그러나 인천시가 수도권 매립지 연장계획을 발표함에 따라, 주민들의 반발이 높아지고 있는 상황에서 이 후보의 공약은 타 후보와 차이점이 없어 보였다.

마지막 이슈는 SK화학단지 공기오염과 주변 낙후시설 문제다. SK화학단지는 1969년부터 인천 서구, 청라 자리를 지켜오고 있다. 청라신도시가 건설되면서, 화학단지 주변 환경 문제가 대두되었다. 이에 대해서 이학재 후보는 SK화학단지 주변 생활환경 개선을 공약으로 내걸고, SK아파트단지 내 중학교 건립 등 교육여건 강화에도 힘쓰겠다고 밝혔다.

후보의 주요 이슈와 공약을 살펴보았을 때, 지난 선거의 공약을 다시 가지고 나왔다는 점을 알 수 있었다. 그럼에도 불구하고 이 후보는 과거 공약 이행 증거를 바탕으로 공약의 이행 가능성이 높고 공약의 타당성도 높다고 주장하였다. 또한 이 후보는 3선에 도전하는 후보만이 할 수 있는 선거전략을 내세웠다. 그것은 본인이 서구 갑에서 가지고 있는 광범위한 지역적 인지도를 적극적으로 활용한 것이었다. 제18·19대 국회의원으로서 그동안 본인이 서구 발전에 이바지한 점들을 유권자들에게 어필했고 18·19대 때부터 장기적으로 실행하고 있는 공약들을 다시 제20대 총선의 카드로 활용했다. 그리고 본인만의 확실한 지지층을 이용했다. 18·19대 총선을 거쳐 오면서 이학재 후보는 항상 50%가 넘는 득표율을 얻어 왔다. 또한 이 후보는 2번의 연임을 거치면서 선거구 내에 확실한 지지층을 형성했다. 이러한 지지층들에 대한 확신을 바탕으로 그들의 마음을 붙잡는 한편 다른 유권자들의 마음을 얻기 위해 노력하는 전략을 선택했다. 마지막으로 송영길 전 인천광역시 시장에 대한 심판론을 전략으로 들고 나왔다. 특히 전임 시장 심판론과 함께 야당에 대한 심판론을 적절히 사용했는데, 기존 여당 지지자뿐 아니라 송영길 전 시장에 대한 부정적 인식을 갖고 있는 유권자의 표를 본인의 것으로 흡수하기 위한 것이었다.

이 후보의 오프라인 선거운동은 크게 두 가지로 나타났다. 첫째, 선거운동원들과 차량을 활용한 유세를 적극적으로 전개했다. 이 후보는 젊은 유권자들에게 친숙한 '픽 미(pick me)'라는 노래를 선거송(song)으로 만들었다. 전광판을 설치한 선거차량를 이용하여 선거송에 맞춘 뮤직비디오 또한 공개했다. 그리고 선거운동원들이 그의 선거 슬로건인 '한다면 한다!'를 지속적으로 홍보했다. 둘째, 이 후보는 본인의 인지도에 대한 자신감을 바탕으로 시장, 사거리, 지하철역 등 인구가 많이 모이는 곳을 이용했다. 잦은 스킨십은 정치에 무관심한 사람들에게는 친숙한 후보라는 이미지를 전달하기 때문에 투표로 이어지는 긍정적인 효과를 낳을 수 있다. 그래서 그는 유권자들과의 잦은 스킨십을 통해 본인의 친숙함을 강조하기 위해 노력했다. 한편 온라인 선거운동으로는 꾸준히 블로그를 이용하여 지역 주민들에게 본인의 활동을 소개해 왔다. 블로그에는 후보의 활동이 국회활동, 서구활동, 의원실 보도자료와 주민생활 공감으로 분류되어 있었다. 그는 2011년부터 꾸준하게 블로그를 운영하고 있다. 또 이 후보는 과거 트위터를 이용하여 국정에 대한 소식을 전반적으로 전달했다. 근래에는 페이스북, 인스타그램 등과 같은 젊은 층이 많이 사용하는 SNS를 활용해 더 많은 소통을 하기 위해 노력하였다. 이처럼 이 후보의 온라인 선거활동은 젊은 유권자에게 초점이 맞추어져 있었다.

이학재 후보 면담

필자는 4월 2일 이학재 후보의 선거사무소를 방문하고 인터뷰한 뒤 유세현장을 관찰하였다. 총 10시간이 소요되었다. 주로 선거운동 전략을 중심으로 인터뷰를 진행했다.

Q. 이번 20대 총선에서 3선에 도전하는 만큼 선거에 대한 후보의 생각이 궁금하다.

A. 이번 선거가 세 번째 도전이라고 해서 저번 선거보다 익숙해지거나 그런 것은 없다. 오히려 저번 선거와는 또 다른 치열함을 느끼고 있다. 20대 총선은 새로움과 긴장이라는 단어로 이야기 할 수 있을 것 같다. 사실 초선이나 재선이나 다를 바 없다. 중요한 것은 매 선거 때마다 다시 초심으로 돌아간다는 것이다. '항상 새로운 마음으로 봉사하겠다.' 라는 생각으로 선거운동을 하면서 유권자들을 만나고 있다. 언제나 처음 선거 때처럼 낮은 자세로 유권자들을 대한다. 이번에 출마하신 다른 후보님들도 다들 훌륭하고 좋으신 분들이기 때문에 그 분들을 이긴다는 마음보다도 저를 믿어주시는 지지자들에 대한 고마움과 책임감을 바탕으로 이번 선거를 임하고 있다. 그 어느 때보다, 누구보다도 가장 초심이 중요하다고 느껴지는 선거다.

Q. 더불어민주당 김교흥 후보와 인천 유일의 리턴 매치를 확정한 만큼 이 후보가 김교흥 후보와 공약에 있어서 차별점으로 둔 것이 무엇인지?

A. 무엇보다도 구도심과 신도심의 조화가 가장 중요하다고 생각한다. 구도심을 인천의 중심으로 만들겠다는 것이 이전 선거부터 내세운 목표다. 경인고속도

로의 일반도로화를 통해서 구도심을 다시 한 번 부흥시킬 수 있는 기회로 삼기 위해 노력했다. 송영길 인천시장 시절, 잠시 계획이 중단되었지만 노력의 결과로 경인고속도로의 일반도로화를 확정지었다. 국토부와 인천광역시와도 이미 협의가 끝났다. 또한 구월동에 위치한 인천시청을 가정동 루원시티로 이전하는 것이 구도심 활성화 계획 중 하나다. 이것이 김교흥 후보와의 가장 큰 차이다. 김교흥 후보는 루원시티에 교육청을 이전하자는 주장을 펼치고 있다. 하지만 교육청보다는 근본적인 발전을 할 수 있는 시청 이전이 필요하다. 현재 시 청사 중 인천시가 가장 좁다. 시의 17개 과가 밖에 나가 있다. 그래서 공무원 업무와 민원 원스톱 서비스의 질이 떨어질 수 밖에 없다. 한 시의 청사라는 것은 최소한 50년에서 100년을 내다보고 지어야 하는 것이다. 인천의 미래를 장기적으로 봤을 때 과연 현재의 위치에 다시 짓는게 타당한지 따져 봐야 한다. 지금보다는 새롭게 재도약할 수 있는, 발전 가능성이 높은 루원시티가 입지적으로 훨씬 낫다. 인천의 지도를 놓고 보면 그곳이 인천의 중심이다. 인천국제공항과 서울 사이 딱 가운데에 있다. 경인고속도로가 일반도로로 전환되고, 인천지하철 2호선이 7월 개통돼 교통 여건도 좋다. 그래서 다시 짓는다면 루원시티로 옮겨 짓자는 것이다. 또한 신도심인 청라를 진정한 국제도시로 만들고자 한다. 국제도시인 청라를 위해서 교통은 반드시 필요하다. 그래서 7호선을 청라까지 연장하고 시티타워를 마저 건립하는 것이 신도심의 활성화를 위해 필요하다. 7호선의 경우 이미 한국개발연구원(KDI)이 타당성 조사를 실시하고 있다.

이 후보의 공약은 지난 19대 선거 때 사용한 공약과 사실 큰 차이가 없었다. 하지만 생각해 보면 진행 중인 사업 자체가 장기간을 필요로 하는 사업들로 경인고속도로, 청라 시티타워, 루원시티 등은 서구의 오랜 숙원사업들이다. 19대 때의 공약을 계승한 것이기 때문에 일관성 있는 공약이라고 볼 수 있다. 이런 점은 본인의 성과를 강조하며, 사업의 마무리를 위해서는 본인이 필요함을 어필하는 중요한 요소였다.

Q. 젊은 유권자들에게 어떻게 다가갈 것인지?

A. 요즘 정치에 무관심한 젊은 층이 정말 많다. 정치가 젊은 사람들에게 따분한 것으로 생각되는 것 같아서 참 안타깝다. 그래서 이번 선거를 재미있는 선거로 만들어 보고 싶었다. 재미있는 선거가 되면 자연스럽게 젊은 유권자들의 시선과 접근을 이뤄낼 수 있을 거라고 생각했다. 젊은 사람들이 정치에 관심이 없는데 이에 대한 큰 원인은 정치인과의 소통의 장이 부재되어 있다는 것이라고 생각한다. 그래서 블로그, 트위터, 페이스북, 인스타그램을 활용하여 젊은 사람들과 소통하기 위해 노력하고 있다. 특히 페이스북에서 활발하게 활동하고 있다. 친구를 맺을 수 있는 한도가 5,000명이라서 많이 아쉽다. 더 많은 소통을 하기 위해서 페이스북에서도 다양한 방법을 마련하고 있다. 오프라인 활동으로는 젊은이들이 많이 모여 있는 식당이라거나 술집 같은 곳을 많이 방문하고 있다. 매일 선술집을 돌아다니며 한 두 잔씩 마시고 이야기하면 젊은 유권자들의 고민을 파악할 수 있다. 그래서 이러한 만남을 통해서 젊은이들과 직접 소통하며 젊은 사람들의 고민을 같은 눈높이에서 해결할 수 있도록 노력하고 있다.

젊은 유권자들에게 재미있는 선거로 다가겠다는 그의 전략은 성공했다고 본다. 실제로 뮤직비디오를 이용한 유세를 펼치면서 재미있어 하는 유권자들의 모습을 확인했다. 또한 그의 말대로, 활발한 블로그와 페이스북 활동을 관찰하면서 젊은 층에 다가가겠다는 그의 진정성에 대해 확인할 수 있었다.

Q. 선거유세활동을 크게 오프라인과 온라인 두 가지로 나누어 볼 때, 오프라인 활동은 어떠한 식으로 이루어지는지?

A. 현장에서의 주민 접촉을 이야기하시는 것 같다. 선거일정 동안 하루종일 주민들과 접촉하기 위해 노력하고 있다. 항상 새벽에서 밤까지 선거구의 골목길, 버스정류장, 출퇴근 전철역에서 유권자들을 만나고 인사를 드린다. 한낮에는 자전거를 타고 돌아다니며 일상생활에서 유권자들을 만난다. 자동차를 타고 다니

는 것보다 자전거를 타며 돌아다니는 것이 유권자들과의 접촉도 용이하고, 유권자들이 나를 알아보는 데도 용이하다. 자전거를 타다가 유권자들과 민생에 대한 이야기를 나누기도 한다. 아이들이 가끔 자전거를 타며 말도 걸기도 한다. 오후에는 시장과 마트 위주로 돌아다니고 저녁에는 식당, 선술집, 당구장 등 유권자들이 모인 곳을 찾아다닌다. 주말에는 주로 공원이나 종교행사에 찾아가 유권자들을 접촉한다. 교회와 같은 집회 장소에서는 유권자들을 만나기가 용이하다.

이 질문을 통해 이학재 후보의 오프라인 선거전략이 잦은 스킨십 전략이라는 것을 다시 확인할 수 있었다. 그러나 타 후보보다 특별한 점이 없었다. 타 후보와의 차별점의 부재로 유권자들에게 영향을 주지 못했음을 유권자 인터뷰를 하면서 확인했다.

이학재 후보의 선거유세현장

4월 2일 11시부터 약 1시간 동안 이학재 후보의 중앙시장 선거유세를 직접 관찰하였다. 이 날 처음 관찰한 선거유세는 선거차량과 선거운동원들을 활용한 것이었다. 젊은 유권자들에게 어필할 수 있는 '픽 미(pick me)'라는 젊은 분위기의 선거송을 이용해 안무와 함께 유세하는 모습을 관찰했다. 젊은 유권자들이 그 모습을 보고 재미있어 하는 모습을 볼 수 있었다. 그러나 다소 시끄러운 음악소리와 불안정한 방송 상태로 주변 주민들의 불만 섞인 목소리도 들렸다. 야당을 지지하는 유권자들의 볼멘 소리 또한 들을 수 있었다. 후보가 나오기 전 지지자들의 지지 연설을 듣는 유권자들이 시장 상인들로 한정되어 있다는 느낌을 받았다. 지지자들의 지지 연설 이후 이 후보가 직접 선거차량에 올라가 본인의 연설을 시작했다. 후보의 등장으로 시장 상인들로 한정 되었던 청중들이 시장을 찾은 유권자로 확대되는 모습을 관찰할 수 있었다. 이학재 후보의 연설 내용은 본인이 전임 국

사진 1. 인천 서구 중앙시장에서 유세 나온 이학재
후보·김무성 대표와 함께 찍은 사진

회의원으로서 이뤄낸 성과에 관한 내용과 야당에 대한 네거티브적 발언이 주 내용이었다. 네거티브 전략은 상대방에 대한 부정적인 이미지를 강조하여 타 후보의 표를 뺏어오는 데 매우 효율적인 전략이다. 연설 이후 이학재 후보는 선거송 '픽 미(pick me)'에 맞추어 선거운동원들과 율동을 하며 유권자들의 관심을 집중시키는 모습을 보였다. 그러나 계속되는 불안정한 방송 상태 때문에 시민들의 불만이 계속 되었다.

강남시장에 김무성 대표의 방문 소식이 있어 이학재 후보의 선거유세를 따라다니며, 이 후보의 강남시장 지지유세를 관찰했다. 김 대표가 이학재 후보와 함께 소탈한 차림으로 상인들과 인사를 나누는 모습을 확인할 수 있었다. 많은 기자들과 방송 매체들이 두 후보를 옆에서 촬영하는 모습도 보였다. 강남시장에서는 김무성 대표의 연설 전, 중앙시장에서보다 많은 수의 운동원들이 선거송에 맞추어 유세활동을 펼쳤다. 그러나 지지 연설을 듣는 중 유권자들이 선거운동원의 안전 문제에 대해 질책하는 것을 들을 수 있었다. 차도에서 선거운동원들이 춤을 춘 후 이학재 후보의 연설이 이어졌다. 연설의 내용은 루원시티와 전통 시장의 활성화에 관련된 내용이었다. 김무성 대표의 이 후보 지지 연설은 30분가량 진행되었다. 지지 연설의 내용은 이 후보의 능력에 대한 칭찬과 현 야당에 대한 네거티브 연설이었다. 그 네거티브의 수위가 현장에서는 매우 높은 수준으로 진행되었다. 예를 들면 "문재인 대표는 과연 무얼 했느냐"와 같은 강한 비난조로 발언했다. 중앙시장에서와는 달리 유권자들은 네거티브성 발언에 크게 동조하는 분위기였고 박수를 보내기도 했다. 김무성 전 대표의 연설 중 선거유세 차량 아래에서는 많은 기자들의 모습이 관찰되었다.

20대 유권자를 대상으로 한 인터뷰

20대 유권자들을 상대로 인터뷰를 진행하였다. 20대 유권자만을 대상으로 한 이유는 이학재 후보의 선거전략이 젊은 유권자들에게 초점을 맞췄기 때문이다. 4월 7일, 20대 유권자 15명을 대상으로 약 3시간 동안 선거에 대한 얘기를 들었다. 그중에서 가장 길게 답변을 들을 수 있었던 21세 최 군의 인터뷰를 옮겼다.

Q. 이학재 후보의 공약을 보았을 때, 가장 실현가능성이 높다고 보는 공약은 어떤 것이라고 생각하십니까?

A. 지하철을 자주 이용하기 때문에 청라에 7호선이 들어오는 것이랑 검암역에 9호선이 유치되는 것이 저한테도 좋고 실현 가능성도 높다고 봅니다.

Q. 이학재 후보의 공약 중 가장 실현 가능성이 없는 것은 어떤 것이라고 보십니까?

A. 얼마 전까지 구월동에서 살았기 때문에 구월동에 있는 인천시 청사를 서구로 이전해 오는게 쉽지 않을 것이라고 생각합니다. 구월동 사람들의 반발이 심할 텐데요.

그의 답변뿐 아니라 다른 유권자들의 답변을 모아 표를 작성했다. 20대 유권자들 대부분은 지하철과 같은 교통에 관련된 공약이 실현 가능성 있고 실현되기를 바라고 있음을 알 수 있었다. 반면 루원시티에 인천시청을 유치하겠다는 공약은 한계점이 분명하다고 인식하고 있었다. 기존에 있던 시청을 이전하겠다는 것은 무리가 있다고 생각하는 경우가 많았다. 그리고 이학재 후보의 공약들이 긍정적으로 받아들여지지 않았다. 그 이유는 공약의 진부함 때문이라고 추측한다. 시티타워, 경인고속도로, 지하철 7호선 연장 문제는 지난 선거에서도 제시한 공약이

표 1. 20대 유권자의 공약에 대한 인식 분석

공약	시티타워	루원시티	경인고속도로	지하철	테마파크
부정	6	10	5	3	8
긍정	9	5	10	12	7

었다. 지지부진한 지난 선거의 공약 사항들이 다시 나와, 젊은 유권자들로 하여금 공약에 대해 부정적 생각을 갖게 했다.

선거 결과 분석

이학재 후보가 18대 총선에서는 크게 승리했으나 바로 직전 19대 선거에서는 김교흥 후보에게 불과 5.4% 차이로 많이 따라 잡혔다. 그래서 이번 20대 총선에서는 다들 접전을 예상하는 분위기였다. 그러나 필자는 이학재 후보가 3선에 도전하는 인지도 높은 막강한 후보인 만큼, 20대 총선에서도 크게 승리할 것으로 예측했다. 역시 이학재 후보가 승리했다. 그러나 이전 선거보다 낮은 득표율로 당선되었다. 이번 선거의 득표율은 44.45%였다. 지난 선거에 비해 득표율이 무려 8.25%나 낮아진 것이다. 이런 득표율의 변화에도 불구하고 이 후보가 승리한 것에는 어떤 요인이 작용했을까? 이 후보의 승리를 서구 갑 유권자들의 투표행태와 서구 갑의 특징을 통해 찾았다. 서구 갑의 유권자들은 정당을 보고 투표를 하는 것보다 인물을 보고 투표하는 경향이 높은 것으로 관찰됐다. 17대 국회의원을 지낸 김교흥 후보가 18·19대 선거에서 이학재 후보에게 패배한 결과로 미루어 볼 때, 이학재 후보의 인천 검단 출신이라는 점이 유권자들의 투표에 큰 영향을 끼친 것으로 보였다. 최근 세

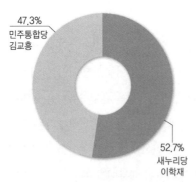

47.3%
민주통합당
김교흥

52.7%
새누리당
이학재

그림 2. 19대 총선 서구 강화 갑 후보별 득표율
출처: 기호일보(http://www.kihoilbo.co.kr)

번의 선거를 비추어 보면, 여당의 강세가 이어진 것과 기성세대 지지층이 결집한 것이 이학재 후보의 승리에 기여하였다. 또 '구관이 명관'이라는 인식이 작용한 것으로 보였다.

이외에 이 후보의 선거승리 요인은 크게 세 가지로 볼 수 있다. 첫 번째는 '후보가 얼마나 유권자에게 더욱 친숙하고 정직한 이미지로 다가갔는가?'이다. 유권자들이 식상하다고 느낄 수 있는 3선 의원 도전이지만 오히려 3선에 도전하는 의원이라는 것은 이미 유권자들에게 친숙한 이미지를 가지고 있다는 의미이기도 하다. 이러한 장점을 더욱 극대화시켜 유권자에게 친숙하고 믿을만한 정치인이라는 것을 부각했다. 지역선거구의 유권자의 목소리를 무시하지 않는 참된 일꾼이라는 이미지를 형성해 나간 것이 서구 갑에서의 승패를 결정지은 첫 번째 요인이다.

두 번째 요인은 유권자에게 실현 가능한 공약이라는 것을 강조한 것이다. 유세현장 참여관찰 도중 몇몇 유권자에게서 저것이 과연 실행가능한 공약이냐는 목소리를 들었다. 또한 20대 유권자 인터뷰에서도 같은 반응을 관찰했다. 이런 목소리가 나오는 이유에는 유권자가 공약에 대한 실현 가능성을 낮게 점치기 때문이다. 이 후보는 이런 점을 고려하여 유권자에게 공약에 대한 믿음을 강화시키고 후보에 대한 믿음을 심어주었다. 이것이 서구 갑에서의 승패를 결정지은 두 번째 요인이다.

마지막 요인은 이 후보가 2~30대의 젊은 유권자의 표를 얻어낸 것이다. 서구 갑 유권자의 투표행태에서 보았듯이 이학재 후보는 견고한 지지층이 존재한다. 하지만 이 지지층만으로 선거를 이길 수 없다. 젊은 유권자들의 표가 충분히 후보의 당선을 좌지우지할 수 있다. 젊은 유권자는 다른 연령층에 비해 현재의 대통령과 집권 여당인 새누리당에 대해 부정적 인식을 가지고 있었다. 이학재 후보는 친박계 후보로서 새누리당에서 중요한 역할을 하는 후보이므로 젊은 유권자의 표를 모으는 데 불리함을 가지고 있었다. 이런 불리함에도 불구하고 젊은 유권자들의 표를 흡수했다. 새누리당의 후보이지만 젊은 유권자를 위해 노력한다는 점을 강조하여 서구 갑의 젊은 유권자들을 설득한 것이 이번 서구 갑에서의 승패를 결정지은 마지막 요소로 볼 수 있다.

27. 국민의당 후보는 왜 26표 차로 낙선했나?

[인천 부평 갑]

김진용

부평 갑의 특징과 국민의당 후보

인천 부평 갑은 여러 차례 행정구역 개편을 통해 1996년부터 현재와 같은 선거구가 만들어진 후, 지금까지 역대 총선에서 동일 정당 출신 후보가 연속으로 당선된 적이 없을 정도로 분명한 정치적 성향을 드러낸 적이 없다.[1] 1996년의 15대 총선에서 신한국당, 16대 새천년민주당, 17대 열린우리당, 18대 한나라당, 19대 민주통합당 후보가 당선되었다. 또 이 지역에서는 한번도 3선 국회의원이 나오지 않았다. 조진형 후보의 경우 14·15·18대를 걸친 3선이었지만 14대 선거에서 부평 갑이 아닌 북구 갑에서 당선되었으므로, 엄밀하게 말해 부평 갑 3선 국회의원이 아니다. 그런데 현역의원인 문병호 후보가 재선 의원으로서 부평 갑 3선 국회의원에 도전하여 주목하지 않을 수 없었다.

또 부평 갑은 당선자와 낙선자의 표 차이가 정말로 천차만별이다. 예를 들어 17대의 경우 그 당시 열린우리당 문병호 후보가 한나라당 조진형 후보를 이긴 표

---

1. 현재의 부평구는 1968년 부평출장소와 서곶출장소를 통합하여 북구로 시작하였다. 1988년 1월 부평구의 서부지역을 서구로 분구시킨 뒤, 1989년 김포군 계양면을 편입했다. 1996년 3월 북구에서 부평구로 이름을 바꾸었고 그와 동시에 경인고속도로를 경계로 북부지역을 계양구로 분구시킨 후 오늘에 이르렀다.

차이는 겨우 1,400여 표였다. 흥미로운 것은 17대 선거에서 이긴 문 후보가 18대 선거에서는 반대로 조 후보에게 13,000표 차이로 낙선했다. 민주화 이후 각 선거구가 지역주의에 따라 특정 정당과 인물에 편중된 구도를 가지는 경우가 많지만 부평 갑은 특정 정당과 인물에 의해 선거가 좌우되지 않는, 한국 정치에서 가장 특이한 모습을 가진 대표적인 스윙보터(swing voter)[2]지역구라고 할 수 있다. 따라서 20대 총선에서는 부평 갑 유권자들이 어떠한 기준을 가지고 후보를 선택할 것인지가 매우 궁금하였다.

국민의당이 한국정치에서 제3당으로 성공할 것인가에 대해서도 조사해 보고자 했다. 부평 갑의 경우, 현역 국회의원 문병호가 국민의당 후보였다. 국민의당 국회의원이 수도권에 지역구를 가지고 있는 경우는 안철수 당시 당 대표와 문병호가 유일하였기 때문에 주목하지 않을 수 없었다. 그런데 20대 총선을 앞두고 2016년 3월 국민의당은 주로 호남 현역의원들을 중심으로 원내 의석 21석을 확보하면서, 2000년 총선 이후 16년 만에 처음으로 제3당 원내교섭단체가 되었다. 국민의당 안철수 대표는 새누리당·더불어민주당의 양당체제에서 서로가 기득권에 안주한 채 국민을 외면하고 있으며, 따라서 제3당이 원내교섭단체가 되어 캐스팅보터를 가지게 되면, 국정을 주도할 수 있게 되어 자연스레 국회가 좀 더 국민을 위해 일하게 될 것이라고 주장했다. 특히 문병호 의원은 일찍이 안 대표를 따라 더불어민주당을 탈당하고 국민의당으로 옮겨 창당의 주역으로 활약하였기 때문에 그의 당선 여부가 국민의당의 장래에도 크게 영향을 미치게 될 것으로 예상했다. 따라서 '제3당 전략'이 부평 갑 유권자들에게 공감을 이끌어 내어, 국민의당이 명실상부한 제3의 원내정당으로 부상할 것인지, 아니면 독자적으로 원내교섭단체를 구성하기 힘들 정도로 무너져 군소 정당으로 남아 있을지 여부

---

2. 예전에는 미결정 투표자라는 뜻의 언디사이디드보터(undecided voter)라고 했지만, 지금은 마음이 흔들리는 투표자라는 의미에서 스윙보터(swing voter) 또는 플로팅보터(floating voter)라는 용어가 일반적으로 사용된다. 부동층 유권자도 같은 의미다. 이들은 본인의 삶에 도움을 줄 만한 후보를 찾기 위해 지지 정당을 쉽게 바꾸며, 지역 및 이념 지향적 투표 성향보다는 선거 당시의 정치 상황과 이슈에 따라 투표하는 경향을 보인다.

가 관심의 대상이었다. 특히 문 후보가 3선 국회의원으로 당선되면 수도권 기반이 약한 국민의당에서 큰 역할을 맡을 것으로 보았다.

새누리당 후보 정유섭의 재도전

일반적으로 유권자들은 인물을 보고 투표하는 경향이 있다. 비록 부평 갑의 경우 다른 지역구와는 달리 인물에 대한 영향력이 낮다고 생각했지만, 여전히 인물은 후보를 선택하는 데 있어 무시 못할 중요한 요소였다. 이곳에서 새누리당 정유섭 후보, 더불어민주당 이성만 후보, 국민의당 문병호 후보, 무소속 조진형 후보가 출사표를 던졌다. 정 후보와 조 후보는 여권 소속으로 서로 공천경쟁을 치루어 전자가 승리하였다. 한편 이 후보와 문 후보는 야권 소속으로 여야가 2:2로 경쟁하는 구도였다. 따라서 보수와 진보의 대립뿐만 아니라 정유섭-조진형 후보, 이성만-문병호 후보 간의 대립 또한 치열했고, 나중에 이성만 후보를 인터뷰했을 때, 농담으로 정유섭-조진형 후보가 같이 있는 행사에서 서로가 옆자리에 앉기를 거부해 늘 본인이 가운데에 섰을 정도라고 했다.

지난 3월 18일, 공식적인 선거운동이 시작되기 전에 인터뷰를 할 시간이 많을 거라 생각해 최대한 빨리 정유섭 후보 선거사무소를 방문했다. 정 후보는 지

사진 1. 새누리당 정유섭 후보. 뒤에 박근혜 대통령의 초상화가 걸려 있다.

난 19대 총선 때 문병호 의원에게 6295표 차이로 패배한 후 재도전하는 후보였다. 인천일보 4월 6일자 기사에서 부평 갑 정당 지지도를 살펴보면 새누리당이 38.8%로 국민의당의 17.3%보다 두 배 이상 많은 지지를 얻고 있어서 정 후보가 이번 20대 선거에서도 문 후보의 최대 경쟁자라고 할 수 있었다. 정 후보의 사무실에 붙어 있는 슬로건은 "좋은 사람이 좋은 정치를 만듭니다."였다. 정 후보와 인터뷰하면서 가장 인상적이었던 것은 4년 전 선거에 대한 철저한 원인 분석이었다.

Q. 지난 선거에서 패하시고 두 번째 도전하는 선거인데 지난 선거와 차이점이 있다면 무엇인가요?

A. 지난 선거에서는 선거 3개월 전에 전략공천을 받는 바람에 선거를 제대로 준비하지 못했습니다. '글로벌 인천, 글로벌 코리아'로 출판기념회를 열어서 인지도를 높이려 했지만 역부족이었습니다. 선거패배 후 유권자들을 만나보면 정작 후보가 본인과 같은 초등학교를 나왔다는 사실조차 몰랐습니다. 따라서 지난 4년간 부평 갑 당협위원장으로 활동하면서 구청 행사, 경찰서 행사에 새누리당 지역구 대표로 참가하였고, 나를 찾는 시민들의 민원을 처리하면서 지금 자체 여론조사 결과 60%에 가까운 인지도에 육박할 정도로 노력했습니다. 이번엔 반드시 승리할 자신이 있습니다.

4월 8일 인천일보의 여론조사를 살펴보면 정 후보는 30.6%의 지지를 얻어 오차범위 밖에서 이성만 후보(17.6%)나 문병호 후보(22.2%)를 훨씬 앞서고 있었다. 인터뷰를 진행하면서 흥미로웠던 점은 정 후보가 같은 당이었던 조진형 후보를 신랄하게 비판했다는 것이다.

Q. 조진형 후보에 대한 정 후보님의 생각이 어떠한가요?

A. '노욕'이죠. 유권자 여러분들의 생각이 어떻게 흘러갈지는 모르겠고, 후보의 선

거출마는 민주주의에서 자유니까 딱히 입장을 표현하고 싶진 않습니다. 하지만 편가르기, 줄세우기, 사고방식, 나이, 정치 지향점 등 모든 면이 지나간 시대의 사람입니다. 공천에서 저를 뽑은 것도 바로 그 때문이죠.

정유섭 후보는 지역출신임을 매우 자랑스러워 했다. 문병호 후보의 자식이 부평에 있는 학교에 다니지 않는 점, 그리고 민주당 구의원 후보 9명이 전부지역구의 학교를 나오지 않았다는 점을 매우 비판적으로 바라보았다. 또한 정 후보의 선거홍보물을 살펴보면 박근혜 대통령 다음으로 본인의 인천 부평동 국민학교 입학사진을 넣을 정도로 지역출신에 대한 자부심이 강했다. 이러한 모습들이 유권자들에게 어떻게 비춰질지, 투표에 어떤 영향력을 끼칠지 궁금했다. 또 정 후보는 선거구 내 '산곡3동'에 대해 깊은 관심을 가지고 있었다. 지난 19대 총선에서, 다른 지역구는 전부 문 의원의 지지율이 높았으나 산곡3동에서만 정 후보가 문 후보를 앞섰기 때문이다. 18대 총선에서는 더 나아가 다른 동네에서 조진형 후보가 문 후보를 근소한 차이로 앞설 때, 두 배 이상의 지지로 조 후보를 당선시킨 일등공신의 지역구였다. 따라서 유독 보수적인 성향을 가진 산곡3동 주민들의 특징은 무엇일지 의문을 가지게 되었다.

처음 국회의원 출마하지만 노련한 이성만 후보

다음으로는 이성만 후보의 선거사무소를 찾아갔다. 앞서 이야기했지만 3월 24일 공식 선거활동이 시작되면 오랜 시간 인터뷰하기 어렵기 때문에 정유섭 후보를 인터뷰 한지 이틀 후인 3월 20일에 찾아갔다. 이 후보는 처음 총선에 도전하는 인물이지만, 지방의원으로서는 굉장한 입지를 가지고 있는 인물이었다. 2012년 7월~2014년 6월까지 인천광역시의회 의장까지 할 정도로 지지기반이 탄탄했다. 하지만 총선에는 처음 도전하기 때문에 다른 후보들에 비해 낮은 인지도를 어떻게 극복할 것인지에 대한 전략이 궁금했다.

Q. 이성만 후보는 정유섭 후보나 문병호 후보에 비해 인지도가 상대적으로 낮은 편인데, 이를 대한 선거전략이 있다면 말씀해 주실 수 있을까요?

A. 처음에는 인지도가 낮겠지만 공식 선거활동이 시작되면 더불어민주당 소속인 저에게 표가 쏠릴 것입니다. 저는 '야권단일 후보'이기 때문에 사람들이 전략적 투표를 통해 지지하지 않을까 생각합니다. 또 지금 선거가 진행될수록 여론조사를 살펴보면 점차 격차가 좁혀지고 있음을 알 수 있습니다.

이 후보에 대한 인지도나 지지도가 조금씩 높아지겠지만 3선에 도전하는 문병호 후보의 인지도보다 높을 수 있을까? 특히 현역 국회의원이 문 후보인데 유권자가 문 후보와 이 후보 간의 선택에서 과연 후자를 선택할 수 있을까? 오히려 문 후보에게 전략 투표를 하지 않을까? 하는 의문이 들었다. 이성만 후보를 인터뷰하면서 가장 인상적이었던 것은 이 후보가 도시재생전문가이며, 부동산 분야에 매우 높은 식견을 가지고 있었다는 점이다. 이성만 후보는 본인이 국회의원이 되면 어떤 분야에서 대한민국을 변화시킬 것인지, 그리고 부평 갑 주민들이 가지고 있는 가장 큰 문제 중 하나인 십정2동 재개발에 대해서 어떻게 할 것인지에 대해 다른 후보에 비해 더 큰 화두를 던졌다.

"도정법이라고 있습니다. 도시 및 주거환경 정비법을 뜻하는 것인데 문제는 이 '도정법'이 지금의 갈등을 해결할 수 없다는 것입니다. 우리나라에는 크게는 국토기본계획에 의거해서 수도권정비계획이 짜여지는 구조입니다. 따라서 국토기본계획이 어떻게 되는가에 따라 국가발전 전략이 변화하게 됩니다. 지금의 현 상황은 서울의 위성지역, 거기에다 청라, 송도 등의 경제자유구역이 생겨져서 부평이 자칫 잘못하면 인천, 서울의 배후도시가 될 우려가 높습니다. 따라서 서울과 비서울을 구분해서 인천을 자족적으로 발전하는 거점으로 육성해 국토가 효율적으로 발전하도록 이용해야 합니다."[3]

이 후보의 주장은 정유섭 후보나 문병호 후보의 인터뷰에서는 나오지 않은 정말로 구체적이면서 진정한 부평구 발전을 위한 해결방안이라고 생각했다. '십정2동'의 경우에도 이성만 후보는 냉철했는데 수요와 공급을 따져야 한다고 했다. 이 후보는 현재 국토법(국토의 계획 및 이용에 관한 법률)에서는 아파트를 짓는 요건, 즉 공급에 대해서만 자세히 나와 있을 뿐 수요 불균형이 발생했을 때 이를 해결하는 법이 없다고 설명하면서, 자칫 개발의 달콤한 유혹에 빠져 부동산 거품 붕괴가 일어날 수 있다고 염려했다. 인터뷰 내내, 이성만 후보가 분명 장기적인 안목을 갖춘 후보라는 생각이 들었다. 전문적이고, 인천시의회 의원을 하면서 이 후보는 지방에 대한 현실적인 어려움을 잘 알고 있었다. 국회의원들은 본인의 지역구에 대해 잘 알고 있겠지만 반대로 인천이라는 도시를 지방의회 의원보다 잘 알 수 있을까 하는 생각이 들었다.

하지만 지금 이러한 생각들이 선거가 20일도 남지 않은 상태에서 유권자들에게 전달될지 미지수였다. 특히 정치에 관심이 적은 유권자라면 선거 전날까지도 잘 모르고 투표할 수도 있을 것이라고 생각했다. 그리고 만약 당선된다 하더라도 4년이라는 짧은 임기 중 한 나라의 국토기본계획을 수정한다는 것, 재개발법을

사진 2. 더불어민주당 이성만 후보.
인터뷰 내내 편안한 자세로 진지하게 인터뷰에 임해 주었다.

3. 이성만 후보 인터뷰, 2016. 3. 20.

수정한다는 것이 현실적으로 쉬운 일일까 하는 의구심을 지울 수 없었다. 마지막으로 지역현안에 대해서는 기존 후보들과 큰 차이가 없었다. 지역 유권자라면 국가를 위해서도 물론 투표하겠지만 가장 높은 우선순위는 본인들이 살고 있는 바로 그 지역의 이익이 아닐까 하는 생각이 들었다.

문병호가 부평 갑에서 첫 3선 의원이 될까?

부평 갑은 20대 선거에서 현역의원이 국민의당이라는 제3의 정당 후보로 출마한 것이 가장 큰 특징이었다. 특히 국민의당이 창당된 지 채 두 달도 되지 않는 시점에서 과연 어떻게 국민의당을 유권자들에게 알렸을까? 공식 선거운동이 시작되기 전에 조사한 부평 갑 정당 지지도에서, 새누리당 38.8%, 더불어민주당 19%, 국민의당 17.2% 정의당 2.8%의 결과가 나왔다. 또한 이성만 후보의 경우 더불어민주당·정의당 야권단일 후보인 점을 고려한다면, 정당 지지율에서 국민의당 출신 문병호 후보는 가장 열세였다. 이런 상황에서 그가 어떤 선거전략을 가지고 있었을까? 3월 31일, 문병호 후보의 선거출정식이 있는 날이어서, 선거출정식이 열리는 부평 문화의 거리를 찾아가 문 후보의 연설을 경청했다.

사진 3. 국민의당 문병호 후보의 선거출정식 모습

"이제 새로운 정치혁신을 시작하는 국민의당의 승리를 국민들이 만들어 주어야 대한민국 정치혁신이 이루어집니다. 저는 작년 12월 안철수 의원이 탈당했을 때 가장 먼저 탈당했습니다. 제가 왜 3선으로 가는 편한 길을 놔두고 어려운 길을 선택했을까요? 저는 고민했습니다. 책임있는 정치로 제가 국민들에게 무슨 봉사를 해야 하고 무슨 비전을 제시해야 하나. 우리 국민들은 정권교체를 해야 한다고 염원하고 있습니다. 이명박·박근혜 8년 동안 부자는 더 부자가 되고, 가난한 사람은 더 가난한 사람이 되었습니다. 이 정권을 끝장내는 것이 국민의 목소리라고 감히 말씀드릴 수 있습니다. 그러나 새정치민주연합은 친노 패권과 낡은 운동권 진보가 지배하고 있었습니다. 그들이 있는 한 총선 승리도 대선 승리도 없습니다. 제가 3선이 되기 위해서 편하게 내 몸 하나만을 생각했다면 저는 탈당하지 않았을 겁니다. 하지만 저를 던져서라도 대한민국을 바로 세워야 한다고 생각했습니다. 낡은 양당구도로는 대한민국을 바로 세울 수 없습니다. 새누리당 꼴통 보수와 더불어민주당의 낡은 운동권으로는 대한민국을 바로 세울 수 없습니다. 새로운 정치 흐름이 나와야 합니다. 그러기 위해서는 제3의 당, 국민의당이 나서야 한다고 생각합니다."[4]

선거출정식 연설 중 일부를 발췌한 것이다. 이 중 가장 큰 핵심은 바로 양당구도 개혁이라고 할 수 있다. 일반적으로 총선에서 여당과 야권단일 후보가 대결하였다. 그리고 여당은 한없이 본인을 낮추면서 피눈물나게 반성하고 있다며, 한번만 더 본인을 도와 달라는 읍소 전략을, 야당은 지난 이명박·박근혜 8년을 심판해야 한다는 정권심판론을 들고 나왔다. 하지만 이 두 전략은 이미 과거에 썼던 전략이다. 유권자들이 이 전략에 대해 어떤 입장을 가질지는 지켜보아야 할 것이지만, 양당구도 타파라는 주장은 기존 정당에 환멸을 느낀 유권자에게는 꽤 매력적으로 다가왔을 것이다. 특히 안철수 의원 탈당 후 본인이 가장 먼저 탈당한 1호

---

4. 문병호 의원의 출정식 연설, 2016. 3. 31.

국회의원이라는 점과, 편안하고 안전하게 3선 국회의원의 길을 갈 수 있음에도 불구하고 대한민국의 정치를 바꾸기 위해 힘들고 어려운 길을 택했다는 점이 단순한 이명박·박근혜 정부에 대한 정권 심판론보다 더 분명하게 국민들에게 먹히지 않았을까 하는 생각이 들었다.

이에 따라 문병호 후보의 선거사무소를 방문해 자세한 이야기를 듣고 싶었다. 그러나 공식 선거활동 전임에도 현역 국회의원이었기 때문에 시간관계상 약 10여 분간의 간단한 질의응답으로 끝났다. 따라서 다음 날 문 후보의 정책 보좌관을 만나서 문 후보가 19대 국회에서 했던 업적들을 들어 보았다. 첫째는 지방세법이다. 현행 우리나라에서 지방의 예산을 끌어올 때 가장 큰 문제는 지방에 얼마를 지원해 주는 방식이 아니라, 국가 60%+지방 40%, 아니면 국가 50%+지방 50% 등과 같은 서로 간의 비율식 배분이라는 점이다. 따라서 지방을 발전시키려면 국가에서 예산을 배정받는 것도 중요하지만 지방 자체에 돈이 풍족해야 한다. 하지만 우리나라 지방재정자립도는 2015년 기준 50.6%로 50%를 간신히 넘고 있는 실정이다. 문 후보는 지방의 재정자립도를 높이기 위해 지방소비세 전환 비율이 5%였던 것을 개정해 점진적으로 늘려 11%까지 확충하는 법안을 통과시켰다.

두 번째는 경인고속도로 통행료 폐지이다. 경인고속도로는 서인천에서 신월나들목까지 연결되는 11.66㎞를 말하는 데 상습정체구간이면서도 900원이라는 통행료를 받는 곳이다. 통행료를 받는 데도 불구하고 상습정체구간이니 시민들의 불평·불만이 가장 컸다. 따라서 경인고속도로의 원활화를 위해 지하화를 하면서 동시에 상부 도로의 경우 통행료를 완전 폐지하도록 했다.

이 밖에도 국정원개혁특별위원회 위원장으로 활동하면서 국가정보원 개혁, 이동통신요금 인하 등 국가적으로 보면 많은 정책들을 추진했으나, 정작 지역구의 고질적인 현안에 대해서는 아쉬운 면이 보였다. 주거개선사업에 국비 40억 원, 일신동 주민센터 신축예산 국비 5억 원, 십정동 백운공원 게이트볼장시설 개선사업 국비 7억 원을 확보했다고 주장했지만, 정작 부평구의 가장 큰 문제인 굴포천 생태사업과 십정2동 재개발 문제에 대해서는 별 다른 성과가 없었다. 비록 4년이라는 짧은 임기에 지역에 굵직한 현안들을 처리하는 것이 불가능하다는 것은 잘 알지만, 최소한의 촉구로만 그치는 것이 아니라 가이드라인을 제시하고 합의를 이루었다면 유권자의 많은 지지를 받지 않았을까 생각했다.

이렇게 정유섭, 이성만, 문병호 후보의 인터뷰를 마쳤다. 주요 공약들을 살펴보면 세 후보의 공약은 큰 차이가 없었다. 송도~부평~서울을 연결하는 GTX 추진, 부평 미군기지 생태공원화, 굴포천 자연생태하천 재탄생, 십정2지구 재개발 신속 추진은 각 후보들의 핵심 공약이었다. 따라서 유권자들이 공약으로만 후보를 판단하기에는 어려움이 따랐다. 그렇다면 유권자들은 어떤 기준으로 후보를 선택할 것인가? 특히 유권자들이 생각하는 문 후보는 어떤 이미지일까?

부평 갑 유권자들이 생각하는 문병호는?

먼저 가장 많은 유동인구를 가진 부평 문화의 거리에서 유권자들을 상대로 인터뷰를 가졌다. 문화의 거리는 부평 갑 후보들이 가장 많이 유세를 한 장소였으며, 안철수 의원이 지원 유세를 할 때도 가장 많이 들렸던 곳이기도 했다. 부평 문화의 거리는 부평 갑뿐만 아니라 부평을 넘어 인천에 있는 유권자들의 민심을 알 수 있는 바로미터이기도 했다.

그러나 유권자의 표심을 파악하기는 쉽지 않았다. 유세현장을 관심 있게 바라보는 일반 주민들은 거의 찾아볼 수 없었고, 심지어 주위 가게 주민들은 선거유세가 본인들의 영업에 방해가 된다며 불만을 표시하기도 했다. 신분증을 들고 가서 인하대학교 학생이고 현장조사를 위해 나왔으며, 철저하게 선거종료 후 학문적인 용도에만 사용할 것을 약속드린다고 해도 '어디서 나오셨어요?', '어느 당에서 나오셨어요?' 라는 의심에 찬 질문들과 따가운 눈초리를 받기 일쑤였다. 결국 유권자의 이름을 밝히지 않는 조건으로 겨우 인터뷰가 가능했다. 따라서 원래는 유권자들의 이름을 첨부하는 것이 현장조사의 신뢰성을 높이는 길임을 잘 알고 있지만 부득이하게 이름 없이 인터뷰했던 날짜와 연령대, 그리고 현재 거주하고 있는 지역만을 서술했다. 우선 유권자들이 후보를 선택하는 데 있어 가장 먼저 판단하는 기준이 무엇인지에 대해 물어보았다.

Q. 후보들을 판단하는 데 있어 무엇을 가장 먼저 보십니까?

A. 정치에 술수를 쓰지 않고, 서민들을 많이 위하는 정치인을 뽑고 싶다.[5]

A. 제가 취업을 준비하는 젊은이라서 그런지 일자리를 늘려주고, 경제를 살려 줄 후보를 선택할 것 같습니다.[6]

A. 학력을 가장 먼저 보죠. 하지만 학력이 높다고 해서 펜만 잡고 앉아 있는 후보는 절대 찍으면 안 되지. 직접 발로 뛰고 유권자들과 소통하는 의원을 뽑아야지.[7]

A. 제가 십정2동에 살아서 그런지 아무래도 재개발을 잘해 줄 분을 뽑을 거 같네요.[8]

같은 부평구 갑의 유권자이지만 연령대별로 무엇을 먼저 보는지가 서로 달랐다. 하지만 한 가지 공통점은 '정당'이 아닌 '인물'을 본다는 것이었다. 그리고 확실히 스윙보터(swing voter) 지역구라서 그런지 정당, 이념보다는 본인이 사는 동네에 이익을 가져다 줄 후보에게 투표하겠다고 응답한 유권자들이 많았다. 하지만 이어지는 인터뷰를 통해 앞의 대답들이 유권자들의 진정한 속내를 드러낸 것이 아니라고 느꼈다. 서민들을 많이 위하는 정치인, 경제를 살려 줄 후보, 본인들의 이익을 대변해 줄 정치인을 뽑겠다고 했지만, 정작 '그것을 지지해 주는 후보와 정당을 가지고 있습니까?'라고 물어보니, 질문에 관계없이 한결같은 목소리로 정치에 대한 깊은 불신을 가지고 응답하는 사람이 대부분이었다.

Q. 특별히 지지하는 후보나 정당이 있습니까?

A. 정치에 대해 아무런 관심이 없다. 다 똑같다.[9]

A. 선거날이 되어야 그때 생각하겠지만 누굴 뽑나? 자기 밥그릇만 챙기는 놈들. 진짜 우리 국민들을 바라보는 국회의원이 있을까요? 맨날 싸우기만 하는데…[10]

A. 특별히 지지하는 정당이 없습니다. 저는 무당파니까요. 솔직히 투표하러 가지 않을 것 같아요. 하루 벌어 하루 먹고 살기도 힘들고, 누굴 뽑는다고 해서 내 삶이 나아지는 것도 아니고 살기가 너무 힘든데 정치가 이를 해결해 줄 거라고 생각하지 않네요.[11]

A. 박근혜 정부가 경제를 잘 살리지 못했고, 독선적인 정권 운영을 했다고 생각해 지지하지는 않지만, 야당도 잘한 거 하나 없어요. 툭하면 와서 정권심판, 정권교체를 부르짖는데 한두 번 그래야지 자꾸 그 말만 들으니 거부감이 생기네요.[12]

유권자들을 인터뷰하면서 느낀 점은 그들의 진짜 속마음을 듣는 것이 어려웠다는 것이다. 즉 질문에 대한 진실한 대답을 듣기가 어려웠다. 부평 갑 유권자들은 특정 정당을 지지하지도, 특정 인물만을 지지하지 않는 성향이 있다는 것은 알고 있었지만, 생각 외로 정치에 대한 깊은 환멸감을 표시하는 유권자가 많았다. 문병호 의원이 3선 국회의원이 되기 위해서는 새누리당 지지자나 더불어민주당 지지자들로부터 표를 얻는 것도 중요하지만, 무엇보다도 중도층, 무당파, 정치 환멸감을 느낀 유권자들에게 다가가 표심을 얻는 것이 가장 중요하다고 생각했다.

---

9. 50대 여성 유권자, 부개1동, 2016. 4. 5.
10. 50대 남성 유권자, 산곡3동, 2016. 4. 5.
11. 50대 여성 유권자, 십정1동, 2016. 4. 5.
12. 30대 남성 유권자, 부평2동, 2016. 4. 5.

안철수의 지원 유세, 문병호 당선에 끼치는 영향은?

4월 1일, 안철수 국민의당 대표가 문병호 후보 지역구인 부평 갑을 방문해 유권자에게 지지를 호소했다. 안 대표는 국민의당의 얼굴이자, 정치혁신을 위해 더불어민주당을 탈당하고 혼자서 '힘들고 두렵지만 광야에서 죽어도 좋다'를 외치며 제3당인 국민의당을 창당한 핵심 인물이다. 따라서 안 대표의 연설은 국민의당을 지지하는 사람뿐만 아니라 기존 정당에 대해 불신감을 가진 유권자에게도 큰 영향을 끼칠 수 있었다. 따라서 지원 유세 장소인 부평 어시장을 직접 찾아가서 안 대표의 연설을 들어보았다.

"지금 대한민국은 위기입니다. 20대는 직장이 없습니다. 30대는 결혼을 못합니다. 40대는 자식 교육을 못시킵니다. 50대는 노후준비 하지 못합니다. 60대 빈곤 자살 때문에 시달립니다. 대한민국 국민들 모두가 희망도 꿈도 없습니다. 이 문제를 정치가 해결해야 합니다. 그런데 1번, 2번을 20년 이상 뽑아주었지만 1번, 2번이 싸우느라 이 문제 해결을 못합니다. 동의하십니까? 제발 좀 싸우지 말라고, 1번, 2번 서로 싸우고 반대하는 통에 너무 답답하다고. 그러나 3번 국민의당은 국민편입니다. 국민의당이 자리 잡게 되면 대한민국의 혁명이 시작됩니다. 대한민국의 모든 문제들이 풀리기 시작됩니다. 1번, 2번 서로 싸울 때 우리는 문제해결 방법을 내놓을 겁니다. 그럼 1번, 2번도 국민들 압력 때문에 문제해결 방법을 내놓을 수밖에 없고 따라서 3당 모두 문제해결 경쟁을 시작하면서 위기 탈출이 시작될 것입니다. 국민 여러분!"

우리는 안 대표의 연설을 들은 근처 어시장의 상인과 주민을 상대로 국민의당에 대한 유권자들의 생각을 들어 보기로 했다. 특히 앞서 말했던 산곡3동의 주민들과 한창 재개발이 진행 중이었던 십정2구역의 유권자들의 인터뷰도 얻어낼 수 있었다.

사진 4. 부평 어시장에서 문병호 후보 지원 유세를 하는 국민의당 안철수 대표

"이번에 출마한 문병호 후보, 조진형 후보 전부 다 이 지역구에서 재선, 3선한 국회의원이죠. 그런데 여기 부평 어시장이 달라졌나요? 문화의 거리는 뭔가 하는 것 같지만 여긴 아무것도 없어요. 그래서 이번에 새로 나온 정유섭 후보나 이성만 후보를 지지해 볼 생각이에요."[13]

"1번, 2번 매번 번갈아가면서 찍었지만 그 밥에 그 나물이야. 이번에 새로 나온 국민의당에게 사실 큰 기대를 하고 있진 않지만 그래도 여러 당이 서로 경쟁하는 것이 낫지 않을까 생각해."[14]

"저 같은 보수 지지자에게 정권심판은 오히려 보수 지지층을 결집하게 만드는 것이 아닐까 생각합니다. 매번 정권심판을 외치고, 정부 정책에 발목 잡고, 이러니 나라가 발전하지 못한 게 아니겠어요? 반대만 하고 정책을 내놓지 못하는 야당이 야말로 심판당해야 합니다."[15]

---

13. 60대 여성 유권자, 부평 어시장 상인, 2016. 4. 1.
14. 70대 남성 유권자, 부평 어시장 상인, 2016. 4. 1.
15. 40대 남성 유권자, 산곡4동 거주, 2016. 4. 1.

"십정2동 주거환경 개선사업을 언제 시작했는데 아직도 뭐가 부족하다, 뭐가 안된다 해서 몇 년째 질질 끌어. 곧 착공을 한다고 하는데 문병호 후보를 못 믿겠어. 그래도 정부 여당편 국회의원을 뽑아야 더 빨리 진행되지 않을까?"16

이번 부평 갑 조사 결과, 선거구 획정에 들어가면서 '산곡4동'이 부평 갑 지역구 안에 포함되었다는 것을 알게 되었다. 기존의 '산곡3동'과 더불어 '산곡4동'은 여당 강세지역이다. 흔히 소득계층이 높을수록, 쉽게 말해 잘 사는 사람일수록 보수 정당을 지지하는 경우가 많다. 한겨레신문에 따르면 2003년 인천에서 가장 근로소득이 많은 부자동네로 꼽힐 정도로 '산곡4동'은 잘 사는 동네이다. 제19대 선거에서도 다른 지역의 경우 새누리당 후보가 당시 민주통합당 후보에 500~3,000표 차이가 났지만, 산곡4동에서는 두 후보의 차이가 고작 200여 표밖에 나지 않았다. 스윙보터 지역으로서 단 몇 백표 차이로 선거 결과가 달라지는 부평 갑에서 이러한 '산곡4동'의 지역구 합류는 문병호 후보의 재선에 큰 장애물이 되지 않을까 생각했다.

한편 확실히 기존 1, 2번에 실망하고 정치 혐오감을 가진 국민들은 국민의당에 약간이나마 기대감을 품는 모습을 보였다. 그러나 문 후보의 지역구 활동이 유권자의 기대에는 조금 미치지 못했다는 점이 아쉬웠다. 특히 십정1·2동 유권자에게 가장 중요한 것은 십정2구역 재개발이었다. 십정2구역에서 살고 있다는 유권자들을 인터뷰하면서 문 후보에 대한 실망감이 극에 달해 있다는 것을 알 수 있었다. 따라서 이들 지역 유권자의 지지가 어떻게 변화할까도 관심사였다. 지난 19대 선거에서는 십정1·2동의 유권자들은 새누리당 정유섭 후보보다 당시 민주통합당 문 후보에게 각각 500표, 700표를 더 많이 투표한 곳이었다. 따라서 20대 총선에서도 문 후보를 밀어줄지, 아니면 다른 후보에 투표할지가 문 후보 당선 여부에 주요 변수라고 할 수 있었다.

---

16. 50대 여성 유권자, 십정2구역 거주, 2016. 4. 1.

결과적으로 부평 갑 지역구는 19대와 비교하면 많은 변화가 있었다. 지역구의 변동뿐만 아니라 기존의 새누리당-민주통합당의 양자대결에서 새누리당-무소속-더불어민주당-국민의당의 다여다야라는 경쟁구도가 선거판을 불확실하게 만들었다. 그런데 여기 지역구에서 정권심판론에 대해 거부감을 갖는 유권자들이 꽤 많다는 점, 그리고 정당보다는 인물을 더 중요시한다는 점, 더 나아가 정치 혐오감을 갖는 유권자와 무당파가 많다는 점이 20대 총선에서 큰 변수로 자리 잡았다. 그리고 새로 등장한 산곡4동과 아직도 재개발 사업을 시작하지 못하고 있는 십정 2구역도 큰 변수로 남아 있었다.

문병호의 낙선, 국민의당의 승리

20대 총선은 국민의당의 약진, 더불어민주당의 승리, 새누리의 패배라고 할 수 있다. 이러한 선거 결과가 나타난 원인을 부평 갑 유권자의 인터뷰에서 찾아본다면, 역시 기존의 새누리당, 더불어민주당의 양당체제에 대한 깊은 불신이 큰 역할을 차지했다. 물론 유권자들이 국민의당에 대해 큰 기대를 보이지 않았고, 국민의당 역시 기존의 정당과 다르지 않을 것이라고 대답한 유권자가 많았다. 그러나 그래도 조금이나마 일말의 기대와 희망이 국민의당을 선택하는 데 큰 원동력이 되지 않았나 생각한다. 국민의당 투표를 살펴보면 특히 교차선택에 따른 투표가 많은 것을 볼 수 있다. 예를 들어 지역구는 새누리당이나 더불어민주당을 찍었으나, 정당 투표는 국민의당을 찍은 유권자가 많았다. 그 근거는 20대 부평 갑 비례대표 득표수를 살펴보면 알 수 있는데, 새누리당은 74,350표, 더불어민주당은 62,403표 국민의당은 75,348표로 국민의당이 더불어민주당뿐만 아니라 새누리당보다 더 많은 유권자의 지지를 얻었음을 알 수 있다. 20대 총선의 전체 비례대표 득표율로 보면 새누리당 33.5%, 국민의당 26.7%, 더불어민주당 25.5%로 국민의당이 부평 갑에서 엄청난 선전을 거둔 것이다.

그렇다면 부평 갑에서 문병호 후보는 성공했을까? 문 후보는 아쉽게도 정유섭 후보에게 26표 차이로 아슬아슬하게 낙선했다. 총선이 지난 다음날까지도 실시간 검색어에 오를 만큼 가장 최소 득표 차이였다. 문 후보는 바로 선거무효소송 및 당선무효소송을 제기하면서 선거관리위원회의 위법한 선거관리를 규탄했지만 법원이 이 주장을 받아들일지는 추후 지켜봐야 할 일이다. 문병호 후보가 아깝게 낙선한 이유는 과연 무엇인가? 여러 가지 이유들이 있겠지만 크게 두 가지로 설명할 수 있는데 가장 큰 패배의 이유는 역시 십정2구역 재개발이 아닐까 생각한다. 이번 선거투표구별 현황을 살펴보면, 십정1·2동에서 19대 선거에는 문 후보가 정유섭후보에게 각각 500표, 700표 차이로 앞섰다면 이번에는 반대로 정 후보가 문 후보보다 총 688표를 더 많이 받았다는 것을 알 수 있다. 이해득실을 따진다면 지난 선거보다 약 1800여 표를 손해를 봤다. 문 후보가 지난 4년 동안 했던 십정2구역 재개발정책이 유권자들에게 먹히지 않은 것이다. 따라서 대량의 이탈 표가 발생했고, 이는 정 후보가 당선되는 데 결정적인 원동력이 되었다. 또한 앞서 말한 산곡4동의 지역구 합류도 문 후보가 당선하는 데 걸림돌이 되었다. 산곡 3·4동에서만 문 후보는 정 후보보다 532표를 적게 받았다. 이는 나머지 선거구인 부평 1~6동과 부개1동, 일신동 투표에서 각각 977표, 38표, 132표의 승리를 무색하게 만들었다.

결과적으로 국민의당의 '제3당 전략'은 성공했지만 문병호 후보는 실패했다. 부평 갑 주민들은 기득권 양당체제를 타파하고자 하는 열망은 강력했지만, 정당이 아닌 인물 투표를 통해 부평 갑을 정말로 발전시킬 수 있는 새로운 인물을 절실히 원했다는 것을 알 수 있다. 즉 국민의당의 '3당 전략'은 국민들에게 효과적으로 다가갔지만 그 인물에 문 후보는 없었다고 생각한다. 부동층을 효과적으로 잡았지만 이번 선거의 가장 큰 핵심은 역시 지역구 주민들이 느끼는 정책, 특히 유권자들의 피부에 닿는 정책이 선거를 승리하는 데 있어 결정적 변수로 작용했다.

28. 동네별로 유권자의 지지 후보가 달랐다

[인천 서구 갑]

최우선

청라지역의 특징

인천 서구 갑의 20대 총선 과정을 구체적으로 분석하기 위해서 가장 큰 지지를 받고 있는 이학재 후보와 김교흥 후보를 중심으로 참여관찰을 하였다. 17대부터 김 후보와 이 후보 간의 경쟁이 계속되었다. 그러나 20대 총선에서 국민의당 유길종 후보가 출마하면서 2파전이 3파전으로 변했기 때문에 두 후보를 중심으로 보되, 유 후보를 함께 조사하였다. 또한 청라지역을 중심으로 총선 참여관찰을 해 보았다. 청라가 세워진 서구 부지는 본래 아무 것도 없던 갯벌지역이었다. 하지만 이 땅을 간척하고 개발하여 만들어진 신도시가 바로 청라국제도시이다.

공사가 시작된 후 어느 정도 기반이 만들어진 다음에 본격적으로 입주가 시작된 시기는 대략 2012년부터이다. 하지만 2012년 정도만 해도 청라는 거의 유령도시나 다름없었다. 길거리를 돌아다니는 사람은 거의 없었으며, 출퇴근시간에만 그나마 사람을 찾아볼 수 있는 도시였다. 하지만 그때부터 입주가 지속적으로 이뤄지고, 목표인구 9만 명을 달성할 정도로 많은 발전이 있었다. 지금도 새로운 아파트들이 계속 지어지고 있는 만큼 앞으로도 더 많은 인구유입이 예상된다. 이렇게 유입된 인구는 대부분 서울 전세난과 집값 부담으로 저렴하면서 깨끗한 신도시를 원하는 3~40대의 젊은 부부들이 많다. 또한 지난 4년간 인천에 공급된 10451가구 중에서 7585가구(72%)가 청라에 집중되어 있다. 상대적으로 저렴한 집값이긴 해도 다른 인천 지역에 비해 가격이 높은 편이라 대체적으로 중산층의 비중이 높다. 본래 초기 입주시기에는 땅값이 높지 않아 1~2억대의 저렴한 전세로 중산층 이하 가구의 유입도 있었지만, 요즈음에는 부동산 가격이 상승하면서 초반에 입주하였던 인구가 주변으로 빠져나가고 비교적 소득이 높은 새로운 인구가 들어오고 있다.

게다가 아직 신세계복합쇼핑몰, 차병원 의료타운 등 여러 개발사업과 에일린의 뜰, 대광로제비앙과 같은 새로운 아파트들이 계속 지어지고 있기 때문에 앞으로도 많은 개발과 투자가 필요한 상황이다. 그렇기 때문에 대부분의 주민들이 지역현안과 정치적 사안에 대해 관심이 많다. 특히 청사모, 청라맘스와 같은 카페 형태의 인터넷 커뮤니티도 활성화되어 있는 편이고, 주민들이 청라에 대해 불만사항이 있으면 적극적으로 카페에서 인원을 모아 민원을 넣거나 개입하고 있다. 그 결과 버스를 증차시키고 연기된 개발 시한을 당기는 등 여러 분야에서 변화를 이룰 수 있었다. 이렇게 카페활동을 하는 주민은 대부분 본인이 직접적으로 개입해서 문제를 해결하는 것을 자랑스럽게 생각했다.

그럼에도 불구하고 청라에 오랜 기간 거주한 사람들은 지역개발 현황에 대해 회의적인 사람들이 많았다. 여러 개발공사가 이뤄졌지만, 그 과정에서 인천시와 약속되었던 상당수의 개발 의제들이 좌절되었기 때문이다. 대표적으로 청라역만 해도 그렇다. 인구가 늘어나면서 대중교통으로 40분 거리의 검암역을 통해 통근을 하던 주민들의 불만이 늘어나면서 지하철역의 필요성이 생겼고, 공항철도 노선을 끌어와 청라역을 짓기로 하였다. 하지만 예정되었던 시기에 지어지지 못하고, 심지어 청라와 상당히 떨어진 곳에 지어지면서 이름만 청라역이 되어 버렸기 때문에 좌절감이 상당했다. 그 외에도 SK석유화학 확장 공사, 쓰레기 매립지 연장 반대 실패 등 청라 주변에 위치해 있는 위해시설 증축을 저지하는 데 실패하면서 회의적인 시선이 더 늘어났다.

또 이곳 주민들이 회의적인 생각을 가지는 이유 중 하나가 송도국제도시와의 차이다. 인천의 같은 신도시로서 비슷한 시기에 도시 조성이 시작되었지만, 개발 과정에서 드러난 여러 개발 수준의 차이로 청라주민들의 불만이 높아졌다. 그중에서도 가장 문제가 된 사건은 '송도 한옥호텔'사건이었다. 청라 주변 쓰레기매립지 연장 사용으로 받은 자금을 송도 한옥호텔 시공에 사용하면서 이를 묵인한 송영길 시장에 대한 비판이 늘어났다. 이와 같은 사실들 때문에 청라주민들은 앞으로 새로운 방향으로 문제를 해결해 줄 새로운 인물을 간절히 바라고 있는 상황이었다.

유권자의 후보에 대한 인식

각 후보에 대한 유권자의 반응을 알아보기 전에 후보들의 기본적인 프로필을 살펴볼 필요가 있다. 각 후보의 이력을 보면 가장 눈에 띄는 것은 재산이다. 이학재 후보가 42억여 원의 재산으로 2억 5000여 만 원을 가진 김교흥 후보보다 약 20배가량 재산이 더 많았다. 이는 이 의원이 여러 번의 국회의원을 역임했고, 유명한 인천 유지출신이기 때문으로 추측된다. 실제로 후보에 대한 반응에서 이 후보에 대해 물어보았을 때 "에이, 이학재는 당연히 알지, 인천 유지출신 아냐?"라고 대답한 사람들이 상당수 있었다. 반면에 김 후보에 대해서는 "나는 20대 총선에서 처음 들어봤어, 그런 사람이 있는 줄도 몰랐어."라고 대답하는 사람이 많았다. 이렇듯 인지도에서 두 후보 간의 차이가 매우 컸다. 청라지역 내에서도 이 후보의 인지도가 더 높았다. 이 후보는 인천의 유명한 유지출신이며, 18대와 19대 서구 갑 국회의원을 역임하였다는 점, 또한 현 박근혜 대통령의 비서실장 출신이라는 점 등이 이 후보의 인지도를 높이는 요인이 되었다.

다음으로 주목할 것은 세금 체납과 전과 부분이다. 세금납부액이 이 후보가 6억 원 정도로 300만 원가량을 낸 김 후보보다 약 200배 더 많은 세금을 납부하였다. 게다가 이 후보는 직계 존속이 최근 5년 동안 백만 원 이상의 세금을 체납

표 1. 두 후보의 프로필 비교

이름	이학재	김교흥
소속정당	새누리당	더불어민주당
학력	중앙대학교 대학원 졸업 (경제학 박사)	동국대학교 대학원 정치학과 박사과정 수료
경력	제18·19대 국회의원 새누리당 박근혜 대통령 후보 비서실장	가천대학교 교육대학원 초빙교수 제17대 국회의원 인천시 정무부시장
재산	계: 4,204,529　　　　단위(천 원) 후보: 1,770,119 배우자: 1,042,977 직계 존속: 1,327,770 직계 비속: 63,663	계: 259,842　　　　단위(천 원) 후보: 117,164 배우자: 142,678 직계 비속: 해당없음
병역사항	육군병장(만기전역) 18세 이상 직계비속 –장남: 현역병 입영대상	육군병장(만기전역) 18세 이상 직계비속 –장남: 1급 현역병 입영대상
최근 5년간 세금 납부, 체납실적	계: 678,469 체납액: 1,226(직계존속)	계: 3,545 체납액: 없음
전과기록	공직선거 및 선거부정방지법 위반 –징역10월 집행유예 2년(1995. 10. 27) –특별복권(1998. 8. 15)	소요 징역 1년, 집행유예 2년(1986. 8. 1)
소명서	21년전 당시 대학원 재학 중이던 저는 선거법에 대한 이해가 부족하여 본의 아니게 선거법을 위반하였습니다.	1986년 5·3 인천 민주화운동 당시 인천대 총학생회장으로 시위를 주도한 결과 그 형을 받은 것입니다.

한 사실이 있다. 또한 전과 부분을 살펴보자면 두 후보 모두 전과기록을 가지고 있지만 종류와 사유가 다르다. 이해가 되지 않는 점은 이 후보는 대학원생이었음에도 불구하고 선거법을 위반했다는 사실이다. 반면에 김 후보의 전과는 민주화운동을 하다 얻은 것으로 유권자의 이해를 구할 수 있을 정도였다.

사진 1. 이학재 후보의 홍보 현수막.
박근혜 대통령을 사진 구도의 중심에 두었다.

대체적으로 2~30대 유권자들은 김 후보를 지지하였고, 40대 이상 유권자들은 이 후보를 지지하였다. 2~30대의 젊은 유권자층은 적극적인 인터넷 활용으로 비교적 많은 정보력을 가지고 있었고, 후보를 선택할 때 자질뿐만 아니라 전체적인 정당 내부 상황과 국내 정치 현황을 종합적으로 판단하였다. 유권자를 대상으로 후보 선정 기준을 물었을 때, 20대 여성은 "김 후보 자체로 보면 마음에 들지 않지만 전체적인 상황을 고려하여 뽑았다."라고 대답하였다. 또 다른 이유로는 "여당 후보의 공약이 현실적이지 않아서", "나라의 변화를 위해서", "이 후보가 두 번의 국회의원을 역임하였지만 큰 변화가 없어서"라는 대답을 받았다. 반면에 4~50대 유권자들은 주로 뉴스와 언론을 통해 정보를 얻으며, 본인의 일상생활에서 자주 접할 수 있는 이 후보를 선호하였다. 직접 인터뷰를 해 본 결과, 지지 이유로 "오랜 기간 서구를 위해 일했다.", "부지런하고 성실한 것 같다.", "자주 보이고 열심히 일한다."라는 답변을 얻었다.

후보의 공약 비교

20대 총선에서 서구 갑 지역 중 청라지역이 가장 중요한 곳인 만큼, 이 지역에 관한 각 후보의 공약이 치열했다. 또한 상당 부분 일치하는 공약도 있었지만 내용이 조금씩 달랐고, 아예 다른 공약도 있었다.

표 2. 두 후보의 공통 공약 사항

지역 핵심 공약
시티타워 제3연륙교 건설 SK 인천석유화학 수도권 매립지

먼저 두 후보가 공통적으로 중요하게 여겼던 공약은 7호선 청라 연장과 연희공원 조성이었다. 현재 7호선 연장은 오랜 기간 사업을 추진하고 있으나 공사가 확정되지 못해 두 후보의 책임 공방이 있었다. 지하철 연장 사업 추진을 위해서는 관련 정부 부서와의 협의와 예비타당성 조사의 통과가 필요하지만 청라는 사업성이 0.56%로 허가기준인 1%를 넘지 못하여 여러 번 무산되고 있었다. 이에 대해 이학재 후보는 7호선 공약으로 본인이 국토교통부와 기획재정부를 거쳐서

한국개발원구원(KDI)이 예비타당성 조사를 하도록 만들었음을 강조하였다. 또한 총선 전후로 결과가 나올 것으로 단언하였지만, 당선 소감에도 확실한 언급을 피한 것으로 보아 두 번째 타당성 조사도 통과하지 못한 것으로 보였다.

다음으로 시티타워 건설 문제는 청라의 오랜 숙원사업으로, 청라 중앙 호수공원에 위치하여 청라국제도시로서의 위상을 보여 주기 위해 계획되었다. 계획 수립 이후 국제입찰을 통해 설계까지 완료하였지만, 발주방식을 놓고 오랫동안 결정을 내리지 못했고, 그 이후에도 적절한 건설사업자를 찾지 못해 세 차례나 무산되어 여전히 해결되지 못한 상태였다. 특히 8년 동안 담당 정부기관을 LH 한국토지공사에서 인천 경제청으로 바꾸어 가며 노력하였지만, 해결하지 못하여 다시 LH로 권한이 넘어가 재공모를 진행했다. 시티타워에 대해 두 후보는 다른 방식의 공약을 제시했다. 이 후보는 3033억의 사업비가 2577억으로 깎인 부분을 2600억으로 다시 회복하고, 거기다 다시 500억을 정부로부터 받아낸 사실을 강조하였다. 이 후보는 이 자본금을 바탕으로 시티타워를 진행할 수 있으며 업체와의 커뮤니케이션 문제만 해결된다면, 4월 6일의 공모 결과에 좋은 소식이 들릴 것이라고 단언하였다. 반면에 김교흥 후보는 사업방식을 더 구체적으로 제시하였다. 아예 초반 건립부터 운영까지 대기업으로 넘기는 '기업 브랜드 타운' 모델을 제시하였다. 또한 타워의 이름도 '청라시티타워'가 아니라 '청라+회사명' 형식의 타워 이름으로 브랜드화하여 인지도를 높일 수 있는 방법을 제시하였다.

두 방식 모두 일리가 있지만 적당한 시공사가 나타나지 않으면 여전히 어렵다는 문제점이 있었다. 실제로 언론에 의해 발표된 사실에 의하면 한 곳의 컨소시엄만 제안서를 제출한 상황이었다. 제출한 회사마저도 초고층 건물의 시공 경험이 없어 자격 미달이 되자 중국의 한 기업을 컨소시엄에 포함시키려 시도하였으나 실패하였고, 협약 체결 실패 시 떠안게 될 보증금을 우려하여 이 금액조차 납부하지 않고 있어서 이 기업의 사업 자격 가능성 여부에 관해 논란이 일고 있었다. 이러한 상황에서 단시간 내에 이 사업의 성공을 얘기하기는 매우 어려웠다.

다음으로 제3연륙교를 살펴보자면 여러 이익집단의 이해관계가 충돌했다. 핵심 문제는 영종대교와 인천대교의 손실보전금에 있다. 두 대교를 건설할 때 인천시에서 민자 사업자들에게 손실보전을 서류상으로 약속했기 때문에 제3연륙교가 건설된다면 다른 두 대교의 손실금액을 인천시가 보장해줘야 한다. 영종대교와 인천대교의 사업 종료 기간은 각각 2030년과 2039년인데, 제3연륙교가 건설될 시에 두 대교의 예상 손실보전금은 대략 수 천억 원이다. 이미 빚덩이를 안고 있는 인천시가 감당하기에는 불가능해 보였다. 또한 두 대교 건설에 투자했던 민자 사업자들의 반발도 만만치 않아, 이를 중재할 인물이 절실히 필요한 상황이었다. 이 후보는 해결방안으로 인천국제공항공사가 해당 대교들을 매입하는 방식을 제안하였다. 제3연륙교가 수천억 원의 사업 자금이 있음에도 불구하고 아직도 제대로 진행되지 않고 있다는 점, 두 대교가 공항 진입로인 점을 근거로 들었다. 하지만 인천공항공사의 매입 여부는 불투명했다. 반면에 김 후보는 '패스트 트랙방식'을 들어 먼저 시공을 시작하고, 나중에 사업 허가를 받는 방안을 제시하였다. 이미 설계 용역이 발주된 상태이기 때문에 4년 안에 빠른 개통이 가능하다고 주장했다. 이를 위해 김 후보는 LH 한국토지주택공사, 인천국제공항공사가 공동 부담하는 방식이 필요하다고 주장하였다. 이 방식은 각자의 부담이 줄어든다는 장점은 있지만, 세 기관을 납득시키는 과정에서 어려움이 있을 것으로 보였다.

수도권 매립지에 대해서는 SK석유화학공장 증설 문제와 함께 격렬한 책임 공방이 이뤄졌다. 이미 두 이슈가 종결되었음에도 불구하고 주민들에게 큰 영향을 미치다 보니, 각 후보들이 본인의 책임을 회피하려는 모습을 보였다. 인천 쓰레기 매립지는 전 세계에서 가장 큰 규모의 쓰레기 매립지로 600만 평의 부지를 가지고 있는데, 인천시 쓰레기뿐만 아니라 서울, 경기권 쓰레기도 함께 매립하고 있다. 그래서 이전부터 주민들의 강한 불만이 있었고, 매립이 종료되기 전부터 새로운 대체 매립지를 찾기 위해 논의되어 왔다. 하지만 인천시가 서울시, 경기도와 합의하는 데 실패하면서 매립지 중 3-109 매립지는 2016년부터 연장하여 사용하기로 하였다. 그래서 두 후보가 모두 연장 중단을 가장 중요한 공약으로 내세웠다. 특히 유권자 인터뷰를 할 때 수도권 매립지와 SK석유화학공장 증설 문제는 청라 거주 유권자가 가장 중요하게 생각하는 사항이었다. 이는 도시가치와 거주환경에 중요한 영향을 미치기 때문인 것으로 보였다. 필자가 인터뷰한 대상자는 몇해 전 발생했던 매립지 붕괴 사건에 대해 이야기하기도 하였다. 그 당시 폭우로 부지가 노출되면서 악취가 동네까지 영향을 미친 사실을 언급하였다.

이에 대해 두 후보는 매립지 연장 중단을 기본 의제로 삼고 그 이후 해결책에 대해서는 서로 다른 방안을 제시했다. 이학재 후보는 매립지 위에 환경 테마파크를 조성하는 방법을 제안하였다. 환경 테마파크를 통해 해당 지역에 대한 긍정적인 반응을 이끌어 내고, 이를 통해 환경영향평가에서 좋은 점수를 받은 것을 바탕으로 새로운 매립지를 모색하는 방법을 제시하였다. 또한 긍정적인 이미지가 차후에 청라의 이미지를 쇄신하는 것에도 좋은 영향을 미칠 것으로 기대하였다. 반면에 김교흥 후보는 매립된 부지를 제외한 남은 부지에 첨단산업단지를 조성하는 방안을 제시하였다. 두 방안 모두 지역적 가치를 높을 수 있는 시설을 시공하는 방법을 제안하고 있다. 하지만 이학재 후보의 방안에 대해서는 이전에 테마파크 사업을 시도하였지만 몇 번 무산되었기 때문에 주민들에게는 상당히 회의적으로 보였다. 또한 김교흥 의원의 방안에 대해서도 현재 시티타워 사업을 진행할 기업을 찾는 것에도 실패하였는데, 더 큰 규모의 사업을 진행할 수 있는지 여부에 대해 부정적인 반응을 보이는 사람들이 많았다.

SK석유화학공장 증설 문제는 오래전부터 주변 지역 주민들과 많은 충돌을 빚어 온 문제였다. SK는 2013년부터 1조 6000억 원을 들여 공장을 증설하였는데, 이는 기존 공장에 부지를 16% 더 넓히는 공사로서, 1급 발암물질인 벤젠과 파라자일렌, 톨루엔 등의 물질을 취급한다는 점이 주민들의 불안감을 높이는 계기가 되었다. 게다가 공장 주변에는 8곳의 학교가 있어 문제가 발생할 시에 직접적인 피해가 발생하기 때문에 주민들은 인천시의 공장 증설이 발표된 후에 인천시 서구청과 SK석유화학공장 앞에서 적극적으로 시위를 벌이기도 했다. 결과적으로 공장 증설을 저지하는 것에는 실패하였지만 여전히 주민들의 촉각이 곤두세워

져 있는 상태였다.

이학재 후보는 이 문제에 대해 사후 대처로서 인근 지역의 생활환경 개선과 마을 단장사업을 추진하고, 주차장 복합 문화시설을 개발하는 방안을 제안하였다. 또 유해화학물질 취급시설을 환경책임보험에 가입시켜 만일 문제가 생겨 주변 지역에 악영향을 미칠 경우, 실질적 피해 보상을 해 줄 수 있도록 하고, 악취방지법을 개정하여 악취배출시설을 규제하며 감독을 강화하는 방식을 제안하였다. 반면에 김교흥 후보는 안전, 환경, 장외영향평가, 주민건강역학조사를 실시하고, 조례를 통해 주민대표기구를 구성하며, SK석유화학단지 주변 지역에 관한 특별법을 제정하여 실질적으로 주민들을 보상하고 지원할 것이라는 공약을 내세웠다. 하지만 두 후보의 공약 모두 근본적인 문제 해결방안이 아니라는 점에서 부정적이었다.

다음으로 청라의 과밀학급 문제에 대해 살펴보면 두 후보의 공약이 달랐다. 청라의 학급당 학생 수는 2015년 4월 기준으로, 초등학교는 25.4명, 중학교는 34.9명, 고등학교는 33.3명이다. 반면에 전국 평균은 초등학교 22.8명, 중학교 30.5명, 고등학교는 30.9명이다.[1] 이를 보았을 때 청라의 과밀학급 문제가 상당히 심각한 수준임을 알 수 있다. 현재 한국의 학급당 학생 수가 줄어들고 있는 반면에 오히려 청라는 늘어나고 있는 것이다. 또한 청라는 신도시임에도 불구하고 같은 인천 내 신도시인 송도와 달리 자율형 사립고등학교와 특수목적고등학교가 거의 없다시피 한 것도 차별 대우에 민감한 청라주민들에게 부정적으로 보여지고 있었다. 또한 청라는 단일학군제가 아니라 다른 동네와 학군을 공유하고 있어서 아침마다 학생들이 상당한 시간을 소요하여 통학을 하고 있는 것도 현안으로 꼽혔다. 이에 대해 이 후보는 자사고, 특목고와 같은 명품 학교를 유치하고, 학교배정 조정과 청라 단일학군제를 적극적으로 추진하겠다는 공약을 내세웠다. 김 후보도 과밀학급 문제를 초·중·고등학교 신설을 통해 해소하겠다고 주장하였다.

---

1. "인천 구도심 학교, 신도심 이전 싸고 곳곳 갈등", 중앙일보, 2016. 5. 31.

그 외에도 이 후보는 청라 순환자전거도로 15.3㎞ 전 구간 조성 추진, 국제대로 자전거도로 1.5㎞ 안전펜스 설치 추진, LH 청라영종사업본부를 주민 문화공간으로 활용, 공촌유수지 체육시설 개방 추진, 청라3동 분동 및 법적동명을 행정동명 청라동으로 변경, 서인천 세무서 청라국제도시 이전 추진, 심곡천 및 공촌천 수질 개선 등을 공약으로 내세웠다. 반면에 김 후보는 국제업무단지를 도시형 첨단 미래산업단지로 조성, 청소년 문화센터 건립, 차병원 복합의료타운 조기착공, 로봇랜드 부대시설의 민간분야 투자유치 및 공영개발 활성화, 청라 GRT 조기개통, 청라역 주차장 확장 등을 공약으로 내세웠다.

후보의 선거운동 스타일 비교

후보들의 선거운동 형태는 대체적으로 비슷했다. 주로 지하철 역사나 교통량이 많은 도로 근처에서 출퇴근길에 인사를 하였고, 시간대별로 지역기관이나 종교단체, 사회단체시설을 방문하여 함께 밥을 먹거나 고충을 들어주며 지지를 호소하는 형식의 선거운동을 하였다. 또한 선거유세 차량을 통한 유세도 많이 이루어졌다. 특히 청라지역에서 김 후보는 선거일과 가까워질수록 더욱 적극적으로

사진 2. 인천 서구 여성인력개발센터를 방문한 이학재 후보

유세 차량을 이용하여 지지를 호소하는 모습을 보였다. 한편 이 후보의 유세 주제는 '마무리 짓기'였다. 본인이 2번 국회의원을 역임하면서 추진한 지역현안들이 아직 남아 있기 때문에 "이 부분을 완벽하게 마무리 짓겠다."라고 주민들에게 호소하였다. 또한 본인의 임기 동안 이룬 업적들을 설명하며 앞으로의 인천 서구

표 3. 이학재 후보가 주장하는 업적

9호선 유치
청라 국제도시역 신설
검암역 ktx유치
제3연륙교 건설 추친, 설계비 확보
로봇랜드 국비 451억 확보
지역자원시설세 두 배로 올린 〈지방세법 개정안〉 발의 약 100억 세수 추가 확보
수도권 매립지 테마파크, 복합쇼핑몰 조성 추진
연희공원 조성 중, 자연마당 국비 34억 확보
SK인천석유화학 공장 안전 확보 및 생활환경 개선, 주차장과 복합문화센터 건립 추진
청라 119센터 완공 예정

사진 3. 신현동에서 지지유세를 하고 있는 김교흥 후보

사진 4. 서로 다른 주장이 엿보이는 두 후보의 선거현수막

갑의 발전 가능성을 역설하기도 하였다.

반면에 김 후보의 유세 방식은 '이학재 후보 심판론'이었다. 김 후보는 이 후보의 본회의와 상임위원회 낮은 출석률, 법안 대표발의 부족, 그리고 이 후보가 약속했지만 완성하지 못한 사업들(루원시티, 수도권 매립지, 경인고속도로 일반도로화, SK석유화학)을 비판하고, 특히 이 후보의 무능력을 주장하며 본인의 개선 의지를 어필하였다. 또한 김 후보에 대해 긍정적인 반응을 갖고 있는 주민들은 김 후보의 쓰레기 매립지 1인 시위에 대해 언급하기도 하였다.

선거 결과 분석

선거 결과는 전체 투표수 119,445표 중에서 새누리당의 이학재 후보가 52,595표(44.45%)로, 45,233표(38.23%)를 얻은 더불어민주당 김교흥 후보를 상당한 격차로 이겨 3선에 성공하였다. 득표 차가 5.31%였던 19대 총선에 비하면 지지율 차이가 증가한 것을 알 수 있다. 또 이번 선거에서 여당의 텃밭이라 할 수 있는 강화 지역이 독립된 선거구로 분리되었으나, 이것이 큰 영향을 주지 않았다는 점을 알수 있다. 개표 방송 시에도 초반에는 비슷한 득표 수를 보이다가 점점 격차가 생기면서 후반에는 개표가 완료되기 전에 이미 이 후보가 당선 확정을 받은 상태였다. 하지만 청라의 선거 결과는 약간 달랐다.

〈표 4〉를 보면 청라지역에서는 김 후보가 14,633표로 12,928표를 득표한 이 후보를 앞서는 것을 볼 수 있다. 득표율로 보아도 김 후보가 43.3%로 이 후보의 38.3%보다 5%를 앞서는 것을 알 수 있다. 김 후보가 우세한 지역으로는 서구 갑지역 중 청라가 유일했다. 다른 지역에서는 모두 이 후보가 앞서는 모습을 보였다. 그럼에도 불구하고 이 후보의 득표 수가 가장 많은 지역은 청라였다. 그 이유는 인천 서구 갑에서 청라의 투표 수가 가장 많았기 때문이다.

〈표 5〉에서 보듯이 청라의 투표율이 약 60%로 다른 선거구의 투표율보다 훨씬 높았다. 이는 청라 유권자가 다른 동네 유권자보다 정치 참여에 적극적이라는

표 4. 서구 갑의 투표구별 개표 결과

읍면동명	선거인수	투표수	후보별 득표수		
			이학재	김교흥	유길종
합계			52,595	45,233	17,591
청라1·2동	55,759	33,765 (100%)	12,928 (38.3%)	14,633 (43.3%)	5,525 (16.4%)
가정1·2·3동	28,071	14,535	7,134	4,930	1,981
신현 원창동	21,640	11,716	5,722	4,131	1,511
석남1·2·3동	45,736	23,448	11,074	8,148	3,343
가좌1·2·3·4동	50,777	28,016	12,544	10,103	3,998

출처: 중앙선거관리위원회, 선거통계시스템(http://info.nec.go.kr/)

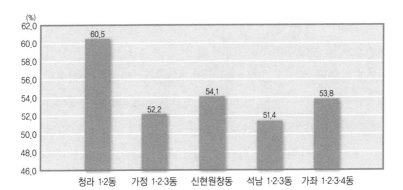

그림 1. 인천 서구 갑의 동별 투표율
출처: 중앙선거관리위원회, 선거통계시스템(http://info.nec.go.kr/)

것을 의미한다. 청라가 다른 동보다 젊은 층의 비율이 높은 점을 보았을 때, 이는 이례적인 특징이라고 할 수 있다. 일반적으로 젊은 층의 투표율은 다른 연령층보다 떨어지기 때문이다. 20대 총선 결과를 자세히 분석해 보면 두 가지 특징을 확인할 수 있다. 첫째, 김교흥 후보가 아직 충분한 지지기반을 구축하지 못하였다. 20대 총선에서 인천 서구 갑 지역 중 청라지역 외에는 모두 이학재 후보를 지지하였다. 앞으로 짧은 시간 안에 김 후보가 이 후보의 지지기반을 능가하기는 어려울 것으로 보였다. 20대 총선에서 마지막에 김 후보가 청라지역에서 집중 유세를 하였음에도 불구하고 압도적인 득표를 얻지 못한 점에서 이러한 결론을 얻을 수 있다. 둘째, 이번 선거 결과를 보면 유권자의 이학재 의원에 대한 신뢰가 상당히 높은 것으로 판단된다. 유권자들은 그동안 이 의원이 서구 갑을 위해 많은 일을 했다고 판단하고 갑자기 국회의원이 바뀌었을 때 사업에 차질이 있을 수 있다는 우려를 하는 것 같았다. 게다가 현재 유정복 인천시장의 소속 정당이 새누리당이기 때문에 유권자가 동일 정당의 후보를 선출해야 지역사업에 차질이 없을 것으로 생각하지 않았을까 추측해 본다.

　마지막으로 강조해야 할 것은 제3의 정당, 국민의당 유길종 후보가 김교흥 후보의 낙선에 기여했다는 점이다. 〈표 4〉에서 보는 것처럼 유 후보가 17,591표를 획득하여 야권 지지표를 분산시킨 것으로 볼 수 있다. 유 후보와 김교흥 후보 간에 후보단일화가 이루어졌다면 두 후보의 득표수를 합하면 62,824표로 이학재 후보의 52,595표보다 거의 10,000표가 많아, 단순 계산상으로 야권단일 후보가 당선된다. 물론 유 후보가 김 후보뿐만 아니라 이 후보의 표를 잠식했을 가능성도 있지만 국민의당이 더불어민주당에서 이탈했기 때문에 두 정당이 지지기반을 공유하는 측면이 강하다고 보는 것이 타당할 것이다. 인천 서구 갑에서 지역구 선거는 김 후보의 표가 유 후보보다 많았지만 비례대표 정당 투표에서는 국민의당이 더불어민주당보다 앞섰다. 이를 통해 유권자들이 전략 투표(strategic voting)를 하였음을 알 수 있다. 즉 지역구 투표에서는 더불어민주당이나 새누리당을 지지한 유권자 중 정당 투표에서 국민의당을 지지한 유권자가 많았다는 것을 의미한다. 결국 유 후보의 출마가 없었다면 김교흥 후보와 더불어민주당이 유리했다는 것을 부정하기 어렵다.

29. 네거티브 선거운동과 유권자의 반응

[인천 남동 갑]

이동호

왜 인천 남동 갑을 선정했나?

20대 총선을 앞두고 주변 선거구를 조사하던 중 가장 치열한 곳을 조사하고 싶었고 그 곳이 바로 남동구 갑 지역이었다. 이곳이 가장 치열하다고 느낀 이유는 이윤성 후보 때문이었다. 이번 선거에서는 출마하지 않았지만 이 후보는 15대부터 18대까지 4선을 지낸 인물이었다. 하지만 19대 총선에서 당시 야당이었던 박남춘 후보에게 패배하게 된다. 당시 패배 요인으로 선거의 경쟁구도가 지목되었는데, 한 명의 야당 후보와 두 명의 여당 후보가 나서는 바람에 여당 표가 분열되었기 때문이라는 분석이 가장 설득력 있었다. 남동 갑은 여야 우세를 점칠 수 없는 격전지로 분류되었으며, 19대와 반대로 20대 총선에서는 야당에서 다수의 후보가 나와 선거 결과를 예측할 수 없는 지역이었다.

사회경제적인 측면에서 본다면 남동 갑에는 남동공단이 속해 있어 노동자의 인구가 많은 지역이다. 또한 전통시장인 모래내시장과 소래포구가 있어 상인 등 다양한 계층이 남동 갑을 구성하고 있다. 또한 사는 지역에 따라서 투표 성향도 많이 다르다. 도림동 같은 경우는 고령인구가 많아 여당의 표밭으로 불리는 곳이고, 논현동은 신도시로 유동인구와 비교적 젊은 인구가 많아 진보적 성향이 강한 지역이다. 이처럼 동네에 따라 사회적, 경제적, 정치적 차이가 크기 때문에 선거 결과를 예측하기 어려웠다. 이런 상황에서 후보들이 어떠한 전략과 공약으로 유권자의 표심을 얻을 수 있을지가 주목의 대상이다.

현직자와 도전자의 공약 차이

이번 참여관찰 주제는 도전자와 현직자의 공약에 어떤 차이가 있는지를 관찰하는 것이다. 현직자는 현직자답게, 도전자는 도전자답게 공약을 내세울 것으로 예상했다. 일반적으로 현직자는 의원직을 유지하기 위해 과거에 약속한 공약의 이행을 강조하면서 본인의 업적을 홍보하는 경향이 강하기 때문에 유권자의 회고적 투표(retrospective voting)에 기대하는 바가 클 것으로 봤다. 이와 대조적으로 도전자는 국회의원으로서 업적이 없기 때문에 앞으로 선거구를 위해 무슨 일을 할 것인지, 그리고 얼마나 일을 잘할 것인지 등을 중심으로 공약을 개발할 수밖에 없으므로 결국 유권자의 전망적 투표(prospective voting)에 기대를 걸게 될 것으로 봤다. 그러나 우리나라에서는 후보들이 본인의 소신이나 위상과 달리 상대 후보의 공약을 그대로 따라하는 경향이 강하기 때문에 현직자와 도전자의 공약에 큰 차이를 발견하지 못하는 경우가 많다. 따라서 도전자와 현직자는 공약상에 뚜렷한 차이를 발견하기 어렵고, 후보의 업적과 위상에 관계없이 비슷한 공약을 내걸 가능성이 높다고 봤다.

현직자의 여유, 박남춘

박남춘 후보를 처음 찾아간 것은 선거가 시작되기 전인 3월 19일이었다. 그의 사무실은 매우 찾기 쉬운 번화가에 자리 잡고 있었다. 선거사무소는 4층이었는데, 1층의 입구부터 선거사무소까지 박남춘 후보의 그간의 행적이 고스란히 담겨져 있었다. "남동의 봄"이라는 문구처럼 박 후보는 사진들과 인테리어에 따뜻함을 주려고 노력한 것 같았다. 1시간가량의 만남을 약속하고 왔지만 후보의 시

사진 1. 박남춘 후보의 선거사무소 올라가는 길 　　　사진 2. 박남춘 후보와의 인터뷰

간관계상 40분 정도밖에 하지 못했다. 하지만 남아 있던 질문들은 보좌관의 도움으로 모두 해결했다. 인터넷에서 만난 그의 이미지는 매우 따뜻했지만 직접 인터뷰한 결과, 매우 냉철한 사람이라는 느낌을 받았다. 그와의 인터뷰 내용은 다음과 같다.

Q. 연령대별로 어떤 선거전략을 사용할 계획인가?

A. 먼저 대답부터 하자면 연령대별로 다른 선거전략은 없다. 세대 간 대립이 가장 큰 문제다. 한 사람의 선거전략으로 격차가 해결되지 않는다. 국민들은 선거전략이 아닌 북한과의 갈등과 반감을 가장 중요시한다. 나이가 드신 6~70년대 분들은 대부분이 보수적이다. 그 이유는 현재의 변화된 모습에 매우 만족하고 있으며, 일방적으로 군사정부시절 교육을 받아 왔기 때문이다.

Q. 야권단일화에 대해 어떻게 생각하는가?

A. 아직 당에서 협의 중이다. 정해진 것은 없지만 반드시 해야 한다. 야권이 승리하기 위해서는 단일화는 선택이 아니기 때문이다. 내가 떨어지더라도 당의 차원에서 본다면 해야 하는 것이라고 생각한다. 대부분의 야권단일화가 실패하는 이유는 본인이 승리하기 위한 욕구 때문이다.

Q. 선거에서 가장 중요한 것은 무엇인가?

A. 선거에서 승패를 결정하는 것은 선거구도, 인물, 전략 이렇게 크게 3가지로 구

분된다. 여기서 전략은 10%밖에 차지하지 않는다. 그럼 뭐가 중요하냐? 구도 다. 구도가 60%를 차지하는 데 선거전략이 얼마나 영향을 미치겠는가. 이미 일 여다야 형태로 야당에게 불리한 선거구도로 돌아가고 있다. 때문에 우리 측은 승리하기 위해서 30%인 인물에 초점을 맞추기로 했다.

질문에 대한 답변과 더불어 공약의 현실성에 대해서도 자세히 설명을 해 주었 다. 박남춘 후보는 본인의 공약을 크게 4개로 볼 수 있다고 했다. 첫 번째는 양질 의 교육, 두 번째는 관광랜드마크 조성, 세 번째는 첨단산업단지 육성, 네 번째는 교통의 발달이다. 다른 어떤 후보보다도 명확하게 본인의 공약을 제시했다. 먼저 교육 부분에서는 남동구를 교육혁신지구로 지정해 맞춤형 공교육을 실천하고, 낡은 학교시설을 개선해 쾌적하고 안전한 교육환경을 구현하며, 맞춤형 지역 도 서관을 신설해 특화된 프로그램을 도입하겠다고 이야기했다. 두 번째 랜드마크 조성의 세분화된 공약들을 살펴보면, 해양수도 위상에 맞는 국립해양박물관을 유치시키고, 소래습지생태공원을 순천만 같은 국가정원으로 추진하며, 소래포 구를 국가어항으로 차질 없이 지정되도록 하겠다고 약속했다. 소래포구를 확실 한 인천의 대표 관광지로 만들겠다는 것이다. 세 번째 첨단산업단지 육성을 위해 서는 남동공단에 최첨단 리모델링을 추진하고, 남촌동에 주거·상업·업무시설 이 복합된 도시첨단 산업단지를 신규로 조성하는 것을 이야기했다. 네 번째는 교 통을 발달시키겠다고 주장하며 수도권 광역 급행철도를 추진하고, 도시철도 3호 선을 건설하겠다고 공약했다. 그의 공약들은 이것뿐만이 아니라 삶과 밀접한 관 련이 있는 것도 많았다. 구체적으로 간석1동은 CCTV와 경로당 확충, 구월4동은 모래네 구월전통시장 특화거리와 공영주차장 조성 등 동네별로 나누어 공약을 제시했다. 이미 몇 가지 공약들은 2016년 상반기까지 완료예정인 것들도 많았다. 말뿐인 공약이 아니라 이에 따른 확실한 대안을 함께 이야기해 설득력이 있었다.

"경제 활명수" 김명수 후보

　김명수 후보와의 만남은 3월 22일 오후 4시에 있었다. 김 후보 측의 사람들은 다른 후보의 보좌관보다 더 많은 배려를 해 주었다. 먼저 우리들이 연락을 취해 약속을 잡았지만 이후에는, 김 후보 측이 사무소 개소식이 있는 날, 안철수 의원이 오는 날 등을 비롯하여 중요한 날짜에 미리 연락을 주었다. 인터뷰 시간도 1시간가량을 약속했지만, 오히려 그 이상의 시간을 인터뷰를 위해 할애해 주었다. 김 후보의 선거사무소 역시도 교통이 편리한 곳에 위치해 있었으며, 멀리서도 눈에 잘 띄었다. 선거사무소의 분위기는 매우 조용했다. 우리가 들어가자 김 후보는 기다리고 있었다며 반갑게 맞이해 주었다. 먼저 와서 기다리고 있었다는 것이 너무 감사했다. 인터뷰를 하러 왔다고 말씀드리니 자리배치도 새로 해 주시며 이야기를 경청하려고 하는 듯했다. 다른 후보에 비해 비교적 정보가 부족했지만 인터뷰를 통해 김 후보에 대해서 자세히 알 수 있었다.

　Q. 이번 선거에서 전하고자 하는 메시지는 무엇인가요?

　A. 유권자는 '그 사람이 그 사람이다.'라는 매너리즘에 빠져 있다. 그래서 이러한 매너리즘, 즉 '어두운 정치'를 타파하려고 출마했다. 유권자들이 제대로 된 정치인을 뽑아야 한다. 인천의 부채가 13조이다. 재원 부족으로 서민이 많은 어려움에 처해 있다. 나는 많은 준비가 되어 있다. 먼저 남동공단에 많은 대기업을 유치할 것이다. 공단을 이끌어 주는 맏형 역할을 하는 사람이 필요한데, 그러한 역할을 하는 회사가 없기 때문이다. 소래지역을 가 보니 관광산업이 제대로 돌아가고 있지 않았다. 유입된 외부인들을 붙잡아 두어야 수익성이 생기는데 단순히 먹고 가 버리는 일회성 관광객이 대다수였다. 음식만 파는 먹자판이 아닌 이름 있는 호텔과 같은 숙박시설을 세워 관광객을 유치하겠다. 안산에 시아공단, 사리포구지역에 공단을 조성하는 데 과거 일조했었다. 그러한 경력으로 보면 다른 어떤 후보보다 내가 자본유치 능력이 뛰어나다는 것을 알 수 있다. 산업은행에서 있었던 만큼 금융권의 힘을 빌려 공단을 키우겠다.

Q. 후보단일화에 대해서 어떻게 생각하고 있는가?

A. 이전에는 이윤성 의원이 오랫동안 의원직을 했기 때문에 여당이 강세였다. 하지만 지난 총선 때에는 여권이 분열하여 박남춘 후보가 승리했다. 그러나 현재는 야권이 분열되었다. 이런 상황에서 단일화를 하지 않으면 더불어민주당이 질타를 받는가? 아니다. 국민의당이 욕을 먹게 된다. 이상한 일 아닌가. 중요한 것은 단일화를 했느냐 안했느냐가 아니다. 야권 후보를 단일화시킬 경우 남동이 발전하는가가 중요하다. 실상은 아니기 때문이다. 단일화 이야기를 하기 전 인물의 능력과 자질을 보아야 한다. 부정부패만 생길 뿐이기 때문이다. 나는 개인적으로 여야를 떠나 국가와 민족을 위해 일할 사람이 필요하다고 생각한다. 그래서 단일화는 맞지 않다고 본다.

Q. 국민의당으로 들어간 이유는 무엇인가?

A. 혹자는 당신 정도면 공천 받는 건 어렵지 않은 일일 텐데 뭐 하러 사서 고생을 하느냐 이렇게 묻는 사람도 있었다. 하지만 난 새로운 바람, 참신한 정치를 위해 선택했다. 남을 배려하고 생각할 줄 아는 정당이 필요하다고 생각했다. 자기의 의견과 주장을 이야기할 수 있는 곳은 신당이라고 생각했으며, 원하고자 하는 세계를 관철시키기 위해서 국민의당에 들어왔다. 막말로 지원을 다 받고 손쉽게 당선이 된다고 하면 자기 마음대로 정치할 수 있겠는가? 눈치 보느라 못한다. 그럼 혼자서 힘들게 당선되면 누가 뭐라고 하겠나.

열정과 자신감이 가득했던 김 후보는 본인의 공약을 경제에 초점을 맞추어 설명해 주었다. 그의 공약은 크게 네 가지로 나뉘며 다음과 같다. 첫 번째는 많은 빚을 안고 있는 인천의 채무를 탕감하기 위해 남동공단을 육성하고 일자리를 창출하는 것이다. 두 번째는 교육, 주거환경 개선을 통해 많은 세대들의 거주 문제를 해결하는 것이고, 세 번째는 자영업자와 서민경제를 위해 노동 문제를 해결하는 것이다. 네 번째는 취약계층을 위한 복지정책을 실시하는 것이다. 구체적으로는 앞의 질문에 대한 답변대로 대기업과 같은 리더의 역할을 할 그룹과 외국자본을 유치하는 것이고, 두 번째로는 100세 시대 맞춤형 평생학습체제를 구축하고, 글로벌 지역인재 양성을 위한 남동장학재단을 설립하는 것이다. 세 번째는 일자리 5만 개 창출과 리크루트 사업시행이다. 마지막으로 전통시장을 활성화하고 구조혁신과 자생력을 강화한다는 것 등이 그의 주된 공약이었다.

"남동의 아들" 문대성

문대성 후보를 찾아갔을 때는 이미 공천을 마무리하고 본선거가 시작되기 이틀 전이었다. 선거사무소는 다른 후보들의 사무소보다 컸으며 분위기도 활기찼다. 입구에 들어서니 20대의 젊은 유권자들이 춤을 추며 선거운동 연습을 하고 있었다. 예상하지 못한 환경에 한동안 그 자리에 서 있었다. 몇 분 뒤 보좌관이 나타났다. 후보는 현장에 나가서 대신 인터뷰를 하겠다고 했다. 출발하기 전부터 문대성 후보의 부재 소식을 접했지만 혹여나 하는 마음에 찾아가게 되었다. 인터뷰하는 동안 옆에서는 계속해서 음악이 나오고 춤을 추고 있어서 어수선한 분위기 속에서 진행되었다. 인터뷰를 했지만 후보의 마음을 제대로 알 수 없었으며, 대강 짐작만 하게 되었다. 인터뷰 내용은 다음과 같다.

Q. "남동이 낳은 문대성, 다 컸으니 부려먹자"라고 하는 연고주의를 슬로건으로 내걸으셨는데 연고를 강조하신 이유는 무엇인가요?

A. 우리 의원님은 태권도 금메달리스트에 IOC(국제올림픽위원회) 위원으로 화려한 이력을 가지고 있지만 그런 이력들보다도 지역사람들에게 확실하게 어필할 수 있는 것은 지역출신을 이야기하는 것이라고 생각해서 이러한 슬로건을 선택했다. 의원님께서는 초등학교와 중학교를 인천에서 다녔기 때문에 지역의 아들이라는 이미지가 크기 때문이다. 실제로 구월동 300번지에서 태어나셨고 힘들게 자라셨다.

Q. 공약은 무엇인가? 지역에서 출생했지만 타 지역에 살아서 지역현안에 대해 잘 모르지 않은가, 그렇다면 공약을 잘 설정할 수 있겠는가?

A. 공약은 사실 감추고 있다. 이미 모든 지역, 동별로 완료가 되어 있는 상태이다. 하지만 본선거가 시작될 때까지 감추고 있다. 그 이유는 미리 공개해 버리면 다른 후보들이 비슷한 공약을 들고 나올 수도 있고 만반의 준비를 하여 비판할 수 있기 때문이다. 신비롭게 본선거에서 공개하겠다. 잘 모르냐고 물었는데 그것은 잘못되었다. 의원님은 말보다는 행동으로, 발로 뛰는 정치를 하시려고 노력한다. 때문에 선거사무소에 있는 시간보다 현장에 있는 시간이 더 많으시다. 회의만 끝나면 나가신다. 고향이기 때문에 의원님의 선후배나 친구들이 많다. 뿐만 아니라 윤태진 의원의 조직을 이용하고 있으며, 많은 지역 주민들이 도움을 주고 계셔서 어려움은 없다.

Q. 선거구도에 대해 어떻게 생각하는가?

A. 야당 후보가 많이 나와도 단일화를 할 수 있으므로 이를 대비하고 있다. 일여다야 구도가 되면 좋지만 본선거가 시작될 때까지는 아무것도 모르기 때문에 모든 준비를 하고 있다. 방심하지 않기 위해서이다. 단일화가 되지 않는다면 당선할 것이라고 본다. 단일화가 된다고 해도 이길 것이라고 예측하지만 그때는 오차범위가 1%일 것 같다.

그 밖에 몇 명이서 움직이는지, 현장에서는 주로 어떤 말을 듣는지 등에 대해서 물었지만 대부분의 대답이 현장팀이 아니라 잘 모른다는 반응이었다. 인터뷰후 느낀 것은 다른 의원들보다 방어적이었으며 최대한 노출을 시키지 않으려고하는 것 같았고 사무실에서 문대성 후보를 만나는 것은 어려운 듯했다. 그의 공약은 추후에 인터넷[1]을 통해 접할 수 있었다. 문 후보는 남동구 을의 조전혁 후보와 함께 4월 2일 합동 공약을 발표했다. 합동 공약의 내용은 첫 번째, 남동구 도시철도 순환성 완성, 두 번째 청소년 영어전문도서관 건립, 세 번째 남동구 노인복지재단 설립, 네 번째 장애인과 함께하는 남동구 스포츠파크 건설, 다섯 번째 남

---

1. "문대성(남동 갑)과 조전혁(남동 을)의 합동 공약", 업코리아, 2016. 4. 4.

동 산업단지 혁신형 융복합 신산업단지 집중 육성 등 남동구 갑과 을 지역의 현안사업들로 제20대 총선에서 당선 후, 두 후보가 함께 합동 공약을 추진하기로 약속하며 다음의 구체적인 안을 제시했다.

첫째, 인천도시철도 2호선의 인천대공원역과 수인선의 논현역을 연결하는 도시철도 구간을 신설한다. 서창 1지구, 서창 2지구, 도림역의 3개 역을 지하로 건설하며 인천도시철도 1호선, 2호선, 그리고 수인선이 연계되는 '남동구 도시철도 순환선'을 완성하여 남동구 주민들의 도시철도 이용 편의를 증진시키고 사통팔달 교통이 편리한 남동구를 조성한다. 둘째, 만월초등학교 이전부지(구월2동 롯데캐슬 2단지 아파트 건너편)에 청소년 영어전문도서관을 비롯한 복합교육문화센터를 유치하여 유아 및 초·중·고 학생들의 영어 사교육비를 경감하고 학생과 학부모가 행복한 교육환경을 조성한다. 셋째, 남동구 노인복지재단을 설립하여 노인어르신의 복지사업을 확대하고 관내·외 기업과 연계한 노인생산품 인증제를 실시하여 노인어르신에게 양질의 일자리 기회를 제공한다. 체육 분야 노인바우처사업 실시를 통해 노인의 건강한 노년생활을 지원하며, 노후가 행복한 남동구를 조성한다. 넷째, 수영장·헬스장·축구장·배드민턴장·에어로빅·요가 등 생활체육을 장애인과 함께 즐길 수 있는 스포츠파크(복합체육시설)를 건립하여 건강하고 활력이 넘치는 남동구를 조성한다. 다섯째, 공장가동률 70.6%이고 IMF 이후 최대의 위기를 맞이하고 있는 남동공단이 수도권 최대의 신산업단지로 재도약할 수 있도록 산학협력 연구센터 조성, 친환경 자동차 부품산업의 고도화 지원, 기초산업의 융복합을 통한 고부가가치화, 미래 유망산업 업종 집중 육성, 남동 산업단지 제조환경 및 근로환경 개선 지원 등을 통해 혁신형 융복합 신산업단지로 집중 육성한다는 것이다. 문대성, 조전혁 두 후보는 4·13총선 이후 협약식에서 함께 발표한 공약에 대해 "인천시, 남동구청, 정부 관계기관 등과 협의체를 구성해 공약이 현실화 될 수 있도록 하겠다."라고 말하며, "남동구민께 말씀드린 공약을 지키고 지역발전을 앞당기기 위해 4·13총선에서 반드시 승리하겠다."라고 다짐했다.

유권자의 반응과 투표행태 및 승패 요인

후보의 공약 발표를 비롯한 선거운동에 대해 유권자는 어떻게 반응하는가? 유권자에 대한 첫 질문, "투표할 때 주로 보시는 것은 무엇인가요?"에 대한 대답은 매우 다양하였다. 예를 들면 20대 유권자는 당선자에게 바라는 점은 따로 없다고 답하였으며, 30대 유권자는 지역을 위해서 일해 주었으면 좋겠다고 대답했다.[2] 50대 유권자는 현역의원을 인지하고 있었으며 더불어민주당을 지지한다고 대답했고, 40대 유권자는 지지 정당이 없다고 답했다.

"저희 둘 다 남동구에 살고 있는 사람임에도 불구하고 현역 국회의원이 누군지 모른다. 평소 지지 정당은 없고 선거 시 무엇을 보고 뽑는 기준도 없다. 선거 때 우리 둘 다 누가 지역에 이바지할 것인지를 본다. 공약을 지키는 사람이 좋다. 바라는 점은 지역을 위해서 일을 열심히 하고 지역을 꼭 발전시켜 달라고 말하고 싶다."[3]

"현역의원이 누군지 모르겠다. 평소 지지 정당은 야당이다. 선거 시 뽑는 기준은 여기서 나고 자란 사람인지를 본다. 이번에 문대성 후보가 나왔는데 이 동네에서 태어났다. 본인의 선거구에서 태어나고 지역을 잘 살게 해 주는 사람을 찍는다."[4]

"현역의원이 누군지 모르고 평소 지지 정당은 새누리당이다. 선거 시 뽑는 기준은 정당만 보고 뽑는다. 후보에게 바라는 점은 없지만 평소에 정당에 힘을 내기 위해서는 우리 정당을 뽑아 줘야 한다고 생각한다. 힘을 실어 주기 위해서 투표한다."[5]

---

2. 20대 유권자 1명, 30대 유권자 1명, 구월 아시아드 선수촌 아파트 상가 빽다방, 2016. 4. 5.
3. 요구르트 아주머니와 40대와 50대 여성 유권자, 구월 아시아드 선수촌 아파트, 2016. 4. 5.
4. 30대 여성 유권자, 구월 아시아드 선수촌 아파트 상가, 2016. 4. 5.
5. 50대 여성 유권자, 구월 아시아드 선수촌 아파트, 2016. 4. 5.

"현재 남동구의 국회의원이 누군지 모르겠다. 찾아오기는커녕 팸플릿조차 제대로 전달이 되지 않았다. 대통령은 우리나라의 가장 큰 어른이며 도와줄 사람이 필요한데 그 사람이 바로 국회의원 아니냐? 그러니깐 대통령을 도와줄 사람을 뽑아야 한다. 이렇게 좋은 세상을 살게 해 준 대통령에게 늘 감사하고 있다."[6]

유권자 인터뷰 결과, 선거구의 현직 국회의원이 누구인지 모르는 사람이 많다는 것을 알게 되었다. 또 유권자들은 공약보다는 저마다의 기준에 의해서 투표를 하고 있어 공약의 현실성이나 내용에 대해 큰 관심이 없었다. 다양한 연령대를 만나 본 결과, 유권자의 투표 기준은 크게 연고와 정당 그리고 지역에 대한 헌신 등이라는 것을 알 수 있었다. 일반적으로 사람들은 공약보다는 정당에 의한 투표를 하지만 이번 유권자 인터뷰 결과 공통적으로 본인의 지역구에 얼마만큼의 기여를 할 것인가를 판단하여 투표하는 것으로 나타났다. 즉 이번 선거에서는 유권자들이 정당보다는 후보들의 능력이 어떠한지를 보고 투표했다고 볼 수 있다.

후보들의 네거티브 전략

4월 9일 우리는 박남춘 후보의 유세현장을 찾아갔다. 바쁜 와중에도 박 후보는 우리를 발견하고 먼저 인사를 건넸다. 그리고 우리에게 하소연했다. 문대성 후보와 김명수 후보의 네거티브 전략으로 많이 힘들다는 것이었다. 박 후보가 말한 두 후보의 네거티브 전략은 다음과 같다. 문 후보 측은 박 후보의 전 보좌관의 아내가 운영하던 어린이집에서 폭력행위가 발생한 사건을 이야기하며 사과를 요구했다.[7] 문 후보는 보도자료에서 "박 후보의 보좌관을 지냈고, 시의원 공천까지 받아 출마했던 A 씨의 부인 B 씨가 운영하던 어린이집에서 지난 2014년 12월 아동학대 사건이 발생했다."는 점을 끄집어내고 "이 사건에 대해 박남춘 후보는 한

---

6. 60~80대 노년층 유권자 , 구월 아시아드 선수촌 아파트 노인정. 2016. 4. 5.
7. "문대성,박 후보 전 보좌관 부인 어린이집 관련 사과요구", 경인일보. 2016. 4. 7.

마디 사과가 없었다."라며 박 후보를
비판했다. 또 문 후보는 "'지난 일이다'
라는 식으로 얼버무린다."라며 박 후보
의 공개 사과를 요구했다.[8]

김명수 후보는 박 후보가 야권단일
화라는 표현을 사용했다며 선거관리
위원회에 문제를 제기했다. 기사에 따
르면 김명수 국민의당 후보가 4월 4일,
박남춘 더불어민주당 후보를 지역선거
관리위원회에 이어 검찰에 고발했다.
김 후보는 이날 오후 보도자료를 통해

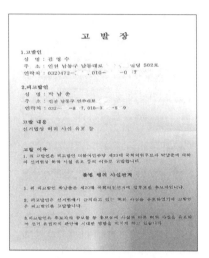

사진 3. 김명수 후보의 고발장

이같이 밝히며 "박남춘 더민주 후보는 남동 갑의 야권 어느 누구와도 단일화를
한 사실이 없다."라고 문제를 제기했다. 김 후보의 고발은 인천 남동 갑에 정의당
으로 출마한 후보 및 예비 후보가 없는 상황임에도 박남춘 후보가 스스로를 '야권
단일 후보'라고 주장하면서 비롯됐다. 김 후보는 "야권 후보 모두 열심히 선거운
동을 하고 있음에도 야권단일 후보라고 허위로 주장하고 있다."며 "허위사실 유
포가 선거의 공정성에 지대하게 영향을 끼치고 있어 부득이하게 공직선거법상
허위사실 유포로 검찰에 고발조치했다."라고 설명했다. 인천선거관리위원회에
따르면 인천 남동 갑에 등록한 정의당 후보 및 예비 후보는 한 명도 없는 것으로
확인됐다.

박남춘 후보는 현직자라는 유리한 위치에 있었기에 도전자들의 공격이 집중
되었다. 박 후보는 다른 후보들의 공세에 대해 "현재 나를 도와주고 있는 보좌관
도 아니고 보좌관 아내의 잘못도 아닌 어린이집에서 일어난 것인데, 문 후보가
그것에 대해 사과하라는게 말이 되는지 모르겠다. 깎아내리기 위해서 한 말이라

---

8. "인천 남동 갑 야권단일화 논란, 더민주 박남춘 '검찰고발'", 포커스 뉴스, 2016. 4. 5.

고 밖에 볼 수 없다. 김 후보의 고발도 무슨 일인지 모르겠다. 이미 이전에 중앙선거관리위원회에서 사용해도 된다는 허락을 받았다. 그런데 갑자기 선거관리위원회가 '더불어민주당, 국민의당, 정의당이 후보단일화에 합의하지 아니한 경우에는 야권단일 후보라는 표현을 사용할 수 없다.'라고 기존 입장을 번복했다. 참으로 당황스럽다."라는 의견을 드러냈다.

이 와중에도 박남춘 후보는 본인은 절대 네거티브를 하지 않겠다고 이야기하면서 선거유세 트럭으로 올라갔다. 유세를 시작하기 전에 이강호 인천시 시의원의 찬조 연설이 있었다. 연설 내용을 요약해 보자.

"선거철에만 기웃거리는 철새 후보를 원합니까? 남동구를 위해 헌신할 후보가 필요합니까? 지금 남동 을을 대표하는 다른 후보를 보십시오. 누구는 남동의 아들이라고 이야기하고, 누구는 경제를 발전시킬 적임자라고 이야기합니다. 하지만 그들이 어디에 있다가 왔습니까. 한 번도 고향을 찾지 않다가 이제 와 고향에 헌신한다는 말을 믿습니까. 금배지에 욕심을 내고 부산에서 날아온 철새를 믿을 수 있겠습니까. 아니면 실력과 경험이 풍부한 우리 박남춘 후보를 믿겠습니까."

찬조 연설을 하는 이강호 시의원은 강도 높게 문 후보를 비판했다. 박 후보 역시도 문 후보의 논문표절이나 매형을 본인의 비서관에 임명해 세간을 떠들썩하게 했던 개인적인 일을 다시 밝히며 비판하였다. 박 후보도 네거티브에 가담한 것이다. 젠틀한 이미지로 선거사무소을 방문하였을 때 반겨 주었고, 여유와 자신감으로 무장했던 박남춘 후보가 매우 초조하고 불안해 보인다고 느낀 순간이었다. 조금 전까지 본인은 네거티브에 참여하지 않겠다고 얘기한 후보의 네거티브 연설에 충격을 받았다. 다른 후보의 유세현장을 찾아가 그들의 이야기를 들어보지 못한 것이 아쉽다.

네거티브 연설에 대한 유권자의 반응

네거티브 연설에 대한 유권자의 반응은 다양했다. 유권자들이 같은 연령층이라고 해도 각자가 다른 생각을 하고 있으며, 특히나 네거티브에 대해 다양한 입장이 존재한다는 것을 새롭게 알게 되었다. 특히, 20대 유권자 중 한 사람인 필자는 네거티브를 매우 부정적으로 바라보았었다. 하지만 정보 제공의 측면에서 바라본다면, 순기능적 측면이 존재한다는 것을 알게 되었다. 유권자도 이러한 네거티브 연설에 대해 본인의 신념에 따라 연설 내용을 취사선택한다는 것을 깨달았다.

"박남춘 후보와 김명수 후보가 네거티브 전략을 굉장히 강하게 썼는데 솔직히 말해서 마지막 판에 박 후보의 네거티브 전략으로 인해 박 후보에서 김 후보로 지지를 바꾸었다. 문대성 후보는 네거티브라기보다는 자기방어에 급급하는 것으로 보였다.[9]

"네거티브 전략은 후보들이 정책선거에서 벗어나 선거승리만을 위해 움직이는 전략이기에 우리 같은 유권자 입장에서는 굉장히 부정적으로 볼 수밖에 없다. 후보들이 제시하는 의혹과 어떠한 사실이 진실로 밝혀지더라도 진흙탕 선거전으로 변질될 위험이 크기 때문에 최대한 지양해야 할 선거문화라 생각된다."[10]

"네거티브 전략이 당연한 거라고 생각해서, 각 후보를 선호하거나 지지하는 데 변화가 없었다. 선거 때 유권자가 후보가 어떤 사람인가를 많이 따진다면, 네거티브 전략은 부정적 느낌을 준다기보다는 또 하나의 정보라고 생각한다."[11]

---

9. 20대 유권자, 모래내시장, 2016. 4. 9.
10. 20대 유권자, 모래내시장, 2016. 4. 13.
11. 20대 유권자, 논현역, 2016. 4. 22.

세 후보의 선거운동 스타일: 도전자형인가, 현직자형인가?

도전자와 현직자는 공약상에 뚜렷한 차이를 발견하기 어렵고, 후보의 업적과 위상에 관계 없이 비슷한 공약을 내걸 가능성이 높을 것으로 예상했다. 조사 결과, 치열했던 선거가 무색할 만큼 후보 간의 뚜렷한 공약 차이는 존재하지 않았다. 박 후보와의 인터뷰를 돌이켜 보면 현직자의 이점을 잘 활용하고 있었다는 생각이 든다. 4년이라는 시간동안 본인이 이룬 업적, 성과 및 향후 발생할 긍정적인 결과, 능력과 자질 등을 집중적으로 부각시켰다. 그동안의 결과에 대한 "성적표"를 봐달라는 것이 그의 핵심 전략이었다. 대부분의 현직자는 이미 상당히 유리한 위치를 차지하고 있기에 상대방에 대한 언급 자체를 자제한다. 하지만 박 후보는 문대성 후보에 대해 묻는 질문에 "의정평가 275위이다. 뭘 할 수 있겠는가? 새누리당은 어르신들을 믿고 문대성을 보냈다. 어느 지역에는 갓난아기를 내보내도 된다는 말이 있지 않느냐. 오만한 새누리당의 판단이다."라고 직설적으로 답변했다. 그리고 박 후보는 김명수 후보에 대해서 "아무런 연고도 없는 인천에 나온 것은 무리이고, 국민의당에서 김명수 후보는 당의 입장에 따라 움직일 예정이며 개인이 임의대로 움직일 수 없다."라고 비판했다. 상대 후보에 대한 질문에 대해 거침없이 답변하는 박 후보는 공격성을 지닌 도전자의 모습도 동시에 보여 주는 것 같았다. 또 상대의 네거티브 전략에 동참해 강도 높은 비판을 한 점에서 박 후보의 선거운동 양상을 현직자−도전자 혼합형이라고 볼 수 있다.

김명수 후보는 박 후보와는 반대로 도전자의 입장이었기에 선거에 임하는 태도 자체가 달랐던 것 같다. 도전자형의 경우에는 변화의 필요성을 설득하는 동시에 본인이 그러한 변화를 이끌어 낼 수 있는 역량을 가지고 있다는 것을 주로 어필해야 하기 때문이다. 그는 정치신인으로서 침체되어 있는 경제와 인천의 부채를 해결하고 변화를 이끌 사람이 경제에 밝은 본인이라고 자신있게 주장했다. 그 이유는 그가 한국노동경영연구원 원장을 지냈으며, 전 한국산업은행 노조위원장 출신이기 때문에 상대 후보들에 비해 경험도 많고 전문적이라는 것이다. 또

가난한 어린 시절을 경험했기에 경제적 여유의 필요성 또한 잘 알고 있다고 했다. 김 후보는 '경제 활명수'라는 슬로건을 내걸었는데, 경제와 복지라는 두 마리 토끼를 잡아 활명수처럼 막힌 곳을 뻥 뚫어주겠다는 의미인 듯했다. 따라서 그는 도전자형이라고 볼 수 있다.

　문대성 후보는 도전자이면서 동시에 현직자였기에 박 후보와 김 후보와는 입장이 달랐다. 그의 선거전략은 남동구라는 선거구 관점에서 본다면 전형적인 도전자형이었다. 본인이 현재 IOC(국제올림픽위원회) 위원이고, 금메달리스트라는 점을 통해 체육 발전과 세계적 진출을 할 수 있다는 장점을 강조하였고, 동시에 어부지리로 당선되었다며 박 후보의 지난 4년을 비판하였다. 또한 박 후보를 도왔던 과거의 보좌관에 대한 잘못을 언급하며 네거티브 전략을 펼쳐, 김 후보와 마찬가지로 도전자형이라고 볼 수 있다. 하지만 그는 정치에 처음 도전하는 신인이 아닌 재선에 도전하는 국회의원이었다. 따라서 이전 선거구에서 있었던 본인의 업적을 언급해 현직자의 장점을 사용할 수도 있었다. 하지만 문 후보는 현직자이지만 남동구에서는 도전자라는 본인의 입장을 정확히 인식해 도전자형을 선택했으며, 도전자의 부족함을 채우기 위해 연고주의를 활용했다. 결과적으로 현직자이지만 선거구를 바꾼 상황이었기에 도전자형을 선택해 연고주의 전략을 사용한 것이다.

선거 결과 분석

　선거 결과는 박남춘 후보의 압도적인 승리였다. 개표 전까지 문대성 후보와 김명수 후보가 박 후보를 맹렬히 추격하였으며, 오차범위 안으로 여론조사 결과가 발표되기도 했다. 하지만 승리의 여신은 50.58%의 득표율을 얻은 박 후보의 손을 들어주었다. 투표가 끝날 때까지, TV에서 잠시도 눈을 뗄 수 없을 만큼 긴장했다. 하지만 개표를 보니, 옛 말에 소문난 잔치에 먹을것이 없다는 말이 딱 들어맞았다. 스포츠 스타와 현직자, 그리고 열정적인 정치신인까지 가담한 삼파전이어서 결과를 예측할 수 없다고 판단했지만, 막상 나온 결과는 허망하다는 느낌이 들었기 때문이다.

되돌아보면 박남춘 후보의 승리 요소 중 하나는 체계적인 준비였다고 말할 수 있다. 지난 4년간의 업적을 강조한 박 후보의 선거운동이 비교적 성공적이었다.[12] 그리고 박 후보는 다른 어떤 후보보다 SNS를 잘 이용했다. 따로 SNS를 관리하는 보좌관이 있었으며, 문자나 카톡을 이용해 유권자에게 소식을 전하거나 유권자의 의견을 반영하는 등 쌍방향 소통을 하려고 노력하였다. 특히, 20대의 유권자들이 많이 사용하는 인스타그램이나, 페이스북을 이용해 소통했고 이모티콘 사용으로 젊은 감각을 유지했다. 그에 반해 다른 후보는 SNS를 잘 이용하지 않았다.

결론적으로 말해, 현직자가 무능하기에 변화가 필요하고 변화의 주체가 본인이라는 두 도전자(김 후보와 문 후보)의 선거전략이 제대로 효과를 발휘하지 못했다고 생각한다. 전략만을 놓고 본다면, 문 후보의 연고주의 전략은 박 후보의 업적주의와 비교할 때 탁월한 선택이었다고 생각한다. 그 이유는 진보와 보수로 나뉘어진 남동구에서 유권자가 후보에 대한 친근감을 가지도록 하려면 연고를 내세울 수밖에 없기 때문이다. 그러나 문 후보의 경우 단수공천을 통해 일찍 후보로 확정지었음에도 불구하고 블로그에는 여전히 사하 갑 국회의원이라고 되어 있었다. 또한 문 후보는 공약을 미리 알리지 않았고 공식 선거운동이 시작된 후에 공개해 유권자에게 문 후보의 뜻이 제대로 전달이 되지 않았다. 또 IOC(국제올림픽위원회) 활동 경험을 바탕으로 남동구를 세계로 진출시키겠다는 공약은 다소 현실성이 떨어지는 주장이라고 본다. 결과적으로 문 후보는 대다수의 부동층 유권자를 잡지 못해 선거에서 패배하게 되었다.

한편 김명수 후보의 경제 정책 역시도 다양한 계층으로 구성된 남동 갑을 하나

---

12. 간석동에 사는 30대 여성 거주자는 "그동안 집 주변에 버스정보시스템(BIS)이 설치되어 있지 않아 불편했고 간석역에 스크린도어가 없어 위험했지만 최근 많이 개선되어 너무 좋다. 또한 비교적 낙후된 지역이라 밤에 무서웠는데 CCTV가 많이 설치되어 마음이 조금 놓인다."라고 이야기했다.

로 모으기에는 좋은 전략이었다. 경제라는 뜨거운 감자를 통해 김 후보는 혜성같이 등장했다. 이미 오래 전부터 경제는 많은 후보들에 의해 언급되었기에 본인만의 차별성은 반드시 필요했다. 하지만 정치신인으로서 감당하기에는 너무 큰 이슈였는지 차별성을 갖지 못했으며, 동시에 낮은 인지도 문제를 해결하지 못했다.

공약보다 유권자 신뢰회복 더 중요

최우선(인하대학교 정치외교학과 4학년)

4·13 총선에서 인천 서구갑은 새누리당 이학재 후보와 더불어민주당 김교흥 후보 간 세 번째 대결이 펼쳐지고 있다. 지난 17대 선거에서 당선된 김 후보가 18·19대 연거푸 2연패를 당한 후 이번 선거에서 설욕하기 위해 분투하고 있다.

여기에 노조위원장 출신의 유길종 후보가 국민의당 간판으로 출전해 3파전 양상이다.

서구 갑은 신도시의 불편함으로 유권자의 불만이 많은 곳이며, 이 곳 주민의 약 3분의 1이 살고 있는 청라국제도시는 후보들이 최대의 승부처로 꼽는 곳이다.

경서동에 살고 있는 유권자 이숙영(49) 씨는 "청라국제도시는 이름뿐"이라고 말하면서 교통 불편, 부족한 교육시설, 수도권매립지, 열악한 생활편의시설 등 그동안 쌓인 불만을 털어놓았다.

---

* 〈부록〉은 인천일보 기획시리즈인 "대학생 눈으로 본 총선현장"에 실린 학생들의 참여관찰 기사를 옮겨 놓은 것이다.

"이런 문제를 어느 후보가 해결해 줄 것으로 기대하느냐"는 질문에 이 씨는 대답 대신 "누구 하나 후보들의 말을 믿을 수 있어야지…"라며 강한 불신을 나타냈다.

서구갑 지역은 무소속 안생준 후보까지 더해 현재 4명의 후보가 지역현안을 해결하겠다며 많은 공약을 제시하고 있다.

후보들이 서로 앞다퉈 루원시티 사업, 인천지하철 2호선, 경인고속도로 일반화, 역세권 개발, 시청사 가정오거리 지역으로의 이전, 서울지하철 7호선 연장, 제3연륙교 건설, 수도권매립지 조기 종료, SK인천석유화학의 안전 및 환경 위협 해소, 인천시교육청 서구 이전, 지역 순환 대중교통체계 구축 등을 비롯해 수많은 공약을 내놓았다.

그러나 유권자의 반응은 신통치 않아 애를 태우고 있다. 가령 모든 후보가 수도권매립지 조기 중단을 외치지만 유권자들은 "지난해 주민들이 반대했으나 중단시키지 못하고 지금 와서 조기 중단을 말하는 것을 어찌 믿겠느냐"는 반응이다.

이 선거구에서 최근 진행된 한 여론조사에서 무응답층이 38.2%나 되는 것은 유권자의 이러한 불신을 반영한 것 같다.

이번 서구갑 선거현장을 참여·관찰하면서 느낀 점은 이것이다. 번지르한 공약보다 유권자의 신뢰를 얻는 것이 더 중요하다는 것이었다.

남동갑, 연고주의 대 업적주의 '프레임' 싸움

김명진(인하대학교 정치외교학과 3학년)

이혜빈(인하대학교 국제통상학과 4학년)

선거에서는 프레임(frame) 싸움에 이겨야 승자가 된다. 즉 후보가 만든 프레임에 유권자의 호응이 많아야 승리한다.

남동 갑에서 새누리당 문대성 후보는 '남동의 아들'이라는 연고주의 프레임을 내걸었다. "남동이 키운 문대성, 다 컸으니 실컷 부려먹자"는 포스터와 함께 각 동네별로 구체적인 공약을 담은 현수막을 내걸었다. 간석4동과 논현고잔동 현수막을 보면 전자의 경우 '주민센터 조기 신축' 등을, 후자에는 '고잔동 도시가스 설치 및 도로 개설' 등을 공약으로 내세웠다.

문 후보가 연고주의를 내세우는 것은 지난 총선에서 당선된 부산 사하구를 떠나 고향인 인천에서 출마한 것을 강조하려는 것이다. 또 이 지역 현역의원보다 더 잘 할 수 있을 것이라는 믿음을 유권자에게 심어주기 위해 동네별로 구체적인 공약을 내걸고 있다.

그런데 여론조사에서 문 후보 지지율이 더불어민주당 현역의원인 박남춘 후보와 오차범위 내의 초접전인 것을 보면 어느 정도 전략이 먹혀들었다는 판단이 선다.

'남동의 봄'을 내건 박남춘은 두 번째엔 두 배 더 열심히 하겠습니다"라는 포스터와 함께 지난 4년간 자신의 업적을 내세우는 업적주의 프레임으로 뛰고 있다.

박 후보는 선거공보와 선거유세 차량에 '지난 4년 한 일을 보십시오'라는 문구와 함께 '의정평가, 전체 국회의원 300명 중 7위(인천 1위)' '남동구 5대 숙원사업 해결', '4820억 원 지역예산 확보' 등 구체적 업적을 과시하고 있다. 또 남동인더스파크 리모델링 단지 선정, 소래포구 국가어항 지정 등을 자신의 업적으로 내세우며 지지를 호소하고 있다.

이에 대한 유권자들의 반응은 엇갈린다.

논현동에 거주하는 김성남(46) 씨는 현역의원을 모른다면서 "국회의원은 공약 잘 지키는 게 가장 중요하죠. 당선되면 지역구는 외면하잖아요"라고 말했다.

반면 간석동에 거주하는 이진수(25) 씨는 "집 앞 버스정류장에 버스정보시스템이 생겨 좋아했는데 박 의원이 한 일이더라고요"라며 박 후보 지지 의사를 밝혔다.

문 후보의 연고주의 프레임과 박 후보의 업적주의 프레임 싸움에서 과연 누가 이길까?

지난 주 인천일보 여론조사에서 문 후보 32.8%, 박 후보 33.2%의 지지율이 각각 나온 것을 보면 아직은 양자 간에 우열을 가리기 힘들다. 아마 박빙의 승부가 될 것 같다.

일합을 겨루다

임우현(인하대 정치외교학과 3학년)

　인천 연수구 갑 선거구는 새누리당 황우여 의원이 5선을 했던 여당 강세지역. 하지만 이번 총선을 앞두고 공천 과정에서 황 의원이 서구 을로 징발(?)되면서 선거판이 여당 강세에서 여야 경합 판세로 바뀌었다.

　인하대 교수 출신의 정승연 새누리당 후보와 공인회계사 출신의 박찬대 더불어민주당 후보가 진검 승부를 벌이고 있는 가운데 구의원 출신의 진의범 국민의당 후보가 추격하는 양상이다.

　지난 4년 동안 꾸준히 선거구를 누비며 표밭을 갈아온 정 후보, 지난 총선 때 남구을에 출마한 경험을 바탕으로 일찌감치 연수구갑으로 옮겨온 박 후보, 오랫동안 이 지역 구의원 등으로 활약해 온 진 후보. 이들 3명 후보는 지난 20여 년간 이 선거구에서 당선됐던 황 의원의 빈 자리를 놓고 양보할 수 없는 치열한 경쟁을 벌이고 있다.

　26년째 선학동에 살고 있다는 유권자 정재화(57) 씨는 "꾸준히 새누리당을 지지하며 황 의원을 뽑아줬는데 갑자기 선거구를 변경하니 충격적이다. 이번 총선에서 어떤 후보를 뽑을지 아직 결정하지 못했다"고 말했다.

정 후보 캠프에서는 "오랫동안 선거구를 관리해온 분이 타 선거구로 떠남으로써 일시적인 박탈감, 상실감이 있었으나 이제 거의 해소됐다"며 승리를 자신하고 있다.

정 후보 선거사무장인 박규석 씨는 "새누리당 지지자들이 하루 하루 결집되는 게 느껴져 염려하지 않는다"고 말했다. 더욱이 야권 후보가 분열돼 여당 후보가 유리한 편이라고 주장한다.

더민주 박 후보가 최근 국민의당 진 후보에게 야권 후보단일화를 제안했으나 진 후보는 단호히 거절했다.

선거회계책임자인 진 후보의 부인 김승희 씨는 "23년 동안 연수구에 살며 구의원도 하고 꾸준히 주민들을 위해 봉사해 왔기 때문에 많은 분들이 저희들을 알아보고 지지를 보내고 있어 끝까지 선거운동을 할 것"이라고 결연한 의지를 보였다.

최근 여론조사 결과를 보면 정 후보와 박 후보가 박빙의 경합을 벌이는 것으로 나오기도 해 향후 표심이 주목된다.

결국 연수구 갑의 이번 총선 결과는 지지자층의 결집 여부가 승패의 결정적 변수가 될 것이라는 생각이 든다.